现代管理书库·教材系列

常销十数年，铸造管理学科教材经典

现代管理书库·教材系列
编委会名单

主　编：
　　张玉利　教授，南开大学商学院

成　员（以姓氏笔划为序）：
　　王全喜　教授，南开大学商学院
　　王迎军　教授，南开大学经济与社会发展研究院
　　白长虹　教授，南开大学旅游与服务学院
　　刘志远　教授，南开大学商学院
　　李　莉　教授，南开大学商学院
　　张仁德　教授，南开大学经济学院
　　张金成　教授，南开大学商学院
　　范秀成　教授，复旦大学管理学院
　　周祖城　教授，上海交通大学安泰经济与管理学院
　　周晓苏　教授，南开大学商学院
　　戚安邦　教授，南开大学商学院
　　戴昌钧　教授，上海东华大学商学院

策　划：
　　胡晓清　编审，南开大学出版社

现代管理书库

战略管理

（第2版）

王迎军　柳茂平　编著

南开大学出版社

天津

图书在版编目(CIP)数据

战略管理 / 王迎军,柳茂平编著.—2版.—天津：
南开大学出版社，2013.6(2022.3 重印)
(南开现代管理书库)
ISBN 978-7-310-04225-8

Ⅰ.①战… Ⅱ.①王…②柳 Ⅲ.①企业战略－战略管理 Ⅳ.①F272

中国版本图书馆 CIP 数据核字(2013)第 133041 号

版权所有　侵权必究

战略管理(第二版)
ZHANLÜE GUANLI (DI-ER BAN)

南开大学出版社出版发行
出版人：陈　敬
地址：天津市南开区卫津路 94 号　邮政编码：300071
营销部电话：(022)23508339　营销部传真：(022)23508542
https://nkup.nankai.edu.cn

天津泰宇印务有限公司印刷　全国各地新华书店经销
2013 年 6 月第 2 版　2022 年 3 月第 13 次印刷
230×170 毫米　16 开本　19 印张　2 插页　350 千字
定价:49.00 元

如遇图书印装质量问题,请与本社营销部联系调换。电话:(022)23508339

现代管理书库·教材系列
修订版总序

管理学科是一门新兴学科,同时又是一门发展十分迅速的学科。20世纪初期侧重提高效率的科学管理理论,30年代到60年代的行为科学,70年代的系统管理和思想,80年代的企业文化,90年代的变革热潮等等,都对管理学科的发展起了实质性的推动作用;进入21世纪,知识经济、知识管理理论的发展,金融危机对企业诚信、企业社会责任的挑战,更对管理理论的发展提出了新的更高的要求,也促进了管理理论的新的探索;随着我国改革开放的深入并取得显著成果,"中国模式"、"中国道路"开始为世界所关注,中国管理实践所取得的成果也展现在世人面前,这也为管理学科的发展提供了新契机。著名管理学家彼得·德鲁克((Peter F. Drucher)曾经说过,对我们的社会来说,管理是一种最显著的创新。在管理领域内部,创新更是推动管理理论与实践不断向前发展的真正动力,并导致新的管理理论、学说层出不穷,使人目不暇接。

管理教育能否跟上甚至超前于时代的发展,这本身就是一种巨大的挑战。为迎接这一挑战,我们与南开大学出版社合作,于20世纪90年代末开始出版"现代管理书库"丛书,该书库包含三个系列:教材系列、管理前沿系列和域外采珍系列。当时的设想,"教材"是核心,"管理前沿"是外围,"域外采珍"是补充。

自1998年该丛书第一本《管理学》出版,至今已经十数年。十数年来,该丛书不断补充新的内容,取得了显著的社会影响,尤其是其中的教材系列,自推出以来,所有品种都是一再重印,其中部分也已经再版。向迈向"经典",走出了坚实的一步。

今天,随着国际经济社会文化环境的变化,管理学科的理论发展面临更大的挑战和机遇。管理教学也在不断创新。此时,我们对"现代管理书库·教材系列"进行全面更新,正是为了适应这种变化。

因此,我们将在以下方面做更多的尝试。

第一,扩展这套教材的容纳范围。当初设计这套教材,我们虽然没有"画地为牢",但总的考虑是以"组织管理"为基本范围的。今天,随着"就组织管理而组织管理"的局限性进一步凸现,如金融危机给整个世界带来的灾难警示着企业社会责任的缺乏、中国经济高速发展过程中个别企业发展带给生态环境的巨大破坏等等,使我们更深地认识到管理学科扩展的必要性。因此,我们将在本套教材的进一步建设中,尝试将范围扩大到社会管理、公共管理等更宽广的领域。

第二,在教材的内容建设上,更加注重实践的意义,尤其注重对中国管理实践及管理教学实践的总结。尽管我们从来没有放弃管理学科教材编写和教学的理论与实践的结合,但不可否认的是,我们在过去的二三十年管理教学尤其是教材建设中,把更多的关注力投向了西方管理学理论的"原汁原味"的引进及其理论的新进展。这是很有必要的,它使我们能更快掌握现代管理理论的基础知识和发展方向;其不足之处就是,我们对自己身边的管理实践的变化的关注度远远不够。很多时候,我们都以"中国企业家还不够成熟""中国企业管理不规范"而忽视了这些管理实践。但是,回过头看来,正是这种"不成熟""不规范"在国际市场竞争中取得越来越引人注目的成就。

当然,这两个尝试还不可能取得立竿见影的效果。我们将在今后几年内向这方面不断努力,也恳切希望有志于这方面建设的学者、专家提出批评意见。

"现代管理书库·教材系列"的策划和出版是在已故管理学家陈炳富先生的指导下展开的。陈先生在20世纪80年代初期恢复重建管理学系时就提出"古今结合、中外结合、理论实践结合、定性定量结合"的理念,这在今天仍然有指导意义。

教材出版以来,广大读者提出了很多好的意见和建议,在此表示诚挚的感谢。我们一如既往地希望,通过"现代管理书库·教材系列",能使更多的管理学者脱颖而出,能使更多的管理学子得到更多有益的教益,并带动我国管理教育、管理学科研究及管理实践的发展。

第 2 版前言

战略管理作为研究企业在竞争环境中如何获得成功的理论,在过去几十年里逐步演化成为管理学科中一个独立领域,而这一领域的一些特点也日益清晰地显现出来。从学习的角度看,战略管理理论有三个特点值得关注,即这种理论的探索性、实践性和启发性。

首先,战略管理是一个充满探索性的领域,许多理论观点都是探索性研究的成果。究其原因,主要还在于战略管理的核心议题是竞争优势。现实世界中企业形态多种多样,包含众多的内部因素,外部环境又在发生持续的变化,对每个企业而言,竞争优势的内涵也会不断改变,因而过去的成功模式难以被延续到未来。特别是在对抗竞争的环境中,一些企业发现了打造竞争优势的有效方法后,势必引起其他企业的模仿。领先企业的竞争优势会逐渐消失,后进企业简单地模仿、照搬领先企业的成功模式又不可能取得有意义的突破,结果只能引发竞争趋同。唯有不断探索新时期、新环境下的成功之路,才是企业界和理论界的不变任务。因此,战略管理领域中不可能出现放之四海而皆准的永恒真理,而新旧理论的更替却是常态。人们只要看一看过去十年里出现的新学说、新观点,如"战略钻石"、经营模式、绿色竞争力等等,就不难感受到战略管理领域的这个特点。

其次,战略管理是实践性极强的学科。战略管理的理论源于实践,而且主要是源于一些成功企业的实践经验,甚至对外部环境的研究也需要和一些企业的实践结合起来。譬如情境分析法,只是被一些企业的实践证明的确可以帮助企业增强其应变能力后,才成为战略分析中的一种方法。另外,由于每个企业情况各异,学者们的研究视角又不尽相同,即使对少数人们耳熟能详的优秀企业,战略管理的理论研究也远未揭示出其成功的全部原因,有些理论观点甚至相互对立。如果把战略管理的理论简单地用于企业之中,断言企业应该如何如何,又不该如何如何,恐怕达不到解决实际问题的目的。要使这些理论能够应用于企业,必须注意理论与实践的有效结合。在这一方面,菲佛(Pfeffer)和萨顿(Sutton)提出的依靠事实和证据进行决策的"循证管理"方法,给出了理论与实践相结合的一种途径。决策者可以利用各种理论观点符合逻辑地进行假设和推断,而只有这些假设和推断与事实相吻合时，才能作出正确的决策。这里所说的战略管理的实践性，就是强调尊重事实，而不是盲从理论。

第三，战略管理理论的价值主要在于它能够丰富和启发企业决策者的思路，而不是直接地指导战略决策。战略管理的这一特点或许令人感到疑惑，人们可以用各式各样的方式获得启发，比如读段报纸，看部电影，甚至听个历史或神话故事，都可以从中获得启发和教诲，那么为什么要学习战略管理理论呢？原因之一，战略管理理论是众多学者从各种视角进行研究的结果，有些学者关注国际竞争，有些学者关注细分市场，有些关注跨国企业，有些关注中小企业。通过学习这些理论观点，有助于拓宽决策者的视野。原因之二，战略管理理论是对许多成功企业实践经验的系统归纳，其内容从企业的管理基础到竞争行动几乎无所不包，通过学习这些理论观点，有助于丰富决策者的思路。原因之三，也是最重要的一点，战略管理理论是学者们运用科学方法研究出的成果，尽管一些观点相互冲突，但这些成果都以一定的事实为依据，并且符合人们已经认识到的管理逻辑。通过学习这些理论观点，有助于决策者构建其更为完整、严密的逻辑，进而用事实验证这些逻辑。神话、传说、故事固然可以给人以启发，却无助于人们形成完整的决策逻辑。

本书是为工商管理研究生编写的一部教科书。为了使学生在学习时能够更容易掌握战略管理的理论架构，本书在安排内容时沿循了大多数战略管理教科书通用的结构，以战略管理过程为主线，以环境分析和战略为重点。在本次修订过程中，编者按照汉布里克等人的的战略管理过程模型，对本书结构进行了调整，同时加入了战略逻辑、"战略钻石"、经营模式等方面的新成果，吸收了鲁梅尔特、加里·哈默等人颇有见地的新观点。编者知道，这些修改并不能完整反映出战略管理领域的新动向，只希望这些内容能够引发人们的深入思考。限于编者的水平，本书虽然几经修改，仍存在一些文字和观点上的错误，编者诚心希望读者、同行们给予指正。

王迎军
2013 年 3 月 20 日于南开园

目 录

现代管理书库·教材系列　修订版总序……………………………………(1)

第2版前言……………………………………………………………………(1)

第一章　企业战略与战略管理……………………………………………(1)
　第一节　演化中的竞争观……………………………………………(1)
　第二节　企业战略的含义与内容……………………………………(8)
　第三节　战略管理过程………………………………………………(18)

第二章　愿景、使命与战略目标…………………………………………(25)
　第一节　企业的愿景与使命…………………………………………(26)
　第二节　战略目标……………………………………………………(37)

第三章　企业外部环境分析………………………………………………(47)
　第一节　一般环境分析………………………………………………(47)
　第二节　产业竞争环境分析…………………………………………(54)
　第三节　产业演变……………………………………………………(70)

第四章　企业内部环境分析………………………………………………(79)
　第一节　企业的经营模式……………………………………………(80)
　第二节　价值链分析…………………………………………………(87)
　第三节　企业的资源…………………………………………………(93)
　第四节　核心竞争力…………………………………………………(101)

第五章　竞争互动和竞争对策……………………………………………(109)
　第一节　市场竞争的互动过程………………………………………(109)
　第二节　领先与追随…………………………………………………(117)
　第三节　竞争对策……………………………………………………(121)

第六章　竞争战略 …… (131)
- 第一节　竞争优势与竞争战略 …… (131)
- 第二节　成本领先战略 …… (137)
- 第三节　差别化战略 …… (146)
- 第四节　价值创新战略 …… (153)

第七章　多样化战略 …… (165)
- 第一节　多样化战略的含义与动因 …… (166)
- 第二节　通用逻辑下的多样化战略 …… (178)
- 第三节　协同逻辑下的多样化战略 …… (189)
- 第四节　企业并购与重组 …… (194)

第八章　纵向一体化与资源外取战略 …… (203)
- 第一节　纵向战略的理论基础 …… (204)
- 第二节　纵向一体化战略 …… (209)
- 第三节　资源外取战略 …… (214)

第九章　国际化战略 …… (231)
- 第一节　国际经济环境的变化与挑战 …… (231)
- 第二节　国际化经营与战略选择 …… (236)
- 第三节　国际化方式 …… (249)

第十章　战略实施与战略领导 …… (263)
- 第一节　战略实施 …… (263)
- 第二节　战略领导 …… (277)

主要参考文献 …… (293)

后　记 …… (297)

第一章 企业战略与战略管理

本章导读

本章讲述了企业战略的含义、特征、内容和战略管理的过程,这些概念无论对于阅读后面各章抑或学术文献都是必要的基础。本章还介绍了战略管理领域一些代表性学说的主要观点,以便让读者对这一领域丰富的理论成果有一概括性的了解。

许多类型的组织之间都存在着竞争性或对抗性行为,也都需要运用战略管理理论来策划并实施自己的行为。但战略管理理论是以企业为研究对象而逐步发展起来的。学习战略管理理论,必须要认清企业的基本性质。企业是什么?《辞源》中将其解释为以营利为目的的组织。需要说明的是,营利性固然是企业的基本属性之一,但现代市场经济已经赋予了企业更丰富的含义。确切地说,企业是在市场竞争环境中通过创造价值来营利的组织。企业存在的前提是能够创造价值,即能够向社会提供一定的产品或服务以满足某些顾客的需求。更重要的是,价值的创造和转移过程是在市场竞争环境中逐步实现的。如果一个企业的产品在价格和性能两方面都比另一个企业的产品更优越,则后者的产品就可能完全失去价值。竞争和价值是理解企业行为,也是理解战略管理理论与实践的两个轴线。

第一节 演化中的竞争观

市场竞争是世界上最广泛存在的,也是对人类社会发展产生了巨大推动力的组织对抗行为。市场竞争改变着经济、科技乃至社会许多方面的形态,也改变着它自己。如果说市场竞争优胜劣汰的法则始终没有变的话,在过去的几十年里,竞争的范围、竞争的层次和竞争的内容却一直发生着变化。这些变化要求人们重新认识竞争,树立起正确的竞争观。

一、经济全球化与现代产业技术革命

近几十年来企业外部环境的变化,明显地受到了两种历史性力量的支配。一方面,经济全球化朝向纵深发展,跨越国家和区域界限的经济活动明显增加,越来越多的企业步入了一个以相同的轨道连接的、巨大的经济体系之中;另一方面,现代产业技术革命为企业提供了丰富的技术手段,使之在产品创新、生产过程创新等方面的成果日新月异。经济全球化加快了技术扩散进程,通信和运输技术的发展又促进了经济全球化。这两种力量交织在一起,共同改变着企业的外部环境。

1. 经济全球化的影响

经济全球化的驱动力主要来自两个方面:一是企业为了把自己的优势产品或领先技术转化为经济效益,在世界范围内寻找新的市场机会,导致了竞争的全球化;二是企业为了获取廉价或优质的资源,在世界范围内寻找新的合作伙伴,寻求更为经济的资源供应,导致了全球化供应链的形成。经济全球化的主体是跨国公司,但各类各式的企业都参与到了这一过程之中。在我国许多产业领域中,都可以观察到国际竞争国内化、国内竞争国际化的趋势。企业在制定自己的竞争战略时,有必要以全球化的视野来研究所处的竞争环境,特别是注意到以下几方面的影响。

(1)经济全球化使得产品、服务乃至一些经营方式和经营理念能够自由地穿越各种地理的边界。譬如在地球另一端出现的一种新产品或新营销方式,有可能在很短时间内就出现在本地市场。

(2)经济全球化使得各种资源具有了更强的流动性,包括人力资源、品牌资源、技术资源等都可能实现跨国流动,资源竞争也趋于紧张。

(3)企业为提升国际竞争力,越来越多地运用进出口贸易、引进技术、合资甚至并购等方式,把自己融入国际供应链之中。

经济全球化为企业带来了发展机遇,也带来了新的挑战。即使是一个过去服务于本地市场的企业,也必须注意到发生在自己周围的这些变化,并在更大的范围内寻求发展。

2. 现代产业技术革命的影响

发端于微电子技术的现代产业技术革命已经持续了几十年,其中心由生产自动化逐步转到智能化、信息化、网络化,并促动了其他领域科学技术的快速发展。时至今日,现代产业技术革命的范围仍然在扩大,步伐仍然在加快,对企业的影响也日益深远。

现代产业技术发展中存在着的大量的相互结合和差别化的机会。现代产业技术的一个突出特征是具有很强的结合性,来自于不同工业领域和科研领域的技术广泛结合后凝结成推动经济发展的巨大力量。一项新科技成果问世后,特别是基础研究和应用研究取得重大突破后很快会在许多领域得到应用,可能成为许多企业技术创新的源泉。这种技术结合和扩散机制加快了企业技术创新的步伐,导致企业的技术环境更为复杂和动荡不定。

产业技术这种广泛结合的特点也大大增加了技术差别化的机会,即使是生产同一类产品或提供同一类服务的企业,它们也完全有可能运用一些不同的技术,构筑起各自有特色的技术体系。在产品的导入阶段,技术的差别化往往表现为产品功能的差异,在产品进入成熟阶段,即产品的标准设计被整个产业普遍接受后,技术的差别化则更多地表现为工艺技术的差异。可以说,一个企业是否具有难以为竞争对手模仿的竞争优势,与其技术差别化的程度有着很大的关系。

现代产业技术的发展赋予了企业核心能力以丰富的技术内涵,企业间的技术竞争也随之趋于激化。技术水平越是先进,它所包容的知识内容也越艰深,技术问题的沟通就越困难。在技术竞争中,企业既需要拥有先进的技术,也需要有专业化的队伍来完成知识的学习、积蓄和创新;也需要有合理的制度体系来鼓励各类创新活动,还需要在营销部门、生产部门和技术开发之间、在技术开发的各群组之间乃至在企业与供应商之间形成良好合作互动关系。这样才有可能先在技术积累速度上超过对手,并最终在技术成果上超过对手。

产业技术的快速变化不仅影响着企业之间技术竞争的范围和焦点,也对企业的经营模式[①]提出了新的要求。比如电子信息技术近年来就引发了许多企业与顾客联系方式的变革,而一些新兴技术的出现,如移动互联网、3D打印等,如果没有与之适应的经营模式相匹配,企业无法实现赢利,从而大大增加企业发展的风险。近年来,有关经营模式的研究已成为战略管理领域的热点课题之一。

3. 竞争内容的变化

对于许多习惯于平稳环境中以传统方式开展经营的企业来说,经济全球化和现代产业技术的发展带来了全新的挑战。竞争的内容不再像以往那样为人熟知,它不仅是围绕着质量和成本等关键因素展开,而且要求企业比以往更关注战略弹性、创新等关键因素。

(1)战略弹性表现为指企业应付外界不确定变化的能力。新竞争环境增大

---

① 经营模式(Business Model),也称商业模式

了企业面对的不确定性,企业如果不能以灵动的方式应对市场的变化,或不能对突如其来的事件做出适当的反应,就可能蒙受重大损失。为了适应新的竞争环境,企业必须增强战略弹性。关于如何增强这种弹性,迄今已有不少仁智之见,如采用弹性战略计划(不是设定确切的计划目标,而只是设定目标值的范围)、运用情景规划方法生成多种备选战略方案、以战略联盟或其他方式建设更为开放的组织,等等。

(2) 传统的竞争观只强调产品创新和工艺创新,现代的竞争观则把创新的范围扩展到管理创新乃至整个经营模式创新。也就是说,从企业的市场定位、产品设计直到核心能力和资源供应,每一个环节都存在着创新的机会,都需要认真进行重新思考。有些时候,一种新的营销方式带来的经营收益丝毫不亚于推出一种新产品;甚至仅仅是价格结构的改变也能收到显著的效果。如果能够对经营模式进行系统的创新,企业有望以全新的姿态出现在市场竞争中,并构建起竞争对手难以模仿的竞争优势。当然,这种创新的难度远大于一般的产品创新。

表 1-1 一些产生重大影响的管理创新

时间	创新内容
20 世纪初	通用电气建立"工业实验室",规范科研流程,对研究与开发进行管理,该实验室每六个月可以取得一项重大研究成果
20 世纪初	杜邦公司通过使用投资收益分析法取得资金预算管理的领先地位
20 世纪 30 年代	宝洁开始开发品牌管理方法,逐步形成品牌定位、品牌宣传、品牌经理等一整套管理体系,使无形资产成为企业竞争优势的重要来源
20 世纪 60 年代	丰田汽车公司开始使用看板,丰田生产方式基本成型。这种生产方式鼓励员工不断追求效率和质量,使丰田获得显著的成本和质量优势
20 世纪 70 年代	Visa 是由国际上各银行会员组成的信用卡组织,当时是一个典型的虚拟企业。这家企业目前有 20000 多机构会员,其信用卡的持有人超过 10 亿人

资料来源:Gary Hamel ,"The Why, What, and How of Management Innovation", *Harvard business review*, February 2006

根据加里·哈梅尔的研究,管理方面的重大进步同样可以导致竞争力的转移,虽然一些管理创新成果未必能够形成显著的竞争优势,但连续不断的管理创新会拉大领先企业与落后企业的差距,使得落后企业难以模仿领先企业的管理体系,从而为领先企业带来持续的竞争优势。

二、竞争的多层次性

市场竞争从来就是多层次的对抗行动,只不过由于企业的经营活动日益多样化,内部结构日益复杂,引起了竞争层次的进一步分化,而随着战略管理的理论研究趋向深入,竞争的多层次性[①]被更清晰地展现出来。认识到市场竞争的这一性质,既有助于深刻理解一些战略管理学说之间的相容关系,有些学说的观点并非相互对立,各自只是强调了竞争的不同层面;也有助于形成全面的竞争观,以便更好地研究和制定企业战略。

如果由表及里地进行划分,企业之间的竞争大体可以分为产品-市场层面的对抗、创造价值活动层面的对抗、资源与核心能力层面的对抗和战略意图层面的对抗,如图1-1所示。竞争是在这四个层面上同时展开的,每一层面上都有其独特内容,且彼此之间存在着内在一致性的对抗性行动。下一层面的活动为上一层面提供了支持,上一层面把下一层面的活动转化为某种结果,企业的整体竞争优势则由每个层面的活动聚合而成。

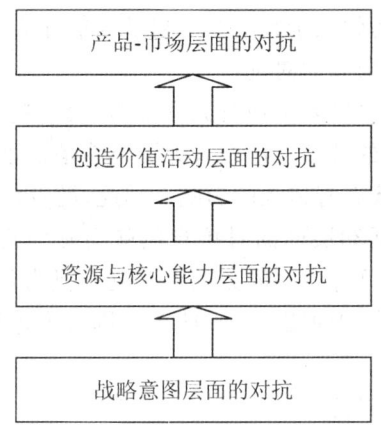

图1-1 竞争的多层次对抗特征

1. 产品-市场层面的对抗

产品-市场层面的竞争是人们最容易观察到的对抗行动。比如企业通过调整价格来扩大市场占有率,发起各种促销活动来提高销售收入,或是推出一种新产品,都会直接影响竞争对手的利益,这些行动具有明显的对抗性。一般说来,产品市场层面的活动很少能为企业带来有意义的竞争优势,而更多地在发挥着企业已有的竞争优势。一个企业之所以敢发起价格战,或者是由于它已经具有了成本优势,或者是它认为扩大规模可以为降低成本提供机会,但降价本身不能创造出竞争优势。而广告宣传、新产品推广活动很容易为竞争对手模仿,这些活动本身创造出的优势很有限,只有以某种竞争优势为基础时,

---

[①] 实际上,达维尼在《超优势竞争》一书提出的竞争的四个阶梯的观点,普哈拉德和哈梅尔在"公司的核心能力"一文中提出把最终产品竞争与核心产品竞争区分开的观点,都是对竞争层次性的论述

才能收到更大的成效。由此可见,产品－市场层面的对抗是领先企业把自己的竞争优势转化为经营收益,落后企业维护自己的市场地位和寻求创造竞争优势的机会的过程。

2. 创造价值活动层面的对抗

创造价值的活动是人们不能从市场上观察到的对抗行动,这些活动发生在每个企业的内部,但具有鲜明的对抗性。以企业推出一项新产品为例,产品推广、销售活动使产品的价值得以转移到顾客手中,产品的价值却是在产品设计、加工、运送过程中逐步形成的。这一过程也正是竞争优势的形成过程,因为竞争优势归根结底产生于企业为顾客创造的价值,或者以相对的低价格提供相同效益,或者其不同寻常的效益用于补偿其高价而有余。企业改进一项活动或是重新安排全部活动,其目的就在于赶上乃至超过竞争对手。

3. 资源与核心能力层面的对抗

创造价值的活动需要投入各种资源和能力,而一些关键资源和核心能力构成了企业持久竞争优势的基础。比如人力资源就是企业不可或缺的一种关键资源,并对企业的竞争优势有着持久的影响。因此,随着企业对如何延续竞争优势越来越关注,创造价值活动层面的对抗自然就会延伸到资源与核心能力层面。企业提升关键性资源和培育核心能力的活动同样具有鲜明的对抗性,这种对抗性有时还会在行动中直接表现出来,一些企业围绕人才展开的争夺战就是很好的例证。

4. 战略意图层面的对抗

战略意图层面的对抗是一种观念的对抗,当企业决定把既定的战略意图付诸行动时,它将影响到以上三个层面的对抗行为。有些企业把赶超强大的竞争对手当作长远发展目标,并采用各种积极的行动努力达成这一目标时,它在各层面的活动都会表现出极强的扩张性;相反,过于保守的战略意图会导致各层面的活动趋于平缓,甚至会使企业陷入难以解脱的困境。我国古代的兵家思想强调"上兵伐谋",而战略意图正是企业一系列"谋"的核心。

企业面对不确定的竞争环境,需要保持必要的战略弹性,而开发积累关键资源和培育核心能力又是一个相当漫长的过程,又要求战略具有必要的稳定性。战略作为企业的一个整体性方案,必须在稳定性和弹性之间建立起平衡关系。竞争的多层次对抗特征说明,只要在企业的战略在四个层面之间建立起有机联系,在保持战略意图、战略方针基本稳定的同时,适度地调整创造价值的活动体系,以更为灵动的市场行动迎合外部环境的变化,可以使企业具有一定的战略弹性。

三、市场对抗与军事对抗

战略本来是一个军事术语,其原意是指为实现战争目的而对军事力量进行的全局性部署和指挥。这一概念之所以被众多的企业管理者所接受,说明了战争与竞争这两种人类社会有组织的对抗行为有许多相似之处。特别是军事理论经过几千年的发展,已经成为人类思想的巨大宝库,不仅对于指导战争,而且对于各种经济社会活动有着重要的启示意义。如今有越来越多的理论界和企业界人士热衷于从经典的军事著作中发掘有价值的管理思想,并且收到了显著的效果。可是随着一些军事概念陡然涌入管理领域,它们有时难免被牵强附会地加以引用,引起了某些混淆不清的认识。

事实上,对于战争与企业竞争的相似程度,迄今人们的看法还存在着分歧。"商场即战场"这句十分流行的比喻反映出许多人把战争和竞争等同看待。例如,著名的市场学家菲力浦·考特勒就认为企业战略与军事战略之间没有什么差别,军事战略和战术的思想都可以应用到市场竞争中来。持有这类观点的人往往引用较多的军事概念来形容企业之间的竞争,譬如把竞争战略归纳为正面进攻、侧面进攻、迂回、包围、游击战等等。另外一些人则反对以战争比喻竞争,波士顿咨询公司的创建人汉德森就曾指出,"企业与企业之间的竞争与不胜则败的战争不同,企业所追求的是其本身的最适均衡状态"。他认为企业面对的最大挑战是如何保证自身不断进化,以适应持续变化的外部环境。

其实,无论战争与竞争的某些内容何等相似,它们毕竟是两种不同的对抗行为,这就决定了军事理论不能被原原本本地用来解决企业的战略问题。即使抛开对抗的具体内容,抽象地研究战略问题时,两者之间还是有着本质的区别。战争与竞争的区别首先在于目的不同。战争的目的是迫使敌人接受己方的意志,而竞争的目的却是创造出色的经营业绩。一个企业不可能阻碍竞争对手的经营活动,只能使自己做得比竞争对手更好。将竞争对手逼入破产的境地或迫使他们服从自己的指挥都不是竞争的目的。在市场经济中,竞争对手是永远存在的。

其次,战争几乎是没有规则的。战争双方为了实现各自的目的可以采用各式各样的手段,像迷惑欺骗敌人、干扰敌方行动或窃取敌方机密都是常用的军事手段。企业竞争却有着严格的规则,这些规则既是经营活动的行为规范,也是制定战略所必须依循的原则。比如企业必须遵守有关竞争的法律、法规,不得发布虚假广告,必须尊重竞争对手的工业知识产权,不得采用任何不正当的竞争手段,等等。

再者,企业的竞争关系错综复杂,不像战争中对抗的双方那样阵线分明。企业不仅面对着看得见的、与自己生产同类产品或服务的竞争对手,而且面对着看不见的、可能会模仿自己的产品或服务的竞争对手;不仅承受着来自行业内部的竞争压力,而且承受着来自行业外部的竞争压力;企业外部环境的每一种变化都可能带来机遇和威胁。可以说,企业竞争的这种特性赋予了战略决策以更独特的内容。

然而,军事对抗与企业对抗又存在着相同的特点。从组织内部看,两者都是从全局出发,通过部署和指挥一切可以调动的力量,有计划、有步骤地实现组织的既定目标。因此一些军事战略原则同样可用于指导企业的战略决策。这些原则包括:

①审时度势。战略决策前必须认清客观环境,把握有利时机,防范可能发生的危险;

②出奇制胜。战略的策划和实施要不拘一格,勇于创新。古人所谓"兵无常形",讲的就是出色的战略中应该有奇妙的构想;

③灵活机动。企业应保持一定的应变能力,对外部的变化作出灵活的反应;

④集中力量。在部署力量时应避免分散,力求造就局部的优势,创造出最大的战略效果,古人将此比作"以镒称铢";

⑤行动迅速。战略决策一经形成,就应该迅速采取行动;企业领导还要及时解决战略实施过程中出现的问题,提高战略的运行效率;

⑥上下同心。企业领导应该把战略意图渗透给每一位成员,在广泛的范围内达成战略共识,形成强大的组织合力;

⑦首战必胜。战略展开的第一步要努力获得成功,以鼓起组织成员的士气,坚定大家执行战略的决心;

⑧领导果断。领导的作用不仅体现在决策过程中,而且体现在实施决策的行动中。他们雷厉风行的作风和坚韧不拔的精神,往往能够激发整个组织的旺盛斗志。

第二节 企业战略的含义与内容

对于"战略"这种耳熟能详的词汇,每个人都可能有自己的理解,按照各自的习惯使用着"发展战略"、"成长战略"、"总体战略"、"竞争战略"、"经营战略"这些称谓,并根据自己的理解赋予"战略"这个概念以某些特定的含义。但这一概念在企业界的广泛扩散至少反映出这样一个事实:当代的企业正在面对着急剧的环境变化,这些变化使企业的内外环境变得比以往任何时候都更为复杂。企业领导仅凭过去的经验或是胆识,难以做出正确的选择。越来越多的人开始启用新的方式思考企业的未来,而制定战略正是这种新方式的具体体现。随着企业的战略实践日益丰富,人们对战略的认识日益深化,学者们对"战略"这一概念的理解也发生了一些变化。

一、战略含义的演变

战略这一军事概念被用于管理领域始自20世纪60年代。美国管理史学家钱德勒在1962年出版的《战略与结构》一书中,首次把管理决策分为战略决策和战术决策两个层次。钱德勒认为,战略决策内容包括企业发展的基本目标,从属于基本目标的经营目标和方针以及为实现这些目标进行的资源分配和调整;战术决策的任务则是保证资源的合理使用和日常经营工作的顺利开展。当时战略一词还不能为大多数人接受,德鲁克曾经回忆道,当他在1963年打算出版一部分析企业战略的著作时,出版商、编辑和一些资深的企业管理专家都认为,书名中的战略一词会引起人们的误解,使他们联想到军事行动或是竞选活动,这部著作最终被定名为《管理的成效》。

然而,美国学者安索夫在1965年出版的《企业战略》一书却产生了很大的反响,迄今人们还把该书看作是最早的一部系统阐述战略管理的理论著作。在这部书中,安索夫区分了三种类型的决策:即业务决策、管理决策和战略决策。业务决策的目标是在日常工作中最大限度地创造效益,其内容包括成本控制、生产管理、销售管理等;管理决策的主要内容是企业管理结构和工作组织的调整,是中间层次的决策;而战略决策,根据安索夫的观点,主要是确定企业的产品—市场领域,确定企业的经营活动将向什么方向发展。在相当一个时期里,这种以产品—市场为核心的企业战略理论很有影响力。

20世纪70年代以后,社会经济领域中发生的一系列重大事件,如能源危机、全球性的竞争激化和贸易摩擦、发达国家的经济衰退以及技术进步节奏加快等,使得人们对企业环境的急剧变化更为关注。人们越来越清楚地认识到,企业的长期生存与发展取决于它能否适应不断变化着的环境。战略一词也被赋予了新的含义。如法国学者穆什称战略决策是"企业基于所处环境做出的长期的整体的抉择";日本学者伊丹敬之认为企业战略是"从环境关联这个角度出发,指明有关组织活动内容的基本方向";美国学者波特则把竞争战略解释成"公司为之奋斗的终点","构成一个竞争战略的实质就是将一个公司与其环境建立联系"。由于环境这一概念的外延十分广泛,企业战略的研究范围也就被大大延伸了。

一些企业在战略管理方面的成功实践也在改变着人们对战略的认识,特别是战略的行动导向受到了理论界和企业界的关注。如明茨伯格把战略解释为一连串行动和决策的模式,斯坦福大学的塞隆纳教授强调战略确立了用以指导对行动进行选择的框架;而在2005年美国出版的一部流行的MBA教材中,两位作者梅森·卡彭特和杰瑞德·桑德斯则把战略解释为关于企业如何达成目标的聚焦的、整体的、外部导向的计划。这里的外部导向,可以理解为战略必须对企业外部环境的变化做出响应,而这种响应又必须通过行动来实现。

二、企业战略的内容

德鲁克认为,企业战略回答的两个基本问题是:企业现在是什么;它应该是什么。我们也可以说,战略的起点是企业的现状,终点是它的未来。如何从现有基础走向未来的目标,构成了企业战略的主线。但是,要清晰地勾画出企业战略的内容范围是一件十分困难的事情。现代企业经营活动涉及领域极为广泛,内容极其庞杂。虽然人们可以从理论上对这些活动简单地概括分类,可是无法确定一个严格界限以判明某项活动是否属于战略范围。对于企业战略的基本内容,每位学者的论述也不尽一致。下面介绍的几种有代表性的论述,从不同角度反映出了企业战略的轮廓。

1. 安索夫关于战略构成的观点

安索夫认为,企业的战略和目标应该清楚地确定未来经营活动的概念,指明成长方向,指出要充分发掘利用的力量和要实现的利润水平及增长率。他在《企业战略》一书中,列举了一个化学公司战略构成的例子。见表1-2。

表1-2　一个化学公司的战略构成

目标	投资收益率	>5%
	销售增长率	>10%
战略	经营领域	基础化工产品和医药化工产品
	成长向量	新产品开发、多样化经营
	竞争优势	专利技术、第一流的开发能力
	协同作用	公司的开发能力和生产技术

资料来源:A. C. Martinet. *Strategie*. Vuibert,1985:27

安索夫把经营领域、成长向量、竞争优势和协同作用列为企业战略的四个构成要素,认为它们共同规定了企业的现在和未来的联系,是企业经营活动的主线。因此一项完整的战略至少要包括这四部分内容。

(1)经营领域,即企业的产品—市场范围。确定企业的经营领域,不能完全局限于企业现有经营业务,还要考虑到那些存在着发展机会的领域,因此应该从企业的能力和潜力的角度,广泛研究并划定经营领域的范围。

(2)成长向量,指企业从现在形态迈向未来形态的途径。安索夫根据产品和市场的不同特性,把发展的方式分为四种类型,成长向量则是这四种方式的组合。见表1-3。

表 1-3　企业发展的途径

	现有产品	新产品
现有市场	市场渗透 扩大市场占有率	产品开发 产品更新和系列化
新市场	市场开发 发展新市场、新顾客	多样化经营 开拓新经营领域

(3)竞争优势,指与竞争对手相比,企业在某些产品—市场领域中具有的优越条件和特性。竞争优势是选择经营领域的重要依据,在选定的市场上,企业将利用这些条件提高获利能力,巩固市场地位。

(4)协同作用,实际上是指支持成长向量的一些基本力量。企业从现有形态转向新形态时,通过发挥某些力量对各领域的共同作用可以取得更大的效果,如使用共同的销售渠道(即所谓销售协同),利用共同的生产设施(生产协同),发挥共同的技术优势(技术协同)等等。

2.伊丹敬之关于战略构成的观点

日本一桥大学的伊丹敬之教授把经营战略概括为三个基本的构成要素,即产品—市场群、企业的业务组成和战略资源群。这三个要素决定了企业的形态,因此战略就是对这三个要素变化方向的选择。

(1)产品—市场群,是指企业与顾客之间联系的实质及这种联系的产品—市场表现。选择产品—市场群意味着认清谁是顾客,他们的需求是什么,企业提供的产品怎样或应该怎样满足他们的需求。

(2)企业的业务组成,即企业在生产经营活动中由自己承担的工作内容。伊丹敬之认为,对于哪些工作应该由自己来完成,哪些工作可以委托给别的企业而又如何实行监督,企业要有一个基本方针。企业的业务组成与战略资源特别是无形资产的积蓄密不可分,在许多情况下,这个问题决定了企业的获利能力和适应环境的能力。

(3)战略资源群,指企业从事生产经营活动所需要的各种能力和全部资源的总和。伊丹敬之非常强调无形资产的特殊作用,认为技术、商誉、组织士气等无形资产会在工作中不断积蓄,不断升华,是可以创造的战略资源,是企业竞争力的重要基础。因此,战略的一个基本问题与其说是如何配置资源,不如说是如何积蓄和创造资源。

这些战略要素的具体内容又可以被划分为两个层次,即一般范围和重点。

如多样化经营是对产品市场群的一般范围而言,而主导产品则是产品市场群的重点。又如战略资源的范围涵盖了许多内容,而资源积蓄的方向由资金转向技术意味着战略资源重点的变化。这三种战略要素的范围和重点的变化,构成了经营战略的主要内容。

3. 明茨伯格和波特的战略构成观

加拿大麦吉尔大学的明茨伯格教授把战略的含义归纳为5个概念,而这5个概念恰恰对应着战略的5项内容,这些内容整合在一起,就构成了一个完整的战略。由于每个单词都以字母"P"开头,因此明茨伯格的观点也被称为战略的"5P"说。这5项内容是:

(1)战略是一种发展视野(Perspective)。战略要引导企业的发展,首先要指明未来的方向,把企业的未来收进到现在的视野之内。战略可以使企业成员更关心企业的长远发展,并要求企业领导者在实现手段上表现出高度灵活且富有弹性的创造力。

(2)战略是一种定位(Position)。企业选择哪些顾客作为目标顾客,提供什么样的产品来满足目标顾客的需求,是一个根本性的问题。所谓定位,就是要明确企业的目标顾客,认清他们的需求,以及企业能够从哪些方面为这些需求作出独到贡献。

(3)战略是一种挫敌策略(Ploy)。战略作为指导企业竞争的方案,必须说明企业需要什么样的竞争优势,如何打造这些竞争优势,以及如何发挥这些竞争优势。更为重要的是,一种竞争优势可以通过各种不同的方式或行动展现出来。如果企业不能通过各种行动展现其竞争优势,竞争优势也就失去了意义。

(4)战略是一种模式(Pattern)。企业战略中的另一个重要问题是确定创造价值的方式,即企业通过哪些活动创造出能够满足顾客需求的产品,这些活动将由自己承担还是委托给其他企业,这些活动如何组织,企业如何与顾客保持联系等等。所谓模式,也可以被理解为企业相对固定的行为方式。当旧的模式失去效力时,企业就要考虑打造新的模式。

(5)战略是一个计划(Plan)。虽然环境变化和一些不确定因素经常导致计划难以实现,但企业面向未来时,必须制订计划。原因在于:第一,企业为实现一些长远目标需要提前投入资源和布局,如购置设备、安排研发项目等;第二,企业需要部署力量以确保重点任务的实现;第三,战略要通过一组行动来实现,这些行动的先后顺序需要缜密安排。计划是企业有序行动的重要保证,没有计划,企业就会混乱不堪。

另外,波特在《竞争战略》一书中,也曾对企业战略的内容做了笼统的描述。波特把企业战略展开为总目标和每个职能部门的目标,总目标说明了企业在所涉足的经营领域中如何竞争,以及要实现的利润、市场份额、社会效益等经济和非经济的目标,每个职能部门的目标则是总目标的进一步分解。他指出:"一个企业战略计划的中心内容应该是通用战略,通用战略明确提出了一个企业追求竞争优势所采取的根本途径,提出了每个职能部门应该采取的行动方针。"波特也十分强调战略的变革性与创造性,"竞争战略不仅是对环境做出反应,而且是从对企业有利的角度去改变环境"。在他的理论中贯穿着创造优势的基本思想。总的来说,波特不大强调企业战略的内容框架,而更注重实际创造竞争优势的途径。

4. 汉布里克和弗里迪克森的战略构成观

2001年,哥伦比亚大学的汉布里克(Donald C. Hambrick)教授和德克萨斯大学的弗里迪克森(James W. Fredrickson)教授提出一种全新的战略构成观,即近年来颇有影响的战略钻石模型。与以往的理论相比,这种观点更注重战略的整体性,不仅突出了战略思维的重要地位,也强调战略需要运用工具来实现,从而大大提高了战略可操作的水平,这对战略管理实践极富启发意义。

汉布里克和弗里迪克森首先指出,愿景、使命、一些笼统方针或宏大目标都不是战略,战略只是为实现这些目标而制定的方案。如果把这些与战略混为一谈,战略的实质内容就会受到忽视。无独有偶,鲁梅尔特在其《好战略,坏战略》一书中,也列举了一些坏战略的特征。[1]

"空话。空话就是一些伪装成战略理念或战略观点的废话。它使用一些浮夸而深奥的字眼及生僻的概念,造成一种思想认识水平很高的假象。错把目标当成战略。很多坏战略都只是泛泛地谈到美好的愿望,而没有就如何克服困难提出具体的应对计划"。

汉布里克和弗里迪克森认为,一个好的战略需考虑5种关键要素,这5个要素相互关联,彼此交织在一起,组成了一个完整的"战略钻石",如图1-2所示。

战略要回答的5个问题是:

(1)范围(Arenas)。企业在哪些范围积极开展活动?如提供哪些产品种类,利用哪些渠道,进入哪些细分市场或区域,发展哪些核心技术,等等。这些无疑是战略中最基本的内容。

(2)工具(Vehicles)。利用哪些手段达到目标?根据两位学者的认识,战略的工具包括企业依靠内部资源发展一些能力,或是合资、特许经营、战略联盟、并购等方式借助外部资源。如果在制定战略时忽略了实现目的的工具,战略就无法转化成行动。

---

[1] 鲁梅尔特著,蒋宗强译. 好战略,坏战略. 中信出版社,2012:28

(3)特色(Differentiators)。在激烈竞争的市场上,企业要在众多竞争者脱颖而出,其产品、服务或整体形象必须特色鲜明。也可以说,这里要回答的问题是企业如何在市场中获胜,比如是要凭借产品的新颖性、可靠性,或是定制化设计、独特风格,或是其他什么特色赢得顾客认同。

图 1-2 "战略钻石"

资料来源:D. C. Hambrick and J. W. Fredrickson. "Are You Sure You Have a Strategy?" *Academy of Management Executive*,15:4(2001),48—59.

(4)进程(Staging)。战略往往会包括一系列行动,这些行动以什么样的速度展开,以及以何种顺序展开,对战略成效有着重要影响。进程要回答的问题,就是这些行动的速度和顺序如何?比如,先开发哪些市场,先调整哪些组织结构,新产品占全部销售额的比重在一定时期内应达到多少,这些都属于进程问题。

(5)经济逻辑(Economic Logic)。企业要持续盈利,就不能依靠某些偶然因素或事件,而要依靠一组在一定时期内能够成立的道理,这些道理就组成了企业盈利的经济逻辑。在"战略钻石"中,经济逻辑处在核心位置,它要说明企业为什么能够通过提供优异的产品或服务而赢利,或企业经由哪些途径降低成本而赢利。

汉布里克和弗里迪克森特别说明,"战略钻石"的5个要素不能被理解为5个方面的独立决策,战略是一系列相互关联、相互支持的决策,其中一些决策会涉及某个要素,这5个要素有机地结合为一体,确保了战略的完整性。只要缺失了一个要素,战略就不再完整,也就无法统率全局,指导企业的其他工作。

三、赢的逻辑

战略的内容或繁或简,视企业具体情况而定。对于战略的属性,以往学者们从不同角度进行过研究,所获结论亦各有特色。例如,迈克尔·波特曾指出战略应该有独特的价值取向,使企业形成与众不同的价值活动体系;达维尼则认为战略应体现出市场破坏的愿景、能力和战术,通过市场破坏获取超额收益;盖默沃特强调战略是一种承诺,藉以说明战略中包含有一组难以逆转的决策;欧斯特(Oster)把战略解释为有方向的进化程序,意在说明战略的变革特性。对于负责战略策划和实施的管理者而言,认识到战略的这些属性有着非常重要的意义,这将促使他们对一些战略决策进行更深入的思考,提高战略的成功率。但战略的另一属性似乎更为基础且更为关键,这就是战略的逻辑性。

在汉布里克等人描绘的"战略钻石"中,"经济逻辑"处在核心位置,其作用在于说明战略所依据的经济原理。其实,这种观点并非是个别的、孤立的观点。20世纪90年代以来,一些学者开始研究战略的逻辑性,并提出了一些发人深思的观点。

波特在1991年发表了"Towards a Dynamic Theory of Strategy"一文,他虽然没有使用战略逻辑的概念,但却指出战略理论面对的挑战是必须说明成功的因果关系链(Chain of Causality)。这可以说是对战略逻辑的一种解释,以这组因果关系链为基础,企业可以做出一系列战略决策。波特描述了一个一般的因果关系链,如图1-3所示。

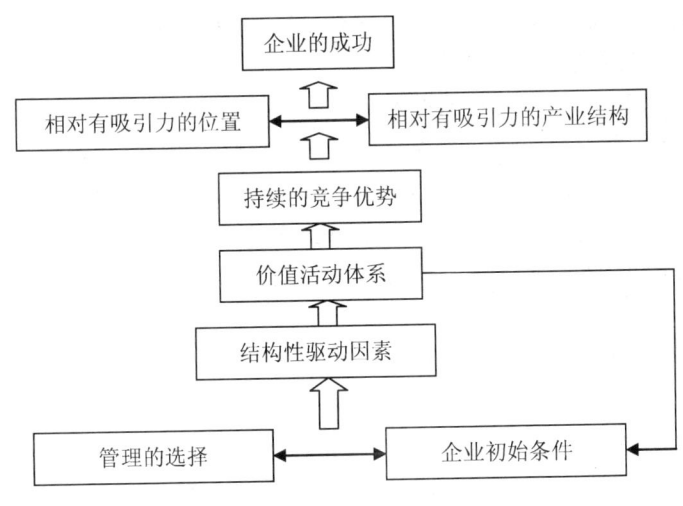

图1-3 战略的因果关系链

资料来源:Michael E. Porter, Towards a Dynamic Theory of Strategy, *Strategic Management Journal*, Vol. 12, Winter, 1991:95—117.

逻辑可以指一种思维方式,如战略理论中常见的"主导逻辑",或者价值创新是"高成长企业的战略逻辑",这些"逻辑"是要说明战略思维中的主要问题和思考框架。逻辑也可以指思维的规则,如人们在比较、归纳、演绎、推理时会遵从同样的原则,他们对事物的认识可以不同,但对一个思维过程是否合乎逻辑,却会有相同的判断。我们将战略的逻辑特性集中在这一点上,意在强调战略应该由一组判断组成,而这组判断被合乎逻辑地联结在一起,构成了整个战略的思想基础。

塞隆纳教授认为[①],战略中最重要的要素可能是企业为达成其目标所采用的逻辑,这个说明了企业为什么成功的核心论断。他给出一个企业追求低成本战略的简单例子:"我们的战略是成为低价的制造商并通过大众市场渠道进行销售,以主导美国的廉价咖啡杯市场。我们在这些渠道中的低价格会带来高销量,因为在杯子的生产中存在规模经济,也将使我们成为低成本的生产商,这就使我们即使在价格很低时也能获得可观的利润。"

这些陈述不仅回答了"为什么"的问题,解释了"低成本"、"低价格"和"主导市场"的目标之间的联系,而且明确了一些对企业及其环境(包括市场、竞争对手、规模经济)的假设,如果战略要成功,这些假设必须正确。

美国俄亥俄大学的巴尼教授持有同样观点,他指出,"战略是探讨企业如何成功地竞争的理论,企业在选择和实施如何成功的竞争的理论时,总是处于不完全信息和不完善的知识环境中。一旦一个企业决定在特定行业或市场中经营,企业如何竞争的决策基础将是:它对该行业或市场中的主要经济过程的了解以及如何才能成功竞争的最佳猜测"。[②]

根据这些观点,可以把战略的逻辑特性归纳为以下几点。

(1)战略必须说明企业获得成功所依循的道理,如果企业希望通过降低成本获取竞争优势,那么怎样才能降低成本;如果希望打造特色优势,那么这种特色能否赢得市场,如何以合理的成本水平打造出特色;这就是战略要说明的道理,这些道理彼此衔接,合乎逻辑,而不能有断裂或跳跃。从这种意义上讲,战略就是赢的逻辑。

(2)在复杂且充满不确定因素的环境中,企业领导不可能预先保证每个道理都是成立的。即使像规模经济这样常见的道理,在一个具体企业中也未必能够成立。因此,战略逻辑经常是由一组判断和假设组成,它们构成了战略得以成立的核心论断,但需要在竞争中加以验证。符合逻辑的战略不一定就是可行的战略。

(3)在策划与实施战略的过程中,企业领导者有两项重要的任务。在策划阶

---

① 塞隆纳等著,王迎军、汪建新译.战略管理.机械工业出版社,2004:13
② 杰恩·巴尼著,王俊杰等译.获得与保持竞争优势.清华大学出版社,2003:8

段,企业领导者的主要任务是构建由一组假设和判断组成的、完整的、内部一致的"赢的逻辑";在实施阶段,企业领导要时常检查这些假设或判断是否成立。如果它们都成立,企业应该获得合乎预期的收益;一旦发现某些假设或判断不成立,就需要调整战略或战略实施的方式,以确保新的战略逻辑能够成立。

四、公司战略与经营单位战略

企业的经营范围和规模决定着它的战略的具体内容。一个涉足于许多经营领域的大型公司,通常会把它的经营范围划分成若干部分,授权给下属单位分别进行管理。这时为了保持公司整体的灵活性,避免由于主观判断造成的战略失误,公司会把它的战略分为两个层次,即由公司高层领导负责制定的公司战略和由下属单位领导针对每个领域情况制定的经营单位战略。而对那些经营范围集中在一个领域的小企业来说,尽管它可能采用了有限责任公司或股份公司的形式,但它的战略内容却更接近这里所说的经营单位战略。

公司战略和经营单位战略实际上都包含有"战略钻石"的五项要素。在授权管理的体制下,两者的侧重又有不同。公司战略要对公司的经营领域、产品种类、技术和组织的变革作出整体安排,为此至少要阐明以下三个问题。

①公司的发展方向。一个从事多种经营的公司,它的发展总是伴随着经营领域的调整。那些市场前景看好、充满发展机会的领域会被优先考虑,公司也可能进入某些新领域同时撤出另一些领域,还可能向某些领域的上游或下游扩张。公司对发展方向的选择决定了它将如何配置资源,特别是资金和人力资源。

②不同的经营单位之间的协调机制。不同经营单位之间的相互协作,包括销售网络、生产设备、采购或技术资源的共同使用无疑是降低公司经营成本,增强整体竞争优势的重要手段,而实现这种资源共享的前提是克服公司内的组织障碍。这就要求公司建立起有效的内部协调机制。公司战略中应该指出那些可共享的资源及共享方式,设立必要的横向协调机构来促进协作,消除可能出现的组织摩擦。

③如何开发与积蓄公司的关键资源,并运用这些资源增强下级经营单位的竞争力。公司的一些关键资源,如人力资源、资金、商誉、公共关系和技术资源等,可以在两个层面上进行开发和积蓄,即在公司层面和经营单位层面。公司一般要直接担负起一些资源的开发积蓄功能,如许多大公司都设有直属公司总部的规模庞大的科研机构,负责研制重大技术项目和技术成果的推广。但就许多关键资源而言,经营单位是开发和积蓄这些资源的基本组织,公司的功能主要体现在选择、组织与协调上。在这些方面作出明确的规划,也是公司战略的一项任务。

经营单位战略作为公司战略的一项子战略,必须遵从公司设定的发展目标。经营单位战略的核心问题是在特定领域如何打造和运用竞争优势。因此经营单位战略更关注于:

①在特定的领域内,宏观经济与社会环境和产业结构变化中孕育着哪些机遇和威胁;

②这一领域当前和未来的竞争焦点;

③目标顾客群体的主要特征与他们的需求的关系;

④需要改进产品或服务的哪些内容以赢得顾客;

⑤竞争对手的优势和劣势,以及可能采取的对抗性行动;

⑥经营单位如何进行资源的开发和积蓄,等等。

第三节 战略管理过程

一项战略无论复杂程度如何,它的筹划与实施都需要相当长的时期,战略效果也只能随着时间推移逐渐显露出来。往往战略越持久,效果越显著。可是由于人们认识、掌握信息的局限性,无法准确预知客观环境的变化,各种使战略偏离预定目标的事件随时可能发生,使原定战略部分地甚至完全地不符合企业的内外环境。也就是说,企业所在环境的急速变化与战略稳定性构成矛盾,要解决这一矛盾,不仅需要赋予企业必要的战略弹性,还需要对战略的策划和实施各项工作进行动态改进,完善信息的收集、积累和分析工作,及时发现战略进程中的偏差现象,以及在必要时对实施中的战略进行调整。

战略管理正是这样一个连续循环的过程,目的在于保证战略的适应性,即保证企业的经营结构能够适应未来的环境变化。战略管理的连续性是指这项工作永远不能停止,无论企业正在顺利地展开一项战略,还是正在制定新的战略,企业管理者都要时刻关注那些与战略有关的问题,准备各种对策以应付意外的不测事件。循环则是指战略管理的工作环环相扣,以滚动计划的方式展开,当最后一项工作完成之时,迅即回到前面的起点,从而使企业能够对战略及时进行调整。

一、成功战略的若干特征

成功的企业战略往往有着共同特征。人们注意到,这些特征与战略的主线,即如何重构与强化外部环境的适应关系,是根本一致的。这意味着企业领导在制定战略决策时,应该努力把握这些特征,将这些特征融入企业的战略方案之中,以提高战略的成功率。成功的战略所具有的特征主要有以下几个方面。

1. 以超前的意识和有预见力的判断作为战略决策的思想基础

企业战略作为面向未来的决策,如何从环境变化中发现机遇,把握住发展的主动权,是战略要回答的主要问题。这就要求战略的制定者具有洞察力,能够认清环境变化的基本趋势,并根据这些趋势来构想企业的未来形态。这样,企业才能利用环境变化的力量,不断发展壮大。

日本 NEC 公司的成长过程是一个很有启发性的例子。早在 20 世纪 70 年代初期,该公司的领导人就清楚地认识到了技术和市场领域三个相互关联的发展趋势:计算机将从大型机向分布式数据处理机发展,元器件将从集成电路向大规模集成电路发展,通信设备将从纵横制交换机向数字系统发展,这些趋势将促使计算机工业和通信设备工业交融在一起,形成一个全新的市场。公司为了把握这一机遇,制定了庞大的"C&C"战略计划,积极开发相关的技术和产品。这项战略的成功实现,使该公司跻身于世界最大的制造业企业行列。

2. 确立战略的纲领性地位

企业战略从整体上对企业的发展进行规划,起着统率全部经营活动的纲领的作用。企业的每个部门、每个成员都肩负着实施战略的任务,因此使每个成员都熟知企业的战略目标,认清自己承担的责任,协调一致地开展工作,是获取成功的重要保证。

要确立战略的纲领性,一是在战略决策过程中,应该努力促进组织成员的思想交流,力求达成广泛的共识;二是把战略内容凝练成为若干关键概念,围绕这组关键展开行动,一旦这组关键概念深入人心,战略就会变成许多人的自觉行动;三是高层管理者在战略实施过程中,要注意维护战略方针和基本原则,特别是面对着与战略方针相背离的各种妥协、动摇的行为和提议时,高层管理者要勇于说"不"。

3. 创造性地构想战略方案

创新和变革是企业战略的核心内容之一。企业战略最终要被落实为一组变革行动,通过改造现有的产品结构、技术结构、组织结构等使关键资源得到有效扩充,才可能在企业的现在和未来之间架起一座桥梁。而变革就是要用新方法、新观念取代旧方法、旧观念。特别需要注意的是,在大量的日常性事务的重压下,企业内非常容易滋生出墨守成规、因循守旧的观念,员工的工作士气会变得低落,创造力会受到压抑。要打破这种局面,企业领导在制定战略时必须力求创新,使战略能够激发起员工的热情。这意味着制定战略不是运用枯燥的数字填写一份平淡的计划,出色的战略要有特色,要有与众不同的构想和内容,而一味地模仿他人,是不可能制定出有意义的战略的。

4. 树立必胜的战略意图

在市场经济中,企业外部环境的根本特征是竞争。企业不仅与直接或间接的竞争对手之间存在着多层次的冲突,与原料供应商和销售商之间也存在着相互冲突的利害关系,每一种冲突都会影响到企业的经济效益。广义地讲,企业的竞争地位是其在各种利害关系中相对位置的总和。企业要适应竞争的环境,就必须在这些利害冲突中占据主动,以全面的或局部的优势遏制对方。而战略作为重构或强化这种适应性的积极尝试,应该是有着鲜明对抗性的挫敌方案。

一些企业的成功经验表明,在制定战略时选择一个领先的对手作为竞争标杆,把赶超领先对手作为长期坚持的战略意图,可以使战略更富有对抗性的内容。选择竞争标杆,同样要有超前的意识和长远的打算。例如,日本小松公司在20世纪50年代把工程机械行业的巨人——美国的卡特匹勒公司作为赶超对象;美国的通用汽车公司在与丰田公司合作生产小轿车时,也同时确立学习丰田的先进生产方式,最终打败对手的战略目标。

5. 努力维护战略的稳定性

企业战略的主要内容不是随机应变的短期对策,而是长期发展方针,它规定着企业的整体行动,为各项业务决策提供了判断标准,所以战略的主要内容应该在一定时期内保持稳定不变。频繁地修改战略方针不可避免地会引起思想上、认识上的混乱,动摇企业各级员工执行战略的信心,还可能破坏资源开发与积蓄的过程,这种草率行为必将给企业造成重大损失。美国有位学者曾经对几十家企业进行过调查,他发现当企业顽强而持久地坚持一个战略方向时,它们获得成功的机会反而大大增加。

战略的稳定性意味着战略方案中的一些主要内容应该是可以长期坚持的,而外部环境的动态变化又迫使企业必须适时地进行战略调整,这就对战略决策的水平提出了很高的要求。准确判断环境变化的长期趋势,缜密地设计和选择战略,预先制定必要的应变方案,这些都是成功的前提条件。可以肯定地说,不能适应环境变化的战略称不上是战略,没有稳定的方针也称不上是战略。

二、战略管理的过程模式

企业要制定出富有远见而又切实可行的战略,并把这项战略转化为最终结果,需要进行一系列的工作。这些工作按照时间先后顺序连结在一起,构成了战略管理的过程模式。受到环境持续变化的影响,即使是一项出色的战略也需要在一定时期后予以更新。一次战略失误很可能使企业长期陷于困境,而一次战略成功却不能保证永久的繁荣。从这种意义上讲,战略管理的根本任务,在于提高战略的成功率。

理论界关于战略管理过程模式有两种不同的论述:一种把环境分析放在初始位置,意在强调以环境分析为基础,有可能通过对包括愿景和使命在内的企业目标系统检视和重新设定,引发更彻底的变革行为,如图1-4所示。另一种把设定愿景和使命放在初始位置上,这实际上强调了愿景和使命在企业目标体系中的特殊地位,也说明了愿景和使命、目标、战略之间的关系,即目标反映了企业朝向愿景与使命演化的进程,战略是实现目标的方案。需要指出,战略管理的各项工作之间不一定存在着清晰的界限,有些工作会相互交迭在一起,企业在进行环境分析时,就可能萌生出新的战略构想,而这种构想又对环境分析提出进一步的要求。但无论如何,在确立战略目标和环境分析之前,企业不可能制定出完备的战略方案。

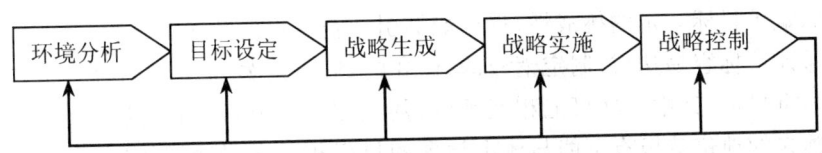

图1-4 一种战略管理过程模式

本书采用了后一种模式,这一过程包括五个主要环节,其内容见图1-5。

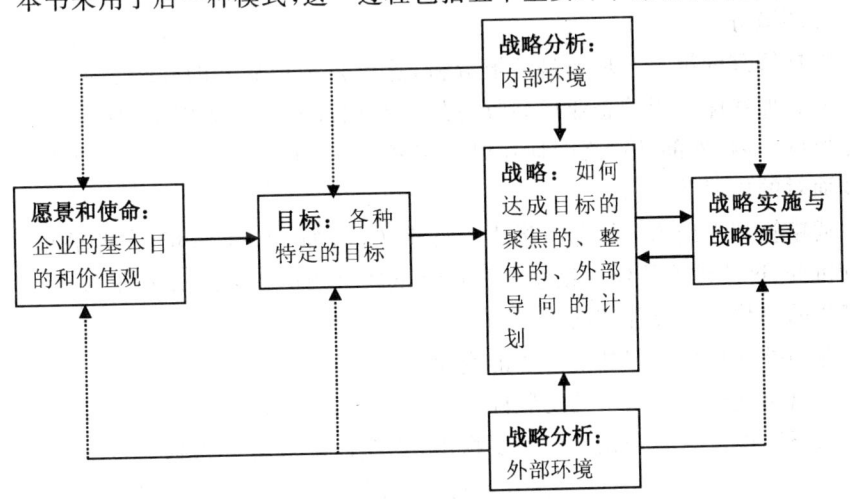

图1-5 另一种战略管理过程模式

资料来源:D. C. Hambrick and J. W. Fredrickson,"Are You Sure You Have a Strategy?" Academy of Management Executive,15;4 2001.48-59.本书有改动

1.明确愿景与使命

战略管理的第一个环节是确定或修订企业的愿景与使命。所谓愿景,是指

对企业未来状态的一种积极的、有抱负的描述；所谓使命，则是对企业存在意义的一种描述；两者也可以被看作企业的根本特征与目的。企业在确定愿景与使命时，自然要考虑到产业发展趋势、企业拥有的资源与能力等条件，有些企业在确定愿景时，也会采用一些环境分析方法如情境分析，但总的来说，这种趋势性判断与制定战略时对环境进行的系统分析有所不同。图1-5中以虚线标示出这种趋势性分析与系统环境分析的差别。愿景与使命不是战略，而是为战略规定了大致的方向。

2. 设定战略目标

战略管理的第二个环节是确定企业的战略目标。企业要朝向愿景与使命所规定的方向演化，必须设定更为明确的、数值化的目标，如企业的销售收入、盈利率、市场份额等在一定时期内应该达到什么样的水平。企业在设定目标时，首先要考虑赋予目标一定的挑战性，提出能够引导企业积极奋进的目标，而不是仅仅为了保证目标容易达成，制定消极的、保守的目标；其次，企业的目标体系中往往包含多重目标，其中一些可能相互矛盾，甚至相互冲突，比如在高端产品市场上追求领先的地位就极有可能与成本领先的目标相冲突，战略制定者应该确保这些多重目标体现了一致的方向，彼此相容而不是彼此冲突。否则，这些目标无法引导出合乎逻辑的战略。

3. 环境分析

战略管理的第三个环节是环境分析，这也是制定战略的开端。企业环境包含着所有那些能够影响企业战略收益的组织内部和外部的因素，环境分析的任务是要认识内、外部环境之间现在以及将来的不适应关系，展示出企业的优势劣势及面对的机遇及威胁。

战略管理理论为环境分析提供了许多工具，如PEST分析、产业分析、价值链分析等，这些理论能够帮助企业管理者从纷繁的信息中理出头绪，预测一些环境变化的趋势。需要强调的是，尽管有些学者使用不可预见性、紊乱性来形容当今企业的外部环境。但外部环境的变化不是全不可知，而是基本可知。经济学、管理学以及其他社会科学的发展标志之一，就在于它们能够帮助人们越来越清楚地认识客观世界的变化。还需要指出，企业内部环境分析远比本书讲述的理论内容复杂的多。譬如，企业在发展过程中形成的组织惯性，一些久议未决的重大问题，都应该作为分析对象。虽然这些分析不需要专门的理论工具，但它们对企业今后发展的影响却不容低估。

4. 战略生成

经过了前三个环节之后，企业管理者就可以着手制定战略了。出色的战略是创造性思考与系统分析想结合的产物。战略的主要目的是培育并增强企业竞争力,并藉由这种竞争力来把握机遇,赢得竞争,达成发展的目标。这一切毫无固定格式可言,以往的战略管理研究只是对一些成功企业的经验做了归纳和提炼,其结论只具有启发意义。可以说,战略构想主要来自企业管理人员的创造性思维而不是理论推导,理论的作用只在于为战略的收益与风险分析提供指导,避免做出过分乐观或悲观的判断。但战略的逻辑性又要求战略制定者保证战略中的核心论断彼此衔接,相互支持,必须具有内部一致性。这就要求制定战略具体方案时,认清哪些论断其实是假设,哪些论断肯定成立,这些论断与企业内部各种职能、各种结构的相互关系。这样,战略才能用于指导企业内部各方面的工作。否则,战略将会由于逻辑上的矛盾而失去意义。

5. 战略实施与战略领导

战略管理的最后一个环节是战略实施与战略领导,即把经过前几个环节制定出的战略付诸实践,没有这一环节,战略就无法转化为实际收益。但战略实施不是一个简单的按图施工过程,要使战略能够顺利展开,企业管理者必须清楚地了解以下问题:当实施该项战略时,组织内的哪些变革是必不可少的;如何在现有的企业文化背景下更好地实施战略;各种类型的组织结构与战略的关系是什么;有哪些实施工具可以采用及不同的实施路线可供选择,等等。成功地实施一项战略需要进行周密的准备,这些准备工作恰恰构成了战略实施的主要内容。

战略实施过程中,战略领导的作用至关重要。战略方案如果不能转化成为行动,不过是一纸空文。而在战略实施过程中,战略领导的作用首先是与相关各方充分沟通,打消他们的疑虑,使他们认识到战略的必要性与可行性。战略领导的另一个作用是根据战略实施的具体情况,调配企业的资源,以保证在最关键的环节集中投入力量,在最短时间内攻克难关,继续前行。战略领导的第三个作用是战略控制,即通过监测和评估企业内外环境来改进和提高战略运行效果,为战略调整提供依据。从某种意义上讲,有效的战略控制有利于增强战略的稳定性。因为当企业不能及时调整自己的运行姿态导致企业远远偏离自己的战略目标时,将会被迫放弃既定战略目标。战略控制也为及早发现战略中隐含的严重缺陷提供了帮助,一旦人们发现外部环境中出现了未曾预料到的重大变化,就需要重新进行环境分析、重新检视战略目标体系以及整个战略方案,以避免这些变化对企业造成危害。

本书结构也是按照以上战略管理过程模式安排的。其中,第二章介绍了包括愿景和使命在内的战略目标体系的构成,以及设定目标的一般原则;第三章和第四章介绍了外部环境和内部环境分析的一些理论工具几观点;第五至第九章介绍了竞争战略直至公司国际化战略等各层次战略决策相关的理论内容;第十章介绍了战略实施与战略领导的主要内容。需要说明的是,第四章中的一些内容其实也是战略生成中要讨论的问题,而后续各章的内容对环境分析也会有所帮助。

本章思考题

1. 现代市场竞争的主要特点有哪些?
2. 波特称战略指的是做与别人不同的事,选择不同的结果,你如何认识这一问题?
3. 为什么说战略是"赢的逻辑"?
4. 为什么战略要有一定的稳定性?如何解决战略稳定性与环境多变性之间的矛盾?
5. 选择一个成功战略的例子,说明成功所依循的道理。
6. 从战略管理的其他教科书中选择一个复杂的战略管理过程模式,并解释其特点。

第二章 愿景、使命与战略目标

本章导读

现代管理内容的复杂化导致管理目标的复杂化,企业的战略目标已不是一两个数字或依据口号就可以概括的,它包含着多层次的内容。本章讲述了企业愿景和使命的内涵、陈述要素、影响因素和确定程序,以及战略意图、战略目标的特征、设定的过程和战略目标体系与内容。

战略管理的成功实践引致企业目标体系的复杂化,现在许多企业都以生动、简洁的词句陈述自己的愿景、使命、战略意图,并在战略规划中用一些数值标明自己的战略目标。由此可见,企业的目标体系正在向多层级的方向演化。然而当深入探讨什么是战略目标、如何设定战略目标等问题时,人们会发现有许多需要思考的问题。在企业战略管理的早期研究中,对战略目标就存在不同的认识。安索夫认为,企业的目标不是战略,战略是实现企业的目标。安德鲁斯则认为,战略包含了企业的目标和实现目标的方法。现在,人们都承认决定企业兴衰的那些目标确实是战略管理过程中首先需要回答的问题,战略只是目标引领下达成目的的方案。

在企业的目标体系中,愿景和使命处在最高位置上,对企业的其他目标、进而对企业的未来有着重要影响。但愿景、使命及其他目标都不能从内外环境条件中直接"推导"出来。也就是说,企业的目标通常不是"推导"或"计算"出来的,而是"设定"或者"谋划"出来的。为此,需要进一步明确各种目标在整个战略管理中的地位和作用,如何设定目标,以及不同层级战略目标之间的关系。

第一节 企业的愿景与使命

确立企业的愿景与使命是战略管理的第一个环节。如果企业的利益相关者,特别是管理层和员工对愿景和使命存在不同认识,就会在解决和确定战略方向的过程中出现问题,甚至一般业务决策也会失去依据。愿景与使命应当受到企业管理层的重视,特别是最高决策层的重视,使之成为战略抉择的重要指南。

一、愿景与使命的内涵

愿景与使命本是两个不同的概念,愿景通常表达了一种长期的行动水平,一种未来的状态,而且被设计为极具抱负,因为抱负促使企业通过挑战外在竞争者以及质疑内部情况而得以发展。使命是企业存在的目的和理由,从更为积极的态度来看,愿景与使命也反映了企业发展的远大理想和战略思想、意图。愿景和使命的表述方式多种多样,有些企业把两者分开陈述,也有企业把使命作为愿景的一部分来陈述,如日本旭硝子公司把愿景简称为"Look Beyond"[①](着眼未来,视野宽广的意思),并在这一愿景陈述中具体解释了企业的使命、价值观和战略主线。有些企业只宣扬自己的愿景,有的则只宣扬自己的使命,还有企业用经营哲学的名义,将这些内容整合在一起。企业与企业的差别不仅表现为业务和业绩的差别,也表现为企业之间的发展理想、战略思想的差别。这种差别有时在愿景与使命的陈述中也会反映出来。

具体地说,愿景与使命的陈述中可能会涉及三个方面的内容:即远景蓝图、使命和价值观。

1. 远景蓝图

远景蓝图是对企业未来时刻发展图景的想象和描述,用以指明企业的长期发展方向。许多企业的高层管理者相信,为企业勾画一个蓝图并向利益相关各方传播这个目标是高管层最主要的职责和技能。远景蓝图与长期发展目标有所不同,远景蓝图刻画的是企业的一些属性特征,实现蓝图的时间期限比较宽泛、模糊;发展目标刻画了企业的数量特征,实现目标的时间期限十分明确。两者的相同之处在于两者都具有前瞻性,都表明了企业对发展的期盼。在战略管理实践中,有些企业对愿景的刻画趋向于抽象,近似于某种发展方向,而不是具象化的图景,如表 2-1 所示。这些企业同时对经营内容或战略方针给出了更清晰的描述,以避免给人过于笼统的感觉。

---

① 感兴趣的读者,可以从该公司网站(http//:www.agc.co.jp)上看到该公司愿景的全部内容

表2-1 几家公司的愿景

公司	愿景
华为	丰富人们的沟通和生活
爱立信	构建人类全沟通世界
丰田	提供安全放心、令人心动的驾乘感受,创造全球美好生活与富裕社会
奥的斯	成为以服务为特色的全球领袖企业——不仅仅是在电梯业界——更是在其他行业

资料来源:2013年2月的各公司官方网站

2. 使命

使命用以说明企业的身份特征,或者说企业存在的意义。这种意义可以从企业面向的、比较宽泛的市场,企业要为顾客提供的价值以及企业的特色等角度加以阐释。如同愿景陈述一样,企业的使命陈述往往被凝练成一句激动人心的口号,然后再给出一组具体解释,以便给人以更为清晰的方向感。

值得注意的是,近年来一些企业只通过愿景陈述和具体解释来说明企业的特征,而不再使用使命陈述。譬如,奥的斯公司早期的使命陈述为"为所有克服提供最可靠的短距离水平和垂直的移动人和物体的方式",而现在该公司的网站上只有愿景陈述(见表2-2)。之所以出现这种情况,部分原因是由于一些企业如奥的斯公司通过战略转型进入多样化扩张,部分原因是由于一些企业的愿景陈述实际上起到了说明企业特征的作用。

表2-2 几家公司的使命

公司	使命
华为	聚焦客户关注的挑战和压力,提供有竞争力的通信与信息解决方案和服务,持续为客户创造最大价值
惠而浦	每个人满怀激情地创造永远忠诚的顾客
微软	成为世界第一的创新性技术方案提供者,帮助世界上所有客户与合作方充分实现其潜能
旭硝子	着眼未来,创造一个更加光明的世界

资料来源:2013年2月的各公司官方网站

3. 价值观

这里所说的价值观,实际上是一种人文价值,是企业的选择倾向性。它们表明的是,企业看重什么、崇尚什么、鼓励和提倡什么。企业价值观是企业全体职工共同持有的,作为他们共同的奋斗目标和行为规范。这些目标与规范可能来自企业家的创造,也可能来自企业家对企业职工已有精神的概括、总结和提高。

价值观一旦为全体职工所掌握,体现在他们的行动中,就可以形成一种无形的力量,在企业的战略生成和处理企业的内外利益相关者的关系中发挥着根本的指导作用。但真正确立或重新确立企业价值观并非易事,因为它是企业和其全体员工深层的自我认识和自我改变过程。企业价值观是否有效、统一、明确,其标准就是看它能否为企业和企业全体成员处理与各种内外利益相关者的关系提供明晰的选择指导。见表2-3。

例如,我国制碱业和民族工业的先驱、著名企业家范旭东先生1934年提出了企业的"四大信条",对企业处理内外利益相关者关系就具有很好的指导性。其内容是:

(1)我们在原则上绝对地相信科学;
(2)我们在事业上积极地发展实业;
(3)我们在行动上宁愿牺牲个人,顾全团体;
(4)我们在精神上以能服务社会为最大光荣。

表2-3 几家公司的价值观

公司	价值观
华为	成就客户,艰苦奋斗,自我批判,开放进取,至诚守信,团队合作
惠而浦	相互尊重,诚实,多元文化和包容,团队合作,必胜的精神
三星	尊重人才、追求卓越、主导变革、正当经营、共同繁荣
爱立信	尊爱至诚、专业进取、锲而不舍
奥的斯	人才培养,环境、健康与安全,质量管理,商业道德

资料来源:2013年2月的各公司官方网站

愿景、使命和价值观是企业文化的核心,这一核心只有与外在形式相一致时,才真正具有意义。企业文化的外在形式有以下几种。

(1) 真实信息

企业文化最重要的存在形式是企业的真实信息。首先,是企业管理者特别是高层管理者的行为所传达的真实信息,因为在企业的执行体制中,管理者特别是高层管理者具有主导地位。其次,企业的民间文学和创业故事也是企业文化最重要的存在形式,因为其中除了存在非正式群体的价值与文化之外,反映的正是企业员工内心的真实信息。最终的真实信息反映在企业经营管理的各项活动和全体员工的行为之中。

(2) 正式信息

企业以组织的正式方式所表达的信息也是企业文化的存在形式。例如,企业的战略目标、战略、政策和企业的目标体系,企业的组织结构、制度、程序、惯例、仪式等。企业确定企业文化,往往是通过正式信息进行,但前提是反映企业的真实信息,达到二者的一致;否则正式信息所表达的信息就没有战略意义,就失去了对生成企业战略和处理内外利益相关者的指导作用。

（3）外在形象

能够让企业的利益相关者特别是外部利益相关者迅速地了解企业文化,并因此而产生信任和信心,对企业的经营管理同样十分重要。这就需要通过外在形象来传递信息。企业的服装、标志以及企业员工的举止言谈等都是企业传递企业文化的外在形象。外在形象需要反映企业的真实信息,否则在战略上没有意义。

（4）企业的文体娱乐活动

这种存在形式主要是反映企业与内部利益相关者关系中的企业文化。当企业的文体娱乐活动所传达的真实信息与企业在重要的经营管理中所传达的真实信息一致时,它们就构成确立企业文化的比较有效的一种方式,但不是主要方式。如果不传达真实信息,则不构成一种存在形式。

四种存在形式在企业文化的确立过程中,其重要性是逐渐降低的,最重要的是真实信息,它呈现了企业文化的客观形态。

二、愿景与使命的重要性

战略管理实践使人们认识到愿景与使命的重要性,越来越多的组织着手精心制定奇迹的愿景与使命,其中不仅有大型的跨国集团,也有众多的中小型企业,甚至包括一些非盈利组织和政府机构。[①] 特别是一些企业准备发动重大战略变革时,往往宜告新的愿景与使命。以愿景与使命引导变革的企业日益增多,以至于那些能够提出新愿景与使命的领导被称作"变革型领导",成为人们学习的榜样。

鲁梅尔特注意到,对愿景与使命的机械式的编写和使用形成了一种模版化的战略,他称之为一种"坏战略",并指出魅力领导不等于好战略,空洞的愿景也不等于好战略。[②] 许多言辞空泛无物的愿景和使命陈述,对企业制定战略没有丝毫帮助。虽然愿景与使命不一定能具体指导每一项战略,但愿景与使命是要靠一系列战略来实现的。从这个意义上讲,愿景与使命必须对战略的选项有一定的限定作用,这种作用主要表现在以下四个方面。

1.对确定企业经营领域和战略目标具有规定作用

愿景与使命说明了企业的价值取向,为企业战略决策提供了基本方针。如果企业仅仅以利润最大化为取向,其经营中的重大决策就会把利润放在第一位,

---

[①] Kofi Darbi,"Of Mission and Vision Statements and Their Potential Impact on Employee Behaviour and Attitudes",*International Journal of Business and Social Science*,Vol. 3 No. 14, July 2012

[②] 鲁梅尔特著,蒋宗强译.好战略,坏战略.中信出版社,2012:61

其选择的业务方向、为顾客提供的一切服务都以盈利率最大化为出发点制定方案和选择方案,为了增加利润可以放弃部分顾客。战略目标的确定也会把利润、销售利润率等反映利润最大化的目标作为重点目标。那些以满足顾客需求为企业价值取向的企业则会把顾客的需要放在首位,经营业务的开展以满足顾客的需要为出发点,通过满足顾客的需要获得利润;企业的战略决策坚持首先满足顾客需求,其次考虑企业的盈利目标。经营活动的开展首先为顾客着想,再为企业自己着想,为了赢得市场可以放弃企业的部分利润。由于愿景与使命对于企业面向的市场,以及在这个市场上为顾客作出的贡献以及特色都会有一定程度的说明,如果企业不把这些陈述作为一种空谈的话,这些说明对企业的经营领域、要进入的新市场、要打造的竞争优势和战略目标都有一定的规定性。所以,加里·哈梅尔才把愿景与使命看作战略中最核心的内容,尽管它们不是战略。

2. 为企业职工提供共同的经营理念,促进企业的文化建设

愿景与使命是企业的经营理念的核心,是企业经营中长期坚持行为准则,能够统一企业的各级管理者的思想,也能够统一全体职工的思想,使大家能够有共同的价值观和共同的努力方向以及奋斗理想。共同的奋斗目标和价值观是培育职工拥有共同的精神、文化的重要基础,这样才容易使职工对企业所倡导的行为、反对的行为产生共鸣,从而促进企业文化的建设。企业价值观、信念长期所形成的巨大作用比技术、资金更重要。国际商用机器公司董事长华森认为:"一个伟大的组织能够长久生存下来,最主要的条件并非结构形式或管理技能,而我们称之为信念的那种精神力量,以及这种信念对于组织的全体成员所具有的感召力。我坚决相信,任何组织若想生存下去并取得成功,它就必须建立起一系列牢固的信念。这是一切经营和行动的前提。其次,必须始终如一地坚持这些信念,相信它们是正确的。最后,一个组织或企业在自己的整个寿命期内必须随时准备改变自身,以应付环境变化的挑战,但是它的信念却不应当改变。换言之,一个组织与其他组织相比取得何等成就,主要取决于它的基本哲学、精神和内在动力。这些比技术水平、经济资源、组织结构、革新和选择时机等重要得多。"

3. 在一定程度上指导企业的经营资源配置

企业经营资源的积累和配置是企业战略管理的重要任务,企业资源的积累需要比较长的时期完成。因此,企业资源积累和配置需要高瞻远瞩、从长计议,避免急功近利的短期经营行为对企业资源所造成的浪费。愿景与使命从企业未来的长期发展方向指导企业资源的配置和积累,既有利于资源的围绕企业方向优化配置,又有利于资源的长期积累。当然正确的愿景与使命才能够达到这样的目的,错误的愿景与使命往往导致企业资源的方向性配置错误和浪费。例如,当1969年瑞士手表研究中心设计出第一只石英电子手表时,瑞士手表厂商仍然

坚持为社会提供优质的机械手表的愿景与使命,认为石英电子手表只不过是个昙花一现的"电子玩具",企业的资源仍然配置在机械手表的产品结构上,未做调整。但是日本的钟表厂商认为向社会提供时间准确、价格便宜的手表才是自己的使命,于是围绕了"石英电子手表"进行了企业资源的配置和积累。结果日本的石英电子手表在市场上大幅度取代了瑞士手表,瑞士手表厂商不得不进行资源的调整和重新配置。

4. 协调利益相关各方,赢得他们的支持

愿景与使命是企业对利益相关各方做出的长期承诺。企业如果坚持履行承诺,就能使利益相关各方感受到他们与企业未来事业的联系,愿意以自己的行动来支持企业的战略。特别是当他们通过愿景与使命看到了企业奋斗的目标和愿景蓝图与自己的利益一致时,他们就可能进行一些长期性投资,培育一些特定资源与能力,与企业建立战略合作伙伴关系。企业的股东和员工受到愿景与使命的影响,也会形成积极的态度和行为。这种目标激励的作用是物质激励难以达到的。高露洁(Colgate)公司首席执行官 Reuben Mark 认为:"当公司使命将每一个员工召集在公司的旗帜下时,重要的是在全球树立统一的形象,而不是在不同的文化中传达不同的信息。其奥妙在于要使公司的形象简单而高大……你不要指望仅仅靠财务目标就能够使每个人都能够冲锋陷阵。你必须提供一些使人们感觉更好,感到自己是某种事业的一部分。"[1]

三、愿景与使命的陈述要素

每个企业的愿景与使命陈述与其他企业都会有所不同:有的十分宽泛,有的高度集中;有的辞藻华丽,有的朴素简洁;有的希望说明企业的特征,有的仅能表达撰写者的修辞特征。然而空洞无物的陈述显然没有意义,正如鲁曼咨询公司的总裁卢卡斯所说:"'我们是由最出色的员工组成的最出色的企业,为最出色的顾客提供最出色的产品和服务',像这样的陈述根本无法判定企业的核心价值。"他认为愿景陈述至少应该说明以下 5 个方面:[2]

①企业价值观和行动准则的纲领;
②作为战略目标、计划和重大事项源头的基本方向;
③引导企业走向未来的力量;
④使企业与众不同的决定因素;

---

[1] Brian Dumaine. "What the leader of Tomorrow See". Fortune July 3, 1998:50
[2] Lucas. "Anatomy of a vision statement". *American management association international*, February 1998

⑤企业和他人的相互依存关系。

加纳行政管理研究院的达尔比教授认为使命应当说明与利益相关者的价值观和期望相一致的企业最高目标,说明企业所从事的事业是在什么领域并为谁服务。他归纳了许多学者的观点,得出了使命陈述应当包括的 8 个主题[①]:

①企业的最高目标;
②企业的基本信念、经营哲学、原则、抱负和行动准则;
③对企业顾客的界定;
④以产品、市场或订立范围界定的组织边界;
⑤企业在财务或经济方面作出的长期承诺;
⑥企业在生存与发展方面作出的长期承诺;
⑦企业的本质特征,独特的能力或者竞争优势的基础是什么;
⑧企业如何为顾客、员工、股东等利益相关者创造价值。

从上述学者的分析和归纳中也可以看出,愿景陈述与使命陈述中有一些内容是共同的或重合的。在战略管理实践中,许多企业的愿景与使命陈述也极为相似,或者只陈述其一,而不再陈述另一项。

四、愿景与使命陈述的特性

(一)态度宣言

愿景与使命是对企业价值观、信念和未来发展方向的宣言,是对企业前景的笼统展望,而不是对企业具体细节的陈述。其原因至少有以下两个。

1. 态度性的宣言,有助于发挥创造力

好的愿景与使命应当有利于产生和考虑多种可行的战略和目标,如果过于具体地描述愿景与使命,就可能限制经营管理者的思路。对企业前景的笼统展望和宣言,可以激发经营者在基本方向保持不变的情况下,广开经营创新思路。

2. 态度性的宣言,有利于调和企业的不同利益相关者

企业的利益相关者包括员工、顾客、股东、政府、供应商、经销商、债权人、工会、社会公众等,这些不同的利益相关者对企业的要求不尽相同,甚至有时要求可能相反。企业必须重视这些利益相关者的利益。但是,从长远来强调各个利益群体的利益,具体反映他们各自不同的而且随着时间变化不断变化的利益要求,愿景与使命的描述无法面面俱到,也不可能八面玲珑。对企业前景的笼统展望和宣言使各个利益群体的要求只处于一个模糊的状态,使企业在不同时期调

---

① Kofi Darbi,"Of Mission and Vision Statements and Their Potential Impact on Employee Behaviour and Attitudes", *International Journal of Business and Social Science*, Vol. 3, No. 14, July 2012

节其利益关系能够"游刃有余"、"左右逢源",不至于"顾此失彼",引起不必要的争议。

(二)调解分歧

有些学者发现一些企业之所以不愿意制定其愿景与使命,是因为在制定愿景与使命的过程中往往容易暴露企业战略制定者之间的分歧,曾经长期共事并自认为相互了解的人们会突然发现他们之间存在着根本性的分歧。显然为了回避矛盾而不愿意制定愿景与使命的做法等于自欺欺人,对于重大战略问题的分歧迟早会"浮出水面"。只有面对矛盾,在愿景与使命的制定过程中,经过思想交锋,统一对环境、企业资源条件或者未来形势的估计、看法,才能调节分歧,统一思想。

(三)用户/顾客导向

一个好的愿景与使命体现了对用户/顾客的正确预期。用户/顾客的需要决定了企业的基本经营方向和价值取向,而且用户/顾客所购买的和珍视的永远不是产品而是效用,即产品或者服务对他们的使用价值。所以,愿景与使命突出的不是具体的产品形态或者服务项目,而是满足用户/顾客需求的产品或服务的基本效用。例如:

- 美国电报电话公司突出的是通信;
- 环球电影制片公司突出的是娱乐而不是电影;
- 太平洋联合公司强调的是运输而不是铁路;
- 埃克森公司突出的能源而不是石油和天然气;
- 蓝天煤气公司突出的是燃气而不是煤气。

(四)社会政策宣言

社会政策与愿景与使命密切相关,某些社会责任是企业应当承担的,如环境保护、公众利益等,愿景与使命应当体现对社会的这一责任。如 Norton 公司愿景与使命的结尾内容是"……为了完成这一任务,公司将继续表现出对公众利益的责任感,并将继续赢得用户、雇员、股东、供应商及社区的尊敬与忠诚";波音公司价值观强调作为优秀的企业公民应"提供安全的工作并保护环境";三星公司"将承担一个优秀企业公民在社会以及环保方面所应承担的全部责任,追求与我们的每个社区、国家以及人类社会共同繁荣"。这样的社会政策宣言,也有助于塑造公司的公众形象。

五、愿景与使命的影响因素

愿景与使命会随着时代的变迁而进行调整,如惠普公司在工业电子时代和工业信息时代的使命就有明显差异。

惠普公司在工业电子时代的使命是:设计、制造、销售和支持高精密电子产品和系统,以收集、计算、分析资料、提供信息作为决策的依据,帮助全球用户提高其个人和企业的效能。

惠普公司在工业信息时代的使命:创造信息产品,以便加速人类知识的进步,并且从本质上改善个人及组织的效能。

其中变化主要有以下四点:(1)经营领域的扩大,即由原来的"电子产品和系统"变为"信息产品",并且将顾客从"个人和企业"变为"个人和组织"。这一变化适应了20世纪90年代全球信息产业快速发展和顾客变化等环境特征;(2)自我意识的变化,即由原来的"生产、制造、销售和支持"的角色变为"创造"者,这种变化体现了惠普市场地位的改变及通过创新争取市场领先的雄心;(3)激励性的提高,惠普在新使命中明确提出要"加速人类知识的进步",既体现出其承担的社会责任,又增强了对员工的激励;(4)对员工的重视增加,即不仅要帮助"用户"提高其效能,而且要"根本上改善个人和组织的效能",这就将惠普员工本身也包括在内。

这说明愿景与使命不是永远不变的而是在某些因素发生重大变化时,也应当进行相应的调整、改变。这些能够影响愿景与使命的因素主要有内部因素和外部因素两类,如图2-1所示。

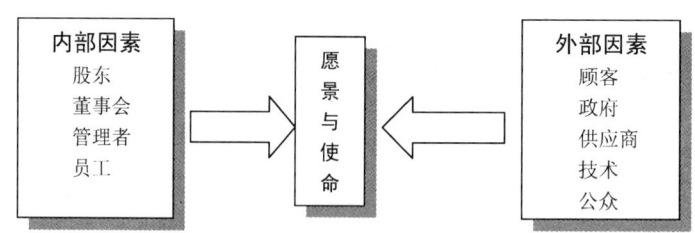

图 2-1　愿景与使命的影响因素

六、愿景与使命制定程序

愿景与使命的陈述要素并不意味着不同企业会遵循完全相同的程序。有些企业外部环境变化相对平稳,企业又能获得合乎预期的收益,如果企业的高层管理团队特别是主要负责人无意发起重大战略转型,这时对愿景与使命的修订更多地带有文辞修饰的特点。当企业面对外部的严峻挑战而高层管理团队有意推进战略转型时,就要考虑采用比较严密的程序来制定愿景与使命。在这一过程中,应当尽可能地了解利益相关者各方对企业的期望和要求,凝聚各方特别是员工和管理人员的共识。通过制定愿景与使命,使参与各方对企业有更强的责任感,统一各方特别是员工与管理人员的思想,避免人们对愿景与使命产生消极态度。企业最高领导在制定愿景与使命的过程中无疑发挥着至关重要的作用,他们对产业演变趋势或是顾客需求的深邃洞察力有可能使他们能够提出利益相关各方都能接受的陈述方式,从而简化制定过程。但一般而言,愿景与使命的制定过程包含有以下或隐或显的五个步骤,如图2-2所示。

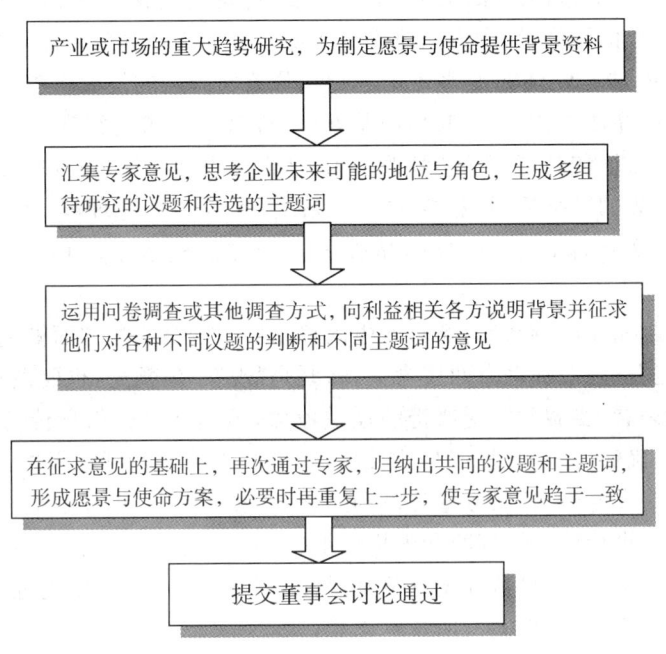

图2-2 愿景与使命的制定程序

在愿景与使命的制定过程中应当注意以下几方面。

1. 为专家提供的背景材料应当包括主要环境因素分析、企业关键资源与能力分析和企业过去的主要业绩,以及企业存在的重大问题。

2. 在制定愿景与使命过程中可以使用情境规划方法,以最可能发生的情境为背景,生成企业的愿景与使命。

3. 企业高层管理团队可以作为专家与外部专家一同工作,但在进行趋势分析、情境规划时,应该充分尊重外部专家的意见,力求得出准确的、不带有偏见的判断,以保证企业的愿景与使命有更长的生命力。

4. 愿景与使命确定后,应当对所有管理者、员工,对用户、供应商乃至公众进行宣传、传播,使之确实成为企业对各方的承诺。

由于愿景与使命的制定一般都力求精炼,所以在宣传时应当有必要的解释、说明。

如中国移动通信公司的愿景是"成为卓越品质的创造者",使命是"创无限通信世界,做信息社会栋梁"①。该公司对愿景与使命的解释是:

"成为卓越品质的创造者",是中国移动在新环境下,适应市场需求、保持价值增长,实现新跨越的着力点。随着信息社会的发展,未来的通信消费需求将逐步由单纯的产品需求向复杂的品质需求转变,运营商只有在产品的功能性、服务的系统性、体验的崇尚性、内容的时尚性等诸多方面不断创新才能形成长期的差异化竞争优势,将2G优势延续到3G时代,最终实现新的发展跨越。

成为卓越品质的创造者,其核心就在于,以客户需求的洞察、挖掘和满足为目标,以企业价值链各环节的持续改善为策略,以人、组织、运营体系的系统结合为基点,从领先的网络质量、精准的计费系统、深入的客户理解、满意的客户服务、创新的业务产品、值得信赖的品牌等多个方面塑造中国移动服务的卓越品质。

成为卓越品质的创造者,意味着中国移动要在网络质量方面做到持续领先。这里的"领先"有静态和动态两层含义,即既是"现在"的领先,也要做到"未来"的领先。静态来看,要做到广泛严密的地域覆盖,迅捷清晰的信息传送,稳定安全的支撑系统,确保客户实现"随时、随地、随心"的无障碍沟通以及"无论在何方,中国移动始终在身边"的服务宣言。动态来看,要做到以市场为导向,对未来网络的发展趋势进行前瞻性判断和先机性把握,适时引入新型技术,不断提升网络集中化管理水平,全力打造领先竞争对手的技术先进型网络,以先进的网络带动领先的业务与服务,以巩固长期竞争优势。

"创无限通信世界,做信息社会栋梁"包含了中国移动通信员工对过去和现在的认识以及对未来的期望和判断,揭示了企业成长的基本原则和思路,体现了企业确保持续发展的根本动力。"创无限通信世界"是中国移动通信追求的理想境界;"做信息社会栋梁"体现了中国移动通信在促进社会进步中担当的作用和责任。

"创无限通信世界",体现了中国移动通信站在技术、产业和市场发展的最前沿,成为具有缔造无限通信世界"开拓者"和"先导者"的信心和实力。中国移动通信将始终站在技术发展和市场需求变化的前沿,前瞻性地创造新的业务模式和解决方案,成为通信业引领发展趋势、"先知先觉"的领航员。

"创造无限通信世界",提供崭新生活方式,让所有人享受到随时、随地、随意沟通的快乐,是中国移动通信永远的追求。

---

① 中国移动通信(China Mobile)网页

"做信息社会栋梁",体现了中国移动通信在信息化这一伟大的历史进程中所起到的作用和企业强烈的社会责任感和自信心,预示着中国移动通信在信息化进程中的发展思路。信息化的目的是通过信息的高效传递和应用来创造财富。中国移动通信所运营的物理网络资源是信息传递的基础设施,所提供的通信服务是使信息资源变成财富的媒介和手段。中国移动通信所处的关键性位置,决定了企业将在社会信息化的进程中扮演重要角色,发挥重要作用。

第二节 战略目标

愿景与使命的确立为企业明确了前进的基本方向,但是愿景与使命是比较笼统的,它也往往并不是在一个战略期内就可以完成的。因此,愿景与使命并没有明确在某一战略期内具体的行动目标。那么战略目标就是要把愿景与使命在某一战略期的任务具体化,以便于执行和衡量。在这个过程中,战略意图起到了积极影响作用。

一、战略目标与战略意图

企业目标体系从职能部门工作目标到愿景与使命形成的层次结构,如图2-3所示。

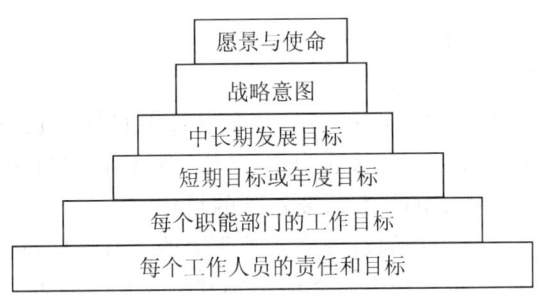

图 2-3　企业目标体系

战略目标是全局性目标,即关系到企业发展各阶段和各方面的重大目标。从这一特性分析,图2-3中的愿景与使命、战略意图和长期及中期发展目标都是关系到企业发展各阶段乃至各方面的重大目标,是广义的战略目标,企业的长期、中期发展目标则是狭义的战略目标。因此,狭义的战略目标是在愿景与使命和战略意图明确之后设定的。

战略意图是一种特殊的战略目标,是在愿景与使命已经明确业务方向的基础上,对企业期望在市场上占据的竞争地位的进一步说明。根据普哈拉德和加里·哈梅尔的观点,过去20年中达到世界顶尖地位的公司最初具有与其能力并不相称的雄心壮志——战略意图。"战略意图包括了渴望取得领先地位的雄心,建立企业发展计划所要依照的准则。日本小松公司曾经打算'包围卡特彼特公司',佳能公司要'冲击施乐公司',本田公司努力成为像福特一样的汽车工业的先驱。这都是战略意图的表达。"①

虽然迄今为止只有很少的企业明确表达自己的战略意图,但普哈拉德和加里·哈梅尔的研究表明,明确的战略意图可以使组织的注意力集中于成功的本质;通过向员工传达目标价值而激发他们的活力,让个人与团队都能够作出贡献;当情况发生变化时,提出管理的新定义以保持热情;利用战略意图始终如一指导资源配置,而且战略意图使企业资源与企业雄心并不相称,要求企业必须充分利用资源和发挥创造力,以弥补二者的差距。战略意图可以持续或者延长企业注意力的时间,使短期行为保持一致,能够不断利用新机遇实现企业雄心。因此,战略意图至少在以下几个方面对战略目标产生作用:一是战略意图明确了企业在同行业中领先的雄心,企业的战略目标要与其一致,体现这一雄心;二是战略意图使企业当前的资源、能力与企业雄心并不一致,显示出资源、能力与企业战略目标的差距,这就为提升资源与能力示明了方向;三是战略意图使企业持续关注如何实现市场领导地位,从而使战略目标也要具有在这一方向上的持续性。

二、战略目标含义、特征

(一)战略目标含义

战略目标是战略所要实现的目标,是全局性的目标。它关系到企业发展各阶段和各方面的重大目标。到目前为止,对战略目标仍然有两种不同的理解。

1. 战略目标是拟生成的战略所要达到的目标

在规范的企业战略管理的过程模式中所说的战略目标,正指的是这种目标。显然,这种战略目标是在战略生成之前识别和确定的。这些战略目标反映了企业现状与应当实现的理想状况的差距,也是战略意图所要达到的目标。它们指导战略的生成,指明企业的变革方向。因此,所谓的战略目标(狭义的战略目标)是指企业在一定的时期内,执行其使命和体现其战略意图所要达到的预期成果。

2. 战略目标是对所生成战略的集中表述

这是在企业实践中经常使用的对战略目标的理解。尤其是在企业的战略规划的书面报告中,往往把战略选择和战略构成等最重要的战略课题表述为企业

---

① 徐振东,张志武译. Porter Hamel Prahalad 等著. 未来的战略. 四川人民出版社,2000:130

的战略目标。这实际上是按照战略上的重要地位来识别和表述战略目标。显然,这种战略目标不是在战略生成之前识别和确定的,而是与战略生成同步互动地完成的。这种战略目标主要包括以下两方面。

(1)战略选择

这些目标绝大部分是企业经过系统的战略分析之后所做出的战略选择的集中表述。主要包括:

①愿景与使命和企业前景;

②公司战略,主要是其经营领域选择和经营领域组合;

③竞争战略,即在成本领先和差异化之间,在集中化和广泛化之间作出的选择。

④成长战略,现阶段的成长课题,未来的成长目标、战略跨度与战略速度等。

(2)具体目标

这些目标往往是企业战略重要的构成内容,包括基础管理、财务、技术、产品、市场、竞争和重要资源等方面的目标。

一些企业在战略管理工作中,将战略制定简单地理解为上述战略目标的制定,将战略的可操作性简单地理解为用数值描述具体目标。这种偏见容易使战略制定变成一种数字游戏,无助于生成有效的战略。

(二)战略目标与企业目标

如图2-3所示,广义的战略目标包括愿景与使命、战略意图和企业的长期、中期目标,狭义的战略目标指的是长期、中期目标。不能把企业的短期目标、部门目标和个人目标全都视为企业的战略目标,也不能简单地把这些目标视为战略目标的展开和分解。因此,企业的战略目标与企业的目标层次结构有直接的关系,但不能将二者等同。

更符合实际情况的是,企业的短期目标、部门目标和个人目标中,实际上包括了战略目标和日常目标两大类,它们既有联系又有区别。一方面,两类目标需要相互联系、相互支持。战略目标的设定需要以企业当前和近期的生存为最低限,因为一旦企业不能生存下去,它的战略目标也就无从谈起。企业的日常目标也必须以不损害战略目标为最低限,否则企业的发展就会陷入一种纯粹的随机方式,这样的企业等于放弃了战略管理。另一方面,两类目标也存在着比较明确的区别,有着完全不同的设定标准和衡量标准。战略目标从对企业发展的各阶段和各方面有重大、深远影响的角度进行识别和设定。战略目标是否正确、恰当,主要的不是看其对企业当期业绩、当期竞争力或某些个别方面的贡献,而是看其对企业长期、全面竞争力和业绩的贡献。当然,理想的情况是,两类目标能够达成较好的一致,即在实现战略目标的过程中,也是对当期业绩和当期竞争力的强化;但这种情况并不是总能出现。有时两类目标是相互冲突的,需要企业进行权衡与取舍。

例如,如果一个企业按照企业战略目标的要求,在本年内企业需要相当多的投入实现生产设备的全面更新,以便在三年之后形成新的竞争力。但同时,为提高本年度的业绩,企业也需要相当多的投入招聘大量的销售人员,建立分销机构,加大促销力度。如果企业现有的资金和融资能力无法同时兼顾,则在其本年度目标中,企业就需要在更新设备和加大促销力度之间进行权衡乃至取舍。

三、战略目标设定的过程

战略目标的设定过程可以分为三个阶段,如图2-4所示。

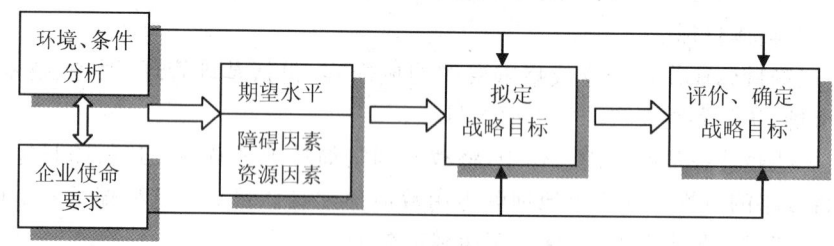

图2-4 战略目标的设定过程

(一)战略目标分析阶段

战略目标的设定要有一定的依据,所以在战略目标拟定之前首先需要对环境、条件进行分析,了解企业所面临的有利因素、不利因素和企业的优势、劣势,以及愿景与使命对战略目标的要求。据此提出企业发展目标的理想水平,即所期望的水平;并分析实现理想目标所存在的主要制约因素,即障碍因素以及可以保证或者有助于实现理想目标的资源条件。

(二)战略目标拟定阶段

综合理想的战略目标和障碍因素、资源因素对战略目标进行进一步具体化,确定其所有战略目标(战略目标体系所包含的目标)的目标值(也可以是定性的)。在这一阶段是否坚持资源与战略目标的匹配可能成为高层管理者争论的焦点,即使大家能够认同战略目标可以高于资源条件,但是战略目标与资源的差距或者说资源的缺口究竟应该多大,也可能还是争论的焦点。在与企业的战略意图、高层管理者的战略指导思想密切相关。

(三)战略目标评价、确定阶段

在战略目标拟定的基础上,对战略目标进行评价并确定。在这一阶段要着重评价以下几个方面。

1. 战略目标是否明确

评价战略目标是否是多义的,可以有不同的解释,战略目标是否有明确是重点和非重点之分。

2. 战略目标的平衡

对战略目标内容进行综合评价,评价各个战略目标是否协调一致,有无改善的余地。

3. 战略目标的阶段性

尽管战略目标是战略期限内的目标,但是根据企业的实际情况可以划分为几个阶段,分阶段完成。这就需要评价在各个阶段每一目标的可行性,以及与总体战略目标的衔接可能。

在进行如上所述的评价基础上,确定付诸实施战略目标方案。

四、战略目标的作用

1. 将愿景与使命具体化

战略目标将愿景与使命对企业发展的要求具体化,成为在战略期内企业在各个管理阶层、各个部门具体努力的方向。而且战略目标是对愿景与使命在不同发展阶段的具体体现,愿景与使命的完成往往不是一个战略期限就能够完成的,需要通过几个战略期限才能完成,每一阶段的战略目标就成为实现愿景与使命的"里程碑"。

2. 为战略决策和战略实施提供评价标准

在企业的经营中,往往许多重要决策都与能否完成企业的战略目标相结合,把是否有利于战略目标的实现作为决策方案评价的重要标准。战略方案到期是否完成,首先要将战略目标与实际业绩进行对比,并且据此对照各个责任单位、责任人进行奖惩,而且这样的评价和奖惩往往容易被职工接受。

3. 进一步明确企业的发展方向和发展速度

企业的发展方向和速度往往通过一些具体的战略目标得以更清晰地体现出来,并且参考过去完成的战略目标与下一期战略目标进行对比说明企业方向的调整和速度的快慢变化,使管理者能够切实感受到工作、任务的调整和变化,也使职工能够体会到企业发展方向和速度的变化,有利于理解企业的战略和实施企业战略。

4. 激发职工的生产、工作热情

企业战略目标对企业的发展所要达到的具体目标进行了描述,使职工能够切实感受到自己与企业未来前途的关系(包括个人物质利益和个人成长与企前途的关系），也明确了自己在实现战略方案中的工作目标，这样，可以激发职工有针对性地积极提高自己的工作能力、生产技能，更好地推动企业战略目标的实现。

五、战略目标的体系与内容
（一）战略目标体系
根据企业的战略体系构成，相应地战略目标体系的构成也可以分为三个层次。

1. 公司战略目标

反映整体公司的经营范围、经营规模、投资方向、资本运营方面的目标。

2. 战略经营单位（SBU）战略目标

反映具体某一业务的发展方向、经营水平、竞争方向方面的目标，战略经营单位的战略目标要与公司战略目标协调，在公司战略目标的指导下制定。

3. 职能战略目标

职能部门承担着具体的在某一职能方面的战略任务，公司职能部门和战略经营单位的职能部门其战略目标都要分别与其对应的上层战略目标相协调，设定具体的战略目标。

以上三个层次的战略目标形成一个既相互区别又相互联系的目标体系，共同承担着企业的战略任务。

（二）内容
1. 顾客服务目标

反映企业在战略期内满足顾客程度的目标，如顾客满意度目标、顾客忠诚度目标、主要服务项目等。

2. 财力资源目标

反映企业在战略期内资金动向目标，如资本构成、新增股票、现金流量、流动资本等。

3. 人力资源目标

反映企业在战略期内人力资源发展目标，如人才储备、人才培养、职工素质结构（如年龄、技术、文化结构）等。

4. 市场目标

反映企业在战略期内目标市场发展方向目标，如目标市场区域及重点、市场份额、销售额等。

5. 组织结构目标

反映企业在战略期内组织运行目标，如组织变革、制度变革等。

6. 物质设施目标

反映企业在战略期内生产、经营条件的扩大或者改善目标,如经营面积或者生产面积、物流条件、设备更新、生产能力等。

7. 产品(业务)目标

反映企业在战略期内产品发展方向的目标,如产品(业务)档次,产品(业务)品种,新(业务)产品,产量(业务量)等。

8. 生产率目标

反映企业在战略期内人均产出目标,如全员劳动生产率、人均利税、人均销售额等。

9. 盈利能力目标

反映企业在战略期内经济利益目标,如利润额、销售利润率、投资收益率、资本利润率等。

10. 研究与开发目标

反映企业在战略期内技术发展水平产品技术水平,如工艺革新、技术创新等。

11. 社会责任目标

反映企业在战略期内对社会的贡献目标,如环境保护、资源消耗、公益事业等。

以上战略目标的设定因行业而异,因企业而异,并无统一模式。值得关注的是:

由罗伯特·S.卡普兰教授和戴维·P.诺顿总裁提出的战略平衡计分卡指标体系,对制定战略目标具有指导作用。卡普兰和诺顿于1992年、1993年和1996年先后在《哈佛商业评论》上发表了《战略平衡计分卡:提高绩效的衡量方法》、《战略平衡计分卡的应用》和《将战略平衡计分卡用于战略管理系统》三篇文章,并且在此基础上于1996年出版了《战略平衡计分卡:一种革命性的评估和管理系统》专著。战略平衡计分卡的指标体系主要由财务、客户、内部经营过程与学习与增长四个层面的指标组成(见表2-4)。

表2-4 平衡计分卡的指标体系

财务层面的指标	客户层面的指标	内部经营层面的指标	学习与增长层面的指标
净资产收益率	市场占有率	新产品开发能力	员工满意程度
资产负债率	产品质量等级率	研究开发费增长率	员工流动率
投资报酬率	客户满意程度	产品制造周期	员工知识水平
销售利润率	产品交货率	产品设计水平	员工培训次数

(续表)

财务层面的指标	客户层面的指标	内部经营层面的指标	学习与增长层面的指标
应收账款周转率	产品退货率	工艺改造能力	管理水平
存货周转率	产品返修率	生产能力利用率	信息系统更新程度
成本降低率	产品保修期限	机器完好率	环境保护状况
营业净利润额	产品维修天数	设备利用率	
现金流量净额		安全生产率	

资料来源:张蕊.企业战略经营业绩评价指标体系研究.中国财政经济出版社,2002:99

六、战略目标的设定原则

战略目标是企业战略意图的具体体现,因而是设定的,而不是推算出来的。但是设定目标也不能随意而为,过低的目标会让组织滋生惰性,使企业的优势资源失去活性;过高的目标又让人感到不切实际,反而让组织成员失去信心。一般而言,设定战略目标需要遵循以下原则。

1. 集中原则

集中原则是一切对抗性活动共有的普遍原则,在兵战和商战中均是如此。企业的经营领域选择、资源配置、能力培养等等,都需要遵循集中原则。在战略目标的选择中同样需要遵循集中原则。例如,选择一个清楚的、相对狭小的顾客群体便于更好地把握顾客需求。集中原则的原因在于资源的相对稀缺性,目的是创造竞争优势。任何企业所拥有的资源很难绝对地充分,因为一般总有比自身资源更充分的企业。集中原则不仅包括总体上的集中,也包括在局部的集中,以形成局部的绝对优势。对企业而言,特别是在经营领域的选择中,形成局部优势(单一经营领域优势)十分重要。

2. 连续原则

战略的适应性和连续性是战略的两难选择,也是战略的两大课题。战略的本质就是适应,要求战略随着环境的改变而改变,快速适应环境的变化。但战略目标和战略都是关系到企业发展各阶段和各方面的决策和行动。企业战略目标的实现和相应资源的积蓄,往往都需要企业进行重大而且持续的投入。它们不能轻易决定,也不能轻易改变。否则,会打断战略的实施过程,付出巨大甚至是惨痛的代价。例如,柯达公司决定将本企业的"战略技术"确定为卤化银材料,目标是保持世界领先。战略管理的要求是,这一目标的确立应当是非常慎重的,是基于充分的分析基础之上决定的。相应地,在这一目标的实现过程中必须保持连续性,在较长的时期内持续地投入和开发,否则企业以往的设备和创新资源的巨大投入就会失去价值。

3. 挑战性原则

战略目标不能过于保守,比如为了确保目标的实现而设定一些低水平的目标。这类目标虽然容易实现,但会鼓励企业在制定战略时更偏好一些传统的、因循守旧的做法,而不去努力创新。伊丹敬之认为成功战略共有的特征,是企业最终实现了那些突破资源条件制约的发展目标。他把企业发展的动力机制描绘为"设定挑战性的目标,制造出资源紧缺的内部条件,有效地提升资源,完成预定目标"的一个动态过程。因此,在战略策划阶段不应当谨慎遵循目标与资源条件相吻合的均衡原则,这种均衡虽然有利于目标的实现,也会冲淡变革和创新意识,限制积蓄资源和发展的内在冲动。相反,不均衡的战略构想会给企业带来积极开拓的紧张感,这种压力可以加快资源积蓄,使企业的发展空间越来越广阔。

4. 可行性原则

可行性原则即要求战略目标的设定具有可行性,符合企业内外环境的条件和可创新空间。这一原则实际上是强调企业目标的客观性和客观标准。但可行性原则并非是对战略目标应有挑战性的否认,而是强调战略目标要在可行性和挑战性之间建立起平衡关系。比如伊丹敬之主张的不均衡战略,需要以具有挑战性的战略目标来引领,这类目标集中体现了企业的战略意图,但同样应该遵循可行性原则。这种可行性,并不意味着简单地按照现有的、既定的内外环境条件设定战略目标,而是要充分地考虑到企业在战略实施阶段可创造、可创新的可能空间,达到环境条件包括可创造条件所允许的限度。目标超越了这一限度,战略中的冒险成分就会大大增加。一些企业家进行战略选择时,往往设法突破环境限制以追求更多的机遇,有时就会把企业带入危险的境地。企业的战略目标选择要实现挑战性和可行性的统一,设立可以弥补的资源战略跨度,力求引导战略积极扩充和积蓄资源,也要防止过分冒险的行为。

本章思考题

1. 如何认识企业的愿景与使命?试举例说明。
2. 是否可以说:企业愿景就是企业在某一个战略期内(如五年战略规划)的企业任务?
3. 结合一个企业的具体情况,为其制定愿景与使命。
4. 在制定企业愿景与使命中应当注意哪些问题?为什么?
5. 如何理解企业的愿景、使命、战略意图和战略目标之间的关系?
6. 如何设定战略目标?

第三章 企业外部环境分析

本章导读

外部环境分析分为一般环境分析和产业环境分析。本章讲述了这些分析中要考虑的主要问题,并重点介绍了迈克尔·波特提出的产业分析模型和产业演变理论。

企业战略决策是在全面识别决定竞争胜负因素的基础上,制定并选择正确的应对方案。在这些因素中,外部环境无疑是最重要的方面。外部环境中的绝大部分因素是企业无法控制、难以左右的,是企业必须去适应的强制性条件。战略的本质在于适应。当企业尝试着改造起内部结构,建立起这种适应关系时,首先要认清外部环境变化中存在的机遇和威胁。因此,从企业战略管理理论的形成初期到现在,如何分析外部环境始终是人们不断探讨的一个课题。

第一节 一般环境分析

一般环境又称宏观环境,是对各个产业都不同程度产生影响的共同的外部因素。决定企业胜负的很多因素都存在于一般环境之中,这些因素不只是通过影响企业所在的产业而改变着企业的生存与发展条件,有时还会对企业产生直接的影响。因此,对一般环境进行分析是制定战略时必须进行的一项基础性工作。

一、PEST 分析

一般环境涵盖的内容十分广泛,可以被笼统地概括为政治与法律环境、经济环境、社会与文化环境、技术环境四个方面。所谓

PEST分析,就是指从这四个方面来探察、认识影响企业发展的重要因素。也有人把人口问题从社会与文化环境中单独列出。一般环境的主要方面及其内容如表3-1所示。对一个企业而言,在特定的时期内进行一般环境分析,还需要具体地识别各方面的特定内容。

表3-1 一般外部环境分析的主要内容

主要方面	主要内容
人口	人口的地理分布、就业水平、收入水平、年龄、文化差别等
经济	增长率、政府收支、外贸收支及汇率、利率、通货膨胀率等
政策与法律	环境保护、社会保障、反不正当竞争法以及国家的产业政策
社会与文化	公民的环保意识、消费文化、就业观念、工作观念等
科学技术	高新技术、工艺技术和基础研究的突破性进展

资料来源:Hitt, Michael A., Irland, R. Duane and Hoskinsson, Robert E., *Strategic Management*, 2nd Ed., West Publishing Company, 1996

许多一般环境因素往往是通过影响产业环境因素影响企业。这就要求企业识别所在产业对一般环境因素的敏感性。这实际上是企业在浩瀚的一般外部环境因素中识别出对本产业和本企业有意义的一组因素,从而也大大缩小了企业分析一般环境的范围。表3-2列出了20世纪90年代后期我国中成药制药企业在进行环境分析时需要考虑的一些一般环境因素,而这些因素的变化究竟对产业或企业能够产生何种影响,会带来哪些机遇与威胁,则是环境分析要回答的问题。

表3-2 对中成药制药企业有着重要影响的一部分环境因素

范围	影响因素
政策与法律环境	我国正在建立医(院)、药(房)分离制度和非处方药(OTC)的管理制度
	新型的社会保障体系将取代传统的公费医疗制度
	我国加入WTO以后,中成药产品的出口前景将发生变化
经济环境	城乡居民收入持续上升,居民的保健意识不断提高
	我国的资本市场不断发育、成长,企业的融资渠道和融资方式趋向多样化
社会环境	国民教育水平逐步提高,越来越多的人能以科学的眼光看待药品和保健品
	人口结构呈现老龄化,老年人的保健和治疗问题受到重视
技术环境	各种新型的萃取技术可能在制药领域得到广泛的应用
	生物医学技术的发展可能形成一些互补性或是互为替代的产品

一般外部环境分析通常要借助于各种经济、社会以及其他相关学科已有的研究成果,但在这些成果的基础上有必要对与企业有关的问题进一步研究。由于一般环境分析需要借助许多相关学科的知识,而每个产业乃至每个企业的情况又有很大差别,因此人们很难找到一种通用的分析工具。尽管如此,一般外部环境分析可以按照以下步骤逐次展开。

1. 扫描，即确定分析范围

这一步的任务是对所研究问题的有关领域，进行扫描式观察，试图发现可能影响到未来的变化征兆或事件。从时间的角度看，扫描的范围不仅要包括近年来发生的变化，也应该包括那些很早以前发生的、然而对今后还会产生影响的变化。以技术环境研究为例，如果一项在20年以前取得的技术成果还未过时，这一事件就应该被收入分析人员的视野。

2. 监测

即观察分析过去和现在所发生的变化及其规律与趋势。这一步骤的任务是对扫描分析中发现的变化进行连续监测，从中识别出变化的规律或是持续性的发展趋势。让我们继续前面的技术环境例子。这项20年以前问世的成果可能一直被不断改善，不断发展，并且在改进的过程中又遇到了新问题，那么持续改善的内容有哪些？这些内容之间的相互联系预示着什么？尚未克服的困难又有哪些？这些问题都应该通过监测分析来回答。

3. 预测

即对事物在未来可能的变化作出推断。在人们已经准确地认识到事物发展规律的前提下，描述出事物的未来形态不算困难，只可惜这样的情况并不多见。在更多的情况下，为制定战略决策而进行的预测是通过综合各种专家意见得出的，预测的结果也并不唯一，而是要列举出各种可能发生的变化，甚至包括一些没有先例的变化。

4. 评估

在作出预测之后，还要评估事物未来的变化对企业会产生哪些影响。一般说来，任何事物对企业的影响都是双重的，既有着有利的一面，也存在不利的一面。比如，顾客需求的变化可能使企业的市场空间迅速扩大，而这又会吸引更多的企业加入竞争者的行列。从某种意义上讲，机遇和威胁只是同一事物的两个方面，当认识到事物的全部影响时，威胁也会被转化成为发展的机遇。如果只是片面地看到事物的变化的有利一面，那么机遇也不过是一个诱人的陷阱而已。

二、情景分析法

一般环境未来的变化中往往隐含着一些足以影响企业命运的机遇与威胁，如果企业管理者能够预见到这些变化，就可能先人一等地做出应对，把握住稍纵即逝的机会，或是把不可避免的损失控制在最小范围内。然而，在长期趋势预测中经常使用的方法或者是对单一因素进行预测，或者是预测的结果为单一结果，其中一些方法的预测结果固然比较准确，但无法反映出多种不同的可能变化。特别是当有很多环境因素及其变化的不确定性又很大时，一些常用的预测方法会就失去效用。

为使企业能够从容地面对环境变化可能产生的不同结果，国际上许多大型企业长期以来一直应用并不断完善情景分析法。这类方法的起源可以追溯到 20 世纪 50 年代。在 60 年代，荷兰皇家壳牌公司首先将这种方法用于战略规划，并获得显著成效。史丹福研究院自 70 年代开始致力于研究可实际应用的预测方法。随后通用电器公司(GE)等知名企业也将情境分析法运用于企业的整体规划中。据介绍，目前国际上有 80% 的大公司运用情景分析法或类似的预测方法。

(一)情景分析法的基本内容

理论上讲，情景分析法适用于长期预测，原因是短期预测可预见性较强，不确定因素少，因此使用这种方法的意义不大。但长期预测不仅仅指对 5 年或是 10 年以后的变化进行预测，实际上，情景分析法所预测的是在较长的时间范围内可能发生的事件，却不限定事件发生的时间一定要在 5 年或 10 年以后。

情景(Scenarios)一词有电影脚本、梗概、剧情、情节或情况等意思，既可以应用于环境预测，也可以应用于决策方案的形成。在环境分析中，一种或一组情况也可被称为一个脚本，因此这种方法也可以称作"脚本法"。在战略生成和各项经营管理决策中，一个脚本就是一个决策方案。显然，方案脚本以环境脚本为基础，即先形成环境脚本，再根据环境脚本形成决策的方案脚本。

管理学中的"头脑风暴法"(Brainstorming)、"设想未来法"以及"案例法"、"未来案例法"等，都与情景分析法有相同或相近的内容。"头脑风暴法"是开动脑筋，以团队的方式挖掘和碰撞思想的火花，摆脱原有观念特别是潜在的原有观念的束缚，充分认识问题，认识未来。"设想未来法"要求不是基于过去和现在的因素、变化、数据和观念来认识未来，而是真正按照未来的合理可能性去设想未来，设想未来的各种可能的情况和问题，其中也往往以团队的方式运用头脑风暴法，充分地设想未来。"案例法"或"未来案例法"是将设想的各种未来的情况或问题当作不同的案例，这里的案例实际上就是脚本。

根据使用过程中编制脚本方法的不同，情景分析法可分为定量脚本法和定性脚本法。

定量脚本法以计量经济学或其他定量分析方法为基础建立模型，通过选择和调整不同的参数从而产生不同的脚本。借助于计算机进行模拟运算，这种方法可以迅速地产生大量脚本，有的多达 1000 多个。然后，分析人员对每一个脚本的合理性和发生概率作出评估。在产生脚本的过程中，改变一个变量，保持其他变量不变，产生不同的脚本。这样可以评价各个变量的不同作用和变量之间的关系，其目的是验证根据经验判断得出的参数结构。

定量脚本法有其自身的优缺点。其优点在于，可以得到大量的备选脚本，可以充分地分析出环境的各种情况。其缺点是，预测正确与否、脚本的质量如何，取决于模型的设立和参数结构的选择，依赖于过去的关系与数据。所以运用这种脚本法时,不能为貌似精确和充分的脚本所迷惑,应当明确这些脚本不过是所确立的模型、参数结构和数据的附属结果,对各种脚本发生概率及其合理性的评价应当最终视为对模型、参数结构及其数据的再分析和再思考。

定性脚本法与定量脚本法相比,认真的判断比复杂的方法更重要,因为通过人的思维、判断,识别重要的环境因素,分析它们之间的关系,克服了定量脚本法中看似精确的复杂方法所固有的机械性。同时,定性脚本法基于人的思考,可以关注和识别的因素的范围是十分宽广的,而定量脚本法尽管可以考虑很多因素,但它对数据的苛刻要求限制了因素的选择范围。

定性脚本法的基本特点是认识未来而非推导未来,不是基于过去和现在的数据去推断某一两个因素未来的变化趋势,而是向常规观念挑战,通过认识各种因素之间的合理联系去"设想"和"认识"未来。构想脚本要首先集中于环境整体的变化趋势,据此生成几种未来可能出现的情景,再分析每一种情景对企业战略的重要性和发生概率。企业管理者可将战略上重要而发生概率大的情况作为制定战略方案所依据的主要脚本,将战略上重要而发生概率小的情况作为制定备择方案或应变方案所依据的备用脚本。

脚本法的优点在于,它能够开阔企业管理者的思路,扩展他们的视野,提高他们对环境威胁的警惕,使企业的战略更具灵活性,同时又不会妨碍企业把握长期发展机遇的努力。即使有些情况实际上没有发生,预先准备好应急措施,建立起企业接受不确定性变化的反应能力也是有益无害。

(二)情景分析法的步骤

英国学者梅瑟(David Mercer,1995)[①]提出了简化的情景分析法(Simpler Scenarios),给出了一个相对清晰的编制脚本的步骤。

梅瑟指出,大型公司战略管理的趋势是让更多的职能部门管理者参与到战略分析和生成之中,但他建议组成6—8人的团队来从事情景分析,如果人数太多,则应当按照这一规模将参与者划成小的团队,让这些团队在同样的基础上平行地进行工作。环境预测的时间范围应设定在10年以上,目的是使参加者能够更自由地构想未来,避免他们不自觉地使用趋势外延的方法进行预测。

梅瑟把情景分析法分解为六个步骤,各步骤的内容如下。

1. 识别变化的驱动因素

即通过敏感性分析和时间跨度分析,识别出决定环境变化的重要因素。这些因素也称为驱动因素(Drivers)或变量。应只选择关键性的而且其变化是不确定的因素进入脚本,可预见的因素则不必过多强调,因为它们不会被忽视。

[①] Mercer,D.,"Simpler scenarios". *Management Decision*,Vol. 33, No. 4,1995

在此过程中,最重要的是让团队的参加者摆脱原有观念,向传统的认识挑战,努力发现包括现在尚未出现的异常变化。运用头脑风暴(Brain storming)方法可以发现不明显的、渐变的和潜在的重要因素。

2. 将各种因素归纳成一个有意义的框架

参加者根据他们所领悟到的各种因素之间可能存在的联系,将这些因素组合在一起,说明这些因素的共同变化可能引发的事件,形成7~9个事件。每个事件都有自己的情景逻辑(Scenario Logics),实际上都是脚本的雏形,所有这些事件构成了情景分析的一个基本框架。将现有的重要环境因素及其事件重新安排成一个可行的、有意义的框架。这是整个工作中最困难的一步,此时参加者的直觉将发挥重要的作用。

3. 形成最初的脚本

在第二步形成的7~9个事件的基础上,对驱动因素进一步分析,丰富事件的内容并将相近的事件合并在一起,从而发展出7个左右的小型脚本。

4. 将脚本减少到2~3个

从理论上并没有为什么要把脚本减少到2~3个的理由,而完全是出于实践的考虑。壳牌公司在20世纪70年代使用这种方法时,曾试图发展出6~7个甚至更多的脚本,结果却发现公司管理人员只从中选一、两个脚本并进行集中研究。这预示着通常只需要发现两三个"容器",就能将所有不同的情景逻辑都合理地纳入这两三个"容器"中。

减少脚本的数量并非要舍弃一些事件,相反,要保证所有重要的事件都在脚本中得到反映,各事件的重要性顺序也没有改变。在这一步骤中,需要进一步识别真正重要的因素和事件,在更大的范围内梳理各种因素、各个事件之间的联系,把可以放在同一情景下考虑的事件合并为一个事件组。同时需要工作团队充分的分析和争论,以检测每个脚本中不含有相互矛盾的、或是不可能在同一情景下发生的事件。

需要强调的是,这两三个脚本之间应当是互相补充的,也就是没有优劣之分、积极与消极之分。只有这样,对制定战略方案才有意义。因为对于明显优劣的脚本,谁都知道应该怎么做。理想的情况是,它们不应当是明显对立的,否则会影响使用者的采用。因此,应当选用中性的标题。例如,20世纪90年代壳牌公司制定的两个脚本,其主题分别是"可持续世界"(Sustainable World)和"全球商贸主义"(Global Merchantilism)。在壳牌公司的做法中,两个脚本要求有同样的发生概率,两个脚本涵盖了所有重要的因素事件。

5. 编写脚本

以最适宜的形式将脚本写出来,清楚地、完整地描述出那些可能发生的事件和彼此之间的联系。脚本是制定战略的依据,如果脚本的内容表述不清,或是脚本的内容与战略决策的焦点问题关系不大,那么这个脚本就失去了意义。

6.评价各脚本对企业战略的影响

这一步骤的主要任务是识别每个脚本对未来有深远影响的事项。在此过程中,战略制定者需要承担主要的决策责任。而运用"角色试演"的方法,可以提高他们对问题的认识。通过模拟式的角色试演,有助于明确每一个脚本中的事件对所涉及的组织(例如,对本企业及其某部门、对竞争者、对政府等)的影响。从而使从上到下所有参与情景分析的成员能够深入理解每个脚本的含义,明了未来可能需要他们作出什么样的反应。

上述内容只是一般的情景分析法的基本步骤,事实上情景分析法是一种可以广泛地应用于各种领域的预测方法,它既没有标准的工作程序,也没有没有标准的脚本格式。企业可以根据各自的需要发展出多种脚本系列,也可以将这种方法应用到不同的组织层级。特别是在企业面对着不断增加的外部不确定性时,运用情景分析法可以帮助企业建立起必要的战略柔性。这里需要说明,所谓不确定性,并不是完全不可知。多数情况下,人们虽然不能准确地预测到未来环境变化的必然结局,但可以确定几种可能的发展前景或企业环境变化的可能范围。剩余少数无法预测的因素或是不会对变化产生根本性的影响,或是随着时间的推移,逐步转变为可以分析的不确定性。

德勤咨询(Deloitte Consulting)公司提出战略柔性模型正适合于这类情况。该模型基本思路是对于企业面对的不确定性,应该考虑多种对策,于是通过识别变化的驱动因素,用情景分析法发展出多种情景,并确定将来可能的范围。针对每一种情景制定理想的战略,通过分析这些最佳战略之间的共同点和差别,确定每种战略可能都需要的"核心"资源和针对某一特殊情境的"可能"资源。然后再根据这些战略中对资源的需求情况调整资源结构,执行核心战略,同时监测环境的变化。在这个过程中,随着时间的推移,一些不确定因素逐步明朗,可以适当地执行或放弃一些选择。

表 3-3　德勤公司的战略柔性框架

一、预测 　确定变化驱动因素 　定义未来可能出现的情景范围 　描述各个情景片断	二、战略生成 　为各个情景制定最优战略 　根据最优战略匹配核心及可能需要的资源
三、能力培养 　直接获得执行核心战略的能力 　有选择地取得执行非核心战略的能力	四、战略运行 　执行核心战略 　监督环境变化 　有选择地培育或放弃非核心因素

资料来源:Deloitte Consulting, "Strategic Flexibility", http://dc.com

第二节 产业竞争环境分析

在企业的外部环境中,企业与生产同样产品的竞争对手相互对抗,而且它们又同时面对着一组相同的外部因素,这些竞争对手及外部因素就构成了企业的产业竞争环境。企业战略所寻求的适应性,直接体现为企业与其产业竞争环境之间的关系。如果一个企业处在不利的竞争地位,经营绩效低于产业平均水平,则意味着这种适应关系尚未建立起来或已不复存在。

一、波特的产业竞争分析模型

如果任意选择两个企业进行比较,那么它们经营收益的差别等于各自所在产业平均收益水平的差别,加上它们与产业平均收益水平的差别;其中产业间的差别可以归因于产业竞争结构的不同,而企业与产业平均水平的差别可以归因于竞争对手之间在内部结构上的不同。统计数字表明,不同产业收益水平的差别往往相当显著(见表3-4)。在这一简单现象的后面,隐藏着每个产业特有的结构性特征。只有认清这些结构特征,才能够更好地把握机遇,并对潜在的威胁采取有效的防范措施。

表 3-4 1990 年美国几个产业的收益水平

	股东投资报酬率%(ROE)	销售报酬率%(ROS)
家具	4.4	2.7
计算机与办公设备	6.4	5.7
制药	13.1	13.6
矿物、原油制品	4.5	8.7
建筑材料	2.1	2.4
出版、印刷	4.8	5.5

资料来源:M. Oster, *Modern competitive analysis*, Oxford University Press,1994

迈克尔·波特教授提出的五种力量竞争模型,把产业的结构特征归纳为五个方面的问题,即产业内部的竞争、与替代产品的相互影响、抗御潜在进入者的力量以及与上游和下游产业的竞争关系。波特认为,一个产业内部竞争激烈程度以及效益水平主要是受到这五种力量的共同支配,企业如果能够针对这五种力量培育起自己的反应能力,就可能改变竞争地位,赢得超额收益。

从战略管理的角度看,与波特的产业竞争结构模型具有相同目的的分析方法还有成功关键因素分析和 SWOT 分析。成功关键因素(即 Key Success Factor,简称 KSF)分析是由日本学者大前研一提出的一种包括了产业环境分析和企业内部结构的综合分析方法,这种方法强调分析和识别要在特定产业中经营获得成功所必须把握的关键环节,认清企业在这些关键环节必须达到的特定要求。在现代的战略管理分析中,这种方法一般都不单独使用,因为它几乎涉及企业战略管理的整个任务。实际可行的做法是,在产业竞争分析和企业内部结构分析的基础上,归纳出某产业领域中企业的成功关键因素。事实上,一个产业中企业的成功关键因素与产业结构特性之间有着紧密的联系。如果没有对产业结构进行深入的分析,反而容易将不同层次和不同性质的因素混同起来。

SWOT 分析即分析企业的优势(Strengths)、劣势(Weaknesses)和面对的机遇(Opportunities)、威胁(Threats),是由哈佛大学的安德鲁(K. Andrews)等人提出的一种分析方法。这种方法同样是关于企业整个外部环境和内部结构的综合分析,其优点是简单明确,特别是优势、劣势、机遇、威胁四个概念,极易被人接受;其缺点是如果作为单独的分析方法使用,则在具体识别优势、劣势、机遇和威胁时缺乏可操作性的分析工具。因此,在实际分析中更多的是把这种方法作为分析结果的表述形式,即在对一般环境、产业环境和企业内部结构进行充分、深入分析的基础上,再将分析结果整理成 SWOT 表单的形式。由于这种方法简明扼要,对于沟通战略分析的结果特别有帮助。

波特的五种力量竞争模型恰恰是成功关键因素和 SWOT 分析的一个非常有力的理论工具。通过对产业竞争结构五个方面的逐一分析,不仅可以发现企业直接面对的或潜在的机遇和威胁,也为认识企业的优势和劣势、识别成功关键因素提供了必要的信息基础。

图 3-1 给出了波特的五种力量竞争模型的框架,其中就每种竞争力量所列举的分析要点,是以制造业为基准形成的一般的或通用的因素。对于一个具体产业来说,其某种竞争力量的各构成因素及其重要性与其他产业可能会有不同,也可能需要加入一些新的因素。

与产业分析相关的一个问题是如何划定产业的范围。产业是一个相对的概念,可以是指一、二、三次产业这样宽泛的经济活动,也可以是指自行车制造业、玩具制造业这些具体的经济活动。按我国现行统计标准,产业分为 11 个门类(不含教育、医疗、政府机关),每个门类又分为若干大类,每个大类又进一步分为若干中类直至小类。无论一个门类或是一个小类,都可以被称为产业。即使是按照小类划分,要确定一个生产儿童自行车的企业究竟属于自行车制造业还是玩具制造业,也存在着技术性困难。其实,就战略分析的目的而言,能否为企业所在的产业划定一条为各方接受的边界并不重要,关键在于认清哪些企业向相同的市场上提供着同样的产品,它们共同面对的外部因素有是什么。波特认为,划分产业范围的实质就是划定五种力量的边界。也就是说,对于产业的范围完全可以根据企业竞争的实际情况而定。当企业管理者能够区分开五种力量时，他同时也就确定了一个产业。从这个意义上讲，把细分产业作为产业分析的研究对象，比如把零售业的一种业态作为一个产业，把儿童自行车而不是自行车作为一个产业，或是把移动通信业与其他通信产业相分离，可以更清楚地认识五种力量的内容及其影响，这也正是波特的理论具有广泛适用性的原因。

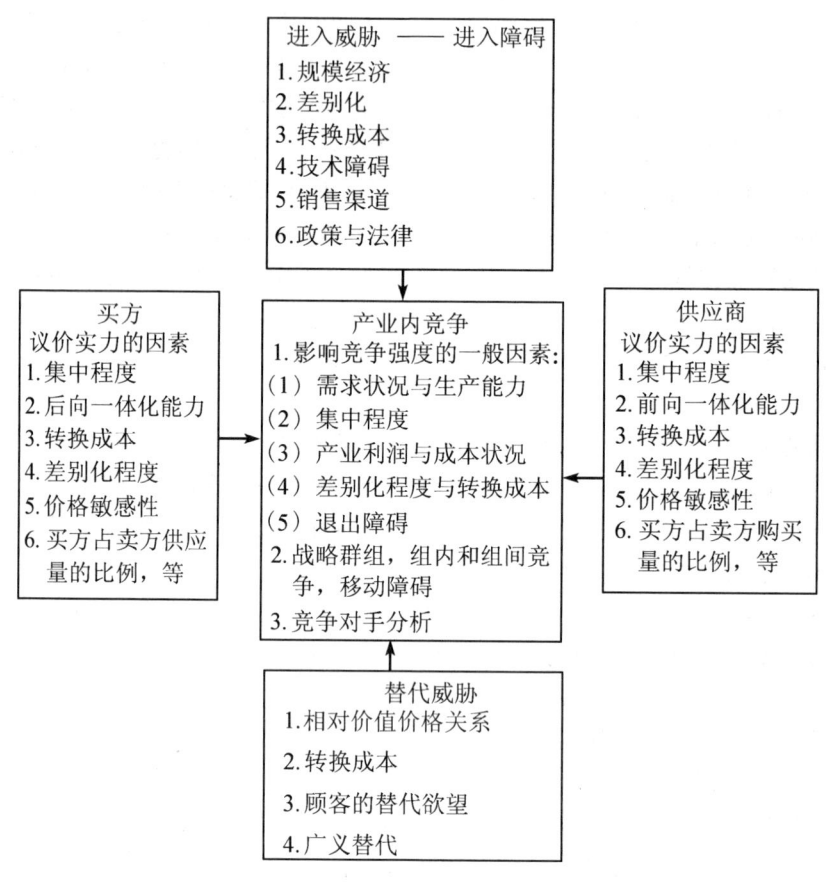

图 3-1　波特的五种力量分析模型

二、潜在进入者的威胁

当一个产业的市场正在急速增长，或者它的投资收益水平超过了其他产业时，这个产业自然成为其他产业的企业进行战略扩张时选择的进入对象。潜在进入者的进入行为会改变产业内的竞争格局，集中的市场结构可能变得分散，原有的竞争规则可能会被打破,企业的竞争优势也可能随着新进入者的到来而荡然无存。

一个企业时时面对着潜在进入者扩张企图的威胁,企业管理者无法确切指出谁在发出威胁,却可以估计这种威胁的大小。产业经济理论早已发现,每个产业都有自己的进入障碍。所谓进入障碍,是指产业外部的企业进入这一领域是必须付出的、而产业内的企业无须再付出的一笔损失。显然,进入障碍越大,潜在进入者的威胁越小。除进入障碍之外,产业的吸引力、产业发展的风险和产业内企业的集体报复可能性等,都影响着进入威胁的大小。当然,进入障碍真正构成了产业内各企业利益的保护屏障。

进入障碍主要有以下六种,它们共同决定着一个潜在对手进入产业需要多少资金的投入,需要多长时间才可以形成竞争力。

(一)规模经济

规模经济(Economic of Scale)指随着经营规模的扩大,单位产品成本下降的经济特性。如果产业内的企业都达到了相当的规模,并通过规模经营获取到明显的成本优势,那么规模经济就会成为抵御潜在进入者的制约因素。进入者为达到合理的规模往往需要花费大量的投资,一旦它不能达到合理的规模,又将无法承受巨大的竞争压力。

规模经济的本质是,随着企业某项活动规模的增长,其要素成本的增长比例低于规模的增长比例。规模经济不仅存在于生产环节,在其他环节如营销、销售、采购等,都可能存在规模经济。那些规模经济最为明显的环节,与成功关键因素之间存在着一定的联系。

与规模经济相关的另一个概念是范围经济(Economic of Scope)。范围经济是指企业的某些资源和能力可以在多个经营领域共享,由此而带来的单位产品成本的下降。范围经济也可以称为企业活动的"辐射性"。在不同的产业中,它的表现也是不同的。如果企业的生产环节具有较高的范围经济,则该企业可以运用同样的生产技术和设备生产不同大类的产品,从而使企业在不增加生产投资的条件下进入不同的细分产业,甚至不同的产业。范围经济对进入障碍有正反两方面的影响。产业内的企业可以运用范围经济构筑进入障碍,而潜在进入者所拥有的技术和设备能够"辐射"到这一产业时,也可以降低该产业的进入障碍。

(二)差别化程度

差别化是指企业凭借产品或服务所形成特色来吸引顾客,赢得市场。企业的品牌、形象、独特质量和性能、产品组合、服务等等,都是差别化的构成要素。如果产业内部的企业都具有良好的企业形象或较高的品牌知名度,并且这种信誉、形象成为它们吸引顾客的主要力量,这个产业的差别化程度就达到了较高的水平。新进入者为了在这一领域开展经营,必须花费很大的代价来树立自己的声望和品牌形象。特别要注意的是,克服差别化的进入障碍不仅需要大量的资金投入,而且还需要相当长的时间。因为要让顾客接受一种品牌或是一种有特色的产品,绝不是一朝一夕就可以完成的。

(三)转换成本

转换成本是指顾客为了更换供应商而必须付出的额外费用。比如一个制药厂,如果不从原供应商那里购进原料,而改从另一厂家进货,就必须重新检验这些原料的性能、质量。如果生产部门不熟悉新原料的性能,在生产过程中还有可能出一些废品。所有这些费用,都构成了转换成本。广义地说,顾客为了学会使用新供应商的产品而花费的时间、精力和资金,都属于转换成本。

顾客的转换成本越高,就会越依赖原供应商,或者说被供应商"锁定(Lock-in)"。当产业内的企业都能使其顾客具有一定的转换成本时,这种成本就构成了一道进入障碍。因为新进入者将会由于顾客不愿更换供应商而蒙受损失。通常,转换成本包括以下几方面的内容:

(1)重新培训自己的员工所需的成本;
(2)新的辅助设备的成本;
(3)检验考核新购产品所需的时间、风险和成本;
(4)需要销售者提供技术上的帮助;
(5)需要建立新的原材料物流系统;
(6)建立新关系、断绝旧关系的心理代价,等。

实践证明,转换成本是一种十分有效的竞争武器。不少企业采用各种方式成功地使顾客形成了转换成本,从而强化了它们的市场地位。

(四)技术障碍

在技术障碍中,专利技术是最有效的保护屏障。如宝丽来公司的一次成像技术、皮尔金顿公司的浮法玻璃技术,都是凭借专利保护来确立自己的领先地位的。同样,为少数公司专有的技术秘诀(Know-how 技术)、组合技术也可以构成抵御潜在进入者的技术障碍。

构成技术障碍的另一个重要因素是学习曲线。学习曲线所描述的是随着累计产量增加一倍,单位产品成本会按一定比例下降的经济特性。它实际上反映了人们在从事同一种工作时,经验不断积累并升华为技术,工作效率不断提高的过程。不同产业领域学习曲线下降的速度(即单位产品成本下降的比例)会有不同。如果下降速度较快,意味着先期进入某个领域的企业享有特殊的、与规模无关成本优势,这其实也是一种技术障碍。这时新进入者如果不能掌握其他降低成本的技术,就会处在极其不利的地位。

(五)对销售渠道的控制

企业可以通过建立专卖系统或者与销售商建立密切的合作关系来封锁新进入者通向市场的通道。虽然这种合作关系本身不具有排他性,但新进入者为了建立起有效的通道,必须以更优惠的商业折扣,或承担更高的广告费用等方式打动销售商,否则就难以开拓市场。

(六)国家政策

国家的产业政策和有关的法律、法规,包括对最低投资规模的要求、对环保设施的要求以及发放许可证时采取的实际控制措施,也构成了一项重要的进入障碍。

进入障碍的高低是由产业的技术经济特性和企业的竞争行为共同决定的。产业的技术经济特性会随着新技术的出现而改变,而企业之间的积极竞争会加速这种变化。也就是说,进入障碍通常不是产业内的企业相互协商与合作,而是正常竞争的结果。只要选择正当的竞争方式,竞争也能产生双赢;相反,当企业的合作使其放弃了加快技术进步的努力时,合作也会导致双败。

三、识别替代威胁

替代是所有产业都面临的一种特殊竞争关系。所谓替代,是指一种产品在满足顾客某一特殊需求或多种需求时取代另一种产品的过程。替代产品的存在扩大了顾客的选择余地,他们根据自己的特殊需要,不仅可以在同类产品中也可以在替代产品中选出最适用的那一种。因此短期地看,一种产品的价格和性能都受到替代产品的限定,无论其价格的上扬亦或性能的下降都将产生有利于替代产品的结果。而长期地看,一种产品或产业的兴起有可能导致另一种产品或产业的消失。例如,随着微电子工业的发展,打印机基本取代了打字机,电子计算器完全取代了计算尺,这些都是一个产业取代另一个产业的例子。由此可见,产品替代中包含着不容忽视的巨大危险。

特别需要指出,高新技术企业面对的竞争威胁很大程度上来自替代产品。一些高科技企业的管理人员由于掌握了某种独一无二的技术成果,于是认为企业正处在一个没有竞争的市场上,这实际上是对高科技领域技术竞争的一种错误认识。任何一项新技术成果都具有一定的独创性,它们或许是竞争对手难于模仿的,但却不一定会减低它们被其他产品所替代的风险。

(一)决定替代的因素

一种产品能否被另一种产品完全地或部分地取代,主要取决于以下三种因素。

1. 相对价值价格关系(Relative Value / Price,简称 RVP)

相对价值价格关系即通常所说的性能价格比。替代产品与原产品在满足同一顾客的同一中需求时,它们的性能肯定存在着一定的差别,但其价格的差别与性能差别相符时,就会发生替代。也就是说,顾客为了获得更好的性能宁可付出更多的费用时,或是为了节省费用而降低对产品性能的要求时,就会由购买一种产品转而购买另一种产品。因此,原产品和替代产品的性能及价格的变化,会改变替代威胁的强度。

2. 转换成本

这里的转换成本是指顾客由使用原产品转而使用替代产品时,需要付出的额外代价。如果替代产品对使用条件有着特殊的要求,它的扩散过程就会受到这些条件的制约,从而减弱它对其他产品的替代程度。一般说来,替代产品的使用条件包括两种类型:一种是物质条件,主要指使用该产品所需要的辅助设施以及环境条件,比如某些微波治疗设备需要屏护装置,某些测试仪器需要高性能的电源,这些设施加大了顾客的使用成本;另一种是使用该产品所需要的理论知识,如使用计算机财务管理软件和生产管理软件通常要具备两个领域的专业知识,这就使得软件的应用受到一定限制。即使一种产品的性能价格比优于另一种产品,过高的转换成本也会减缓替代的进程。

3. 顾客的替代愿望

顾客可能由于其自身的各种原因而增强其寻求替代产品的愿望。例如,企业用户如果受到竞争压力,可能希望通过使用替代产品来获取新的竞争优势。

(二)广义替代

广义替代是除替代产品之外,由于产业发展和顾客需求变化等各种因素引起的顾客对产品需求减少的现象,相当于有一种替代力量抑制着原产品的市场。广义替代和产品替代都是企业面对的长期威胁。波特曾列举出以下四种常见的广义替代。

1. 二手产品对原产品的替代

在一些西方国家,曾出现过多种二手产品市场,如二手汽车市场、二手计算机市场、二手复印机市场,这些市场活跃的交易活动促进了人们对旧产品充分使用,但也或多或少地影响了同类新产品的销售。

2. 产品消耗率的下降

下游企业的技术进步可能会降低上游企业所提供产品的消耗率,导致上游企业的市场缩小。如节能设备会减少对煤炭和电力的需求,薄板钢材的使用会减少对钢锭的需求。

3. 顾客自己承担起上游企业的生产任务

这时顾客可能部分地依赖上游企业,也可能成为上游企业的竞争对手。根据一项调查结果,我国的饲料工业企业主要的市场是禽畜养殖场,但一些大型养殖场不仅有自己的饲料加工设备,而且还出售自己的饲料产品,成为饲料生产厂有力的竞争对手。

4.顾客需求倾向的变化

顾客受到某种舆论或消费潮流的影响后,可能改变需求倾向,减少对某些产品的消费量。

广义替代分析要求企业管理者更广泛、更全面地认识市场,关注市场的变化动向,这对于制定战略来说,无疑是十分必要的。

(三)识别替代威胁的步骤

首先,列出一张完整的替代清单。根据替代发生在满足同一个顾客的同一种需求的不同产品之间的特点,列出所有可能构成替代威胁的产品。为了保证不遗留潜在的隐患,替代清单应力求完整、全面。列替代清单时,特别要注意顾客的需求是什么。例如,作为礼品用途的打火机和其他一些礼品之间有替代关系,却不会受火柴的影响。

其次,分析替代清单上产品功能相近的程度。产品之所以能满足顾客的需求,是由于它具有一组顾客愿意为之支付货币的功能。如果两种产品的功能相近,它们彼此就构成了较强的替代关系。在分析产品功能时,要注意到每项功能的重要程度是不同的。例如,可乐类饮料具有解渴、清凉、味美、怡神等功能,但对于普通消费者来说,清凉和饮料的口感才是他们感兴趣的功能。

再次,分析替代产品的价格和转换成本。如果替代产品的性能优于原产品,而综合使用成本比原产品低,极有可能发生替代不可逆转。如果替代产品的性能与原产品相差很大,即使其价格低廉,也会由于内在的功能欠缺不能满足顾客日益提高的需求,而不能形成有实质意义的替代。我国科技人员曾经开发出利用液晶胶片直接显示手部足部骨骼结构的技术、利用放大镜放大电视屏幕技术,都因图像清晰度差而未能真正进入商品化阶段,它们自然也不会对其他产品构成替代。替代过程如图 3-2 所示。

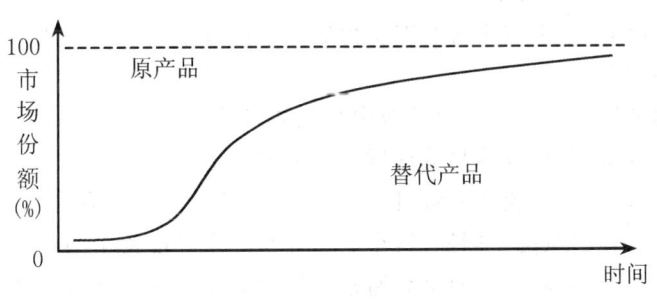

图 3-2　替代过程

(四)替代过程

在大多数情况下,替代是一个渐进的过程。如果把原产品和新出现的替代产品看作是同一市场上的两种产品,则原产品的市场份额逐渐减少,替代品的市场份额逐渐增多,替代过程为一"S"型曲线,如图 3-2 所示。

在具体的替代过程中,由于两类产品互为替代,一方成本或质量的改进都影响到另一方,因此替代过程有可能发生波动;替代的结果也不一定是一方完全取代另一方。许多产品的替代过程进行到一定阶段后,在原产品与替代产品之间会出现平衡状态,即两类产品各自占有一些份额。例如,戏剧、电影和电视之间的替代,核能、水力和火力发电之间的替代都是如此。

替代的渐进性和相互性告诉人们,企业可以预测替代进程并预先对替代威胁采取防范措施。如果原产品和替代产品处在相对平衡的状态,则企业可以提高相对价值价格比,占领一部分替代产品的市场,使更多的顾客购买自己的产品。如果替代过程表现出不可逆转的特征,则企业尽早加入生产替代品的行列中,也不失为一种明智的选择。

四、买方和卖方的议价实力

企业与顾客和供货方之间既存在着合作,又存在着利益冲突。交易双方在交易过程中总希望争得对自己有利的价格,而价格的变化使一方得超额收益的同时,又直接导致另一方的损失。从这个意义上讲,顾客和供应商是企业直接面对的竞争力量。

买方和卖方的议价实力(Bargaining Power)即买方和卖方掌控交易价格的能力。在具体的交易活动中,影响议价实力的因素很多,如交易洽谈的地点、人员素质、日程安排等等,但这些都是运作层面的因素。从产业层面看,交易双方的议价实力受到一些产业特征的制约。透过这些特征,人们能够更好地认清企业如何建立与外部环境相适应的关系。

(一)影响议价实力的因素

在产业层面上,影响交易两方议价实力的因素主要有如下几个方面。

1. 集中程度

集中程度反映了一个产业领域中企业数量的多少。如果买方所在产业集中程度高而供方低,即买方的数量远远少于供方的数量,买方选择交易对象时比供方有更大的自由度,在谈判中就可以打出"公司牌",寻求最有利的供货者;反之,供方就会占据有利地位。例如,汽车制造业是一个高度集中的行业,而汽车零售业的企业数量却很多,双方的交易通常是以汽车制造商的定价为准。

2.后向一体化的能力

有时买方自己拥有一定的上游产业的加工生产能力,可以成为钳制交易伙伴的力量,企业在谈判中就容易占据主动。这种情况下,企业的生产结构如倒写的字母"T",也称为"T 型结构",如图 3-3 所示。

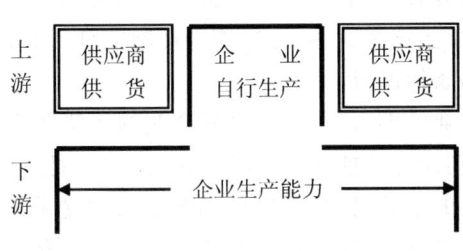

图 3-3 企业的 T 型生产结构

3.转换成本

转换成本的控制力常常是无形的、潜移默化的,交易的一方对另一方有转换成本时,对对方的依赖会演变成为价格上的让步。需要注意,供应商对买方也存在转换成本。

4.差别化程度

买卖双方的产品特色、经营特色、品牌知名度等是谈判的重要筹码,譬如产品制造商和零售商两方的任何一方拥有最终消费者认可的品牌时,他们的谈判地位就会提升。

5.价格敏感性

产品对买方的质量性能的影响程度、买方此项外购投入在其总成本中的比例和买方的收益水平等会影响买方的价格敏感性。外购对买方产品的质量、性能有重大影响时,买方的价格敏感性就会降低;外购投入占其总成本比重很大时,价格敏感性会上升。此外,交易任何一方的收益水平太低时,他们对价格的立场都会表现得异常坚定。

6.买方占供方供应量比重如果较大,就意味着买方事实上成了供应方的主要顾客,其在谈判中自然就会处于有利地位。

(二)顾客策略

即使在同一市场上,也有着特征相异的顾客。有的顾客对价格斤斤计较,有的顾客宽宏大量,如果顾客本身就是企业,它的特征还会更丰富。企业管理者自然希望能够选择到好的顾客,虽然对大多数企业来说,激烈的竞争环境没有为他们预留出多少选择的机会,但这种机会毕竟还是存在的。

企业的顾客构成是企业战略的一个重要变量,而顾客策略要解决的问题就是通过选择顾客使企业具有合理的顾客构成。制定顾客策略和采购策略不是战略分析阶段的任务,但是这种战略思想在战略分析中应该得到体现。企业在分析顾客议价实力时,要充分收集与顾客相关的资料信息,为后续的工作做好准备。

波特对顾客策略有着独到的见解。他断言,战略可以造就好的顾客。在可能的情况下,企业不仅要选择顾客,还应该选择制定自己的顾客策略。波特提出了用以选择顾客的四条标准,即:

①顾客需求与企业的能力相一致,这样企业的业务专长如技术开发能力、生产制造能力、管理控制能力才能充分为顾客接受,才可能凸显企业的特色;

②顾客具有较大的增长潜力,顾客的增长将带动企业的成长;相反,如果主要的顾客都已陷入财务危机,这种厄运迟早也会落到企业头上;

③议价实力低,企业的利润空间不会受到打压;

④供货成本合理,顾客在供货、包装等方面的特殊要求所引起的费用在合理的、企业能够承担的范围之内。

由于以上标准中含有企业可以控制、可以改变的因素,因此这些标准既可以用来衡量顾客,也可以衡量企业自身。企业与顾客的关系始终处于相互促动之中,使顾客满足这些标准的一种途径,是企业改造自己的能力。譬如,改进自己的成品物流系统以便用快捷的、低成本的方式向顾客供货;向顾客提供超值服务,逐渐形成转换成本;企业的技术开发能力、加工制造能力也可针对顾客的需求做相应调整,从而提高企业自身的议价实力。正是在这个意义上,"理想顾客"是可以"培养"出来的。当然,在这一过程中,对企业十分重要的顾客,企业一般应作为有战略意义的重要资源来看待,在"双赢"的基础上建立自己的议价实力。

伊丹敬之从另一个角度提出了顾客策略的思想。他认为,一个制造业企业应该拥有三类不同的顾客,这些顾客的数量比例也应合理。这三类顾客是:

①能为企业带来商誉的顾客。这些顾客对产品质量或服务有特定的要求,他们的购买数量可能不大,但他们的购买行为表明了企业的产品质量或服务水准达到了相当高的水平。即使企业以较高的成本来满足这些顾客的需求,也应努力赢得这些顾客的信任;

②能为企业带来利润的顾客。这类顾客对产品的需求量很大,而对质量又没有苛刻的要求,他们是企业主要的利润源,是企业应该通过市场开发来努力扩大的顾客群体;

③能为企业带来创新信息的顾客。这类顾客把企业的产品用于技术创新活动中,他们会把工作中的技术困难转化为对产品性能的新要求。对企业来说,这些创新信息是非常宝贵的。

显然,伊丹敬之考虑的是通过企业的顾客构成与组合,平衡企业的生存与发展两方面的需要。这种思想不仅对制造业企业有很高的参考价值,许多服务业企业如管理咨询公司、广告公司等在规划自己的发展方向时,也可以借鉴这种思想。

(三)采购策略

采购策略是企业战略中与顾客策略相对称的内容,它要回答的问题是:第一,企业如何获得可靠的原材料、零部件供应;第二,如何使外部供应源成为企业竞争力的组成部分。

波特把降低供应商的议价实力看作采购策略的一条主线,认为在研究采购策略时应该重点考虑:

①最佳的后向一体化程度。在决定自己生产还是外购时,把自己拥有多大的生产能力才能削弱供应商的议价实力,作为通盘筹划的一项内容;

②分散购买,力争使每一种零部件都有多家合格的供应者供货,并且通过评价供应商和在供应商之间分配购买额,激励供应商向企业希望的目标努力;

③促进原材料和部件的标准化,防范供应商建立转换成本的努力,以免过度依赖供应商。

近年来,有些学者对波特过于强调议价实力的采购策略思想提出了批评。他们认为,企业要确保对市场做出快速反应的能力,必须和零部件供应商维持良好的合作关系;如何把供应商乃至供应链纳入企业的核心竞争力之中,才是采购策略要考虑的中心问题。

五、产业内部的竞争

产业内部的竞争是企业管理者最为关注的问题之一,早期的竞争理论把关注的焦点集中在如何分析竞争对手,而现代的战略分析则把研究的范围展开为三个方面:即产业内部的竞争强度与产业特征的关系;产业内部的次结构分析(Sub-structure)和竞争对手分析。

(一)影响竞争强度的一般因素

产业内部的竞争强度不只牵涉到了企业的利润水平,频繁的价格战和过度的广告战还会耗费大量的资金,削弱企业的技术创新能力。人们早已注意到,不同产业领域的竞争强度相差很大,有些产业内维持着相当平和的竞争关系,有些产业的激烈竞争却让所有企业陷入亏损。产业经济理论把影响竞争强度的因素归结为以下几种。

1. 产业集中度

产业集中度反映出一个产业内企业数量的多寡和它们的规模是否接近[①]。产业经济理论把产业概略地分为三种状态,如图3-4所示。在分散产业中,每个企业可能很难找到明显的竞争对手,是"一对所有"的竞争。企业之间也很难进行有效的沟通和必要的协议,各企业各行其事,竞争行为有从众的趋势。在联合垄断的集中型产业中,由于企业规模相近,没有企业能够发挥主导作用,竞争程度往往十分激烈。而在由极少数企业垄断的集中型产业中,企业之间相互影响、相互依赖的程度很高,也容易通过协商建立产业秩序和某种程度或某个方面的联盟。

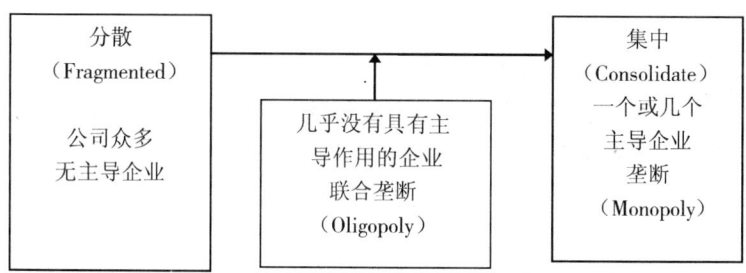

图 3-4 产业集中度的变化

2. 市场需求及其波动性

在市场高速增长的产业中,企业比较容易获得自己的市场空间,彼此发生直接冲突的机会小一些;而在市场增长停滞的产业中,企业要增加自己在这一领域的销售额,必须设法从竞争对手那里争取顾客。另外,有些产业受到经济循环变动或其他因素的影响,市场需求呈现急剧波动的状态。企业在市场需求高涨时,要投入大笔资金扩大生产能力,而在市场萎缩时,超额的生产能力又会带来过度竞争。

3. 产业的成本结构

如果产业的技术特性要求企业必须拥有比例很大的固定成本比,企业的生产能力不能完全得到利用时所遭受的损失就更大一些;这时企业就会倾向于通过降低价格、增加产量来减少损失,从而引发激烈的竞争。

4. 产品差别化程度和转换成本

差别化程度和转换成本这两个因素加强了企业与它的顾客的联系,当顾客

---

① 产业经济学家提出了多种度量产业集中度的指数,如 Herfindahl 指数的计算公式为:
$H = 10000 \Sigma S_i$ 其中,S_i 是第 i 个厂家的市场份额。H 的取值范围在 0 到 10000 之间。当 H 大于 1800 时,该产业就被认为是处于垄断状态

更倾心于他们所认可的品牌和供应商时,产业内发生价格竞争的机会就变小了。也可以说,差别化和转换成本为企业设置隔离带,减少了他们的市场中相互重迭的部分。

5. 退出障碍

退出障碍是与进入障碍相对应的概念,是指企业从一个产业撤出时要付出的代价。显然,高的退出障碍使产业内落后的竞争者无法从容地离场而去,必然使竞争加剧。企业在撤出某个产业时会遭遇退出障碍,主要是由于以下五种原因。

(1)专用性资产。专用性资产是只能用于某个产业的资产,当退出这一产业时,这些资产将失去价值。通常,专用设备和技术的资产专用性较强。如果某一品牌与某一产业概念紧紧相连,也会具有较高的专用性。

(2)退出产业的直接费用。包括辞退员工的费用,为顾客准备备件所需要的费用。

(3)战略牵连。企业同时在数个产业领域从事生产经营活动,各项活动相互支撑。这时从某一产业退出,可能会损害企业在其他产业领域的竞争优势。

(4)感情障碍。即退出产业的非经济动因,如对具体业务的认识和钟爱、对员工的忠诚、管理者对自己事业的担忧等因素。

(5)政府与社会的约束。企业在产业调整中作出的产业退出决策,可能会对政府和社会的利益造成影响。因此,政府和社会有时也会对企业的退出行为进行限制和干预。

(二)战略分组

对影响竞争的一般因素分析强调产业所具有的特征,忽略了同一产业内不同企业的差别。进一步的研究则发现,许多产业内存在着竞争行为各不相同的企业群组,这些群组构成了产业的次结构。1972年,美国学者汉特(M. Hunt)在其博士论文中首次使用了战略群(Strategic Group)的概念,对产业的次结构进行描述。这种分析由于能够很好地解释企业的战略行为和经营业绩为什么会有显著差别,逐渐发展成为一种重要的战略分析工具。

所谓战略群,是指那些具有相似战略特征的企业组成的群组。战略群是对企业进行分类的结果,同一群内的企业未必有什么联系,一个群内也可以只有一个企业。战略分组即把产业内的企业分为特征不同的若干群组,进而归纳每组的特征,研究群组内部和群组之间的竞争关系,以便企业更好地判明竞争形势。

1. 战略分组的步骤

战略分组首先需要一组能够揭示企业战略特征的变量,如生产规模、纵向一体化程度、技术装备水平、产品线的宽度、质量水准、品牌知名度、市场份额、企业与母公司的关系等等。这些变量或者说明了企业的战略定位,或者说明了企业已经具有的优势,或者说明了竞争优势的可能来源。选定了一组变量后,可按以下步骤进行分组。

(1)从变量中选出一个最有区分能力的变量,将企业分为若干组。这里所说的区分能力,是指该变量可以清楚地反映出企业的差别。假若所有企业在一个变量下的取值完全相同,比如所有企业的规模大小都一样,这个变量就不具有区分能力,应当被舍弃。

(2)从剩余的变量中选择出第二个最有区分能力且与第一个变量相独立的变量,对每个组再做细分。

(3)重复上一步,直至得到足够的群组数量。

(4)绘制战略分组图,并用所选的战略变量描述每一组的战略特征和收益性。

为了绘制战略分组图,只需要两个变量即可。实际分析中也无须给出过多的组数,以免使分组过于琐细而失去战略意义。但在描述每个战略群时,应该使用尽量多的变量全面地反映出它们的特征。下面是根据一项调查结果对我国某地饲料工业企业的一个简单分组,如图 3-5 所示。

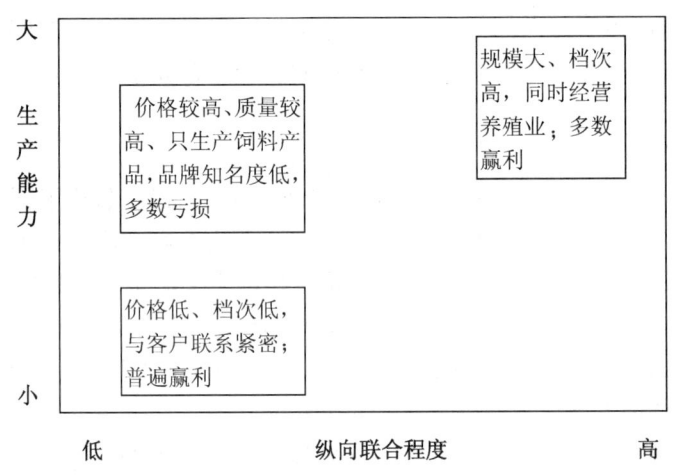

图 3-5 饲料工业企业的战略分组图

战略分组图可以清楚地显示出产业内的竞争态势,并为企业管理者描绘企业战略增添了语言和图形的表述方式,从战略群的角度看,企业可以选择的战略方向包括以下三个方面。

(1)巩固企业在所处战略群组中的地位;

(2)向另一个市场地位更有利的战略群组发展;

(3) 通过战略创新，创造出独有的战略特征，使企业自身成为一个新的战略群组。

2. 群内竞争和群间竞争

有关战略分组的实证研究表明，许多产业内的确存在着多个战略特征截然不同的战略群。透过这种次一级的结构分析，人们可以把产业内的竞争关系分解为群内企业的竞争和群间企业的竞争。产业内部的竞争强度除了受前述一般因素的影响外，还与各战略群以及群内企业的市场是否重合有关。群内企业数量多，面对的又是同一组顾客，群内竞争就会加剧。两个战略群面对的若是同一组顾客，一个战略群内企业的行为就会波及另一个战略群，引发战略群间的竞争。有些情况下，战略群内企业的战略特征虽然相近，但面对的市场相互分离。例如，许多小型饲料企业只为邻近自己的养殖场供应产品，这时群内企业发生直接对抗的可能性很小，其竞争压力将主要来自其他群体的市场扩张行为。

3. 移动障碍

企业如果不甘心自己所处的地位，当然会希望向理想的战略群迈进，但这并不是轻而易举就可以做到的。在不同的战略群之间，有时会存在一种被称为移动障碍的制约力量。移动障碍（Mobility Barriers）即企业从一个群组移向另一个群组所必须克服的障碍。例如，上述的我国饲料产业，规模中等、只生产饲料的企业向规模大、同时经营养殖业的群组转移时，进入养殖业所需要的投资、专业技术和市场开发经验，就构成了主要的移动障碍。

移动障碍其实就是企业竞争优势的位差，它的存在说明了为什么各战略群的收益水平会有差别。难以逾越的移动障碍保护了一些企业免遭过度竞争的干扰，把另外一些企业置于竞争旋涡之中。对于后进企业来说，认清移动障碍有着特殊的意义。后进企业要赶上并超过领先的企业，首先要了解领先企业竞争优势的来源与构成，然后才可能寻找到克服这些障碍的途径。无数企业的成败经验反复说明了一个道理，没有持久不变的竞争优势，也没有绝对不可克服的障碍。

（三）竞争对手分析

产业竞争环境中对企业构成最大威胁的因素莫过于竞争对手，特别当企业面对着一个或数个强大的竞争对手时，企业管理者就必须设法认清它们的优势和弱点。竞争对手在成功关键因素上或在经营活动中所暴露出的弱点能为企业带来短期的发展机会，这类短期机会对企业有着十分重要的意义，许多长期发展机遇都萌发于短期机会之中。但要把短期机会变成真正有意义的机遇，变为企业长期获利的能力，还必须了解竞争对手的长期战略目标和准备采取的行动。显然，企业需要建立完整的竞争对手分析系统。仅凭对竞争对手的直观感觉和零散认识,很难制定出适宜的决策。

1. 竞争对手分析的主要内容

波特列出了竞争对手分析中四个主要的方面:即竞争对手未来的发展目标是什么,它们的现行战略集中在哪些焦点上;它们对产业和自身的假设是什么;它们所具有的优势、劣势和能力。在市场对抗中,竞争对手对企业的直接威胁是先于企业采取某些市场行动,或者对企业的率先行动进行反击。通过对这四种要素的认知,企业至少可以对竞争对手可能采取的行动做出一个概略的判断。

竞争对手分析的第一项内容是认知竞争对手的发展目标,这种认知有助于预测它对战略变化的反应,解释竞争对手的行动,帮助企业避免竞争对手为达到其主要目标而引发的剧烈竞争。第二项内容是描述每个竞争对手现行战略,这一战略可能有书面的表述,也可能是隐式的。分析人员应该注意把竞争对手在各经营领域和各经营环节中表现出的经营方针作为描述其战略的依据。第三项内容是辨识每个竞争对手的假设,包括竞争对手对自己的假设、竞争对手对行业及行业中其他公司的假设;这些假设将影响到对手的行动方式和对事物的反应方式。最后一项内容是实事求是地评估竞争对手实力。竞争对手的目标、现行战略和假设会影响它反击的可能性、时间及强烈程度,而它的实力将决定它发起或反击的战略行为的能力以及处理外部环境或产业中事件的能力。

2. 竞争情报系统

分析竞争对手的经营方针和战略意图需要大量数据,而大部分数据并非是随手可得。有些企业不是系统地收集竞争对手的信息,而是靠从每个管理者得到的关于竞争对手的传闻、臆想和直观感觉来采取行动的。由于缺乏有用的信息,对竞争对手进行深入的分析就非常艰难。因此,越来越多的企业致力于建设竞争情报系统,以保证战略分析的效率和质量。一些企业的经验表明,如果系统、持续地观察和搜集有关信息,就可以获得许多有关竞争对手的有价值的信息和判断。实际上,许多企业的年度经营报告、内部刊物、产品说明书都可以经由合法渠道获得,它们在市场的各种行动更是可以直接观察到。竞争情报系统的任务就是把各种可得的数据和资料以一种清晰的、合理的结构组织起来,然后从中提炼出可以支持企业战略决策的信息,并在一定的管理阶层中传播这些信息。这种正式的信息收集、分析和传播机制会给企业带来很大好处。

第三节 产业演变

现代社会经济与技术的快节奏发展使产业形态处于持续的变化过程中。近些年来,许多产业的内部结构和特征正发生着重大而深刻的变化。有些产业向着高度集中的方向发展,另一些产业则趋向分散。例如,经过新一轮的并购浪潮以后,在世界范围内,汽车、银行、飞机制造业的企业规模日愈庞大,产业集中度不断提高;信息技术的发展,虚拟企业的出现又使得某些领域的企业规模越变越小。一些产业的传统边界也被重新划分,甚至出现了产业边界模糊化的现象。譬如,传统建材行业的边界逐步消失,许多建材产品的用途不仅是作为建筑业的原材料,还可用于汽车、石油、机械电子等产业之中,同时化工工业、钢铁工业的部门也为建材行业添加了许多新产品。在这种产业的重新组合与重新界定的巨大变化中,如果企业不能准确地把握其趋势,势必危及其生存和发展。

一、产业演变的驱动力量

在诱发产业演变的各种驱动力量中,需求和技术的变化发挥着最重要的作用。这些力量交互影响,不仅直接或间接地改变一般外部环境,而且经过市场竞争的催化,改变着产业发展的阶段和产业的形态。

(一)需求的变化

现代社会中顾客需求的含义十分复杂,通常它并非是满足某种基本的生理需要,而是在价值观念、文化习俗、受教育程度、经济收入水平乃至政府政策等诸多因素共同影响下形成的生活需要,因而准确判断一个社会群体的需求变化比较困难。同时,由于经济繁荣导致了消费潮流的多样化、情感化,使得趋势性的变化和令人眼花缭乱的市场短期变化交织在一起。因此,尽管顾客导向的观念早已广泛传播且根深蒂固,真正能够预知需求变化的人却为数很少。企业领导者只有透过短暂的现象发现顾客的真正需要,发现这些需要中隐含的持续的、不可逆转的变化趋势,才能为企业发展赢得重大转机。

西欧摩托车市场的演变过程很好地说明了需求变化对企业竞争地位的决定性影响。直至20世纪60年代末期,西欧国家中摩托车的主要用途仍然是低收入阶层的交通工具,而作为年轻人最先可以使用的机动车辆只是它的第二种用途。随后的十几年间,摩托车作为机动交通工具的用途逐步让位于经济型轿车,同时年轻人对摩托车的兴趣却有增无减。这一变化导致了市场竞争格局的重新分化。在产品特色上一味强调经济性的厂商如摩托贝肯公司等先后遭遇了严重的经营危机,而本田公司等一批企业注意以摩托车的机动性能、质量水平和外观造型来迎合年轻人的爱好,终于在日渐萎缩的市场上异军突起。

顾客需求的变化不仅要求企业及时调整产品定位和技术发展的方向,有时还要求企业从整体上重新确立经营观念。值得注意的是,20世纪70年代以来,许多国家的政府和社会机构都要求企业承担越来越多的社会责任,如环境保护、维护消费者权益、维护社会文明等。公众的社会责任意识和自我保护意识也在日益提高。如果认识不到顾客需求的这种变化,只是把成本、价格当作竞争的基础,就会遭到公众和社会机构的强烈反对。而树立以社会责任为导向的经营观念,既有利于社会进步,也有利于塑造良好的企业形象,改进企业竞争地位。20世纪70年代中期美国联邦公路安全机构曾开展一项范围广泛的调查,向八万多名新汽车购买者了解汽车轮胎的质量情况。结果有46%的费尔斯通公司产品的使用者表示对该公司所产的轮胎质量不满。在公众和社会舆论的压力下,公司被迫从市场上收回了上千万条轮胎,承受了数千万美元的巨额损失,而且严重损害了公司的形象。而米仕兰公司由于顾客对其产品的不满率还不到2%,公司信誉得到更多顾客的承认,市场份额随之节节上升。这家公司之所以在90年代一跃而成为世界最大的轮胎制造公司,公司早期树立的注重产品质量、维护消费者利益的经营观念,显然是成功的原因之一。

企业实现持续成长的一个重要条件是让顾客完整地认识到自己的价值。一般说来,顾客的这种认识开始于购物之前而完成于其使用产品之后。他们在购买之前希望尽量准确地了解产品的性能、质地,在购物过程中希望供货、结算的方式符合他们的要求,之后又希望得到较好的售后服务,所有这些要求的满足很大程度上受到企业与顾客的联系方式的影响。精明的企业管理者都懂得这个道理,他们会不遗余力地加强企业与顾客联系,缩短两者之间的"距离"。

企业与顾客的联系方式包括多方面的内容,如沟通方式、信用方式、运输方式及销售渠道等。其中一些因素的变化是企业不能完全控制的,但从这些因素的变化趋势中,却存在着应该把握的机会。例如,电话的普及为电话调查、电话订货创造了条件,顾客足不出户就可以向企业提出诉求,他们与企业的"距离"因而变短。计算机的问世不仅从根本上改变了科学研究的方法,而且也改变了企业与顾客的联系方式。20世纪60年代初,美国百货零售业巨子J.彭尼公司在引入赊销方式时,采用当时最先进的IBM计算机进行顾客的欠款和结算管理,使顾客可以在全国不同地区的彭尼商店购货而在一个地方结算,为流动性很强的美国顾客带来许多方便。近年来,正在全世界迅速蔓延的计算机互联网络已经诱发了交易方式变革的新浪潮。虽然直至目前,通过互联网络实现的交易额还微不足道,但可以肯定地说,随着入网客户日益增多,电子货币日益普及和网上交易标准日益完善,网上交易必定会有力地冲击传统的交易方式。究其原因,还是由于互联网络的特定功能,如低廉的通信费用、昼夜不停的工作方式、便于顾客查询的产品图形和有关资料、便利的转账结算等,可以进一步密切企业与顾客的联系。

(二)技术的变化

技术的变化表现为新技术不断取代旧技术的过程。在这个不可逆转的过程中,企业外部环境的一些重要因素如市场需求、竞争力量等可能发生深刻变化。顺应技术发展趋势的企业有可能后来居上,而固步不前的企业则会失去它们原有的市场地位。例如美国的得克萨斯仪器公司率先开发半导体技术,用晶体管向通用电气公司的优势产品电子管挑战,动摇了后者在电子领域中的领导地位;波音公司利用洛克希德公司正在改进涡轮式螺旋桨发动机的时机,把技术开发的重点集中在新一代的涡轮式喷气发动机上,从而一举确立了自己的优势。得克萨斯仪器公司和波音公司的成功都直接得益于它的领导对技术发展趋势独具慧眼,正确地把握住了技术创新的方向。

一些学者把技术发展对企业的影响归结为新旧技术的交替会打破竞争常规。持有这种观点的人中包括迈克尔·波特,他称技术变革为"所有能够改变竞争机制的因素中"最重要的因素;以及克利福和凯文,他们认为企业"如何竞争"比"何处竞争"重要得多,并且认为解决"如何竞争"的主要途径是创新。应该承认,这是一种非常独特而又富有启发性的观点,无疑对企业管理者的战略构思大有裨益。

准确预测技术的发展趋势和技术对产业的影响对企业的生存与发展致关重要。例如,移动通信制造业,2000年宣布破产的美国铱星公司,就是由于对通信技术发展的错误判断造成的。该公司原计划在地球周围发射79颗低轨道卫星,从而在地球周围形成一个完整的通信网。使用这一系统的蜂窝移动电话,信号强,不受地理区域的限制,在地球的任何一个角落都可以通话。单纯从技术角度分析,这是一种十分完美、理想的技术。由于公司发射并运营很多卫星(已经发射68颗),资金投入大,因此使用该公司的蜂窝式移动电话费用昂贵。更重要的,是随着其他移动通信技术的突破,手机的价格和话费则不断地下降。尽管一般的手机在移动通信的某些功能上不如铱星系统,但它们低廉的价格终于使铱星公司的市场份额一降再降,终于难以为继。

二、产业演变的阶段

需求和技术发展的交互作用引致产业演变持续发生,与产品生命周期相似,一个产业的演变也可以分为初创期、成长期、成熟期和衰退期四个阶段,如图3-6所示。在不同的阶段上,不仅市场需求会发生变化,而且顾客的需求特性、五种竞争力量之间的关系乃至竞争的游戏规则和成功关键因素都可能发生变化。特别是在产业从一个阶段过渡到另一个阶段时,如果企业依然沿用旧的战略方针,难免在战略决策中步入误区。因此,认清产业演变的趋势以及产业在不同阶段的主要特征,可以使企业更好地识别出产业演变中蕴藏的机遇和威胁,对战略做出必要的调整。

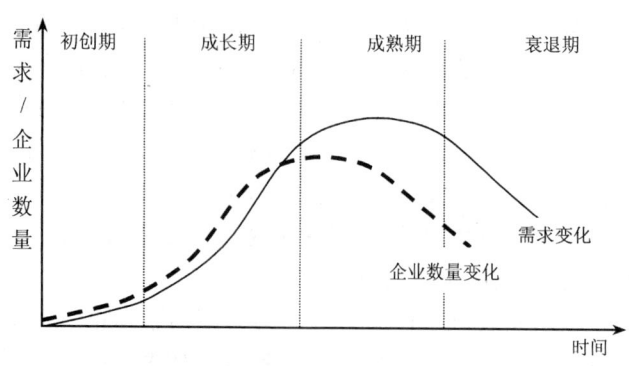

图 3-6 产业生命周期

1. 初创期产业的主要特征

所谓产业初创期，即包括一个全新产业的兴起，也包括一些传统产业的再生。在诱发产业初创的各种成因，技术创新占据着主导地位，许多重大技术成果的问世可能促进新产业领域的形成。需求变化同样会催动新兴产业的出现，特别是顾客潜在的需求得到释放时。另外，经营方式创新也会改变一个产业的形态，如便利店从传统的零售业中脱颖而出，快递业的迅速崛起，都应归因于经营方式创新。如果在一定的地理范围内考察产业演变，则区域间技术转移的影响也不能忽视，如我国的移动通信业、物流业的兴起都与国际间的技术转移有关。

产业初创期的基本特征可以归结为技术、市场和竞争的不确定性，具体表现为以下几点。

（1）技术发展具有高度的不确定性。在产业初创期，由于技术体系还不成熟，无论产品还是生产技术，都存在多种变化的可能。产业内对产品标准和技术发展的方向的认识也各不相同。

（2）顾客缺乏必要的产品知识，无法准确认定产品的优劣，甚至无法理解产品的价值，这往往成为企业开发市场的一大障碍。

（3）竞争的游戏规则不确定。这时期的市场信息的传播机制还未形成，企业之间发生直接对抗的概率又不大，因此每个企业采用的市场开拓方式各不相同，市场开发策略具有探索性和多变性。

这些不确定性使得先期进入这一产业的企业承担着很大的风险，企业要建立起有影响力的品牌或声誉还需要一定的时间，一些先期进入的企业甚至由于对市场领悟的错误或抗御风险的能力弱，很快遭遇到失败的厄运；其他企业的市场也容易发生变化。

2. 成长期产业的主要特征

产业成长期是新兴产业走向成熟的过渡阶段,技术和市场的不确定性逐步降低,竞争强度增加。这一阶段的主要特征有以下几点。

(1)市场需求呈现出强劲增长的势头。随着产品信息扩散和顾客产品知识的逐渐丰富,市场增长率在一定时期内居高不下。这种形势也会对产业外部的企业产生很大的吸引力。

(2)技术发展的不确定性逐步降低。尽管技术开发永远存在风险,但技术发展方向开始明朗化;产品的功能结构逐步趋向稳定,产业的技术标准开始形成。

(3)竞争的游戏规则由不确定到确定。市场信息的广泛传播使企业对竞争焦点的认识趋于一致,后进企业对领先企业的战略模仿也使得许多企业之间出现了相似的战略行为。

(4)企业数量由急剧增长逐步转向减少。在成长前期,一方面有大量的外部企业试图进入这一领域,另一方面产业内部的企业也会发生裂变,造成企业数量不断增多;在这一阶段的后期,激烈的竞争导致一批企业被淘汰出局,企业数量不断减少。

值得注意的是,我国一些新兴的产业领域中,国外企业带来的成熟的技术、产品以及行之有效的营销方式大大加快了产业的成长过程。一些产品很快为顾客所接受,竞争的游戏规则也很快形成。受到这种国际技术转移活动的影响,这些产业成长阶段持续的时间被显著缩短了。

3. 成熟期产业

经历了一段时期的高速成长之后,所有的产业都会进入成熟阶段。这一阶段的特点有以下几个方面。

(1)市场增长缓慢甚至停滞,产业生产能力的增长趋于平稳,市场饱和并持续保持供过于求的局面,价格竞争成为主要的竞争方式。

(2)产品和技术更加成熟,产品标准化程度达到很高的水平,产业技术的变化更多是围绕工艺技术进行的。产业内对哪些技术是先导技术,哪些将是关键技术有着广泛的共识,这些技术的开发也成为产业内技术竞争的焦点。

(3)竞争的游戏规则格式化,企业数量逐步减少到最低水平。产业内的企业对竞争的焦点和获取竞争优势的途径已经形成相近的理解,并按照这种理解来部署自己的战略行动。产业内一些相关的活动如展销会等也都变得很有规则。有些在竞争中处于弱势地位的企业会主动撤出这一领域,许多不能适应激烈竞争的企业被淘汰。

成熟产业的游戏规则与新兴产业不同,认识到这一点至关重要。在产业演变过程中,如果忽视产业内游戏规则的变化,沿用旧的战略思路,就可能酿成大错。波特曾列举出一些企业管理者在这一转变过程中容易犯的错误,称为战略陷阱,如:盲目迷信产品开发,忽视工艺技术改进和销售的改进;错误地判断自己的市场地位。在已经达成的均衡市场份额中试图奋起直追,有可能造成很大损失,因为打破均衡的代价很大;错误理解价格竞争的信号,没有认识到价格竞争的必然性,等等。

4. 衰退期产业

一个产业步入衰退期的最主要特点是整个产业的销售额出现了持续的、不可逆转的下降趋势。事实上,经历了衰退期的产业,尽管其中一些可能极度萎缩,却很少会完全消失。有些产业受到重大技术创新成果的推动,还可能进入再生阶段。在衰退期内,价格竞争将会更加激烈,不少企业将会退出衰退产业。

造成产业衰退的原因是什么?这是外部环境分析要回答的一个重要问题。一般而言,造成衰退的主要原因来自替代产品,如果替代产品的质量价格比明显优于衰退产业的产品,而衰退产业又缺少新的技术成果与之相抗衡,衰退的趋势就会继续下去。顾客需求的变化是造成衰退的另一个原因,企业对这种变化应特别加以关注。在一些特定的领域中,资源枯竭引起了资源成本的上升,也可能导致产业的衰退。

三、产业的集中与分散

集中与分散是两种常见的产业形态。前一种情况下,产业中只有少数企业,这些企业在同供应商和销售商交易时容易争取到有利的价位;后一种情况下,产业内企业数量众多,竞争激化且企业同供应商和销售商交易时缺乏议价能力。对于那些希图在一个领域中不断成长的企业而言,分析产业集中与分散所要回答的主要问题是:第一,如果产业是分散的,那么造成分散的原因是什么;第二,企业可否通过扩大规模来寻求发展,即有无可能克服分散,促使产业走向集中。

(一)产业分散的原因

产业分散有各种各样的原因,可以概括为经济原因和非经济原因两大类。非经济原因也是产业分散的原因,例如许多祖传手工艺或生产秘诀,其生产的目的是维持世世代代的生计,因此绝不外传,也不扩大生产。国家的一些产业政策也可能造成产业分散。我国在市场经济建立过程中,一直存在较严重的地方保护主义,使市场人为地被分割为更小的区域市场,也是造成产业分散的原因。但从经济角度看,造成产业分散的原因可分为以下三个方面。

1. 产业的技术进入障碍低。关键技术容易被学习、被模仿,产业外部的企业容易获取并掌握这些技术。

2. 规模经济不显著,大型企业无法形成显著的成本优势。具体的成因包括:

(1)顾客需求富于变化且高度多样化;
(2)运输成本或库存成本过高,使得近邻顾客的企业可以获得独特的优势。
3.存在着规模不经济。具体成因包括:
(1)技术的快节奏更新使得大规模投资风险过大;
(2)生产方式更多地依靠个人的技能和创造力,组织规模大反而会降低效率。
(3)生产方式要求管理者进行近距离管理与控制,组织规模大会造成管理失控。

(二)寻求集中的机遇与陷阱

企业要在分散的产业中实现大规模发展,实际上是要寻求一条推动产业走向集中化的有效途径。寻求集中即克服分散,即通过改变造成分散的一些产业特性,使企业扩大规模后可以取得显著的竞争优势。这种机遇存在于以下几个方面。

1.创造规模经济和经验曲线

首先,企业可以通过技术变革,包括产品技术和经营管理技术两方面的创新,来创造规模经济。例如,CAD(计算机辅助设计)和 CAM(计算机辅助制造)技术可以使相同的生产设备同时满足规模化生产和差别化生产两方面的要求,养殖业厩养技术的发展使规模化养殖成为可能,特许经营、供应链管理、网络组织等管理技术创新使企业可以最灵活、最合理地保持集中和离散之间的稳定平衡,使大企业能够营造出一定的成本优势。

其次,使分散因素与其他因素分离,从而克服分散。例如餐饮业,其经营的关键是近距离控制和现场服务。一些快餐企业实施连锁经营和特许经营,在建立品牌和采购、配送等方面实行统一,在分散因素中通过标准化管理,保证对分散经营地的控制和现场服务质量,成功地克服了分散。

2.产品的专门化、标准化

产品的标准化可以大幅度降低制造成本,有利于大批量生产。面对顾客的多样化需求,企业推出几种固定规格的标准化产品,让顾客在价格低廉的标准产品和价格昂贵的个性化产品之间做出选择,也是克服分散的一种途径。有些情况下,企业还可以采用模块化设计和制造技术,运用标准化的零部件模块组合出多种多样的产品,使产品更能迎合顾客的多样化需求,企业的战略弹性也得到增强。

企业寻求集中的战略行为会在一定程度上改变产业的形态,产业内可能出现新的以大规模经营为特征的战略群组,或者出现全新的业态。然而,企业在分散的产业中寻求发展,也要冒很大的风险。如果不顾及致使产业分散的因素,一味追求集中,也可能落入战略陷阱。

第一种陷阱是在不能克服分散的产业中强行克服分散,只追求市场的支配地位。企业在没有发现创造规模经济的机遇时就盲目扩大规模,大量投入资金又无法与机动灵活的小企业相抗衡,势必要遇到失败。

第二种是管理超集中化。企业在分散因素占主导地位的产业中未能实现在集中管理下的分散经营,不能满足分散产业要求的人员服务、地方联系、近距离控制和快速反应能力等要求。这实际上是企业对分散因素与非分散因素的认识有误,将原本是分散的因素当作非分散因素予以集中,使企业失去了必要的战略弹性。

本章思考题

1. 一般外部环境、产业环境和企业三者之间是什么关系?
2. 试用情景分析法分析某一产业的发展走势。
3. 波特称"战略可以创造出好的顾客",对这句话应如何理解?
4. 试用波特的产业分析模型,分析某一产业的基本特征。
5. 产业范围的划分与战略分组之间有什么关系?
6. 讨论技术开发有可能成为战略陷阱的原因和后果。

第四章　企业内部环境分析

本章导读

内部环境分析可以从三个方面入手：企业的经营模式为认识内部环境的基本特征提供了一个总体性架构，价值链和资源与能力则为认识竞争优势的来源提供了不同的视角。本章介绍了可以用于这三类结构分析的理论工具和学说。其中，基于资源与能力的竞争理论虽然还缺少可操作性的分析工具作为支撑，但这种理论对战略管理的研究与实践的影响却日益显著。

战略分析分为外部环境分析和企业内部环境分析两部分。所谓内部环境，是指影响企业战略行为的各种结构性因素。这些因素有其固有的惯性，非经有组织、有力度的行动不能改变。企业战略就是一项对内部结构进行变革的方案；而企业与外部环境的适应性关系，也要经过改变内部结构才得以建立。因此，企业内部环境分析是制定战略决策前不可或缺的基础性工作。

内部环境分析是围绕着认识企业的优势与劣势这条主线展开的。迄今为止的战略管理理论为内部环境分析提供了三种工具：一是经营模式的构成理论，为认识内部环境提供了一个总体架构；二是价值链理论，说明了创造价值的各项活动和这些活动之间的相互联系；三是企业的资源与能力结构。与这三个方面的分析相对应的问题是：企业在一个经营领域中为何能够赢利？如何创造竞争优势？如何使竞争优势持久化？当企业管理者能够对这些问题给出清楚的回答时，就已经为拟定中的战略廓清了框架。

第一节 企业的经营模式

Business Model 被翻译为商业模式,是对企业存在方式的一种描述方式。中文中"经营"一词比"商业"一词有着更丰富的含义,不仅有市场运作的意思,也包含了企业内部管理的各种工作,将 Business Model 译为经营模式更为妥当。企业的经营模式概括了企业创造价值、传递价值和获取收益的各种特征,从这一角度开始内部环境分析,有助于认识企业的全貌。

一、经营模式的含义

经营模式既不是一种新现象,也不是一个新概念。实际上,甚至古代那些借助市场交易谋生的人都有自己的经营模式,如同每个人都有肢体和大脑一般。例如,古代希腊的钱币汇兑者通过吸收存款、发放贷款并收取利息获利时,就创造出了最初的银行经营模式。我国汉代就已经出现的通过抄书、售书赢利的书肆,则是今天出版业经营模式的原型。有人发现,1947 年就有西方学者在文章中使用这一概念,1960 年这一词汇就出现在一篇文章的标题中。但理论界对经营模式的关注显然与计算机网络的兴起及网络泡沫的破灭有关。一些企业的实践表明,如果没有适宜的经营模式,即使在迅速发展的新兴产业中,企业也无法获得成功;而那些设计并践行了独特经营模式的企业,却能够取得不俗的业绩。经营模式和经营模式创新随之成为理论研究的热点问题。

对于经营模式的含义,学者们给出的解释并不相同。其原因部分是由于学者们研究的对象和角度不同,部分是由于抽象的程度不同。表 4-1 列出了一些有代表性的定义或解释。

表 4-1 经营模式的定义或解释

学者(时间)	定义或解释
Timmers (1998)	经营模式是产品、服务和信息流的一个体系架构,包括说明各种不同的参与者以及他们的角色,各种参与者的潜在利益,以及企业收入的来源
Amit & Zott (2001)	经营模式描述了交易的内容、结构和规制,用以通过开发商业机会创造价值
Joan Magretta (2002)	经营模式是用以说明企业如何运营的一组故事,它必须回答管理者关心的一些基本问题:谁是顾客,顾客价值何在,如何在这个领域中获得收入,以及如何以合适的成本为顾客提供价值

(续表)

学者(时间)	定义或解释
S. C. Voelpel et al(2004)	经营模式表现为一定的业务领域中的顾客核心价值主张和价值网络配置，包括企业的战略能力和价值网络其他成员（战略联盟及合作者）及其能力，以及对这些能力的领导和管理，以持续不断地改造自己来满足包括股东在内的各种利益相关者的多重目的
Ostenwalder (2005)	经营模式是一个概念性工具，含有一组要素以及要素之间的联系，用以说明一个企业的商业逻辑。它描述了企业向一个或多个顾客群提供的价值，企业为产生持续的赢利性收入的架构和创造、营销和移交价值的合作网络与关系资本
José Santos et al(2009)	经营模式是对一组活动和组织单位的配置，这些单位通过在企业内部和外部的活动在特定的产品－市场上创造价值

资料来源：王迎军，韩炜．新创企业成长过程中经营模式的构建研究．科学学与科学技术管理，2011

从上述各具特色的解释中，可以归纳出经营模式的基本含义，经营模式是对企业结构特征的一种描述，用以说明企业为谁创造价值，如何向顾客传递价值以及如何获取收益。作为一种概念性工具，经营模式可以是高度抽象的，从而可以用来描述各种企业；也可以是非常具体的，以凸现出某些企业的某类特征。抽象的经营模式描述至少要包括以下三项内容。

1. 价值定义或价值取向，说明企业面对的顾客是谁，要为顾客提供什么样的服务。例如，一家面向中小学生的教育书店主要是面向学生家长和中小学生学生，为他们提供教育类书籍；一家大学校园内的餐厅主要面向大学生，为他们提供价格低廉、卫生的餐饮；而一家银行则可能有多个顾客群，包括集团客户和个人客户，它提供的服务也会包括从传统的存款和放贷到个人理财等丰富的内容。由于企业的竞争优势主要取决于它能够创造的顾客价值，因此价值定义实际上说明了企业要创造的竞争优势。

2. 价值创造与传递，说明企业如何创造价值并这些价值转移到顾客手中。从竞争战略的角度看，这部分说明了竞争优势是如何被创造出来并如何让顾客感知到的。例如，一家小型教育书店可以通过向出版社订书、书店内展示和退书来保持图书的更换，并以流动售书的方式扩大影响；而校园餐厅在保证采购安全食品和卫生作业的基础上，只要以简单快速的服务和清洁的就餐环境让学生满意，就可以很好地传递价值；相比较而言，银行的创造和传递价值的过程则复杂得多，会涉及前台服务和后台支持等许多内容。

3. 价值获取或赢利模式，说明企业如何将自己创造的价值转换为可以分配给股东的价值，即经营收入与成本的差额。企业是否拥有竞争优势，一个显著的标志是其能否获得超额收益。如果企业获得的净资产利润率低于银行的基准利率,即使这家企业能够勉强维持生存,也不能说拥有竞争优势。为了获得超额收益,企业一方面要控制成本,一方面要努力增加经营收入。对于前述的书店和餐厅而言,经营收入的构成可能非常单一,即销售产品的收入;银行的经营收入就有多种构成,如贷款利息和各种服务项目的收费。更复杂的情况是,有些企业可以降低一个领域或渠道的收入而增加另一个领域或渠道的收入,如报社可以降低报纸的发行收入以扩大发行量,从而大大增加广告收入。

经营模式也可以用来描述企业在某一方面的经营特征。正如人们常说的连锁经营模式、电子商务模式、EMS(Electronic Manufacturing Services,电子制造服务)模式,描述的都是企业的某一类突出特征,而不是企业的整体特征。如果仔细对比具有这些特征的企业,不难发现每个企业的经营模式都有差别。以EMS企业为例,有些企业只从事电子零部件的研发和代工制造,有些企业则从事单独部件制造和成品组装。为了区分开这些经营模式的局部差别,需要对经营模式进行更完整的、具体的描述。

二、加里·哈默的经营模式模型

加里·哈默在探讨经营理念创新时,对经营模式的组成要素进行了梳理,提出了一个整体性经营模式模型。哈默认为经营模式包括四个主要组成部分:顾客界面、核心战略、战略资源和价值网络。这四个部分各自包含一些要素,彼此之间又相互连接,如图4-1所示。

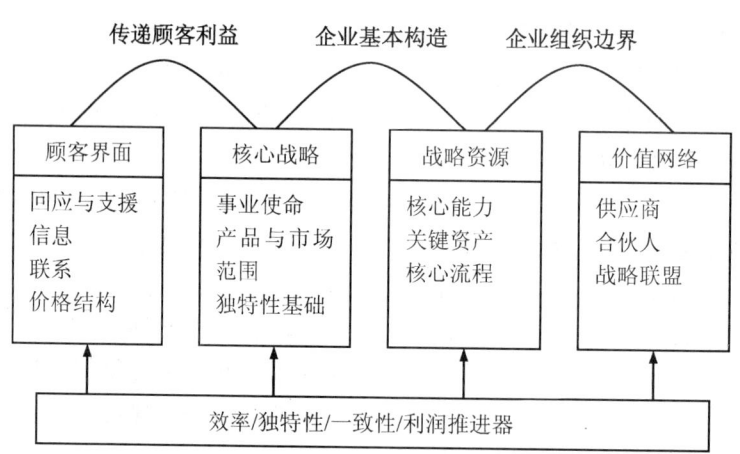

图 4-1 加里·哈默的经营模式模型

资料来源:加里·哈默著,曲昭光、赖溟溟译.领导企业变革.人民邮电出版社,2001

1. 顾客界面

顾客界面反映了企业与顾客接触的各种直接和间接方式,包括销售渠道、顾客订货方式、获得售后服务的方式,以及企业对顾客、顾客对企业及顾客之间的沟通关系。企业通过这一界面向顾客提供的既有直接的顾客价值,即以一定的价格提供的产品或服务;也有潜在的或间接的顾客利益,如提供有益的信息以方便顾客的选择,或帮助顾客减少产品的使用成本,或为顾客在使用产品时遇到的问题提供解决方案等。顾客界面的效率对企业经营绩效有着重要影响。良好的顾客界面能够更好地呈现出企业的竞争优势,给顾客以充分的便利,让顾客感受到企业产品或服务的可靠性。

2. 核心战略

核心战略反映了企业要创造的价值的基本特征。核心战略的第一要素即企业的使命,用以说明企业的身份特征或存在的意义。核心战略还需要具体界定顾客价值的内涵,如企业面向哪些类别的顾客提供价值,这些顾客分属于哪些细分市场,企业为不同类别的顾客分别提供哪些产品或服务。进一步地,核心战略还应对顾客价值的特色做出描述,如企业提供的独特价值有哪些,是以低成本、还是差异化来赢得顾客的认同。在战略策划阶段,这些内容都属于战略中的关键问题,而在战略被实施后,这些内容便固化为企业的经营方针,成为企业形态的重要组成部分。

3. 战略资源

战略资源是企业创造价值过程中必须依赖的基础要素,对顾客价值有重要的限定作用。如果企业希望创造出具有某种独特性的产品或服务,而又缺少必须的资源与能力,这时独特性就成为无米之炊。企业固然可以从外部获取资源,但离开企业自有的资源与能力,外部资源无法赋予产品或服务以独特性。也就是说,企业的战略资源影响着企业与竞争者的差异化程度。企业要形成为顾客创造出独特价值的能力,必须具有他人难以模仿的核心竞争力,或他人难以获取的有形资产和无形资产,或是企业独有的核心业务流程。

战略资源对企业的成本结构也有着决定性的影响。企业独有的资源与能力、高效率的业务流程使企业有可能以显著的成本优势创造出独特的产品或服务。这种成本优势也是潜在的顾客价值,因为必要时企业可以通过降低价格向顾客传递更多的利益。

4. 价值网络

企业的外部合作者,包括供应商、战略联盟伙伴和互补产品生产者,是创造价值过程中不可或缺的力量。企业的核心战略和资源与能力决定了哪些事情是需要寻求外部合作,以及希望什么样的合作者。譬如,一个致力于保护环境的企业,不仅自身会努力降低能源消耗和严格控制污染物排放,对于供应商也会有同样的要求。一个希望通过开放式创新活动谋求发展的企业,则会结成广泛的技术战略联盟。现代企业的合作关系已经远超出了简单市场交易的范围,而成为使命观、价值观相互衔接或融合的朋友关系。因此,价值网络也成为企业形态的特殊组成部分。

以上四个部分两两之间又都形成一个连接:核心战略确定了顾客价值并通过顾客界面向顾客传递利益;企业以战略资源来支持或限定核心战略,两者组成了企业创造价值的基本架构;战略资源与外部合作这之间则存在着企业边界,这种合作界面不仅描述了哪些事由企业自己做,哪些业务外包给合作者,还描述了如何进行合作。这三个连接将四个要素紧密地连成一个协调运作的整体。当然,经营模式的效力还取决于企业内部的效率、独特性和一致性,并且在各种利润提升机制的作用下才能获得更高的业绩。哈默的经营模式分析几乎包括了企业形态的所有方面,是一个全面认识企业内部环境的完整框架。

三、奥斯特瓦德的经营模式模型

现代信息技术革命引起企业经营环境和经营模式的急剧变化,也引发了企业界与学术界对经营模式的热烈讨论。自20世纪90年代后期开始,有关经营模式研究的成果层出不穷。尽管网络泡沫的破灭打消了人们对信息产业过度的投资热情,而亚马逊、谷歌等企业的成功却反衬出经营模式的重要性。企业顾客界面的丰富多样、经营环境的网络化以及经营收入的多样化,促成了一系列对经营模式的系统思考。奥斯特瓦德正是在这种背景下开始了对经营模式的研究。他首先针对电子商务企业构建了一个系统的经营模式模型,而后将这一模型推广到一般企业。他的模型包括九个模块,如图4-2所示。

1. 细分市场

细分市场模块界定了企业希望为之服务的个人或组织,企业要为这些顾客提供更好的产品或服务,需要根据顾客对产品或服务的不同要求、获取产品或服务的不同渠道、与企业的不同联系方式以及其他特征,将这些顾客分为不同群组,并决定哪些顾客是最重要的群组,哪些顾客是可被忽略的群组。

2. 价值主张

由于企业面对多个顾客群组,价值主张描述了企业向顾客提供的产品或服务束。每种产品或服务解决了顾客的问题,满足了顾客的需求,从而具有顾客价值。价值主张还反映出每种产品或服务所具有的独特性,如定制化、可靠性、便利性、低成本、新颖性或品牌声望,这些因素进一步明确了企业所创造的顾客价值。

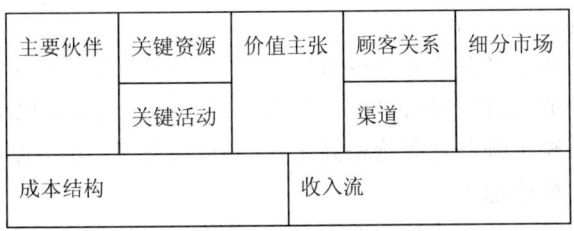

图 4-2 奥斯特瓦德的经营模式模型

资料来源:Alexander Osterwalder & Yves Pigneur,Business Model Generation,John Wiley & Sons,Inc,2010

3. 渠道

渠道描述了企业如何向顾客传递其价值主张。渠道不仅是顾客获取产品或服务的通路,也是顾客了解产品或服务的途径,以及评估企业价值主张的依据。

4. 客户关系

客户关系描述了企业希望与每一种顾客建立的联系,包括个人联系直至计算机自动进行的联系。这些关系影响着顾客对企业的全面感知,是企业维系顾客的重要手段,也是争取新顾客和进一步丰富产品或服务内容的重要基础。

5. 收入流

收入流描述了每一类顾客带给企业的收入,包括产品销售收入、租金、专利费、捐赠款以及手续费、广告收入等。收入流可以让人们更好地理解顾客为了获取哪些价值而愿意支付费用、每项收入对企业的总收入有多大的贡献。

6. 关键资源

关键资源描述了经营模式得以运行所必须的重要资产和资源,这些资产可能是有形资产如设备、建筑、信息系统,或者是无形资产如品牌、专利、数据库,或者是财务资源、人力资源等。企业的经营模式不同,所需要的关键资源也会不同。

7. 关键活动

关键活动描述了经营模式得以运行而必须完成的重要工作,如生产活动、供应链管理、产品开发等。如同关键资源,企业的经营模式不同,关键活动也会不同。

8. 关键伙伴

关键伙伴是指经营模式得以运行所必须的外部合作伙伴,包括供应商以及与供应商保持的采购关系,为研究开发、销售产品而与其他组织结成的战略联盟,支持企业开发新事业的战略投资者,等等。这些伙伴为企业提供了重要的外部资源。

9.成本结构

成本结构描述了经营模式运行时发生的各项成本及其变化机制,包括各种固定成本和变动成本,以及规模经济、范围经济等影响成本变化的机制。成本结构可以清晰地反映出哪些资源价格高昂,哪些活动花费不菲,也可以说明企业进一步控制成本的可能途径。

奥斯特瓦德将经营模式分为四个部分:价值主张独自构成一个部分,细分市场、渠道和顾客关系构成了顾客界面,关键资源、关键活动和关键伙伴构成了企业的管理基础,成本结构和收入流构成了企业的财务状态。与加里·哈默的经营模式模型相比,奥斯特瓦德的模型对企业的财务状态有着更详细的描述,各构成模块之间的逻辑关系也更清晰。

四、经营模式与战略

不管是企业界或是学术界,以往经营模式这个概念常常被草率地使用,并没有多加定义。人们交互使用着经营模式与战略这两个词来指他们相信会带来竞争优势的任何事情,两者的含义混淆不清。为了避免在理论研究和工作中发生误解,有必要对两个概念加以区分。

其实,关于经营模式与战略的关系,学术界也存在不同认识。有的学者认为经营模式与战略既相异又互补,并且提出经营模式加战略等于竞争优势的观点。从他们援引的例子可以看出,他们所说的经营模式是指某种经营行为类型,如折扣零售模式、直销模式等等,属于企业在某一方面的经营特征。沃尔玛、戴尔等成功企业在战略分析的基础上把这些经营特征与自己特定的经营情境结合起来,赋予自己的经营行为以独特性,从而取得了巨大的竞争优势。可见,他们所说的经营模式不是指企业的整体特征,不能和企业的战略并列。

如果考察企业整体,学术界使用经营模式这一概念有两重含义:一是把经营模式作为描述企业创造与传递价值的主要特征的分析方法,即奥斯特瓦德所称的概念性工具;另一含义就是企业创造与传递价值的方式,即企业的现实形态。因此,无论大企业还是小企业,绩效卓越的企业或行将破产的企业,每个企业都有其经营模式。

战略是企业为达成发展目标而制定的方案,由于战略方案经常会涉及对企业各种结构(包括产品结构、成本结构、关键活动、关键资源以及与战略伙伴和顾客的关系等)的特征,因此战略方案与经营模式会有许多重合之处。但两者的基本区别在于,既有经营模式是企业的现实形态,而战略是改变这一形态的方案。正是由于这个原因,经营模式分析可以作为内部环境分析的理想视角。而作为新近发展起来的战略理论,经营模式模型又有很强的包容性,将价值链、资源及核心竞争力包含在其中,因此经营模式分析又为其他内部环境分析提供了很好的起点。

第二节 价值链分析

经营模式描述了企业创造价值的整体形态,这对于认识内部环境各构成要素之间的关系提供了一定的思路。但在给定的领域中,如何获取竞争优势仍然是一个有待研究的问题,为此需要进行更为深入的探究。价值链分析正是可以用于这一目的的一个十分有用的工具。

一、竞争优势与价值链

由于企业的发展历史、所处的经营环境、实施的战略和推行战略的途径各不相同,每个成功企业的竞争优势也有多种多样的表现形式。例如,美国人民捷运公司的飞机票价仅是其他公司的 40% 到 60%,公司却能够赢得利润并快速发展,成为名噪一时的知名企业;[1]卡西欧公司的产品具有比竞争对手更多的功能,并因而深受顾客的欢迎;小松公司面对日元升值的巨大压力,通过不断开拓国际市场而不断发展壮大;可口可乐公司因产品享有极高的品牌忠实度而蒸蒸日上,如此种种不胜枚举。那么,这些企业的竞争优势是如何产生的呢?显然,要认识这些竞争优势的成因,必须从分析企业内部的各项活动入手。正如迈克尔·波特所说的,"把企业作为一个整体来看待,是无法理解企业的竞争优势的"。实际上,企业的竞争优势来源于企业在设计、生产、营销、交货等过程和辅助过程中所进行的许多相互分离而又相互衔接的活动。正是这些活动为企业的相对成本地位和差别化程度奠定了基础。

企业的竞争优势可以划分为两种基本类型,即低成本优势和差别化优势。前者指企业能够以较低的成本推出自己的产品或服务;后者指企业成功地塑造出产品功能、服务、质量、品牌形象等顾客所认可的特色。竞争优势在市场上的表现形式多种多样,但从顾客角度看,竞争优势的实质是企业的产品或服务能为顾客提供最大的价值。当顾客能够以更低廉的价格购买到同等质量和性能的产品时,或是当顾客能够以同等的价格买到质量和性能更为优异的产品时,顾客就会毫不犹豫地做出自己的购买抉择。企业在创造价值的过程中,通过一系列的活动赋予产品或服务以价值,这些活动理所当然地构成了战略分析的基本单元。

---

[1] 美国人民捷运航空公司创办于 1978 年,以低成本的绝对优势迅速获得成功和成长,但由于公司在收购企业时决策失误等原因,最终陷于困境,被其他公司收购。

所谓价值链正是指企业为创造价值而开展的各项生产经营活动,这些活动彼此相互支持,以确保企业经营目标的达成。从价值链的角度看,任何企业乃至企业下属的经营单位都是一组活动的集合。迈克尔·波特教授把这些活动区分为基本活动和支持活动两大类。其中,基本活动是指那些通过改变物品的物理或时空形态来创造价值的活动,包括进货后勤、生产作业、发货后勤、营销销售和服务。支持活动包括采购、研发、人力资源管理和企业的基础管理,这里的基础管理是指行政管理、财务管理、公关和法律事务等。基本活动按一定的顺序先后衔接,直接改变着产品的价值;支持活动则与基本活动和其他支持活动同时进行,对这些活动产生着重要的影响,如图4-3所示。一项活动是否重要,并不取决于它是基本活动还是支持活动,而取决于它在整个创造价值过程中的作用。如果把图中每项活动对应的区域形象地比作该项活动引起的费用,把整个图形看作企业的产出,则差额部分刚好代表着企业创造的利润。

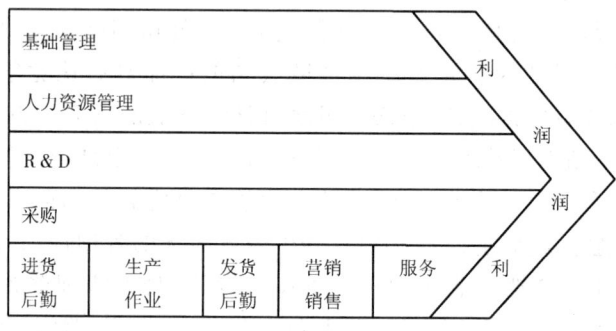

图 4-3　基本价值链

资料来源:迈克尔·波特著,陈小悦译.竞争优势.华夏出版社,1997:37

一些成功企业的经验表明,它们的价值链既不是简单地照搬行业内其他企业共同遵循的经营模式,也不是在企业成长过程中自然形成的活动方式,而是企业根据其战略所设计出的独特的活动体系。也就是说,价值链是战略的产物,它体现着企业的战略定位,而企业希望建立的竞争优势正是植根于价值链中各项活动的内部以及它们之间的独特联结方式上。

美国西南航空公司独特的价值链结构向人们提供了一个很好的例证。这家公司在全美航空业经营收益陷入低谷的1991至1993年间,是唯一保持盈利的大航空公司。西南航空公司与其竞争对手相比,最显著的特点便是拥有低成本优势。西南航空的战略把追求高服务质量和低成本作为既相互独立、又相互补充的两部分战略内容,详见表4-2。

第四章 企业内部环境分析

表 4-2 西南航空的经营战略

出色的服务由以下内容来保证：
1. 为乘客较多的短途航线安排较多的飞行班次；
2. 为方便顾客，在较小的、不拥挤的中心机场开展服务；
3. 借助高昂的员工士气和"趣味"公司文化与顾客建立良好的关系；
4. 低而灵活的收费，允许乘客根据简短的说明进行自由决策和比较。

低成本靠以下要素来保证：
1. 仅有波音 737 一种机型；
2. 飞机的充分利用（在机场的周转时间为 20 分钟，而产业平均水平为 55 分钟）；
3. 员工的劳动生产率较高；
4. 废除传统的轮辐式航线，降低其他与之相关的成本；
5. 很少的食品花费、订票费用、行李处理费；
6. 适度增长，避免债务过多。

西南航空公司奉行的低费用、高频率、短距离、点对点、取消舱位级别和增加乘客趣味爱好的战略取得了显著的成效。就降低成本方面而言，西南未对计算机订票系统进行投资，也未提供用餐服务。这样做的结果是低成本，尤其是那些与地面作业相关的成本。统计分析表明，美国航空业平均花到每位乘客身上的飞机场成本是 24.48 美元，而西南航空公司只有 7.13 美元。西南公司的 180 架飞机皆为波音 737，这极大地提高了飞行员的使用效率和服务的准时性。迈克尔·波特用图 4-4 概括了这家公司价值链的主要特征。

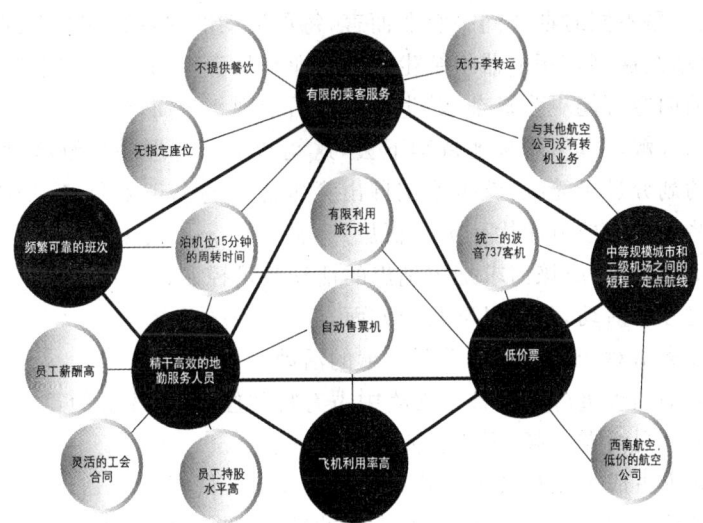

图 4-4 西南航空公司的价值活动体系

资料来源：迈克尔·波特. 什么是战略. 哈佛商业评论，2004，(1)

面对着相同的产业条件和竞争格局,一些企业困难重重而另一些企业却能赢得可观的收益,这显示出企业的竞争优势主要来自内部。事实上,西南航空公司的竞争优势有着丰富的内部来源,公司所拥有的忠诚、积极性高的员工和以人为本的企业文化,都是不可缺少的因素,而这又得益于领导、招聘、培训等一系列活动的复杂组合。从这家公司价值链的一部分特征中至少可以看出,当代企业不可能仅凭一两项自己擅长的活动来谋取有意义的竞争优势。价值链是由一组独立的活动所组成,每项活动对竞争优势都应有一定的贡献;价值链又是服从于企业战略的一个整体,不仅每项活动要围绕着企业的战略主题展开。它们之间的联结方式也体现着这些主题。

二、价值链的分解与描述

作为旨在了解企业竞争优势的现有和潜在来源而对企业活动进行分析的一种有力工具,价值链分析主要包括三项基本内容,即识别和界定活动、描述价值链的技术经济特性和确定每项活动的驱动因素。

(一)识别和界定活动

图 4-3 给出的只是对制造业企业价值链的一个简单分解,为了清楚地认识竞争优势的可能来源和增强优势的有效途径,往往需要对创造价值的过程进行细化分解,比如把加工制造分解为热处理、精密机加工、组装及测试等项活动;把销售活动分解为促销、广告、销售队伍管理、货品管理等项活动。对不同产业、不同企业、甚至是不同时期的同一企业而言,每项活动的内容又存在着或大或小的差别,一个单纯从事家用电器组装生产的企业与从事零部件加工制造的企业,其物流活动的内容可能更为复杂,其生产制造活动则相对简单。

活动的分解可以一步步地持续下去,这就产生了合理的分解程度问题。如果对活动的划分过于笼统,就很难挖掘出竞争优势的真正来源;但如果过细,又可能因那些琐细的枝节而扰乱了分析思路,甚至使分析失去战略意义。在识别和界定活动过程中,应该力求把识别出的活动数量控制在最低水平,但要注意区分开不同属性的活动,包括以下几个方面。

1. 应分离出对产品价值有重要贡献的活动

这些活动的改进应该在整个战略中占有特殊位置,是改造的重点;将其他活动和这些活动混淆在一起,可能会使战略失去焦点。

2. 分离出占成本比重较大或费用正在迅速上升的活动

运用结构性驱动因素控制这类活动的成本,也是整个战略中的一项重要内容。

3.将具有不同结构性驱动因素的活动分开

这样有利于在结构性驱动因素和活动之间建立起清晰的对应关系,让人们认清对哪些结构因素的调整可以改变哪些活动,使战略方案更具有可操作性。

特别需要指出,企业在识别和界定活动时不能只是局限于自己担负的活动,还应将自己未担负的重要活动包含在内。价值链分析是从顾客需求的角度,而不仅仅是从企业内部来认识创造价值的过程。只有对创造价值过程进行完整分析,才可能发现价值链的缺陷。

(二)描述价值链的技术经济特性

识别出企业的价值活动仅仅是价值链分析的第一步,为了便于寻求竞争优势的根源,企业还要对各项价值活动本身进行描述性研究,特别是描述其技术经济特性。具体包括三个方面的内容:即每项活动对价值的贡献、每项活动的技术水平和每项活动的成本费用。

1.活动对价值的贡献

一项活动存在于价值链之中的意义在于它能够创造价值。有些活动直接创造着价值,如总装、零部件加工、质量检验、销售业务、广告、产品设计等;有些活动间接创造着价值,如维护、进度安排、设施管理、销售管理、科研管理等,它们保证了直接创造价值活动的持续进行。在战略定位、技术演变、需求变化等因素的影响下,过去对价值有贡献的活动,可能已经失去意义。一些过去看来不太重要的环节,可能演变成价值链中的关键环节。分析每项活动对价值贡献的目的是识别出重要的活动和那些不能创造价值的活动。但这种分析的困难在于,顾客价值并不是一个由单一指标构成的标准,而是由产品的功能、质量等一组标准所组成,要把不同的活动置于多标准下进行比较,需要一些复杂的分析方法。

2.每项活动的技术水平

价值链也是理解技术在竞争优势中所起作用的基本工具。作为各种活动集合体的企业,也是各种技术的集合体。其中,技术包含于企业的每个价值活动当中,并且技术变革会对所有的价值活动产生影响。实际上,每种价值活动都运用一定的技术来完成其特定的任务,就连那些支持性活动,也需要技术。如人力资源管理中的人员测评技术、基础管理中的信息技术等。每项活动的技术水平对活动效率有很大影响。对每项活动的技术水平进行分析,主要是把这些技术同最先进的适用技术做一比较,找出差距,并分析每一项差距对价值的影响。

3.每项活动的成本费用

企业展开经营活动的主要目的之一就是获取利润,而利润与成本之间存在着此消彼长的关系。企业在识别和界定了价值活动以后,还必须对每项活动的成本进行分析。对于实施低成本战略并希望获取成本优势的企业,这项分析活动更是具有十分重要的意义。

区分不同活动引发的费用是一件困难的工作,原因之一是由于许多费用的会计记录不是按活动记录,原因之二是许多活动之间存在着共同费用,需要合理分摊。不过,近年来广为流行作业成本法(Activity Based Costing),为活动分析提供了一种有力的工具。

表4-3列出了一个电器企业要完成的主要活动以及各项基本活动的成本费用,从研究与开发活动开始,一直延伸到顾客服务。同时,该表还从规模经济和范围经济的角度表明了它们在价值创造活动中的地位。规模经济和范围经济的发挥状况能够对企业价值创造活动和成本费用水平产生重要影响。对于价值链的上游环节而言,除了在研究与设计活动中存在共享一些比较一般的要素以外,作为拥有较宽的产品线的厂商并不能获得额外利益。因此,在该价值链的这一端只存在中等的范围效果。然而,在制造一种电器的时候却存在大量的规模效果。这样,所有的电器都按照分离的产品线方式进行生产,在每种场合下的"最小有效规模经营单位"的规模都很大。对于价值链的下游环节而言,范围经济非常明显。当大规模地处理全部产品线上的产品的时候,分销、品牌、规模和服务都变得更富有效率。

表4-3 主要电器产业中各基本活动的
成本费用及其对规模经济与范围经济的相对重要性

	研究与开发	采购	制造	分销	广告	销售	服务
在成本结构中占有的百分比(%)	3	30	25	6	2	7	3
一条产品线的规模	+	+	+++	+	+		
各条产品线的范围		+		+++	++	+++	+++

注:范围经济主要出现在价值链的下游环节,只有通过多种产品共同分担成本的方式才能实现

资料来源:大卫·科利斯,辛西娅·蒙哥马利著.王永贵,杨永恒译.公司战略——企业的资源与范围.东北财经大学出版社,2000:81

(三)确定每项活动的结构性驱动因素

所谓结构驱动因素,是指影响价值活动的成本状况或差异化程度的结构因素。例如,当规模影响到单位产品的广告成本时,规模就成为广告这一环节的结构驱动因素。这种因素的调整总会引起企业内部某些结构的变化,因此属于战略决策的范畴。确定结构性驱动因素,目的在于对企业相对成本地位或差异化优势的来源以及如何才能改变它们有一个深刻的认识,以便找到增强竞争优势的具体措施。

价值链把一家公司的所有职能分解成许多具体活动,每项活动都有自己的

成本驱动因素。企业的实践表明,主要有10种主要成本驱动因素决定了价值活动的成本行为,它们分别是:规模、学习、生产能力利用模式、各项活动之间的联系、价值链之间的联系、上下游整合、时机选择、企业内部政策、地理位置和政策因素。

这些成本驱动因素是活动成本的结构性原因,在一定程度上都能够置于企业的控制之下。不过,需要指出的是,没有一种驱动因素是企业成本地位的唯一决定因素,而常常是几种驱动因素联合作用的结果。其中,各驱动因素之间的相互作用既包括相互对抗作用,也包括相互加强作用。企业可以通过控制这些因素来达到控制活动成本,乃至总成本的目的。

企业的价值链也为差异化优势提供来源,企业的任何经营差异性都来自其所从事的各种具体活动和这些活动影响买方的形式。任何一种价值活动都是差异性的一个潜在来源,也都受到一些结构性驱动因素的影响。就人们识别出的结构性驱动因素而言,差异化的驱动因素与成本驱动因素大体相同,但作用机制并不一样。例如,原材料采购能影响最终产品的成本和性能,扩大原料采购规模有可能降低采购成本,但未必能增强产品的差异性。又如,扩大售后服务网络的规模有助于提高顾客的满意度,但却会引起成本的增加。

从价值链分析中可以看出,企业谋取竞争优势的两个主要途径是:第一,使自身的经营活动内容有别于竞争对手;第二,以更高的效率和效果来组织和完成这些活动。

第三节 企业的资源

如何获取竞争优势和如何使竞争优势持久化是两个不同层次的问题。有些情况下,企业即使简单地改变价值链就可以获得一定的竞争优势,但竞争对手的反击或模仿又会很快地将这种优势瓦解。20世纪80年代后期开始,战略管理领域的研究日益关注竞争优势的持久化问题。一批学者开始把搜索的目光转向更深层次,转向了企业用以维系持久竞争优势的某些资源与能力。其中,以维纳菲尔特(B. Wernerfelt)、格兰特(R. M. Grant)、巴尔奈(J. Barney)等人为代表的学者们对企业资源(Firm Resources)进行的研究,促成了战略管理理论的的一个新流派——基于资源的观点(Resource-based View,RBV)的产生。这种学说由于透彻地解释了许多企业成功的原因,受到了理论界和企业界的广泛关注。他们的研究表明,竞争是一种多层次的对抗,决定竞争优势能否持续的是企业的资源结构。基于资源的观点(RBV)把竞争优势归因于企业的资源,为分析企业的深层次结构提供了一个很好的视角。

一、资源的类型与属性

资源是经济学的一个基本范畴,是指企业在生产经营过程中投入的,包括厂房设备、资金、劳动力在内的各种要素。早在基于资源的理论提出以前,经济学家们已经把"改善资源配置型式所需要的代价和可能得到的利益"作为经济学的主要问题。但在相当长的时间里,人们对资源的认识一直囿于这样的范围:企业所需要的资源主要是资本品、原料和人;这些资源是稀缺的,彼此可以在一定程度上相互替换;每种资源都是同质的,并可以按同样的价格从市场上得到供应。这些认识在研究宏观层面的问题时成功地揭示了许多经济活动的规律,而在研究微观层面具有强烈动态性的竞争现象时,却显得有些过于笼统。

基于资源的观点首先对企业资源的内容进行了比较详细的界定,如果说这种理论仍然继承了经济学中关于"资源是生产经营过程中的投入要素"的基本观点,它所界定的资源中却包含了技能、能力等更具活性的成分,资源的含义因而发生了一些变化。例如,格兰特等人曾列举了七类主要的企业资源,每一类中还含有许多具体的资源,这些资源的主要内容可概括如表 4-4。

表 4-4 企业资源的种类

资源种类	主要内容
财务资源	现金及企业的融资能力,创造现金收益的能力
物化资源	生产设备及其布局,原料以及采购渠道
技术资源	各种知识产权以及与之相关的技术知识
创新资源	技术人员和研究开发所需的设备
商誉资源	顾客和供应商所认可的品牌、信誉及合作关系
人力资源	员工的培训水平、适应力、判断力和工作态度
组织资源	企业的组织结构和它的计划、控制、协调系统

资料来源:M. A. Hitt, R. Duane Ireland and R. E. Hosikisson, *Strategic Manangement*, 72-73, West Pubilishing Company, 1995

巴尔奈认为企业资源是指企业所控制的所有资产、能力、组织过程、企业特征、信息知识等。这些资源可以使企业去筹划和实施战略,提高效率。这些资源大体可以分为三类:物质资本、人力资本和组织资本。巴尔奈还提到并非所有的资源都与战略相关。

也有学者将资源分成 Having(企业拥有什么)类和 Doing(企业或其组成部分做什么)类。其中 Hall 又将资产(一个人所拥有的东西)和技能或竞争力(员工和其他利益相关者以及企业整体的技巧)区分开来。此外,Dierickx 和 Cool 还提出了存量资源(Stocks)和流量资源(Flows)的划分方法。存量资产(如技术经验、品牌忠诚度等)是由长期的投资和流量资源(如 R&D 投入、广告投入等)

累积而成的。流量资源可以被迅速调节,而存量资源却不能。

理论界对不可见资产或无形资产强调得似乎更多。不可见资产(Invisible Assets)被伊丹敬之和 Amit 等学者描述成以信息为基础的资源(如顾客信任、品牌形象等)或以信息为基础的能力。这些不可见的资产难于积累,可以同时满足不同的用途,它们既是企业的投入要素,又是企业的产出。虽然伊丹敬之等人也承认可见资产的重要性,但是他们认为不可见资产是企业获得长期成功最为重要的资源。而无形资产(Intangible Assets)则包括智力财产权(专利、商标、版权和注册设计等)、合同、商业秘密、科学著作之类的公共知识、人们的主观知识(如网络、组织文化、产品和公司的声誉等)。

在格兰特等人列出的资源中,除了资金和原材料等属于对所有企业有着同等意义的同质资源外,其他资源所含有活性因素如知识、经验、技能、判断力、适应力以及企业组织系统内外的各种联系等,使每一种资源都富于变化而呈现千差万别的形态。也就是说,这些资源基本上属于异质性资源,同一种资源在任何两个企业中都不尽相同,不仅商誉资源和人力资源、组织资源是如此,就连设备资源也会表现出一定的异质性。譬如,企业根据自己特定的需要自行设计一条生产线,即使生产线的每台设备都由外部提供,这条生产线还是会具有与众不同的功能。认识到资源的这一属性十分重要,它将有助于发现不同企业之间存在的那些细微的,有关企业资源的理论中所使用概念的总结见表 4-5。有时却有着决定意义的差别,从而揭示引起企业竞争地位发生变化的内在原因。

表 4-5 有关企业资源的理论中所使用概念的总结

提出者	主要概念	描述或辅助概念
Wernerfelt(1984)	资源	资源位障碍
伊丹敬之(1987)	不可见资产	以信息为基础的资源／动态的资源配合
Dierickx & Cool(1988)	战略资产	通过投资(流量资源)累积的存量资源
Aaker(1989)	资产和技能	资产:一个企业所拥有的在竞争中占优势的东西 技能:一个企业比竞争者做得好的事情
Akerberg(1989)	竞争力	组织的竞争力依赖于个人的竞争力
Prahalad & Hamel(1990)	核心能力	战略结构 集体学习:生产技能和技术
Klein 等(1991)	超技能(Meta-skills)	超技能:产生核心技能
Barney(1991)	企业资源	企业所控制的所有资产、能力、过程、特征、信息、知识

(续表)

提出者	主要概念	描述或辅助概念
Grant (1991)	资源	资源：生产过程的投入要素 能力：完成某些任务的才能
Hall (1991,1992)	无形资源	技能或竞争力：人们的技巧 资产：所拥有的东西 无形资产与功能、文化、地位、规则的能力相联系
Stalk (1992)	能力	能力：比核心能力的基础更广 关键业务流程
Amit & Schoemaker(1993)	资源 能力 战略资产	企业所拥有和控制的可得要素的储存 企业运用组织过程配置资源和达到预期目的才能 难于交易和模仿的、稀缺的、专用的资源和能力的组合

资料来源：Ilse Bogaert, Rudy Martens, and Andre Van Cauwenbergh, "Strategy as a Situational Puzzle: The Fit of Components", *Competence-Based Competition*, John Wiley & Sons Ltd., 1994

事实上，自20世纪70年代美国经济衰退暴露出美国企业传统管理模式的弱点之后，一些学者就已注意到，仅凭调整产品结构和优化资金配置无法赢得日趋激烈的竞争。这一时期开始兴起的管理比较研究则表明，企业之间的竞争是一种多层次的对抗行为，在司空见惯的市场竞争下面，隐藏着容易被人忽视的深层次竞争，它们往往集中在管理的基础环节上，如坚持顾客导向，不断创新，开发人力资源和建设组织文化等，并终将决定一个企业的命运。基于资源的理论把这种认识更向前推进了一步，它把企业竞争地位的差别归结为资源形态的差别，认为持久的竞争优势是构建在企业所拥有的一组资源的基础上，这组资源的主要构成可以是营销网络、品牌和文化，也可以是设备、技术和管理系统，或者是其他一些资源。两个生产同类产品的企业，未必具有相同的资源构成，当两个企业的资源构成大体相同时，它们每种资源的具体内容，如品牌的特色、专利的内容等还会有所不同。有些情况下，这种资源形态的差别可以被清楚地观察到。例如，通过比较两个企业向同一市场延伸产品线所需要的时间，不难看出它们的营销技巧或品牌支持程度孰优孰劣，但在更多的情况下，资源的作用是被间接而又持续地释放出来，像人力资源、组织资源等方面的差别无疑对企业的竞争地位有着深远影响。

一个企业在经营活动中要同时投入许多中资源，但不是所有资源都具有同样的价值。毫无疑问，企业应该把那些最具价值的战略性资源作为管理的重点，把这类资源的开发、积累、整合与运用作为战略的一条主线。因此，资源分析的一个主要任务，是识别出企业经营与成长所需要的战略性资源。巴尔奈列举出

战略资源的五个基本特征,分别是:

①在创造价值过程中发挥着重要作用,使企业能更好地把握机遇或减少威胁;

②具有稀缺性,即资源的数量限定了它不能被多家企业共同使用;

③具有不可模仿性,竞争对手为模仿或复制这类资源需要投入大量的时间、人力和财力;

④具有不可替代性,即竞争对手无法用其他资源取代这类资源的效用;

⑤企业能够以低于竞争对手的成本来获取这类资源。

在这些特征中,除了第一个以外,其他特征事实上保证了企业对一些资源在一定程度上的独占,企业因此将独享这些资源产生的战略性收益,如形成独一无二的经营特色,赢得超额利润,或实现超速成长。

二、资源竞争与资源提升

在以异质性资源为主要投入物的价值活动中,企业的竞争必然会由产品层面的竞争延伸到资源层面的竞争,而如何独占某些资源或打破竞争对手对资源的独占又将成为竞争的焦点。这里所说的独占,既包括由于排除竞争对手占用同一资源的可能性而形成的狭义的独占,也包括通过赋予资源以竞争对手难以模仿的特性而形成的广义的独占。实际上,无论对产品竞争与资源竞争来说,模仿都是一种常见的而且相当有效的手段。由于大多数资源中含有活性成分,企业的经营管理活动会促使资源的内容不断变化,那些谋求改进自己市场地位的后进企业必然会努力仿效领先企业的成功做法,如学习它们先进的工作方法和管理制度,学习它们的工艺技术,甚至直接模仿它们的采购策略和营销策略,这些模仿活动使得一些资源的内容逐步接近领先企业。领先企业若不能尽量加大与后进企业的距离,维护自己的资源优势,它的市场地位就会失去根基。

需要指出,资源的异质性并不排斥竞争对手的模仿行为。许多情况下,后进企业无须原原本本地复制出领先企业的全部资源,而只是在某几种资源中加入一些相似的内容,便可收到事半功倍的效果。特别是随着知识要素在各种资源中的比重不断增加,通过学习进行模仿有时要比独立地开发资源容易得多。例如,前一时期许多企业大力开展塑造企业形象或质量体系建设活动,其中就不乏模仿的成分。在技术资源开发中,如果率先开发一项新技术需要克服大量的不确定因素,模仿的经济性则会变得更加显著。

基于资源理论十分重视模仿行为对竞争优势的影响,认为领先企业的优势究竟能维持多久,很大程度上取决于它的资源是否容易被模仿。因此企业一旦拥有了可以产生战略性收益的资源,就必须考虑如何保护这些资源。而正如企业援引法律武器保护发明专利或稀有矿藏等资源的专有权,其实质是把资源所有者与潜在的模仿者隔离开来一样,企业也可以建立某种隔离机制来保护另一些资源如设备、营销网络、组织资源等,降低它们被模仿的危险。也就是说,率先拥有某项资源的企业可以为竞争对手设置一道障碍,使得竞争对手的模仿行为遭遇到更多的困难和付出更大的代价。这种障碍,维纳菲尔特称之为"资源位障碍"(Resource Position Barriers),维持了率先拥有者与其他企业的差别,延长了资源优势的时效。

虽然资源位障碍的概念还没有被人普遍接受,人们也还无法断言这种障碍能否保护所有的资源,但至少对于一些重要的资源,下列资源位障碍的确可以增加竞争对手的模仿难度。

1. 使用权的隔离

像先进的制造设备、优越的地理位置、矿产开采权、技术专利与商标等资源,由于它们的使用权与所有权紧密联系在一起,企业只要取得资源的所有权,也就排除了竞争对手使用这些资源的可能性;而像企业的供应商或销售商等客户资源,通过建立互惠互利与长期信任的合作关系,也有可能形成一定程度的使用权的隔离机制,比如取得优惠的、排他性的合作条件,使竞争对手与这些客户合作时处在不利的地位。

2. 认识上的隔离

有效模仿的前提条件是准确认识被模仿对象的主要内容,如果竞争对手无法获取必要的信息,那么认识上的局限就会限制它们的模仿行为。建立这种隔离机制的主要方法有:(1)健全内部保密制度,阻断竞争对手获取信息的渠道;(2)将各种资源要素融合为一个有机整体,使得融合后的资源特性更为复杂。后一种方法看起来很抽象,实际上已经被一些企业成功地用来锻造自己的竞争力。普拉哈拉德和哈默在分析一些企业的核心竞争力时曾明确指出,这种能力之所以难于模仿,原因在于它们是"一组先进技术的和谐组合"。

3. 时间上的隔离

如果资源的积累受到企业历史因素的影响,或者积累过程受到学习曲线的强烈支配,模仿行为将会遭遇到时间的障碍。例如,文化资源的形成往往与企业特有的历史和企业传统有关,由于历史是不可复制的,文化资源也就变得难以模仿。又如,有些经验和技能类资源的积累需要花费较长的时间,而且积累的效率还取决于前期的积累水平,因此即使后进企业了解到这些资源的内容,时间因素也会使它们落后于领先企业。

时间上的隔离机制还表现在其他方面,如有些大型成套设备的制造周期较长,货源又十分有限,率先购买设备的企业就可能在设备资源上领先竞争对手一

第四章 企业内部环境分析

段时期。这种短期的优势尽管不具有持久性,却能为企业的战略调整赢得必要的时间。

4.收益上的隔离

这种障碍的作用是使模仿行为成为降低收益水平的起因,竞争对手一旦认识到经济上的不利性,就会放弃模仿的企图。例如,维纳菲尔特认为,强大的生产能力之所以能够成为长期优势的来源,原因不是它不可模仿,而是因为竞争者如果竞相扩大生产能力,过剩的生产能力会导致竞争的白热化和极低的收益,这从经济上考虑显然是不合理的。也就是说,在有限的市场空间里,领先企业设备资源的强大产能本身就构成了一种资源位障碍。

资源位障碍不仅揭示了资源优势的保护机制,也为人们认识和区别各种资源的重要性提供了依据。对一个企业来说,并非所有资源都与它的竞争战略联系在一起,如果企业希望为它的竞争优势选择一组支点,能够形成资源位障碍的资源就应该被列为优先考虑的对象。竞争战略的主要任务,正是通过加速扩充这类资源,构筑起持久的竞争优势。

资源竞争与产品竞争的一个明显区别在于,后者只是在一定时期内决定企业效益水平、阶段性的竞争,而前者是一场决定企业命运的、旷日持久的竞争。一项成功的产品有可能成为后进企业赶超领先企业的契机,或是使领先企业的地位得到进一步增强,但要把产品竞争的成果巩固下去,赢得下一轮乃至今后一系列的产品竞争,企业就必须不断提升资源,使其超越竞争对手的水平。提升资源的途径有许多种,普拉哈拉德和哈默曾把这些途径进行归纳,见表4-6。

表4-6 有效提升资源的途径

方法	方法的内容
目标统一	达成战略目标的共识
专注	明确目标并建立一致的标准
瞄准目标	强调高附加值的活动
学习	充分运用每一位员工的智慧
借用资源	借助合作伙伴的力量和资源
整合	以新的方式组合各种技能和资源
平衡	取得重要的互补性资源
重复利用	注重对可以反复使用的技能和资源的开发
联合	找出与他人共同的目标
保护	防止资源流失
加速	缩短资源的回收时间

资料来源:加里·哈默,C.K.普拉哈拉德.王振西译.竞争大未来.昆仑出版社,1998

企业对生产经营活动的各种投入,根据其所有关系可以分为内部资源和外部资源。这两类资源相辅相成,共同构成了企业的资源基础,它们的扩充也紧密地联系在一起。

市场经济的高度专业化分工导致了任何企业的生产经营活动都离不开外部资源,企业需要向银行融资,向供应商购买原材料,委托协作企业代为加工零部件,委托广告商代为策划广告宣传运动,才得以完成那些力所不及的任务。企业与外部资源的关系表现为:一方面,它的产品结构或经营范围的变化改变着对外部资源的需求,另一方面,外部资源的变化又将影响到企业的竞争优势。以技术开发活动为例,大学、科研机构以及其他企业每年发明的大量成果构成了企业丰富的外部资源,如果对这些成果视而不见,就无异于把潜在的竞争优势让予竞争对手。而扩充外部资源的实质,正是要发掘竞争优势的外部来源。

企业可以通过多种途径获取外部资源,但只有把资源供应方的优势转化为自身的优势,而不只是弥补内部资源的不足时,扩充外部资源才具有战略意义。这就要求企业掌握运用这些资源所必需的知识和技能。像日本电气公司实施"C&C"战略时,以合作研究和购买专利的形式从外部获取的技术成果达数千种之多,这些成果同公司自行开发的成果相融合,在计算机与通信工业的结合部上形成了一系列核心产品,大大加快了该公司的发展速度。相反的事例则是,有些企业把购买技术成果作为技术开发活动的替代方式,只注意规避风险,却忽视了内部技术资源的扩充,最终由于无力消化吸收而造成资源的浪费。

内部资源的扩充是一项更具有根本性,但又更加困难的任务。现代企业庞大、复杂的生产经营系统中,各种资源要素之间存在着既相互支持又相互制约的关系,某一些资源的缺乏可能会严重地影响另一些资源的效用,破坏系统内在的平衡。资源扩充只能在维持内部资源结构基本平衡的前提下,才能达到预期目标。也就是说,内部资源扩充是一项整体性极强的工作,虽然每个企业的人员培训、技术开发、制度建设等工作是由不同的职能部门负责,但从扩充资源的角度看,这些工作需要以统一的战略方针为指导,各项工作内容保持高度的一致。

一般认为,内部资源扩充主要是通过积蓄与创新这两种不可割裂开的活动来实现。资源的积蓄是一个渐变过程,比如专业知识的学习,生产经验的积累,技能的逐步提高,创新意识的培养,对先前成果的继承和提炼等等,都是资源积蓄的不同形式。当这些资源积蓄到一定程度时,就为创新活动打下了坚实的基础,而创新又会引起资源的质的飞跃。值得注意的是,由于资源的异质性成分如知识因素、思想因素只能在运动中存在,在重复运用中得到升华,高效率的资源积蓄过程必定是连续的、不间断的过程。这预示着稳定的战略方针和经营活动可以为资源积蓄营造出一个良好的内部环境。

然而,在大量的日常性事务的重压下,企业内非常容易滋生出墨守成规、因循守旧的观念,员工的工作士气也会日益低落,重复性的活动一旦形成机械的、毫无生气的工作习惯,资源的积蓄就无从谈起。企业管理者应该注意不断引入新思想、新风气,营造出能够激发起员工热情的、鼓励变革与探索的组织环境,这对于资源积累和资源创新都是十分必要的。

第四节 核心竞争力

战略管理研究范式在 20 世纪 80 年代后期的一个重要转折,是走出"结构—行为—绩效"的传统,直接分析企业之间收益的差别。与过去的由外及内的研究路径相比,这种由内及外的研究路径启发人们从新的视角来窥探战略成败的深层次原因,并催生出一系列全新的概念,核心竞争力即是其中之一,而且是当今在理论界和企业界最为流行的概念。在战略管理实践中,越来越多的企业把培育核心竞争力作为整个战略的核心,不少企业还声称已经拥有了这样或那样的核心竞争力。尽管迄今人们对于这一概念仍然有着种种不同的理解,但为了更深入地分析企业的内部结构,有必要对核心竞争力及其与竞争优势的关系进行完整的阐释。

一、核心竞争力的内涵

核心竞争力这一概念的出现与基于资源的观点有着相同的缘由,都产生于人们对持久竞争优势的关注。事实上,20 世纪 80 年代日美管理比较研究盛行之时,许多人就已经注意到日本企业所奉行的技术战略与美国企业大不相同。正如海耶斯(Hayes)和阿贝纳斯(Abernathy)所指出的那样,日本企业能够不受市场短期变化的干扰,致力于发展主要的产品和工艺的技术,而美国企业"只注意自己的刹车和外观装饰,却忽略了发动机"。

伊丹敬之在论及企业的技术战略时,把技术开发、技术成果的市场开发和技术生命周期中蕴含的不确定性称作技术的一个本质。他认为企业为了防范这种不确定性所引发的风险,必须抓住核心技术进行研究开发管理,否则面对无限多样性的市场机会进行浮浅的资源积蓄,结果只会浪费企业的有限资源。他对核心技术的解释印证了同样的判断,他引述日本电气公司一位负责人的话说,"对于多种多样的市场需求和产品进行必要的基础技术分析,可以判明很多基础技术是必要的,基础技术在每个便于协作的范围内构成群,这种群通过相应的研究组织和专家们长年不断地研究开发,使其集中发展成为先进的骨干技术,虽然基础技术由于技术进步和市场的频繁变化而变化,但骨干技术却不是 10 年或 20 年内可以变化的技术"。

1990年普拉哈拉德(C. K. Prahalad)和哈默(G. Hamel)发表的"公司的核心竞争力"一文在理论界和企业界引起了强烈的反响。在这篇文章中,他们把核心竞争力是一组相互关联的技术、知识、能力的集合体,并把判别这种能力的标准归纳为三个方面:其一,核心竞争力是向顾客传递基本利益的技术群体,企业生产并销售产品的目的是为了给顾客带来某些利益,核心竞争力正是这一过程中的关键,它能给顾客带来最基本的利益;其二,核心竞争力是企业叩开新市场之门的法宝,它必须可以被投射到范围广阔的领域中去,为企业在新市场上打下坚实的竞争基础;其三,与人们认识中的一般能力不同,它是竞争对手难以模仿的能力。

知识管理的倡导者巴顿(Leonard-Barton)则从另一个角度解释了核心竞争力的概念。他认为仅仅强调核心竞争力"独一无二"、"难以被竞争对手模仿"或是"配置资源技能"无助于人们理解这种能力,而应该把核心竞争力定义为识别和提供竞争优势的知识体系。这个体系可以从四个方面加以衡量:①组织成员所掌握的知识和技能,包括企业的专有技术和员工掌握学习科学技术的能力;②企业技术系统之中的知识,即组织成员知识的系统合成,如工艺流程、数据库和产品设计规则等;③管理系统,企业管理制度影响着创造知识、学习知识的途径和热情,比如对创新的奖励、有计划的员工教育都可能构成核心竞争力的一部分;④价值系统,企业成员共有的价值观和行为规范实际上贯穿于以上三个方面,这些观念和行为规范的继承性又与核心竞争力的继承性有着不可分割的联系,巴顿指出"核心竞争力的优势之一在于它独特的继承性,这意味着不易为将来的竞争对手所模仿"。

普拉哈拉德和哈默最初阐释的核心竞争力带有浓厚的技术色彩,有人还曾经使用过"技术核心竞争力"一词。随着理论与实践的发展,陆续出现了几十种对核心竞争力的解释和分类方法。一般而言,可以将核心竞争力宽泛地分成以下三种基本类型:①市场进入能力,即对品牌开发、销售与营销、分销和后勤进行管理等有助于企业充分接近顾客的技能;②与声誉相关能力,即诸如质量、周期管理、及时库存管理等可以使企业比竞争对手更快地、更具柔性地、更富有可靠性地开展各项活动的技能;③与功能相关能力,即那些使公司对具有独特功能的产品和服务或可以为顾客带来特殊利益的产品进行开发的技能。其中,从作为竞争差异化的来源的角度看,第三类核心竞争力正变得比其他两类核心竞争力更为重要。

几乎所有的学者都强调核心竞争力是一种难以模仿的能力,这至少表明人们研究这种能力的目的是希望找出持久竞争优势赖以存在的基础。虽然企业的经营活动千差万别,能力结构不一而同,但一种能力要维系持久竞争优势,必须具有一些的基本特征。有关核心竞争力的研究实际上对这些特征进行了归纳，主要有以下几个方面。

1. 核心竞争力是多种资源的组合体

核心竞争力是一组相互联系的知识、技能和技术的组合体，特别是当这些资源被组合在业务流程之中，组合的复杂性往往使得竞争对手难以进行模仿。也就是说核心竞争力兼有资源的难以模仿性和组合的难以模仿性。从这个意义上讲，单项技术不能被称为核心竞争力，尽管有些企业凭借单项技术也可以在一定时期内形成自己特有的优势。譬如，一个制造业企业以大量的资金购入一台最先进的精密加工设备，可能使产品质量领先于竞争对手，但这种加工技术还不构成核心竞争力。即使竞争对手出于对经营收益的考虑，不肯采取同样的行动，这种难以模仿性也只应被归结为资源位障碍的作用。将多种资源有机地组合在一起，这才是核心竞争力的根本特征。

2. 核心竞争力不是一种资产

核心竞争力由多种资源组合而成，资源的活性也就赋予了核心竞争力以活性。因此，核心竞争力不是一种会计意义上的资产，特别不是那些随着时间不断贬值的资产，而是一种可以持续增强的能力。普拉哈拉德和哈默曾特别指出，廉价的劳动资源不能构成核心竞争力，原因就在于这种资源的价值会随着企业的发展而不断贬损。在战略管理实践中，有人误把一个数据库、一张配方或一个品牌当作核心竞争力，这种认识无助于培养和增强核心竞争力，因为这些资产在其内涵不能更新时，其价值都会随着时间的推移而不断降低。但开发和扩充数据库的能力、研制配方的能力、建设品牌的能力却可能成为一些企业的核心竞争力。

3. 核心竞争力可以为顾客创造大量价值

核心竞争力是公司能够为顾客提供根本利益的能力，也就是在顾客最关心的一些产品性能、特征方面，能够有最出色的表现。因此，核心竞争力与非核心竞争力的划分主要取决于对顾客利益的区分。一般而言，一项产品的性能指标虽然有许多项，但顾客最关心的问题往往只集中在几个方面。如果企业管理者列出 40 到 50 种能力，那么他们很可能是在描述单项技能，而不是核心竞争力；如果只列出一两种能力，那么他们很可能是在描述更广泛的总体能力，也不是核心竞争力。例外的情况是，拥有成本优势的企业未必把这种好处传递给消费者，但这种优势对企业却至关重要。因此在向顾客提供某种特定利益的过程中，如果企业能够培育出一组为企业带来显著成本优势的技能，那么这种能力当是核心竞争力。

4. 核心竞争力是企业实现高收益、高成长的基础

核心竞争力的概念来自人们对高成长、高收益企业内部结构的解析和归纳，它实际上是一些这类企业所共有的结构性特征。这首先意味着并不是每个企业

都已经拥有了核心竞争力,对更多的企业而言,这种能力还只是处在萌芽状态。过早地断言已经拥有了这种或那种核心竞争力,对企业的战略决策未必有益。其次,核心竞争力作为高收益的基础,不能仅靠投入巨额资金来获得。对培养核心竞争力的投入和产出之间应该呈现出非线性关系,从而保证拥有该种核心竞争力的企业可以利用它开展高收益的经营活动,而其他企业只能望尘莫及。

5. 核心竞争力是通向未来市场的基石

有关核心竞争力的研究为范围经济这一概念提供了最好的诠释。范围经济的前提是企业在不同领域的活动存在着内在的联系,这些联系可以使企业确立起某种资源共享或能力共享机制,使资源或能力的效用得到放大,从而创造出多样化经营的竞争优势。由于当代科学技术的广泛结合日益冲淡了技术的行业界限,几乎每一种技术的应用领域都在扩大,技术特别是核心竞争力就自然成为多样化经营的重要基础,或者说是范围经济的重要来源。例如,普拉哈拉德和哈默注意到,佳能公司的最突出的核心竞争力只有三项,它们却为该公司在几个领域十几种产品提供了有力的支撑,如图4-5所示。为了增大范围经济,企业应该超越传统的、基于产品的能力观点,努力把握潜在的机会,充分发挥核心竞争力的杠杆作用,通过把现有产品或业务中的核心竞争力应用于新的市场机会,降低企业进入新市场的成本。

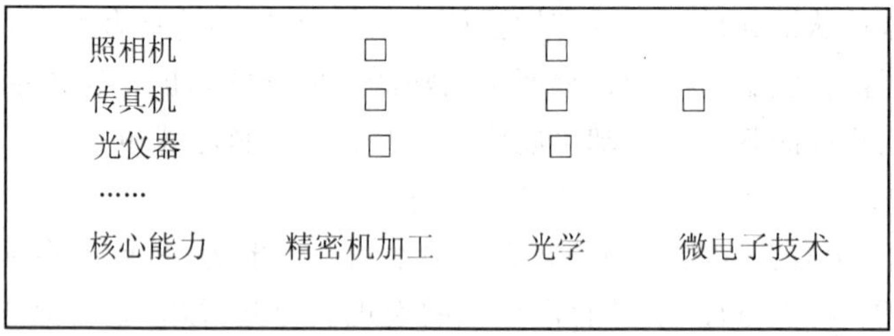

```
照相机         □        □
传真机         □        □        □
光仪器         □        □
……
核心能力    精密机加工    光学    微电子技术
```

图 4-5　佳能公司的核心竞争力与产品

资料来源:Prahalad, C. K. and Hamel, G. , "Harvard The core competence of the corporation", *Business Review*, May-June, 1990:79—91

二、基于核心竞争力的竞争

前述关于核心竞争力的种种解释都说明了它是一个复杂的系统,也就是说是由一组资源组成的集合。这个系统不仅具有一般管理系统的特点,如各种资源作为一个整体所具有的意义大于每个资源单独意义的简单迭加,资源之间的联结方式决定着它们是否容易为竞争对手模仿,而且它能够不断进化。这就使人有理由相信核心竞争力更接近一个生物系统而不是机械系统,这个系统中包含有若干极富活性的要素,要素之间的联系不是简单的机械式的互动关系,而是相互刺激、相互诱发的关系。当企业之间的竞争演化为基于核心竞争力的竞争时,企业一方面要考虑如何有效地促进这个生物系统的生长,一方面要考虑如何为这个系统争得足够的生存空间。

1. 核心竞争力的动态提升

核心竞争力不是一种一成不变的能力,而是随着企业发展和竞争形势的变化,能够不断提升、不断增强的能力。从资源运动的角度,可以把企业的核心竞争力组成区分作三个部分:即①吸收能力,这种能力保证了企业能够从外部获取所需要的资源,把企业外部的知识、理论和技术成果吸收进企业的经营活动体系之中;②创新与整合能力,这种能力把经过吸收和系统开发后的知识、技术和其他资源传输到企业的关键业务流程之中,在这里单项技术整合成为核心技术,单项知识成为提高流程效率的重要因素;③延伸能力,企业的技术能力、关键业务流程被延伸向不同的产品—市场领域,转化成各种产品和经济效益。核心竞争力的动态提升既是这三种能力提升的过程,又是这三种能力交互作用的结果。吸收能力向企业输入发展业务专长所需的养分,开发和合成能力负责提炼和加工这些养分,使之变成企业所创造价值的主体成分,延展能力通过向外输出来保证主体成分的价值实现。

2. 核心产品竞争

普拉哈拉德和哈默注意到,在 20 世纪 80 年代后期的国际竞争中,核心产品已经成为一些大公司竞争的焦点。有些公司甚至放弃了对最终产品市场占有率的追求,而更关注核心产品的市场占有率。核心竞争力与核心产品、最终产品的关系如图 4-6 所示。

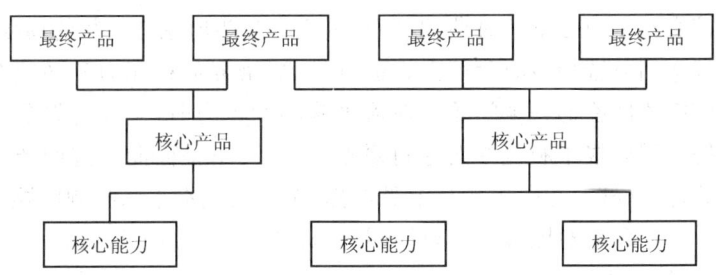

图 4-6　核心竞争力、核心产品与最终产品的关系

资料来源:根据 Prahalad, C. K. and Hamel, G., Harvard. "The core competence of the corporation", *Business Review*, May-June, 1990:79—91 绘制,有改动。

所谓核心产品,其实是指一些产品的关键部件。这些部件既可用来生产最终产品,又可在市场上直接交易。由于许多关键部件是核心竞争力的具体体现,关键部件市场能够直接为这些企业的核心竞争力提供所需的生存空间,对关键部件市场的争夺就成为企业核心竞争力的直接较量。这种情况下,争夺关键部件市场这一制高点,通过竞争来保持核心竞争力的领先地位,可被视为优势企业一种含蓄且持久的战略。而在核心产品竞争中处于不利地位的企业只关注最终产品市场,则有可能犯"战略近视症"。普拉哈拉德和哈默用一句非常具有警示意义的话来提醒企业管理者:市场竞争是一场漫长的马拉松赛跑,不要只注意赛跑的最后一百米而忽略了前面的五十公里。

三、核心竞争力的管理

从产品竞争到核心竞争力竞争无疑是战略观念上的一个飞跃。这种观念势必会改变企业的战略行为,势必会有越来越多的企业开始考虑培养自己的核心竞争力,并把它作为发展战略的基点。对于培养和管理核心竞争力这样的带有前瞻性的问题,理论界已经进行了一些探讨,所获得的初步认识虽然不具有系统性和可操作性,但是对选择、建立、展开和保护核心竞争力过程中的基本原则,还是给出了有启示意义的说明。

1. 核心竞争力的选择

对企业核心竞争力界定的清晰性和管理者对这种界定的认同性,是测试企业对核心竞争力进行管理的最重要的两个方面。因此,管理者应该首先明确企业的核心竞争力到底是什么,即开列一张核心竞争力的清单。这就要求把能力从其载体——产品或服务中分离出来,进一步区分出核心竞争力和非核心竞争力,并以有意义、有价值的方式对其进行归类和整合,进而明确核心竞争力的培养方向。

培养核心竞争力是个长时期的过程,企业应该跳出原有产品的局限,及早根据顾客的基本利益选择核心竞争力。也就是说,培养何种能力是必须在进入什么市场之前应该回答的一个问题。在培养核心竞争力时,企业首先要考虑的是在为顾客提供哪些根本利益方面达到领先地位,而不是面向特定的产品计划或业务。因此,选择核心竞争力实际上是选择"企业希望在未来控制的顾客利益",即估计某一特定利益对顾客的重要性,并分析其技术上的可行性。

2. 核心竞争力的建立

核心竞争力是一种综合能力,这种综合不只是多种技术的综合,或是吸收、创新与组合以及延伸能力的综合,也是跨部门跨组织的工作活动的综合。传统的管理方式使人习惯于高度专业化的分工体制,企业为每个部门甚至每个员工划定清楚的岗位责任,通常每项任务都由一个具体的部门承担,只有在不得已的情况下,才让几个部门共同完成一项任务,而且即使是企业的高层领导,他们协调各部门的工作时也会感到相当困难。然而建立核心竞争力需要许多部门和人员的共同努力,涉及了企业的方方面面。

为了加快核心竞争力的建立过程,需要清楚地刻画出每项能力的特殊性。使用过分一般化的语言来描述企业想要发展出的能力,极有可能导致一组含混不清的目标。比如关于优质服务,在一个百货商场中就至少有三种含义:对于家用电器和电子产品,优质服务意味着向顾客提供专业技术支持;对于服装、家具类商品,则要求这种服务带有浓厚的文化或美学色彩,如介绍消费潮流的变化趋势,帮助顾客选择款式等等;对于日用杂货,这种服务可能更多地表现为友善的接待和帮助。另外,明确关键工作环节,保证高层管理者的直接参与和授权组织成员学习,鼓励组织成员大胆探索,允许他们犯错误,也可以为加快核心竞争力的建立提供良好的组织环境。

3. 核心竞争力的展开与运用

所谓核心竞争力的展开与运用,就是要把这些能力尽可能地运用到各种适宜的市场领域中去,把它们转化为可观的直接或间接的经济效益。具体包括两方面的内容:加速企业内部的技术扩散和发掘多样化经营的机会。也就是说,为了在多项业务之间、在众多的新市场上运用核心竞争力,企业必须在组织内部展开核心竞争力,即把核心竞争力从一个部门或业务单位移植到另一个部门或单位;同时,要凭借自己握有的能力,对新出现的市场机会做出快速反应。

4. 核心竞争力的保护

企业在核心竞争力方面的优势可能会由于以下原因而丧失:缺乏投资支持、过分部门化、泄露给联盟伙伴、业务剥离等。为此,企业可以采取如下防范措施来保护核心竞争力:①战略性防范。从积蓄资源的角度看,有效的积蓄过程应该是持续稳定的,而企业在战略决策中的短期行为恰恰是打乱积蓄过程的主要根源之一;②制度性防范。如设立必要严格的保密制度,要求掌握企业机密的人员作出必要的承诺,通过申请专利保护自己的技术成果,以及运用法律手段解决知识产权纠纷等等;③竞争性防范。争夺关键部件市场这一制高点,通过竞争来保证核心竞争力的领先地位,可被视为优势企业的一种含蓄的且持久的战略。

与此同时,企业还必须审慎地挖掘出隐藏于不良业务之中的、具有潜在价值的能力,以防止核心竞争力的丧失。

本章思考题

1. 试描述一个企业的经营模式,并说明分析结果的意义和局限。
2. 试对一个企业的价值链进行适度分解,并说明每项活动的主要内容。
3. 资源的难以模仿性与核心竞争力的难以模仿性有何不同?
4. 分析品牌资源、顾客关系资源、创新资源的异质性。
5. 以一个企业为例,列出其战略性资源并说明原因。
6. 对"品牌不是核心竞争力,但成功的品牌应该展现出企业的核心竞争力"这句话进行评述。

第五章 竞争互动和竞争对策

本章导读

竞争互动可以是战略层面的,也可以是战术层面的,但竞争互动过程主要通过产品—市场层面表现出来,本章主要介绍了竞争互动过程、领先和追随者各自可能获得的优势与面对的风险,以及几种常见的竞争对策。

企业之间的多层次对抗主要是通过市场上的竞争互动表现出来,这好比体育比赛中的两个对手,依靠平日的刻苦训练来提高自己的竞技能力,但最终还是要靠一招一式的交锋决定胜负。从这个意义上讲,企业战略不仅要有长期发展方针,也要有短期对策的考虑,尽管这些对策可能要经常调整。如果不能把深层次的竞争优势转为表面,战略就无从谈起。

第一节 市场竞争的互动过程

市场层面的竞争是企业多层次对抗的表层对抗,它为企业带来的也只是短期竞争优势。但随着技术变革和顾客需求变化的节奏不断加快,产品设计周期和产品生命周期也在不断缩短,企业竞争优势难以持久,短期竞争优势因而具有越来越重要的意义。过去的10年里,动态竞争已经成为战略管理领域研究的热点,其中最具代表性的学说是美国学者达维尼教授提出的超强竞争(Hyper-competition)理论。达维尼认为产业演进带来的风险越来越大,竞争越来越激烈,企业已不能再单靠一个总体性战略就想成功。动态竞争已经成为战略行动的主导。动态竞争中最重要的因素是竞争对手间动态互动所造成的变动,决定企业最终能否获得成功的因素,在于企业是否具有操纵一系列互动行为的能力。企业无法建立不败的竞争优势,每一种优势都有消失的一天。企业应当顺应市场竞争的动态发展,积极瓦解自己的优势以及竞争对手的优势,以一连串短暂的行动积累成持久的优势。达维尼对市场层面竞争互动的描述,不仅可以帮助人们了解动态竞争的特点,而且可以用来预测竞争对手可能的行动,使企业有可能预先做好防范措施。达维尼描述的市场竞争互动过程主要表现为价格战、价格—质量竞争、行中间之道、全线生产、侧面进攻、趋近完全竞争、重新启动竞争循环等行动。

一、价格战

当主要竞争对手之间产品质量基本上相差无几时,就会产生价格战。价格战区别于其他一些长期竞争活动之处在于,它很快就会被人仿效,使降价之争越演越烈。特别是当两家企业的成本差距较大,其中一家轻松降价的余地大时,这种降价冲突就会显得异常激烈。价格战的发生迫使企业以寻找降低成本的方法来竞争。

如图 5-1 所示,如果所有企业的质量均相同的话,价格就会下调。可是事实上,在价格战的进行中情况并没有这么简单,竞争者可能会运用到许多巧妙的对策。

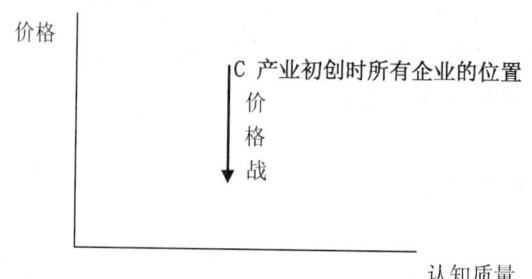

图 5-1 第一个动态策略互动:价格战

1. 正面冲突

当企业所选择的竞争对手实力强大、存在规模经济,并且在市场上占有相当大的份额时,前者就很有可能遭遇后者的强大的正面竞争压力,而最终导致两败俱伤。所以,为避免正面冲突的两败俱伤,很多企业会考虑采用温和的替代对策,如限制产量、隐藏式的价格战以及虚幻的价格战,来避免正面冲突。

2. 限制产能

在完全竞争市场上,价格最终会落到成本最低的企业的边际成本上,在所有的企业的成本还没有趋同之前,此企业通常会实行扩张行动,以便抢走高成本企业的市场占有率,直到填满自己所有的产能。如果成本最低的企业不断扩张其产能,最后应该会达到百分之百的市场占有率。但是在现实市场竞争中这样的结果通常不会发生。一个原因是因为其他企业不会放任这样的好处由最低成本企业独吞,另一个原因是低成本企业自身的资源获取往往不足以建立满足整个产业需求的产能,况且即使该企业有充足的资源,它可能也不会冒险把所有的鸡蛋都放在一个篮子里面,孤注一掷。需求的变动也是一个原因,因为有些产业会存在季节性,或是商业周期的不同阶段,这些都可能引起需求波动,所以低成本企业会考虑到这个因素而限制产能的扩张,并将产品价格拉到自己的成本之上,留一部分市场给成本第二、第三的企业,让大家共担风险。这种对策既可以避免企业树敌太多,降低风险,又可以使企业达到自己追求短期利润的目标。不过,限制产能也要有个尺度的把握,不能过度地限制产能。因为如果企业过度限制产能,使市场上的供应不足,一方面无法满足所有客户的需求,使没满足消费的客户产生不满,而获得产品的客户又抱怨价格过高;另一方面,这种短期高利润以及市场供应不足的假象又会吸引其他企业的进入。

当产业内竞争的企业数量有限时,企业间便有机会合谋以提高价格,成本最低的企业此时可将价格提高到其他企业可接受的水平,此时唯一受害的就是客户。这种合谋的行为一般需要在暗中进行,否则,顾客会通过法律或其他手段加以制止。

3. 隐藏式的价格战

如果市场价格可以定在高于成本最低企业的成本之上伪装价格战,那么,就存在一定的空间进行更微妙的价格战,伪装价格战即伪装价格战和虚幻价格战。即伪装以与其他企业同样高的价格(原始价格),而实际上采取各种附加的活动,为客户提供更多的好处,等于变相降低产品的实际价格。在这种价格战中,企业可以运用无息贷款、免费安装、维修服务,或是采用更先进性能的零件来改变产品的最终价格。这样,原始的价格或许很高,但企业可以提供降低真实价格的各种好处,来同对手竞争。

虚幻价格战,则与伪装价格战不同,在虚幻价格战中,原始价格维持在低点,但企业以较高的产品使用价值来弥补其在原始低价格上的利润损失。例如,拍立得(Polaroid)提供廉价的相机,而其底片的成本却比柯达要高。

价格战面临巨大的风险,其结果往往是使整个产业的利润都下降。只有当能把成本尽量压低于售价时,企业才能在残酷的价格战中生存下去,取得利润。即使出现了强者把弱者驱逐出市场之后,变动后的市场也不会允许企业在把价格提高,让企业弥补价格战中所造成的损失。

价格战一旦爆发,就很难控制它所引起的损失。处在价格竞争市场的企业会受到需求波动的左右。在需求下降时,价格战使企业所处的境地将日益恶化,所获的利润越来越少。价格战中的企业往往会大伤元气,不利于追求长期的成功,同时促使很多企业在价格和质量两方面出发展开更高层次的竞争,使得冲突朝更高的层次发展。

二、价格—质量竞争

鉴于价格战的危害,企业会考虑除了价格之外,利用质量来确定自己的地位。有些企业会逐渐形成低价位低质量的产品,有些企业会形成高价位高质量的产品,实现差异化。

企业在整个产业中究竟选择什么样的价格—质量位置,向那个位置推进,取决于企业自身的能力、条件以及产业的发展情况。企业在市场立足,必然会选择一个或多个细分市场以站稳脚跟。在同一个区隔内的企业提供的产品价值也有可能不同,所以会发生客户转向同一区隔内相近位置、但提供的产品价值相对高的企业。

不同区隔的企业之间也会发生竞争,相互侵占市场。会发生低价位低质量区隔的企业向高价位高质量区隔中的低价位区域靠拢的现象,也会发生高价位高质量区隔内的企业向低价位低质量区隔中的高价位区域靠拢的现象,于是出现所谓的市场区隔的重叠。

随着区隔内价格与质量的竞争加剧,企业又会向更高一层次的竞争阶段发展。

三、行中间之道

1. 处在中间

要想既与低价位低质量的企业竞争,又与高价位高质量的企业竞争,最简单的方法就是移到中间位置(见图 5-2 中的 M 点)。处于中间位置的企业,可以向上向下招徕一些 D 和 L 的客户,包括想追求质量高档一些的低消费的客户,和想追求价格低一些的高消费的客户。但处于中间位置要十分注意,不要太接近 D 和 L 位置,否则会引起 D 或 L 位置上的企业的强烈反攻,使得中间位置不保。另外,M 位置是一个绝佳的攻击位置,如果位于 M 的企业拥有雄厚的资本或是位于 D 处和 L 处的企业能力较弱的话,位于 M 处的企业完全可以逼迫 D 和 L 从原来的位置出走,将空间让给 M 位置的企业。

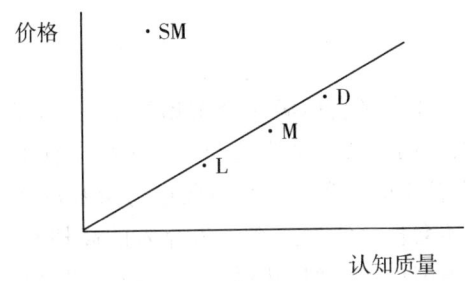

图 5-2　中间之道

2. 卡在中间

图 5-2 中的 SM 点的位置即是卡在中间的状况。卡在中间是一种尴尬的境地。因为此时企业既无成本优势又无差异化优势,无法吸引客户。如果企业目前针对的市场领域是一个空白,还没有人顾及,或是企业本身具有方便、服务周到等独特之处,可以弥补产品本身认知质量较低的缺点,或许企业还可以为自己打造出一片天地。但如果想在 SM 这个位置上做长久打算的话,企业的未来将是惨淡的,因为客户最终的消费着眼点主要还是落在高质量低价格上,绝大多数客户都不会甘愿牺牲能够享受到以同样的价格从 D 处获得更高质量、以更低的价格从 L 处获得同样的质量的机会。如果 SM 位置的企业能够向 M 处转移,和 L 处、D 处的企业拥有相同产品价值,这时候就转变成走中间之道。

在处于中间的情况下,如果 D 和 L 之间的距离很远,中间就会出现一个空缺,让新进入者有机可乘。如果二者间的距离很小,新进入者可以从市场的低档或高档侧面攻击。所以,不管 D 和 L 的位置在哪,总能找到突破的办法。

四、全线生产

处于 D 处和 L 处的企业为了防御 M 处企业的攻击,常常采取改变身份的办法,成为全线生产者。但条件是实行这一对策的企业需要拥有雄厚的资本支持。采用这种对策的企业往往会以数种品牌的产品推向市场,满足各类消费者的需求,从而占据所有的利基,使得其他任何企业都很难进入市场。

实施全线生产的困难是:许多产业内的企业都不可能将所有的价格—质量位置都串起来;而且这一对策对企业的生产能力和管理能力等方面有严格的要求,企业很难对各种不同价格—质量位置的产品进行分别的管理。在一些产业里,各种不同的产品若使用相同的公司名称,会产生混淆的印象;而企业要同时扮演低成本生产者和差异化生产者等多种角色并不容易。

五、侧面攻击

1. 填补市场空隙

实行全线生产的企业未必会填满整个市场容量,强大的竞争对手仍然可以想办法开辟利基,进入市场。实行全线生产的企业往往宥于以大局为重考虑,而失了灵活性,使得规模较小的竞争对手可以集中力量专攻某一个小的市场区隔,以进入市场。竞争者还会从全线生产者尚未介入的高档和低档市场着手,侧面攻击。日本汽车进入美国市场,就是从通用汽车的全线生产的低档以下市场开始介入,慢慢往上发展的,到现在,日本汽车已经掌握了美国汽车市场的高档之位。

2. 上下蔓延

采用侧面攻击对策的竞争对手,一开始对全线生产的企业并不构成严重的威胁。但长期发展下来,竞争对手可以从高档市场进入,然后向下向低价位低质量的方向移动,或者从低档市场进入然后向上向高价位高质量市场的方向移动,还可以攻占市场中间任何无人占据的空间,最终可能会逐渐占据大部分市场。上下蔓延是一种比较温和、面临的障碍比较小的对策,关键在于企业不能固步自封,要不断进取、创新才能取得一个又一个的胜利。

六、趋近完全竞争

当上述的竞争对手采取侧面攻击和上下蔓延攻占全线生产者更多的市场时,全线生产的企业被迫降价、提高产品质量或二者兼行,以提供更高的价值进行还击。采取攻势的企业还会发现,除非它们能比全线生产者提供更高的质量或更低的价格,否则就难以蔓延到对手的市场之中。这一切促成趋近最终价值(Ultimate value),也就是进入完全竞争状态(Perfect competition)。在这种状态下,所有的企业都被赶到同一个价格和质量的等级,没有人有任何竞争优势。有些产业中的竞争者尽管一直都在朝降低价格提高质量的方向发展,但却从未遭遇过这种情形。而有些产业则在短时间内就陷入这个阶段,接着又重新启动竞争循环。也有些产业长期陷于这个阶段的困境,没有办法重新启动新的循环。

在市场竞争中,一般竞争者都守着共同的价格质量比(一分钱一分货)来争夺市场,一旦有些创新的企业则通过提供给客户更高的价值(物超所值)来与其他企业竞争。结果便是使所有的竞争者都必须面对成本和质量的更严格限制,从而向创新者趋近。虽然并不是所有的产业都会被逼到单一的最终价值点,但市场中每个区隔的竞争线都朝最终价值的位置趋近。使得市场竞争不断趋向完全竞争。而一旦到达完全竞争的状态,企业就会以较低的售价,相同质量的产品,提供给寻求低价位的客户。当市场内实力、声誉最高的竞争者通过创新,立下指针性的标准时,朝完全竞争趋近的速度就会更快。在朝更高的价值趋近中,竞争的过程迫使企业提供高质量、低价位的产品或服务。最后,随着竞争的演变,高质量、低价位更发展成为企业存活的一个必备条件,竞争者之间的差距越来越小,价格—质量位置就再也不能创造任何优势。

1. 一举迈向完全竞争的革命性创新

科技的创新,可以一举提高质量,并降低价格,促使企业在短时间内完成向完全竞争趋近的过程。

2. 两阶段趋近完全竞争

科技的创新并不是能够经常发生的,毕竟要同时提高质量、降低价格是不容易的,因为质量的改进往往会提高成本,而价格的下调又常常会损害质量,所以企业通常会从中间之道移到低质量、低价位或高质量、高价位,先集中全力改进价格或质量,然后再设法朝完全竞争方向发展。两阶段趋近完全竞争企业可以朝两个方向进行:第一个方向是企业以低质量、低价位打进市场,然后在价格维持不变的情况下,提高质量,从而提高价值;第二个方向是先以高质量高价位打进市场,然后保持质量不变,降低成本和价格,以提高价值。

3. 顺势趋近完全竞争

在有些产业中,即使低成本企业已经占据市场的低档,差异化企业已经占据高档,而实力不甚强的企业也可以集中力量攻取中间的小的市场区隔。在整个产业中已经达到某种平衡的时刻,也会渐渐顺势趋近完全竞争。这是因为即使是在表面上达到了平衡,实际上动态策略互动仍在暗中进行,将整个产业朝更高的价值推进,每个市场区隔内企业的竞争互动都会造成追求更高价值的压力。低成本企业竞争以最低价格提供高质量的产品或服务,差异化企业也未曾停止它们之间的位置之争,这两组互动所带来的压力将整个产业推向完全竞争。随着产业的发展,各不同的市场区隔间的企业也逐渐开展直接的正面的竞争互动,以求争夺更多的市场份额,这也促使了整个产业顺势趋近完全竞争。

七、重新启动竞争循环

企业在朝向完全竞争趋近的同时,利润会越来越薄,从而竞争会越来越烈。既无法提供高质量,又不能提供低价位的企业很快就会被淘汰。而经过优胜劣汰后存活下来的企业将争夺同一个位置,而这个位置所带来的利润将越来越少,越来越接近完全竞争的市场。这种状况使得竞争者开始寻找各种方法结束这种无利的竞争。而突破这个困境有许多不同的选择,其中大部分的选择会把竞争者抛到更激烈的新的竞争循环中。以下是可供选择的办法。

1. 改变竞争走势

企业会设法改变高质量与合理价格的标准,让完全竞争的位置移到低成本企业的位置上或差异化企业位置上。由此建立起新的价值标准,使成本—质量的竞争循环再次被启动。

2. 重新定义客户的认知质量

由于认知质量是可以随着时间的变化而发生变化的,企业可以利用这一点做文章。认知质量一经改变,就可以形成新的最终价值点,企业就可以重新启动成本—质量的竞争循环。

3. 从产品转为服务

提供产品时,如果让服务也成为提供产品整体质量的一个组成部分,让产品和服务合为一体,就可以使提供给客户的价值增加。这样采用新的服务标准来定义质量,一样可以重新启动成本—质量的竞争循环。

4. 大批量定做

科技的发展,计算机技术在产品设计、制造等方面的应用,使企业有可能根据大量客户的各种不同的需求快速调整,制造出客户满意的产品。这种方法提供的是大量的具有差异性的产品,这种多样化使企业的整体产品质量形象大大提高,从而重新启动了成本—质量的竞争循环。

不管人们对质量怎样定义,成本—质量的竞争循环都会一再地重复。动态竞争互动让企业享有暂时的优势,但也使市场中其他企业提高了竞争力。为了突破价格战的局限,企业转向价格质量竞争,接着企业朝占据所有的利基而努力,竞争者则采取侧面攻击和开辟利基等策略来破解已构筑的优势,这些动态竞争使产业不断趋近完全竞争,更加剧了产业的价格竞争,致使产品和质量重新被定义,重新启动竞争互动的循环。达维尼把这个竞争循环描述成连续的过程,但他也指出其中的竞争互动行为也很有可能是平行开展的。有些企业可能会跳过某几个阶梯,或是暂时停滞在某一级阶梯上;而不同的企业会以不同的速度不同的方式登上阶梯。在超强竞争的环境中,企业只有不断超越自己,才能总是领先或超越竞争对手;而无法做到超越自己的已有优势的企业,永远只能做别人的跟随者,在后面苦苦追随,而丧失竞争的主动性。达维尼把竞争循环以扩展阶梯的形式简单明了地概括出来(见图5-3)。

第五章 竞争互动和竞争对策

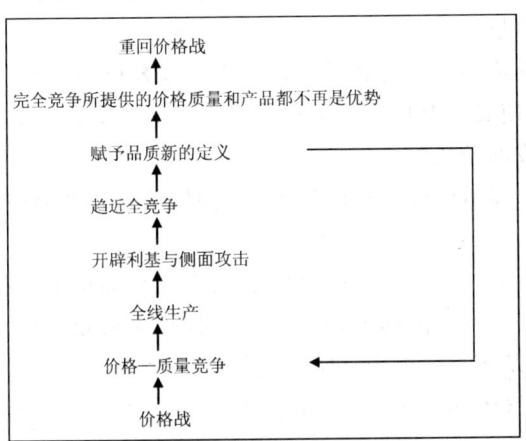

图 5-3 市场竞争的扩展阶梯

资料来源:超优势竞争——新时代的动态竞争理论与应用.理查德·达维尼.许梅芳译.台湾远流出版事业股份有限公司,1998:82

第二节 领先与追随

在竞争互动过程中,有些企业往往主动发起市场行动,有些企业则追随其后。由于领先者与追随者各自具有不同的优势和风险,对领先者和追随者间的竞争分析构成了认识竞争互动的又一视角。

一、领先者

先行者就是第一个采取竞争性行为的企业。经济学家约瑟夫·熊比特(Joseph Schumpeter)的著作对"先行者"这一概念的形成有很深的影响,特别是他认为,企业为了获得竞争性优势可以借助于一些富于企业家精神的、创新的竞争性行为。一般认为,先行者往往"在产品升级开发上舍得花钱,广告咄咄逼人,研发活动领先一步"。先行者们就是通过这样的行为获得了竞争优势。实际上,领先者既有优势,又有劣势。

(一)领先者优势

在市场上率先发起行动的企业可以获得其他企业所无法获得的优势,具体如下。

1. 还击时差(Response lag)。在第二家公司抵达市场之前的时间内,领先者能够以暂时的独立者身份赚取可观的利润。

2.规模经济。在后进者抵达之前,领先者有时间达成规模经济。领先者通常会占有较大的市场份额。

3.声誉和转换成本。领先者可以首先建立起客户的品牌忠诚度。而追随者则必须说服顾客,使其愿意接受并承担因转换到这些不曾尝试、不曾听说过的品牌所可能产生的成本及风险。

4.广告和销售渠道优势。追随者抵达之时,可能很难找到井然有序的广告空间和销售网络。

5.用户群的效应。有些产品的价值随用户数目的增加而提高,率先进入市场的创造者可以订立产业的标准,并建立稳固的、人数众多的用户群,而用户越多,就可以提供开发下一种新产品所需要的资金。

6.生产者学习(Producer learning)。领先者比竞争对手更早走过生产和技术的经验曲线。

7.先占据稀有资源。领先者可选择独特的天然资源、高价值土地或展示空间。

(二)领先者面临的劣势和挑战

领先者创新的举动会遭竞争者模仿,尤其是在下面的情况下,蔓延的速度会特别快。①反向解构很容易做到;②设备的供应商协助转移关键的技术或其他业务上的专业知识;③产业观察家、商业公会或是学术性的专业团体协助转移技术和其他的专业知识;④买主鼓励其他的制造商成为合格的第二、第三来源;⑤人员经常跳槽到竞争对手的公司;⑥常常发生泄漏秘密资讯的事情,但又不能循法律途径加以处罚。由此可见,实际上领先者的优势非常脆弱,它们可能无法建立一般人认为可以杜绝模仿的障碍。为了保持领先地位,领先者面临如下挑战。

1.创新的能力

研发工作必须快速、有创意、勇于冒险。如20世纪60年代初的IBM公司的IBM/360计划,四年间研制费、贷款利息、生产费和推销费总计开支达50亿美元。这项计划如果失败,IBM就会有破产的危机。当然IBM/360系列机推出后获得了巨大的成功,使IBM在计算机市场上确立了不可动摇的地位。

2.客户知识

面对市场的时候,必须依直觉行事。因为顾客没法说出他们想要而又不曾见过的产品。所以全新的产品通常不是靠市场研究的结果。

3.弹性的制造能力

领先者的制造能力必须维持一定的弹性,才能快速推出新的产品,同时又能制造开放市场没有供应的零组件,提高出奇制胜的效果。领先者的组织规划通常不会从事固定的大量生产,而必须注重弹性,以便随时更换生产新的产品。

4.打入市场的能力

营销能力必须又快又准,以便在产品推出之后就能迅速获得拥有一定的市场占有率,同时又要有能抬高价格的品牌名声,以便在竞争对手攻进市场之前,重新累积研发工作的资金。

(三)领先者对策

领先者为了确保竞争优势,通常会建立一些模仿障碍,以延缓追随者的进入。主要模仿障碍有:威慑性定价、秘密资讯或专业知识、规模经济和供应商的合约关系、报复的威胁、专利、产品束、转换成本、限制性授权。

1.威慑性定价

在价格政策上事先预估后进者的威胁,藉此阻挠后进者的加入。

2.秘密资讯

领先者可以保守资讯或专业知识的秘密,防止模仿者窃取他们的创意。

3.规模经济

领先者如已获得规模经济,那么追随者若想拥有相同的单位成本,至少要以同样的规模来加入这个市场。

4.合约关系

先驱者和供应商以及经销商的合约关系,可能有助于阻止后进者进入市场。

5.报复的威胁

如果领先者威胁要对进入者施加报复的话,追随者可能不敢贸然进入领先者的地盘。

6.专利

若不希望竞争对手跟着进入市场,专利是一种很好的防御措施。

7.产品束

产品群是运用一系列追随者没有制造生产的零件所组成的零组件系统。追随者若没有渠道取得这些零组件,就没有办法模仿领先者。

8.转换成本

品牌信誉、客户忠诚度及其他转换成本让模仿者难以打进市场。

9.限制性授权

领先者可以运用授权的方式延缓或限制某些地方的模仿。其办法是授权竞争对手制造自己的产品,但限制它们上市的地理区域,或借以控制追随者的进入时机,这个对策的缺点是,不管有怎样的限制,领先者终究是把技术转移给竞争对手。经过一番学习,竞争对手的组织就可以轻松复制领先者的科技专业知识。

二、追随者

(一)追随者的优势

作为紧追不舍的追随者,可以降低当领先者的风险。因为模仿所获利润常常高过领先者。

跟进者要应对先行者的竞争性行为,其方法通常是模仿先行者或者消除先行者的影响。当跟进者对先行者的反应足够快时,他可能既避开先行者的种种劣势又坐拥先行者的部分优势。

由于模仿者的跟进,领先者在新市场上的成功却难以独占其利。第二个进入市场的企业一方面可以学习先行者的做法,另一方面可以做些改进。因此,追随者可以通过创新改进更好地满足消费者的需求。跟进者通过观察先行者得到了当初先行者得不到的信息,这样就可以更好地制定战略。此外,跟进者的时间也充足一些,它可以去除掉先行者产品的疵点,研发更好的产品或服务。美国的一项研究指出,60%获得专利的成功创新,在四年之内就遭人模仿,而模仿者的开发成本比创新者少35%。据美国科学研究院(National Academy of Sciences)报告,在将近三百个美国公司和日本公司业务往来的个案当中,90%以上的美国公司的科技转移到日本公司,节省了日本公司25%的时间和50%的成本。

(二)追随者的风险

追随者面对各种不同的产品和改良,却没有一个明确的目标,一味地追随,最终只会分散公司的力量。因为零星且没有计划的追随行动,可能造成空有一堆产品,而无法整合成有机的统一体。追随者只注意竞争对手的一举一动,可能会误解客户的需求和趋势。当客户需求不断改变时,追随者无法跟上或是无法改良。

(三)追随者对策

追随者有如下获胜对策。

1. 纯模仿

追随者运用更完善的专业知识,以更低的价格制造相同的产品。

2. 增加特性

增加产品或服务的特性也可以让后进者在既有的市场中,打出一片天下。

3. 简化

减去次要的或不必要的特性或要素。如人民捷运(People Express)把航空旅程简化成最基本、没有任何虚饰的行程,省略了空服员、餐点和订位的手续,为旅客提供低价位的飞行旅程。

4. 侧面攻击

以稍微不同的方式,制造目的相同、客户群也相同或类似的产品。这是增加特性对策的一种变化。如索尼(Sony)运用小型产品进入电子市场的低档,然后用32寸电视等大尺寸的产品攻占市场的高档。

5. 重新定义产品

改变产品的用法。如以前小苏达只用在烹饪,现在却可以当作洗衣粉、牙膏和冰箱除臭剂使用。

6. 加深产品印象

如果客户觉得太花时间而不去寻找新的产品,或是担心质量不好而不愿试用新的产品,追随者可以打广告提供保证,或是提供免费样品及免费的产品示范等,让消费者愿意转换。

7. 相容产品

如果客户转换到新产品需承担一笔成本,追随者可制造相容的产品。

第三节 竞争对策

在产品—市场层面的对抗中,企业需要不断调整竞争对策,才可能在竞争中把握主动。竞争对策是竞争战略中最具灵动性的内容,也是随着企业的战略实践不断发展着的内容。本节所介绍价格策略、柔道策略和捆绑经营策略,只是竞争对策中常见的一部分。

一、价格策略

价格策略是市场竞争的一种主要手段,定价是否恰当,直接关系到产品的销量和企业的利润。价格对策的内容主要有定价方式和影响竞争性定价的因素。

(一)定价方式

企业一般最常采用的竞争对策,就是价格对策。企业只有清楚地理解价格竞争,才能够更好地预测下一次竞争该如何展开。价格竞争策略一般有五种方式:合作性定价、适应性定价、机会主义定价、掠夺性定价、经验曲线定价。

1. 合作性定价

在寡头垄断市场上,市场被少数几个供应商所控制,竞争者通常采取合作性定价方式。它们一般不会公开地协议价格,但它们会以有利于大家的方式来回应彼此的价格策略。例如,当价格领先者在市场上提高价格时,别的企业就会跟着涨价,这对所有的竞争者来说都是有利的。

2.适应性定价

规模比较小的竞争者往往处于适应性定价的地位,它们常常跟随实力较大的竞争对手制定价格。因为它们自身的实力不足以带头定价,否则一旦挑起了竞争,它们可能无法支配和控制整个竞争的局面,最终无法实现预期的目标。

3.机会主义定价

采取机会主义定价方式的企业常常伺机发动价格战或在竞争对手提高价格时,推迟涨价的时间。换句话说,它们在寻找机会,使自己的价格低于竞争对手的价格。有时采取机会主义定价方式的企业会拿赠品或附加服务来伪装自己,但这种伪装也会起到提高价值/价格比的作用。

4.掠夺性定价

当竞争对手不合作或不服从于市场领先者时,企业会使用这种定价方式,对其实施破坏性打击,并以此来"教育"竞争对手。掠夺性定价的极端情况是"谋杀定价策略",这种策略的目的不只是破坏竞争对手而是要毁灭竞争对手。这种极端情况相当少见,因为在许多国家都把这种极端定价方式视为非法。在执行掠夺性定价时,其价格一般低于其他市场的定价,有时甚至会低于产品成本。

5.经验曲线定价

随着企业在生产制造方面累计产量不断增长,在经验曲线作用下,企业的生产和营销成本将下降。经验曲线定价就是利用因经验的累积而减少下来的成本,来估算在未来某一点可达到的成本,以这个成本来设定今天的价格,实现价格优势,从而进一步推动企业在制造经验上的更快积累,使企业的低成本之路走得更快。此定价方式的前提是:第一,经验曲线效果明显,即增加的产量必须确实导致生产成本的显著下降;第二,在经验方面,企业要优于竞争对手。只有经验丰富的企业才能从这种价格策略中获得更多的收益;第三,消费者必须对产品的价格敏感。如果低价格无法刺激更多的购买,结果只能是企业利润下降。另外,企业在实行这种价格策略时,还应当考虑到其他方面的市场情况,如技术、政府政策、规模经济、以及竞争对手潜在的举动。因为实行这种策略是有风险的,企业没有办法确认市场条件会如其所料的那样发生发展。

监督并回应竞争价格策略是很微妙而复杂的。例如,当竞争对手降低价格时,这可能意味着它要采取行动增加市场份额,这意味着它拥有强大的财力维持其以低利润销售。但这一举动也可能意味着企业有严重的财务危机,以削价刺激销售量的增长;或者也可能意味着企业已经发明了减少生产或营销成本的新的方法。

(二)影响竞争价格策略制定的因素

影响竞争价格策略制定的因素有以下九个方面。

1. 成本

企业在为产品定价时,必须涵盖进生产成本和营销成本,再加上许多其他费用,最后还必须加上足够的利润。当然,为了达到企业在不同阶段的目的时,在考虑利润时,可以加多一点或加少一点。

2. 政府影响

为了保护消费者权益,鼓励公平竞争,政府会制定许多有关价格的法律法规。所以企业在制定价格策略时,必须合理规避有关的法律。

3. 价格固定

当两个或更多个提供同一类型产品的企业协议价格时,这种行为就是价格固定行为。在西方国家,除了政府亲自固定价格或受管制的公众事业可以设定固定价格外,其他情况的固定价格均是违法的。有一种价格固定的特殊情况是"转卖价格维持"(Resale Price Maintenance),这种情况就是制造商建议或试图强制经销商、零售商以一个固定价格销售其产品。在现实生活中看到的有的商品外包装上注明这样的字样"制造商建议零售价",这就是制造商希望看到的零售价。这种特殊情况在使用时应当谨慎,因为很有可能会触犯到有关的法律。

4. 价格歧视

在经济学中有三种价格歧视。一级价格歧视,又叫完全价格歧视,是指垄断企业根据每个消费者对买进每一单位产品愿意并能够支付的最高价格即需求价格,来逐个确定产品销售价格。一级价格歧视一般很少见。当垄断企业的产品只有少数买者,而垄断企业又能机警地估计出每个买者愿付的最高价格时,一级价格歧视才会发生。二级价格歧视是指垄断企业把产量分成若干组,按组制定不同的价格,但是对不同的人没有价格歧视。实行这种价格歧视要求产品无法保存,不能转卖,购买过程即是消费过程,而且可以由销售者计量销售量。在煤气、水、电、电话、通信等行业,比较适用二级价格歧视。三级价格歧视是指垄断企业在不同的市场上对同样的商品索取不同的价格。实施的条件是,能有效地分割市场,不同市场的需求弹性不同。在制定价格策略时,可以根据市场情况,来采取不同级别的价格歧视政策,但前提必须是不触犯当地市场的法律规范。

5. 欺骗性定价

是指定价掩盖了消费者必须为商品或服务所支付的真实价格。欺骗性定价一般会表现为下列情况:①假称与以前价格相比已经降低了一定幅度,而事实上这个"以前价格"根本不存在,或没发生过效力;②假称与不存在的价格相比。例如,某企业在做广告时说"本产品比同类产品的价位低",而实际上同类产品的价格可能与该企业的价格相仿,甚至低于该企业;③假称以建议零售价出售产品,而实际上许多零售商并不是以建议零售价销售产品的。

6. 渠道期望

在市场渠道里所有组织的期望也会对定价造成影响。每个组织都希望低买进高卖出,所以在企业制定价格时,必须设法满足渠道所有成员的需求。

7 消费者需求

消费者需求无疑是最基本的影响价格策略的因素。当消费者需求欲望强烈时,企业手中的主动性就越大,制定价格策略时,可以适当制定更高的价位。

8. 竞争

包括价格竞争和非价格竞争。非价格竞争主要指质量、服务、形象等方面的竞争。很明显非价格竞争要比价格竞争更复杂,执行起来更难,需要时间更长,所以价格竞争还是大多数企业比较常采用的竞争形式。当市场上同一产业结构内企业数量众多时,价格竞争一般会比较频繁发生;当数量较少时,趋近寡头垄断时,非价格竞争的形式则比较频繁发生。

9. 伦理

在制定价格策略时,企业越来越多地考虑到了伦理,也就是意味着企业应当时刻记住不能欺瞒消费者。在制定价格时,尽量把价格标准简单化,真实而准确地告知消费者价格标准。

二、柔道策略

柔道策略是哈佛商学院教授戴维·尤费尔及其同事玛丽·瓦克借鉴日本柔道和相扑的搏击技法而发现的一种企业竞争对策。在柔道中,斗争的双方动作迅速,出奇不意,压制对手的优势。只要保持平衡,他们就能对够对对手的进攻作出敏捷的反应,借对方的力量将其打翻在地。在相扑运动中,威慑力经常使比赛实际上在开始之前就结束了。决斗双方利用诸如猛击一类的制胜动作压制对方,揪住对方的腰带将其悬空提起,扔出场外。尤费尔发现柔道和相扑的搏斗技巧可以用于商业竞争。他最初以微软和后起之秀网景通信公司之间的网络浏览器的竞争说明柔道策略的原理。在1994年尚无名气的网景公司就像柔道大师一样一举开创了一个新市场,并超过微软这一软件巨人,成为行业领先者达一年的时间。随着时间的推移,网景试图使用相扑策略挑战微型电脑软件领域;而微软利用现金储备和在个人电脑市场的实力击败了拥有90%市场份额的网景公司。最终网景被卖给了美国在线。

(一)柔道策略的基本要素

柔道策略有三大基本要素:快速移动、弹性及"四两拨千斤"的技巧。

1. 快速移动

快速移动是指迅速进入还没有竞争的市场,避免硬碰硬的对抗。这种移动可以是进入新的产品市场,以重新定义竞争空间;也可以是以新的定价模式使对手难以模仿;还可以是转移到新的测试和分销渠道以避免竞争者优势。不过,在这种移动中要注意:不要假设经常改变是可能的或可取的,过多的变动会破坏公司的专业优势(Focus)或有损公司的信誉;不要因为这种快速移动而忽略产品质量。

2. 弹性

弹性是指当被较强的竞争者直接攻击时,能做出让步。要避免使用相扑中将对手扔出场外的技法,除非公司比对手更强大;要能够包容并拓展对手的灵捷举措(Smart Moves);要将灵活性和战术调整结合在长期战略规划中,以避免战略刚性。同时要注意:不要使难以取胜的竞争升级;不要惧怕更新自己的产品。

3. "四两拨千金"

"四两拨千金"是指利用杠杆原理,用对手的力量反击对手。在使用这个技法时要使对手的战略承诺(Commitments)和投资转化为公司的优势;要与其他被竞争对手所威胁的弱小公司联合起来,共同对付强敌。同时要注意公司越是成功越要提防对手的"四两拨千斤"技法。

(二)柔道策略的适用范围

柔道策略特别适用于动荡不安的高科技导向的网络竞争环境,而且,在以下三种情况下,柔道策略能取得特别的成功。

1. 已有一定根基的领先者拒绝在意外的成功或失败的事件上作出反应,不作思考,不采取巩固或挽救措施。

2. 一个快速发展的新市场或新技术的领导者,若以追求最大化而不考虑优化时。

3. 当市场或产业结构快速变化时。

三、捆绑式经营

捆绑式经营就是将可分离的产品或服务组合或组装在一起向买方出售。企业采取捆绑式经营可创造多种竞争优势,同时也要冒一定的风险。

(一)捆绑式经营的竞争优势

捆绑式经营的竞争优势可归纳为以下几类。

1. 绑式经营的经济性

企业在提供某种捆绑式产品时,可以在以下几个方面产生经济性:一是由于企业可以更好地共享所提供各部分产品价值链中的活动而产生各种经济性;二是捆绑式经营的企业可以分摊收集顾客信息的成本。如,一家公司可以通过提供一种产品而对顾客有所了解,这样以很低的成本获取的信息为"捆绑式经营"

中的其他产品服务;而不采用捆绑式经营的竞争对手,即使只提供一种服务,也必须在信息的获取上全面投资;三是捆绑式经营可通过促进生产的规模和学习的经济性来降低成本。提供同样的捆绑式产品给所有的顾客,使得捆绑式生意中的各部分产品的标准相同,也能降低成本。例如,制造标准型的救火车比制造有不同警铃和警笛的救火车可以获得更大的规模和学习的经济性;四是在销售过程中,提供一种通用的捆绑式产品,不必为顾客一一介绍其中各部分的产品,从而可提高销售的效率;五是捆绑式经营能够显著地减少管理成本。向所有顾客提供相同的捆绑式产品,通常可以减少交易成本,其中包括文书工作、后勤安排等成本。

2. 增强差异性

捆绑式经营在差异化战略中的作用来自顾客价值链中捆绑式产品各部分之间的联系。不采用捆绑式经营的企业不仅要放弃差别化战略,还必须同各产品领域中的各个竞争对手激烈地竞争。捆绑式经营可以通过以下方式加强产品的差异性:一是在更广阔的产品基础上实现差异化。实行捆绑式经营的厂家可以确保整个捆绑式产品的可靠性或提供单一的售后服务点。通过这种方式,即使其产品并不独特,企业还是可以使自己提供的服务与众不同;二是高效的接口。当互补产品之间的接口不标准化时,就需要采取捆绑式经营。如果同一家企业提供顾客所需要的所有产品,那么产品间兼容性的问题可得到较好的解决,从而增强差异性。当然,这是以接口技术相对来说较困难,兼容不易获得为前提的;三是发挥最佳系统效能。即使不同产品间的接口是标准化的,采取捆绑式经营的企业仍可获取差异性。通过控制所有产品的设计、制造和服务,掌握有关各部分产品的更为准确、完整的信息,企业可使整个捆绑式产品系统获得最佳的效果。而只经营个别产品的竞争对手必须从外部收集互补产品的信息,而且无法对设计直接进行控制。不过这种优势有一个前提,即捆绑式产品中各个部分在决定整个系统的工作效果时是互相依赖的;四是一次性购买简化了买方的工作。提供捆绑式产品的企业向客户保证所有的产品都可正常工作,减少了买方的采购的麻烦和风险;五是增加拉开价差的机会。如果不同的买方对捆绑式产品中的各个部分有不同的价格敏感性,采用捆绑式经营可以增加企业的总利润。尤其是在采用混合型捆绑式战略时,一公司既卖捆绑式产品,也单卖捆绑式产品中的各组成产品,但单独购买的价格之和要高于由其组成的捆绑式产品的价格,从而比单独出售更能增加总收入。

3. 提高进入障碍

假设捆绑式经营确有一种或多种竞争优势,那么它可以导致较高的进入障碍。捆绑式经营使企图进入的竞争对手必须在捆绑式产品的每个组件上都发展生产能力,而不能专门化经营,因此提高了进入障碍。

4. 缓和竞争

在都采用捆绑式经营企业间的竞争要温合些,而在既有捆绑式经营,又有非捆绑式经营的企业间,竞争要激烈得多。如果所有的竞争对手都提供相同的捆绑式产品,且唯一的产业价格就是捆绑式产品的价格,那么,较之各竞争对手单独提供捆绑式产品中任一产品的情况,企业更易认清相互的依赖关系,他们削减价格的积极性就会较小。

(二)捆绑式经营的风险

采用捆绑式经营战略的风险有以下几个方面。

1. 买方需求多样化

捆绑式经营的前提是很大一部分买方希望并且愿意购买捆绑式产品。如果在某产业中,买方的要求大相径庭,那么捆绑式产品对部分买方群就可能是次优选择,结果是,与采用聚焦战略向该买方群提供各种特殊组合的企业相比,捆绑式经营战略也就很脆弱了。例如,在一个买方对售后服务需求差异很大的产业中,采取聚焦战略的竞争对手以只提供产品、不提供服务的方式进入市场。

2. 买方自组捆绑式产品的能力

当买方自身已具有技术、财力和管理上的能力来组合此捆绑式产品时,此种战略就变得很脆弱。买方可以从供方分别买来捆绑式产品的各个部分,自己来组合;或者从供方买入部分组件,而自己生产其他部分。

3. 以更优惠条件提供捆绑式产品组件的专业能力

当集聚力量于捆绑式产品中的一件或几件产品的专门企业能够在生产时获取低成本或者能使产品差异化,捆绑式经营战略就变得很脆弱。专业化企业可以获得竞争优势的原因是企业可以构造其价值链来适应生产和销售捆绑式产品中的某一件,从而避免了共享各种价值活动而花费的协调和折中成本,对于捆绑式经营的企业来说,这些费用是必需的。

集聚力量于捆绑式产品中某一组件的专业企业,还可通过与其他产业的关联来增加优势。一家专门生产电子元件的厂家相对于捆绑式经营的企业,可以价格上的优势为电子机械系统提供电子原件。这是因为它可以和相关电子企业共享各种价值活动(如研究和开发活动、测试仪器等)。

4. 通过联合实行捆绑式经营

如果采取集聚战略的竞争对手可以通过相互联合来提供捆绑式产品,那么采取捆绑式经营的企业是很脆弱的。这种联合可以采取多种形式,如共享技术、共同的销售及服务机构等。

(三)捆绑式经营与产业演变

由于产业结构的调整会改变捆绑式经营的优势或风险,所以采用捆绑式经营合适与否往往随着产业演变而演变。在大多数产业中,伴随产业演变的似乎是非捆绑式经营的趋势。例如,在商务保险业中,标准化的捆绑式保险已被各单项服务如损失预防咨询等代替。买方可以根据自己的需要得到广泛的或者特别的服务。

1.买方自我组装捆绑式产品的能力提高

随着技术的不断普及和买方的不断学习,买方越来越胜任于自己组装捆绑式产品。买方能够获得专业知识以保证兼容性时,就不太需要有单一企业来承担责任。随着产业容量的提高,买方实行后向整合的趋势更加强了这一点。买方甚至能自己生产捆绑式产品中的某些部分,这样就不在希望一起买下整个捆绑式产品。

2.产品/技术的标准化

随着产业的成熟,标准化的产品往往减少了控制捆绑式产品以获得最优系统工作效果的需要。同时,这也降低了捆绑式产品组件的进入障碍,简化了买方自己动手装配的工作。随着产业的成熟化以及各种标准的建立,接口的兼容性问题也越来越易于解决。于是,合格的供方出现了,他们开始提供以前不单独出售的捆绑式产品中的各部分,从而加快了上述非捆绑式化过程。

3.对捆绑式产品中各种组件的需求减少了/变化了

产业的成熟会使买方对服务、应用工程技术以及其他捆绑式产品组件的需求减少。在产业发展的早期,由于产品质量不稳定,产品未经使用检验,常常使购买产品冒很大风险,这些特点促使买方寻找一个捆绑式供方以求保险。所以,捆绑式经营对于产业的早期发展或许是必要的,而随着产业逐渐成熟,买方可以自己完成服务和支持工作,至少可以减少这类需要。除此之外,新买方常常被能更精致细分市场满足买方多样化需求的竞争对手吸引。这样,不同的买方需要不同搭配的产品,这就奠定了非捆绑式经营者进入市场的基础。

4.产业规模抵消了捆绑式经营的规模经济

随着产业由出现到成熟,产业规模的扩大可能使专业化的企业只提供捆绑式产品中的部分就可以立足。对捆绑式产品中各部分需求的增长,超过了生产规模要求的阈值,克服了固定销售成本的问题。

5.买方对价格敏感性的增加迫使企业通过非捆绑式经营降低成本。买方对价格敏感性的增加导致了对节约成本的迫切要求。买方常用的方法是购买捆绑式产品中的组件自己来组装,或者是只购买所需要的部分组件。即使有专营竞争对手出现,买方的行为也往往为非捆绑式化经营提供了推动力。

6.吸引了专营竞争对手

捆绑式经营企业的成功和成长可能会吸引竞争对手寻求进入此产业的途径。由于采用捆绑式经营战略进入往往需要克服更高的进入壁垒,新插足者自然会采取非捆绑式战略,上述的所有方面的作用都为他们的成功提供了可能。

本章思考题

1.竞争互动过程有无其他的表现形式?请根据一个产业的具体情况进行说明。

2.分析领先者和追随者各自优势、劣势及对策。

3.影响竞争价格策略制定的因素有哪些?你认为哪些因素是最主要的?

4.柔道策略有哪几个基本要素?实施柔道策略需要企业的哪些资源或能力作为支撑?

5.企业如何对产品进行捆绑,以一些成功的产品捆绑为例,分析捆绑经营所需要的条件。

第六章 竞争战略

本章导读

竞争战略的使命,是对企业如何在特定的市场上竞争进行总体性的谋划与指导,以使企业获取和维持竞争优势。本章首先从竞争优势的角度对竞争战略的有关理论予以介绍,尔后分别对成本领先战略、差别化战略和价值创新战略进行详细阐述。

每个企业的外部环境和战略意图都不相同,在制定战略时也会有不同的侧重点。但如何在一定的经营领域中谋取竞争优势,如何抗御竞争对手的压力或扩大自己的市场份额,则是所有企业都要考虑到的问题。竞争战略又称为经营单位战略,原因是在采用事业部或战略经营单位管理体制的公司中,竞争战略主要由公司内各经营单位制定与实施。实际上,对于在单一领域中从事经营的中小型公司来说,竞争战略就是整个公司的战略。

第一节 竞争优势与竞争战略

任何企业参与市场竞争的基本目标都是为了获得持续的利润增长和投资回报,而要做到这一点,企业就必须建立起可持续的竞争优势。竞争优势的本质是向顾客传递更大的价值。对竞争战略的划分,实际上是对竞争优势类型的划分。企业的竞争优势可以有多种来源,但从顾客价值角度,最基本的评判标准只有两条:低成本和差异化。因此,企业采取的竞争战略,从根本上说,是对低成本和差异化的不同组合。

一、竞争战略的主要类型

众多学者曾经尝试对竞争战略的基本类型进行归纳,力求对企业竞争地位的选择与寻求给予框架性指导,其中较有影响力的观点来自霍尔(W. K. Hole)、波特(M. E. Porter)、约翰逊(Gerry Johnson)和斯科尔斯(Kevan Scholes)。钱吉姆(W. C. Kim)和莫泊奈(Renée A. Mauborgne)提出的"价值创新"观点则为认识竞争战略提供了一个全新的视角。

1. 霍尔的观点

1980年,霍尔对身处产业成熟期或衰退期的企业如何保持繁荣提出了一些重要的观点。他从美国的钢铁、橡胶、重型卡车、建筑机械、汽车、大型家用电器、啤酒和烟草这八个产业中选取64个大型企业,研究分析了它们的竞争战略和各自在产业中竞争地位的变化。20世纪70年代,上述产业处境艰难,许多企业严重亏损、面临倒闭。然而,就是在这样一种大环境下,却有少数企业业绩突出,堪与其他产业的明星企业相媲美。霍尔从业绩突出的企业中选取个案,对其竞争战略进行了深入的研究。

霍尔的研究结果表明,企业必须不断提高产品质量和降低产品价格,业绩突出的企业,或者在价格方面有优势,或者在产品质量方面有优势,抑或是两方面皆有优势。在不利的产业环境中取得优良业绩的企业,大多数是在质量与价格之间选择其一,全力以赴,直到全面胜利。但也有在两个方面同时成功的特例,如经营建筑机械的卡特彼勒公司和烟草业的菲力蒲·莫里斯公司。

企业产品的价格优势依赖于成本优势的支持,质量优势是寻求产品差别的结果。因此霍尔认为,企业可选择的竞争战略有两种基本类型,即低成本战略和产品差别化战略。

2. 波特的观点

1980年,波特在《竞争战略》一书中对竞争战略进行了详尽的阐述。波特认为竞争战略,是指企业采取进攻或防守性行动,在产业内建立起进退有据的地位,成功地对付五种竞争作用力,从而为公司赢得超常的投资收益。竞争战略的基本类型有三种,即成本领先战略、差别化战略和聚焦战略(见表6-1)。

表6-1 三种战略的关系

目标市场 \ 竞争优势	被顾客察觉的独特性	低成本地位
全产业范围	差别化战略	成本领先战略
特定细分市场	聚焦战略	

实施成本领先战略的企业,其目的是成为产业内成本最低的生产厂家。为达到此目标,它们一般只出售一种标准和朴实无华的产品,特别强调生产规模,无条件地追求所有资源的成本优势。如果一个企业能获得并保持总成本领先地位,且能依行业平均水平来为其产品定价,那么,它将成为产业内的高水平经营者。

实施差别化战略的企业,其目的是在买方认为极有价值的某些领域,做得比其他企业高明,且独一无二。独特性价值的提供,能建立顾客对本企业产品的消费偏好,并促使顾客愿意接受产品的额外加价。一旦企业获得的溢价超过为追求差异性而追加的费用,那么,获得并保持这种差异化的企业将取得超出产业平均水平的出色业绩。

聚焦战略,是指企业把产业中的一个或一组细分市场作为服务目标,依托企业自身能力与目标市场的良好适应来寻求局部竞争优势。实施聚焦战略的企业,既可在目标竞争领域寻求成本优势,也寻求差别化优势,因此聚焦战略又可分为聚焦成本领先和聚焦差别化。

3. 约翰逊与斯科尔斯的观点

约翰逊和斯科尔斯在合著的《公司战略研究》(*Exploring Corporate Strategy*)一书中对基本竞争战略给出了独到的论述。约翰逊与斯科尔斯认为,竞争战略属经营单位层战略,主要涉及如何在市场中竞争。竞争战略主要回答以下问题:为顾客开发与提供哪些产品或服务?将产品或服务提供给哪些细分市场?产品或服务将给予顾客何种程度的满足?

他们强调成本作为一种内部衡量指标,其本身并非竞争优势;产品独特性如果仅仅意味着与其他产品不同,也不一定是竞争优势。顾客之所以选购一产品,或者是因为其价格低于同样的其他产品,或者是因为顾客认为其价值高于同等价格的其他产品。因此竞争战略的选择与实施,其核心在于恰当处理产品价格与顾客可感知附加价值的关系。

约翰逊与斯科尔斯引入"战略钟"的概念,用来说明企业可选择的基本竞争战略。两位学者认为,战略钟是一种基于市场的基本战略选择模型,它在波特理论的基础上进行综合,突出了产品与服务的顾客价值(见图6-1)。

(1) 基于价格的战略(路径1,路径2)

路径1奉行的是低质低价战略。在某些价格敏感的细分市场,有其存在的合理性。路径2是寻求竞争优势时常用的典型途径,它在降低价格的同时努力保持产品或服务的质量不变。

(2) 附加值战略或差别化战略(路径4)

通过为顾客提供其可感知的附加价值,在现有价格水平上获得更多的市场

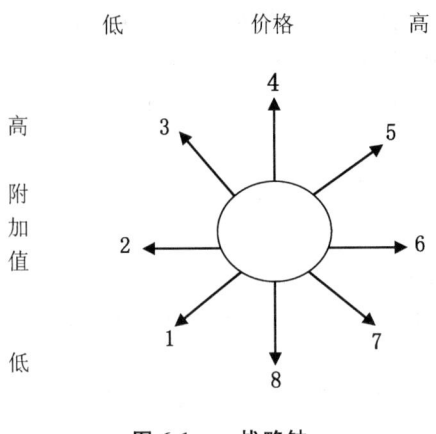

图 6-1　战略钟

份额。

(3)混合战略(路径 3)

在某些情况下,企业可以在降低价格的同时为顾客提供可感知的附加价值。

(4)集中差别化(路径 5)

在特定的细分市场中,企业可以以特别高的价格为顾客提供高质量的产品。

(5)失败的战略(路径 6,路径 7,路径 8)

路径 6 是指提高价格但不为顾客提供可感知的附加价值;路径 7 是降低产品的使用价值却要提高价格;路径 8 是降低产品的价值却不降低价格。这三种战略,只有在企业处于垄断地位时可短时间采用。否则,注定要失败。

4. 钱吉姆和莫泊奈的观点

1990 年,法国欧洲工商管理学院(INSEAD)的两位教授钱吉姆和莫泊奈通过对全球 30 种行业的 30 余家高成长企业的研究,揭示了这类企业的重要特征:高成长性不受企业主体的规模或技术装备的限制,而是更多地受到企业所遵从的战略逻辑的影响。成功的企业几乎无一例外都遵循他们称之为"价值创新"(Value Innovation)的战略逻辑。

价值创新战略的核心是不与竞争对手展开面对面的竞争,即不是寻求如何比竞争对手做得更好,而是从顾客需求的角度出发,对产业的传统做法和惯例进行根本性的重新思考,以顾客价值最大化为目标,重组产业的价值曲线,寻求与对手的完全不同的竞争策略,从而使竞争对手无从与其竞争。

遵循价值创新战略逻辑的企业,能够同时实现低成本与高度差异化,从而在一定时期内确立起明显的竞争优势。

价值创新是一种不同于传统思维方式的战略逻辑,价值创新不等于价值创造,也与一般的技术创新不同。强调要从顾客的需要出发,突破对行业惯例、产业边界和顾客价值的传统认识,通过对顾客价值的细分,降低甚至取消那些顾客认为并不重要却要付出很大成本的价值点,而将精力和成本投入到顾客真正关注和没有被完全满足的需求点上,即创造新的价值曲线,从而大大提升顾客的成本—收益比。

钱吉姆和莫泊奈从产业假设、战略重心、顾客、资产与能力以及产品与服务项目上的差异这五个方面论述了价值创新与传统战略逻辑的差别,如表 6-2 所示。

表 6-2 价值创新战略与传统战略逻辑的差异

战略五要素	传统战略逻辑	价值创新战略
产业假设	产业条件是固定的	产业条件是可以改变的
战略重心	企业应该建立其竞争优势,目标在于赢得竞争	竞争并非其存在的标杆,企业应该追求价值量上的飞跃,以便主控市场
顾客	通过市场细分及顾客定制来维持和扩充其顾客群,同时企业应注重顾客价值的差异化	以全体消费者的利益为目标,可以牺牲部分顾客的利益为大多数顾客服务,注重顾客价值的共同性
资产与能力	公司应会运用杠杆原理运作其现有的资产及能力	公司不会受限于目前已经有的资产及能力,而应该问自己,如果我们是新进入市场的竞争者,我们应该如何做
产品与服务项目	产业传统的范围决定了一家公司所能提供的产品及服务,其目标在于创造所提供产品及服务价值的极大化	价值创新者会设法超过传统产业的范围,力图为顾客提供整套解决方案

5.小结

霍尔、波特、约翰逊和斯科尔斯等学者对基本竞争战略的论述,表面看似有较大差别,其实质性观点却是基本一致。

(1)几位学者皆承认,产品质量与价格是企业获取市场优势的最终途径。

(2)几位学者皆认同,产品质量的提高来自于产品差别的寻求,而价格优势则依赖成本领先地位的寻求与获得。

上述学者们的观点差别,主要源于其研究与看待问题的角度。

(1)霍尔与其他学者的主要区别在于其未对聚焦战略予以重视。霍尔进行的是对成熟或衰退产业的实证研究。在成熟或衰退产业中,企业继续进行市场细分的可能性较小,有吸引力的细分市场难以寻觅。因此,霍尔未发现和重视依靠聚焦战略保持繁荣的企业实例。

(2) 约翰逊等学者是从市场竞争优势的层面来阐述基本竞争战略，波特是从企业整体竞争优势的层面来阐述基本竞争战略。约翰逊等学者强调，只有对顾客购买行为产生激励的因素，才能带来市场竞争优势，而低成本和产品差异皆是企业的内部努力，因此不可为企业带来市场竞争优势。但价格优势来自企业内部成本控制，顾客可感知附加价值来自企业的产品差异努力。波特认为，基本竞争战略的战略收益体现在市场份额扩大和利润积累两个方面，二者互为依托，互为条件。成本领先地位，既可支持企业在市场上降价争取顾客，也可帮助企业进行利润与资源积累；顾客需要的产品差异，既有利于企业扩大市场，也有利于企业获取产品溢价所带来的超额利润。

(3) 约翰逊等学者详细地剖析了企业可选择的基本竞争战略，但其并未突破波特提出的三大基本战略。战略钟是一个基于市场的基本战略选择模型，其对局部市场特点与战略选择的对应关系给予充分讨论，如其低价－低附加值战略（路径1）、集中差别化战略（路径5）实质是对聚焦战略的细化。

(4) 钱吉姆和莫泊奈提出的价值创新概念变换了观察问题的角度，把战略的焦点从竞争转向顾客需求变化所形成的市场机会。在他们所介绍的价值创新事例中，低成本和差异化不是非此即彼的关系。企业通过实行价值创新战略，可以同时实现低成本和差异化，从而确立无可比拟的竞争优势。因此，价值创新战略相当于约翰逊战略钟模型中的混合战略（路径3）。

二、基本竞争战略的选择

学者们提供了成本领先、差异化和聚焦三种基本竞争战略供企业选择，同时又告知企业最好做出选择；否则，目标不统一的战略会导致企业步入各方面皆无优势的平庸。

和其他战略一样，基本竞争战略亦是寻求企业与外部环境的良好适应。对于大部分企业而言，主要是在三种基本战略之间作出选择，既要考虑市场特点，又要考虑竞争状况；既要考虑企业外部因素，又要考虑企业自身条件。价值创新战略则集中了低成本和差异化两种战略的长处，从而能够为企业带来巨大的竞争优势，不过实施这一战略需要更为苛刻的条件。

任何产业的发展趋势是趋向买方市场。在买方市场中，顾客的需求成为企业命运的主宰，需求主体对产品的评价标准成为企业基本战略选择的第一准则。需求主体的评价标准，可分为价格标准与非价格标准。当价格成为顾客选购产品的唯一或极为重视的标准时，企业应选择成本领先战略或实施聚焦成本领先，以对必将发生的价格竞争给予有力支持。当顾客的价格敏感性较低，而对质量、服务和品牌等非价格标准极为重视时，企业应选择差别化战略或实施聚焦差别化,以便为顾客提供其需要的产品独特性,赢得顾客的消费偏好。

任何市场,都表现为一定程度的异质性,因为顾客需求特点不会完全相同;又表现为一定程度的同质性,因为顾客需求特点不会完全不同。异质性使市场细分成为可能和必要,同质性使市场细分有所遵循和有利可图。当市场同质性较高时,即所有顾客的需求特点基本一致,企业无须进行市场细分,应实施面向整体市场的成本领先战略或差别化战略。当市场同质性较低时,企业有必要进行市场细分,应实施瞄准局部细分市场的聚焦战略,或实施向不同细分市场提供不同产品的差别化战略。

船只的航行领域,由船只的级别而定。同样,企业对服务领域的选取,亦在很大程度上决定于企业自身的实力。当企业实力较强时,过小的目标市场恐难以吸收其全部的产出能力,因此,大企业倾向于实施面向目标市场广泛的成本领先战略或差别化战略。当企业实力较弱时,企业难以抵御来自四面八方的竞争威胁,因此小企业优先选取瞄准局部细分市场的聚焦战略,首先考虑寻求局部优势,似乎更为合理。

结合上面的阐述,将企业对基本战略的选择进行归纳,见表6-3。

表 6-3 基本战略的选择

基本战略 影响因素	成本领先 战略	差别化 战略	聚焦 战略	价值创新 战略
需求主体评价标准	价格	非价格	价格/非价格	价格/非价格
市场同质性	高	低或高	低	低或高
企业实力	强	强	弱	强或弱

第二节 成本领先战略

成本领先战略,是指寻求企业成本状况在全行业范围内的领先,即降低产品的总成本使其低于竞争对手产品的总成本。成本领先战略的战略逻辑,一是要求企业成为产业内唯一的成本领先者,而不仅仅是若干领先企业之一;二是要求企业对竞争者具备明显的成本优势,而不只是微小的领先,这种竞争优势甚至足以说服竞争对手不再采用相似的战略方针。

一、成本领先战略对竞争威胁的抵御

波特认为,身处任何产业的企业都面临五种竞争威胁,它们分别来自产业内的现有竞争者、替代品生产者、买方、供方和潜在进入者。竞争战略的目的就是

指导企业采取进攻或防守性行动,帮助企业在产业内建立起进退有据的地位,成功地对付五种竞争威胁,从而为企业赢得超常的投资收益。

买方和供方是企业的合作伙伴,其与企业竞争的目的是为了改善合作模式,以保护或提高自身的合作收益。买方与企业竞争的焦点是产品的售价。成本领先的企业,有能力将产品的价格始终维持为产业最低,因此买方一般也不会奢求进一步降价。供方与企业竞争的焦点是原材料或零部件的供应价格。成本领先的企业,一般意味着规模化的生产和较高的市场占有率,因此其可依赖采购数量优势来说服供应商放弃提价的企图,即使在供应商坚持提价时,成本领先的企业也比竞争对手更具承受能力。

替代品生产者与潜在进入者加入竞争行列的目的,是为了瓜分该产业的需求与利润。实施成本领先战略的企业,可通过不断降低产品价格,以削弱顾客转换向替代品的欲望,即使是替代品对该产业有较大冲击时,首先受损失的也是那些成本与产品价格较高的企业。成本领先的企业,会传递给潜在进入者一个预警,即一旦其敢于涉足该产业,成本领先企业有能力将产品价格降到使入侵者无利可图的水平。

产业内竞争者对企业的威胁,主要体现在顾客争夺、供应商争夺和资源争夺。产业内竞争者对顾客的争夺,主要依赖降低产品价格和提高产品质量来完成。作为产业内成本最低的企业,实施成本领先战略的企业能够自如地应对其他企业的降价,不会令竞争对手获得任何价格优势。实施成本领先战略的企业,其目标市场是价格敏感性的顾客,因此质高而价格也相对较高的产品,难以对其目标市场形成太大冲击。成本领先的企业,规模化的采购是其一大特征,供应商会竭尽所能地争取与维持此类客户。因此,采购价格相近时,理智的供应商一般会选择成本领先的企业予以合作。当竞争对手以提高采购价格来抢夺供应商时,成本领先的企业比竞争对手更易于消化采购品价格的上升,有能力应对竞争对手的提价竞争。

二、成本领先战略的形成

企业的成本地位源于其价值链的效率。价值链效率的提高可通过两种途径予以实现,一是从宏观上改善整条价值链;二是在价值链基本不变的前提下,对单个价值活动的效率予以改善。因此,成本领先战略的形成包括两个层面的内容,一是重组价值链;二是控制价值活动的成本行为。

(一)重组价值链

重组价值链是指企业对现有价值链进行大幅调整或重新设计,以不同于竞争对手的方式来更高效地进行设计、生产、分销或销售。价值链的重组随时都可能发生。一方面,企业改善成本结构的内在动力会引发价值链重组;另一方面,不断发生变化的技术或市场环境也会对企业施加压力,迫使其进行价值链的重组。譬如,新工艺、新技术与新材料的出现,会迫使企业对价值链的生产环节进行重组;顾客购买行为的变化,会迫使企业对价值链的销售与分销环节进行重组;供应商的变化以及厂方设施的改变,会迫使企业对价值链的采购环节进行重组;宣传媒介的改变与消费者信息接受方式的变化;会促使企业对价值链的广告宣传环节加以重组。

与针对单个价值活动的局部改善相比,重组价值链具有两大优点:一是可以为企业提供从根本上改善其成本结构的机会,企业相对成本地位的显著提高经常来自与众不同的价值链的采用;二是可使价值链体现出企业的资源与能力特色,从而将成本优势植根于企业最为擅长的领域。重组价值链主要有两个方向,一是使价值活动的组合与排序更为合理;二是对价值活动的内容及性质做出大幅度的合理调整。

例如,美国西南航空公司(Southwest Airline)正是通过对价值活动内容的重新界定而显著降低了成本,票价比竞争对手相同航线的价格低60%~70%。同时,在各大航空公司中,西南航空公司航班准时率最高,行李报失率最低,成为20世纪90年代初经营最为出色的美国航空公司。西南的价值链重组结果可用表6-4表示。

表6-4 西南航空公司重组后的价值链

航空公司	售票业务	登机业务	飞行作业	机上服务	行李托运
其他航空公司	售票处设在市区,提供全面周到的服务和票价选择	全面周到的服务	购买多型号的全新飞机从事飞行,员工属于工会成员	提供餐饮、娱乐等多种免费服务	免费托运行李
西南航空公司	机上或售票机售票,无售票处和售票柜台,不售中转票,几乎无票价选择	只在候机楼简陋的二等机场提供服务,不提供座位安排服务	只使用一种型号的飞机,座位密度大,员工不属于工会成员	仅供应小吃和饮料,且一律收费	提供有限的行李放置空间,且托运行李一律收费

价值链重组也大大提高了西南航空公司的工作效率。其驾驶员平均每月飞行时间达70小时,比行业平均水平多出20小时;公司每天承运小时数比其竞争对手高出3~4倍;每位员工接待的乘客数比第二位竞争对手高出50%;而公司员工数量比其竞争对手少50%。这些都进一步降低了运营成本,增强了西南航

空公司的竞争优势。

(二)控制价值活动的成本行为

在企业的整体成本结构中,各价值活动的地位有所不同。企业控制价值活动成本行为的工作应首先瞄准占总成本比例较大或比例在不断增长的价值活动。价值活动的成本行为取决于影响成本的一些结构性因素,即成本驱动因素。因此,控制价值活动成本行为的实质是对相关成本驱动因素的控制。

1. 成本驱动因素

影响价值活动成本的因素很多,其中最为主要的成本驱动因素共有以下十类。

(1)规模经济。规模是影响价值活动经济性的重要因素。生产规模的大小会影响到生产成本。同样,销售组织的规模与组织方式亦会影响到销售活动的成本。因此,规模经济不只局限于生产领域,而是无处不在。

(2)学习。在不断从事某项价值活动的过程中,企业会积累一些提高效率的方法,从而降低成本。在不同的活动中,学习速度有所不同,但都具有学习效应。生产活动具有学习效应,同样,分销、采购、宣传和基础设施建设等,也具有学习效应。

(3)产出能力利用模式。企业的固定成本由总产出来分摊。大的产出能力意味着高固定成本,因此,当产出能力利用率较低时,产出的单位成本自然要上升。

(4)活动之间的联系。一项活动的成本经常受到其他活动的效率的影响。譬如,机器加工成本受机器维修效率的影响,质量保证的成本受到质检和售后服务的影响,等等。当活动间的联系存在时,改善一项活动的实施方式,可能降低多项活动的总成本。

(5)同其他经营单位的联系。企业内部各经营单位之间可通过价值活动的共享与协同来提高价值活动效率,从而在企业范围内降低与分摊某价值活动的总成本。如,各业务单位共享技术开发部门可降低企业的研发总成本。但是活动共享也会带来相应的共享费用,如协调成本、妥协成本、僵化成本等。协调成本,是指相对独立的各业务单位之间的沟通与组织费用。妥协成本,是指为谋求合作而制定的折中方案,可能使合作单位丧失其各自最优方案。僵化成本,是指合作会降低价值活动对竞争变化的反应速度,形成退出壁垒。

(6)纵向联合程度。企业随时与供应商与买方发生着纵向联系,企业与它们之间的联合方式与程度影响到企业的成本。

(7)时机选择。行动时机的选择会影响到一项价值活动的成本。比如,率先行动可以赢得先发优势;追随行动则可获得追随效益。具体的时机选择要视产

(8)企业内部政策。对成本影响较大的企业内部政策包括产品特点的设计、产品系列化程度的规定、服务水平的建议、以及销售渠道的建设模式等。内部政策反映了企业的战略意图,会直接影响到企业的决策与行动,从而间接地影响价值活动的成本。

(9)地理位置。生产与经营布局的变化不仅会改变运输成本,而且会因不同地区生产要素价格的差异而为企业带来降低成本的机会。

(10)国家政策法规。国家政策、政府法规以及其他一些官方规定也会影响企业的成本。以国有电力公司为例,其电价标准由政府文件规定,因此,凡是涉及供电定价的政府规定,皆会影响一些耗电大户的成本水平。

2. 成本驱动因素的影响

一项价值活动的成本行为一般受到多个成本驱动因素的影响。各驱动因素对成本的影响因价值活动而异,而且程度也不同。以一个耐用消费品生产企业为例,其价值活动与主要成本驱动因素之间的对应关系,可用表6-5表示。

表6-5 价值活动与主要成本驱动因素

价值活动	主要成本驱动因素
内部后勤	地理位置、供应的纵向联合程度
生产经营	学习、规模经济、技术政策、购买资产的时机选择
外部后勤	订货规模、同企业内其他经营单位的关系、地理位置
市场和销售	广告规模、市场大小、销售人员利用率
服务	服务网络规模、同企业内其他经营单位的关系
企业基础建设	地理位置
人力资源管理	人力资源政策
技术开发	纵向联合程度、与其他经营单位的联系、企业内部政策
采购	采购政策、纵向联合程度、购买规模

各成本驱动因素不是相互独立的,而是彼此联系、相互影响。当两种驱动因素正相关时,意味着两者相互促进、相互加强、共同提高,如规模经济会促进学习,学习又会促进规模经济的实现。当两种驱动因素负相关时,意味着改善一种驱动因素将导致另一种驱动因素地位的恶化。譬如,大规模或深层次的纵向整合,会导致生产能力利用率的下降等。成本驱动因素之间的相互作用相当复杂,而且不断变化,往往不为人们所认识。因此,将对成本驱动因素相互作用的洞察力转化为战略抉择的能力,就成为获取成本优势的持久性来源。

3. 控制成本驱动因素

控制成本驱动因素的主要目的是削减各成本驱动因素的不利影响。一项价值活动一般受多个成本驱动因素的影响,其中对价值活动的成本行为影响较大的驱动因素,是控制成本驱动因素工作的重点。

(1)规模的控制。活动规模过小,会因固定成本及无形资产的分担范围过小而导致不经济;活动规模过大,又会因协调得过于复杂而带来规模不经济。因此,规模经济的取得与否,不是以规模的绝对大小来衡量,而是以规模的相对适合程度来衡量。规模控制的内容主要包括以下两点:一是权衡某一价值活动的规模经济性时,应兼顾其他价值活动。应对每一种价值活动的规模进行认真选择。如丰田公司认为,独立地追求某一生产工序的规模经济,可能因其他工序生产能力的不匹配而导致过量生产,从而形成大量的在制品积压。因此,对每一生产工序的经济批量进行精确的核定,使各个环节相匹配;二是检验价值活动的规模是否符合企业的资源与能力特点。丰田所确定的"多品种、小批量"生产方式源于其发明的设备快速更换调整方法。"多品种、小批量"生产方式,能大幅度地降低过量生产所导致的直接与间接费用,但会增加设备更换、调整的次数与费用。1954年之前,丰田对冲压机床进行模具更换与调整需3个小时,经过不断改进,到1970年完成此项工作仅需要3分钟。

(2)学习的控制。学习在很大程度上依赖于管理层与员工的努力与重视。管理层必须倡导学习并为学习制定目标,努力促使企业向学习型组织发展。丰田公司极为重视员工的学习与提高,并在长期实践中建立起内容丰富、形式多样、独具特色的企业教育体系。丰田的教育体系主要包括四个主要部分:以构筑企业全体员工共同价值观为目的的企业文化教育;以提高全体员工文化素质与技术水平为目的的正式教育;以提高全体员工的工作热情与合作意识为目的的非正式教育;以提高全体员工岗位操作技能为目的的车间岗位教育。

学习的范围不仅限于生产运作,而且贯穿于企业价值链的各个环节。学习的对象也不能仅限于经营单位内部,还应向企业内其他经营单位学习,向其他社会组织与个人学习,尤其应注意向竞争对手学习。企业应珍惜学习成果,积极主动地将学习成果在企业内传播交流,实现知识共享,促进学以致用;企业还应注意学习成果的保护,防止学习成果被竞争对手窃取,损害企业的相对成本地位。

(3)产出能力利用率的控制。产出能力利用率的高低不仅受企业竞争地位的影响,而且与季节性、周期性及其他供求波动有着紧密的联系。因此,企业应从长期和整体的角度对产出能力利用率进行衡量。提高产出能力利用率可以通过两种途径实现:一是均衡需求,减少需求波动;二是提高产出柔性,增强企业对需求波动的适应能力。

均衡需求有多种途径,如实行预约预订制度、季节差别定价、加大淡季促销活动投入、弱化产品的周期性与季节性、选择需求波动小的买方与市场等。提高产出柔性的途径主要有:提高生产线的柔性;增加员工的多方面业务能力;与企业内其他经营单位共享某些活动与资源;雇佣兼职员工与临时工等。比如,在丰田公司,只要对同一条生产线稍加改动,就能生产出7种不同型号的汽车;丰田的员工,多为"多面手",能在两种以上工作间迅速调派。

(4)控制活动之间的联系。价值链由一系列相互关联的价值活动组成,价值活动之间的成本会相互影响。比如,采购与库存、工艺创新与原材料供应、生产控制与质量检验等。认识与控制活动间的成本相关,是企业寻求整条价值链成本最低的必要环节。

例如,通用电气公司(General Electric)发现,生产前发现质量问题并加以纠正所花成本只有0.003美元;生产过程中发现质量问题并予以解决则需30美元;产品售出后才发现并加以改正需花费300美元。因此,通用电气公司倡导一次把事情做好,以免殃及后续的价值活动。丰田公司则要求生产和加工过程的每一个环节"零缺陷",以免上一个环节的不合格品继续消耗下一个环节的材料、能源、人力和工时;以"看板管理"来限制过量生产,从而节减在制品库存费用;以计划精密的采购来降低安全库存点和库存费用;通过重组工作流程提高工作效率等。

(5)同其他经营单位联系的控制。经营单位之间的价值活动共享可在多个领域展开,如技术开发共享、采购共享、生产作业共享、内部后勤共享、市场营销与销售共享等。价值活动共享为企业提供了降低原有成本的机会,但同时也带来了增加新的成本的可能。

成功的价值活动共享具有两大特征:一是活动规模扩大有利于降低成本;二是共享费用(主要包括协调成本、妥协成本和僵化成本)较低。丰田公司在新产品开发时,首先集结全公司最优秀的技术人员进行产品平台开发,然后由各经营单位在产品平台的基础上研制各自的新产品。在丰田的新产品开发成本中,产品平台的研发成本占据了绝大部分,它被逐步地分摊到其派生出多种车型中,从而降低了新车型的单位开发成本。

(6)纵向联合的控制。纵向联合的主要目的是以信息的相互沟通来降低企业间合作的盲目性与不确定性,以相互信赖来消除狭隘的自利行为。在市场环境瞬息万变、竞争残酷激烈的当代,柔性与经营可靠性成为企业极为关注的问题。有效的纵向联合比纵向整合(将活动纳入企业内部)更具柔性,比纯粹的市场采购更可靠。

纵向联合的合理利用,有可能使合作双方皆受益。譬如,施乐(Xerox)公司通过向供应商提供生产进度表,不仅保证了其供货的及时性,而且使供应商的生产计划安排更为合理。丰田公司也极为重视与其他企业的纵向联合,早在1977

年,与丰田长期合作的小企业就达 284 个。丰田实施的"全球最优化采购系统",被美国《商业周刊》称为"可能是汽车史上最具冲劲的海外扩展计划"。

(7)时机选择控制。实证研究表明,企业进入市场的时机与企业成本优势的获得密切相关。究竟是率先进入市场更有利,还是跟随者更易获得优势,因产业而异。在一些产业,似乎显著的成本优势只属于率先行动者,因为率先行动者能够通过占据稀缺的资源、最佳的地点、雇佣优秀的雇员、选择最佳的供应商和买断专利等来阻碍跟随者的发展。而在另一些产业,似乎跟随者更易获得成功,因为该产业的技术瞬息万变,跟随者可以审慎观察并低成本地效仿先行者的行动。

时机选择不仅仅涉及市场进入这一重大决策,它还涉及一些其他活动。如,购买行动(在市场萧条时购进机器、设备等,将为企业节省大笔的支出)、生产加工等。例如,丰田公司计算精确的原材料采购节约了大量库存费用;完善精准的工序时间安排则节省了大量的工时和在制品占压费用。

(8)企业内部政策的控制。企业内部政策是企业战略意图的集中反映。成本导向的内部政策控制,就是以低成本为出发点来制定和修改企业政策。例如,丰田公司所遵循的一个基本原则是"杜绝一切形式的浪费,降低成本"。在该原则的指导下,员工会对每一项价值活动的成本行为进行评估与改善。比如技术开发人员不仅考虑技术的可行性,而且会考虑技术开发成果能否促进低成本工艺、低成本产品设计、低成本生产线的获得;生产人员不仅保证生产任务的及时完成,而且会努力避免生产过快,以减少过量生产造成的在制品积压;质检人员不仅保证严把质量关,而且会思考用统计抽样检验取代全数检验,以便降低检验成本。

(9)地理位置的控制。价值活动的发生位置以及企业与供方和买方的相对地理位置,通常对诸如工作效率、后勤效率和货源供应效率等方面具有显著的影响。活动的最佳地点并非一成不变,而是因内外环境的影响而不断变化。例如,一些企业为了降低物流成本,重新安排自己的仓储运输系统,使运输路线最短,从而缩短了物流路线,加快了物流速度,减少了成本。

(10)国家政策与法规的控制。企业在国家政策与法规面前并非是完全被动的,而是可以通过多种途径施加积极的影响。因此,从一定意义上讲,国家政策与法规也属于可控因素。例如,美国的枪支泛滥已成一大公害,控制枪支的生产与销售乃民心所向,但美国国会却迟迟无法通过该类法案,军火生产商对国家法规的控制力可见一斑。

三、成本领先战略的风险

在与竞争对手的对抗过程中,企业只能依赖两种途径来获取竞争优势,一是低成本,二是差别化。因此,成本领先战略的风险也体现在两个方面,一是企业的成本领先地位丧失,二是企业的成本优势难以弥补差别化劣势。

(一)丧失成本领先地位

实行成本领先地位企业面临的最大挑战是必须始终保持产业内最低的成本地位,而要做到这一点,比获得成本领先地位更加困难。

1. 技术上的变化将过去的投资与学到的经验抵消

处于成本领先地位的企业,通常拥有相对先进完善的技术体系。其竞争对手深知,基于现有的技术体系来开展竞争,难以取得突破性进展。所以,它们会千方百计地寻求以新的技术体系来取代旧的技术体系。一旦某产业的技术体系发生质变或部分质变,原有领先企业在技术领域的投资与努力将大大贬值,成本优势也将不复存在。如美国的得克萨斯仪器公司,率先开发并采用半导体技术,用晶体管代替电子管,极大地动摇了通用电器公司在电子领域的领导地位。20世纪80年代以来,随着产品技术更新的周期越来越短,奉行成本领先战略的企业正在面临日益严峻的挑战。

2. 成本降低的空间日渐狭小

企业要想维持成本领先地位,就必须不断降低成本以始终保持对竞争对手的成本优势。但随着技术与产业的成熟,企业降低成本的空间及幅度将日渐狭小。随着竞争对手标杆(Benchmarking)管理的实施,企业之间在技术水平与管理水平方面的差距将逐渐缩小,企业成本优势的维持将日渐困难。

(二)成本优势难以弥补差别化劣势

在市场上,成本领先企业的优势最终表现为价格优势,而其劣势就是产品缺乏个性。当企业产品的价格优势无法弥补其差别化劣势时,企业会将市场优势拱手让予实施差别化战略的企业。导致企业差别化劣势过分突出的原因,既可来自企业的内部经营不善,也可来自外部市场环境的变化。

1. 过度关注企业内部经营效率的提高,缺乏对顾客需求的良好把握

产品立足于市场的前提是能满足顾客的某些需求。一旦产品无法满足顾客重视的某些需求,价格的高低就失去了意义。因此,企业在坚持提高内部经营效率的同时,应始终贯彻顾客导向,坚持对顾客需求的研究与迎合。

2. 市场需求发生不利于低成本企业的显著变化

在顾客消费需求发生很大转变的情况下,即使企业仍然能够保持产品的价格优势,由于其已无法满足顾客需求,其原有的市场也将被实施差别化战略的企业所占领。例如,福特公司出产的黑色T型轿车,由于成功地实施了成本领先战略,曾经在美国风靡一时。但随着消费者收入与购买力的提高,许多高收入家庭开始购买第二辆、第三辆汽车,市场开始偏爱个性突出、风格新颖、质量优良的

汽车,顾客也愿意为此支付较高的价格。福特汽车公司由于没能及时调整战略,很快丧失了市场主导地位。

第三节 差别化战略

差别化战略,是指通过为产品融入顾客需要的独特个性而使产品在顾客心目中升值,赢得顾客的消费偏好,从而以较高的产品价格占领市场,赢得超过产业平均水平的收益。随着技术的成熟和管理的完善,企业降低成本的空间会日渐狭小。同时,价格的持续下降和顾客消费水平与模式的逐步升级,将导致顾客的价格敏感性递减,价格在顾客购买决策中的主导地位一般会逐步让位于非价格要素。非价格要素所具备的丰富性和不可即时模仿性,使差别化战略受到越来越多的企业的青睐。差别化战略为大多数企业所采用的另一个原因是,在一个行业或细分市场中,能够成功地实施成本领先战略的企业只有少数几家甚至只有一家,其他的企业只能通过低成本以外的方式获取竞争优势。

一、差别化战略对竞争威胁的抵御

差别化战略是一种极具顾客导向的战略。它很注重研究顾客需求与满足顾客需求,其目标是比竞争对手更好地满足顾客需求,其手段是为产品融入顾客需要的独特个性。独特个性的融入,使实施差别化战略企业的产品形成全产业范围内的与众不同。顾客欲获得这些独特性和满足某些特定需求,就必须消费该类差别化的产品;否则,他们的特定需求将无法得到满足。由于顾客缺乏满足同类需求的备选产品,因此其压低产品价格的能力相对有限。

企业所寻求的独特性有一部分来自其采购品的独特性。因此,实施差别化战略的企业对供应商的依赖比较强。反之,企业停止采购也是供应商的较大威胁,因为产品的专用性使供应商很难及时找到其他买主,转换成本较高。因此,供应商与实施差别化战略的企业之间,一般会更多地选择合作与相互信赖。

差别化战略的有效实施可以形成顾客对本企业产品的消费偏好,帮助企业建立良好的品牌信誉和顾客忠诚。新的进入者和替代品生产者想要在短时间内克服这些障碍绝非易事。在与新的进入者和替代品生产者的较量中,首先受损失的是那些产品无特色的企业。

企业实行差别化战略的一大动因是回避针锋相对的竞争。实施差别化战略的企业,无论是产品还是目标顾客,都与产业内竞争对手不尽相同,其供应商的选择与资源的获取也有独到之处。因此,产业内其他企业一般不把其看作最危险的竞争对手。

二、差别化战略的形成

差别化战略的目标是发现并提供顾客需要的独特性,因此制定差别化战略至少要考虑四个方面的问题:一是认识独特性的来源;二是识别顾客的购买标准;三是获取顾客需要的独特性;四是令顾客感知并认同独特性的价值。

(一)认识独特性的来源与驱动因素

独特性的来源极其广泛,可来自价值链上的每一个环节和每一个方面。海内肯啤酒公司(Heineken Beer)为突出其啤酒的质量与纯度,只固定采购与使用同一种酵母。可口可乐的独特性既来自其原液配方,又来自其"买得起,买得到,愿意买"的市场销售策略。卡西欧的经营差异性则主要来自其集成电路设计技术。

企业在某种价值活动中的独特性取决于一系列基本驱动因素的影响。如果企业不能辨认这些驱动因素,它就无法找到创造独特性的新形式或对已有独特性的持久性作出正确的判断。影响显著的独特性驱动因素主要有以下九大类。

1. 政策选择

企业已作出的政策选择决定企业所欲进行的活动及活动特点。企业内部政策主要包括产品质量水平规定、产品档次规定、广告政策、销售政策、人员培训政策等。

2. 联系

独特性既可来自价值链内部的联系,也可来自企业与上下游合作企业的联系。各价值活动并非孤立存在,一项活动的效率受到其他活动的支持与协作程度的影响,如交货时间不仅仅取决于发货后勤系统的效率,而且受到订单处理速度的影响。企业与供应商的良好关系,不仅可保证供货的及时性、稳定性与采购品的质量,而且有利于缩短产品开发周期。企业与销售渠道的联系,会影响产品的陈列、宣传与售后服务。

3. 时间性

活动发生的时间本身亦会增加产品的独特性。比如,第一个改变产品形象的企业,会受到媒体与顾客的广泛关注,可能会防止其他企业的模仿。不争最先的企业可能有足够的时间选择更先进的技术,从而促使产品独特性的形成。

4. 位置

独特性可来自良好地理位置的选取。如银行分支机构的覆盖范围及自动取款机的位置安排会影响顾客接受其服务的方便程度。

5. 经营单位之间的关系

企业内各经营单位之间进行资源共享、优势互补的合作,可增加活动的独特性。如在共享特色技术的基础上开展研发合作,将大大提高研发的效率与效果。

6. 学习

学习一方面可令企业把一项活动做得越来越好,增加独特性;另一方面,竞争对手对本企业的学习与模仿又会损伤独特性。

7. 一体化

一般来说,企业只是从整条供应链上选择从事一部分价值活动。一体化是指企业增加其价值链所涵盖的价值活动数量,即将原本依赖市场来完成的一部分工作转移到企业内部进行。一体化有助于增加企业经营及产品的独特性,比如法国的一些葡萄酒制造商只使用自己种植的葡萄来酿造葡萄酒。

8. 规模

生产与服务规模会影响产出的效果。大规模生产要求采用先进的设备,从而可能在扩大产量的同时提高质量。较大的生产和服务规模有助于提高企业的信誉,增加品牌的独特性,但随之而来的标准化也可能损害产品和服务的独特性。

9. 政治性因素

任何组织都是一部分人利益的忠实代表。企业与一些组织建立友好关系,就可能赢得组织成员对企业及其产品的好感。

(二)识别顾客购买标准

差别化为产品融入的独特个性依赖顾客感知与认可。差别化不是简单的标新立异,而是顾客需要的标新立异,是符合顾客购买标准的标新立异。因此,识别顾客的购买标准是实施差别化战略的必要前提。

顾客的购买标准可分为使用标准和信号标准。使用标准是指企业在满足顾客需求过程中创造价值的具体尺度。信号标准是指顾客借以判断产品是否符合其使用标准的一组信号。识别顾客的购买标准需要进行详细深入的顾客研究,以及系统的买方价值链分析。

顾客购买产品的目的是为了使用,因此提供满足顾客使用标准的独特性是提升产品买方价值的根基。然而,使用标准与产品的使用过程密不可分,顾客只有真正使用产品时,才能根据使用标准对产品进行全方位的整体评价。但无论是实施差别化战略的企业还是顾客,都希望的在使用产品之前就能对产品效用作出准确判断。因此企业事先提供一组信号或信息以帮助顾客评价其欲购买产品,既有利于顾客作出正确的购买决策,也有利于企业产品的销售。

在使用标准中,既包括产品的规格、外观、功能、式样等有形标准,也包括服务、品牌内涵等无形标准。譬如,饮料的口味是顾客购买饮料的重要使用标准,而饮料产品的品牌品位或知名度,由于其能提高顾客的精神满足程度,因此同样属于重要的使用标准。

信号标准与使用标准之间不一定存在着必然联系,原因之一是顾客不可能运用复杂的技术手段对产品的一些使用标准进行鉴定,因此只能借助于信号标准。这些标准主要包括以下内容。

1. 公司信誉或形象

当顾客缺乏产品鉴别能力时,会选择信誉较好的公司或产品。

2. 产品及包装外观

当顾客无法对产品内在品质进行检验时,会用外观来推断产品的内在品质,认为产品或包装的外观是产品内在品质的外在表现。

3. 公司规模与从业时间

大公司比较重视信誉与产品质量,从业时间较长的公司经验丰富;

4. 市场占有率与客户清单

市场占有率高的产品,意味着大众接受的品牌,客户清单中包括知名企业或社会上层人士的产品,似乎在宣称产品质量值得信赖。

5. 产品在企业中的地位

顾客一般认为主打产品是企业的根基,因此其对主打产品的投入与重视程度要超过其他产品。

(三)获取与提供顾客需要的独特性

只有顾客需要的独特性,才具有买方价值与市场价值。因此,企业挖掘独特性来源的行为必须在顾客购买标准的指引下进行。企业获取独特性的基本途径也有两条:一是重组价值链;二是在现有价值链基本不变的前提下,控制各价值活动中的独特性驱动因素。

1. 重组价值链

重组价值链不仅是实现成本领先的重要途径,也是实现差别化的重要途径。重组价值链的方式包括以下几种。

(1)附加某些价值活动。例如美国某旧车交易市场为方便顾客的购买决策,在营业大厅里安装了几台电脑,供顾客查询、比较交易场中现有汽车的详细技术数据和性能指标。日本佳能公司更是别出心裁,设立了一个复印机回收系统,为顾客处理淘汰报废的复印机。所有上述价值活动的增加,都为产品增加了顾客所需要的独特性。

(2)重新定义价值活动的内容。20世纪80年代,当康柏、IBM等PC机厂商将工作的重点集中在研制功能更强大、成本更低的个人电脑时,迈克·戴尔(Michael Dell)却将创新重点放在PC机的销售环节上。首先,他把经销商从分销渠道中彻底砍掉,从而大幅降低了销售费用,缩短了厂商与顾客的距离,便于双方的沟通与互动。其次,戴尔坚持按客户的订单组织生产与销售,不仅降低了产品积压与成品库存费用,而且因其产品是根据顾客的要求定制的,增强了产品的独特性。最后,戴尔在销售的运作与管理机制上,奉行统一、可靠、快速与规范化。在短短十几年的时间里,戴尔迅速成长为全球最大的个人电脑生产商。

(3)改变价值活动的发生顺序。在传统的操作模式下,产品使用咨询服务通常发生在购买之后。但雅芳公司针对化妆品的具体特点,要求其直销人员首先对顾客进行培训,介绍化妆品的选择与使用知识,然后发放小包装供顾客使用,最后才是出售产品。某节能设备制造公司为了打消顾客对其生产的节能设备绩效的疑虑,允许顾客先使用其节能设备,然后从能源节约所节省的费用中支付设备款项,迅速打开了市场。

(4)发挥价值活动的协同作用。海内肯啤酒公司(Heineken Beer)将原料采购、口味保证、快速运输、高强度广告与广泛分销结合起来统筹考虑,从而在啤酒行业形成经营独特性。国外某履带拖拉机生产厂家,通过产品生产、零部件的备齐和服务网络拓展的协同作用来保证质量,提高了产品的差异性。

2. 控制独特性驱动因素

价值活动的差异性来自独特性驱动因素的驱动。只要对各驱动因素认真识别与合理利用,每一种驱动因素都能带来可观的独特性价值。

(1)企业内部政策。例如,可口可乐公司的差别化战略,与其一系列内部政策的引导与支持密不可分。这些政策包括:面向顾客口味的市场开拓政策,杜绝裙带关系的人事制度、高投入的广告政策、全方位的产品改进政策,等等。

(2)联系。认识与控制价值活动之间的联系是企业经营独特性的重要来源,如精细的原料采购能协助生产运作来提高产品的质量;快速准确的订单处理有利于交货时间的保证等。认识与控制企业和相关企业的联系,同样能为产品融入差别。

(3)时间性。完整的时间概念由时点与时段构成。通过对活动的时点或时段加以控制而形成差别的例子不胜枚举。例如,奥的斯将电梯维修时间安排在晚上,以免影响人们的使用;海尔将空调入户维修的时间限制在24小时以内;香港李方公司从接到欧洲客户的订单到将产品摆上客户的货架,只需35天,其间要从事原料采购、产品生产、成品检验、包装与运输等大量工作;可口可乐在人群密集区安设昼夜自动售货机,并在宣传内容上突出其产品拥有的百年历史,提高产品的独特性。

(4)位置。独特性也可来源于活动的位置。银行可因位置较佳的分支机构与自动取款机而突出其金融服务的方便;网上书店可令网民足不出户就可买到书籍;便利店不光要有让顾客感到便利的服务,也要有顾客容易到达的地理位置。这些特色都与位置有关。

位置控制就是将活动安排在顾客期望的地点。美国医学用品公司在医院和药店安装计算机终端,由它把顾客与公司销售系统连接起来,使顾客的订货活动由卖方工作地点转移到买方工作地点,方便了顾客订货;地极公司(Land's End)实行邮寄销售,让顾客在家中就能收到商品目录上的产品;我国家电行业现在所普遍采用的入户维修,是为了适应市场需求,将维修活动的位置从以前的维修部转移到顾客家中。B2B、B2C 等网上交易方式的应用,则为很多企业增添了顾客需要的独特性。

(5)经营单位之间的联系。经营单位间的价值活动共享可从两个方面来影响差别化优势的获得,一是通过增加价值活动的独特性来促进差异性,二是降低实现差异性的成本。例如,NEC 在公司内设立 44 个委员会,以促进其电子设备、电信、计算机与家用电器等四大经营单位在产品、市场与技术领域的关联,这种联系可以使自己在某项价值活动中的优势同时在几个经营领域中表现出来。宝洁公司在供货及时方面的特色深得经销商的青睐,而其能低成本获得该差异性的关键在于其多种品牌的产品共用地区周转仓库与汽车配货系统。

(6)学习。企业的积极开放式学习能突出差别化优势与弥补差别化劣势;而竞争对手的学习与模仿又会不断抵消本企业的差别化优势。因此学习的有效控制应包括两方面内容:一是通过保密来限制竞争对手学习,以维持差别化优势;二是积极学习竞争对手的可取之处,以弥补劣势或营造属于自己的差别化优势。

谈到可口可乐对学习的控制,人们自然会想到其对可口可乐配方的百年保密,但可口可乐对学习的成功控制并不只限于此,它还是一个头脑开放的学习型组织。皇冠可乐(Royal Crown Cola)首先推出易拉罐和无咖啡因可乐后,可口可乐看到此举颇受顾客欢迎,便对皇冠的创举进行迅速学习与及时模仿,不仅弥补了自身劣势,且依靠自身其他领域的优势将皇冠开拓的绝大部分市场占为己有。

(7)一体化。一体化的主要形式有三种,即后向一体化、前向一体化与横向一体化。后向一体化是将价值链向与公司当前业务输入有关的活动延伸,如原材料、机器、劳动力等,都是制造业的重要输入。前向一体化是价值链向与公司当前业务的输出有关的活动延伸,如运输、销售、维修与售后服务等。横向一体化则是指发展那些与公司当前的活动相竞争或相互补充与支持的活动。

三种形式的一体化,都会对企业低成本实现经营差异性产生一定影响。比如,当原材料缺乏标准且其质量对最终产品的质量有突出影响时,后向一体化有利于产品差别的实现;当产品较为复杂,经销商难以向顾客详细解释产品的性能时,企业直接对顾客销售产品将有利于产品的独特个性被顾客所认识;当产品的消费过程与效果受其相关产品的影响时,如胶卷与相纸和冲洗设备,横向一体化将有利于顾客总体消费感觉的提高。

(8)规模。大规模的生产与服务常常能够创造小批量生产者所无法具备的独特性。汽车租赁公司赫兹(Hertz)的经营差异性,在于其规模宏大的服务网络使顾客的取车与还车相当便捷。美国运通所提供的快速、周到、方便的邮递服务,源于其遍布130个国家的1700个办事处和多达7万人的雇员队伍。

(9)政治性因素。企业在利用社会资源进行价值创造的同时,也对促进整个社会进步承担着相应的责任。公司适当承担一定的社会责任,不仅可有效改善自身所生存与发展的社会大环境,而且有利于树立企业的良好形象,赢得社会公众的尊敬,提高品牌的知名度和美誉度。例如,埃克森美孚石油公司在非洲国家开展了一场声势浩大的疟疾防治运动,不仅提高了包括其员工在内的当地居民的健康水平,而且改善了与当地政府的关系,为其业务拓展奠定了良好基础。

(四)协助顾客感知与认同独特性价值

大多数顾客在评价产品时既缺乏经验,又不愿意花费过多的时间。因此,顾客希望企业提供一些简单明了的信息以帮助其进行购买决策。企业在保证产品特点满足顾客使用标准的同时,注重信号标准的建立与宣传,不仅可以帮助顾客感知产品的独特性价值,而且有助于提高产品的独特性价值。

1. 建立产品与信息的联系

只有与产品存在某些必然联系的信息才能影响买方对产品价值的认同。在产品与信息的众多联系中,有的是显而易见的,如市场占有率与产品的受欢迎程度;有的是模糊的,如企业对供应商的严格筛选与产品质量的联系、企业的背景与产品品位的联系等,需要企业建立起上述联系,通过适当的途径解释信息与产品性能的关系。比如,介绍饮料的颜色与原料及保鲜程度的关系、电视机的屏幕外观与画面清晰度的关系、产品各零部件的功能及对产品性能的贡献等。

2. 宣传产品与信息的联系

在产品与信息的众多联系中,只有被买方认识到的联系才能发挥其影响力。广告是宣传产品信息的最普遍方式,但由于其浓重的商业色彩,顾客在接受时会打相当的折扣,因此企业应善于挖掘有特色、可信度高的宣传方式。例如,鲍尔公司(Paul Corporation)请顾客参观其生产车间及研发部门,以展示自己的实力。帕特加斯公司在雪茄盒中放置一则小小的广告,详细介绍企业的发展历史。国外某汽车生产厂家宣传其产品节油特征的方式,是为汽车安装连续的油耗显示器。

三、差别化战略的风险

实施差别化战略的企业立足市场的关键是独特性价值的提供与因此而形成的顾客对本企业产品的消费偏好。具备独特性价值的产品通常需要企业进行大量的投资与长时间的努力,而这势必引起企业成本的增加。因此,差别化战略的风险主要有两类,一是差别化优势的丧失,二是差别化优势无法弥补成本劣势。

1. 差别化优势的丧失

差别化优势丧失的第一个原因是竞争对手的仿效。对于那些具有差别化优势的企业,竞争者会想方设法地学习模仿,以改进自己的产品或服务,达到缩小或弥补差别化劣势的目的。因此,获得差别化优势的企业既不可能高枕无忧,更不可能一劳永逸,它们既要注意已有差别化优势的保护、维持与强化,又要不断寻求新的差别化优势。

差别化优势丧失的另一个原因是顾客对独特性的不认可。产品或服务的独特性只有能够满足顾客所重视的需求,才能被顾客认可,从而为企业带来差别化优势。顾客对独特性不认可既可能源于主观因素,如对顾客的需求特点认识不足、产品未能达到顾客使用标准、向顾客传递的信息不充分或被扭曲等;也可能源于客观因素,如顾客需求特点出现重大变动、成熟市场中的顾客不再对一些特殊需求感兴趣等。

2. 差别化优势无法弥补成本劣势

通常情况下,顾客愿意为所获得的独特性价值支付一定的溢价。但溢价的幅度不能过高,因为顾客的承受能力毕竟有限。当实施差别化战略的企业成本过高时,其将面临两难的选择:如果大幅度提高产品价格以补偿成本,就会失去大量顾客;如果价格不变或略微提高以保住市场份额,就会流失大量利润甚至亏损。从长远来看,两种选择都会影响企业的正常发展,因此对实施差别化战略的企业来说,控制成本与寻求差别同样重要。

第四节 价值创新战略

20世纪90年代以后,企业经营面对的外部环境变得日益动态化和复杂化,这对企业的竞争战略也提出了很多新的课题。价值创新理论就是在这样的背景下提出的。作为对传统战略逻辑的突破,价值创新战略为企业如何在动态竞争环境中营造竞争优势提供了新的思路。

一、价值创新的基本特征

钱吉姆和莫泊奈认为,传统战略逻辑所关注的是"如何击败竞争对手"。当企业把竞争对手作为设计战略的唯一参照时,竞争对手之间针锋相对,刻意相互模仿,以求在同样游戏规则下打败竞争者的行为就在所难免,低水平的价格竞争、广告竞争会不断发生,这往往走向两败俱伤——最多也只是一场"零和"博弈。企业要走出低水平竞争,就必须探索新的道路。近年来,有关改变游戏规则、经营模式创新的论述不断出现,也反映出了企业界和理论界对这类问题的关注。

价值创新这一概念的价值,主要不在于它概括了一种创新模式,而在于它变换了认识创新的角度。钱吉姆和莫泊奈是从顾客的角度而不是从技术活动的角度来分析创新,他们用以描述创新结果的工具——价值曲线,实际上就是顾客感知到的产品属性。这样的角度变换有助于廓清创新活动的特征,也有助于促进新管理思想的萌发。以 Formule 1 旅店为例,艾克(Accor)1985 年提出旅店业的新概念——Formule 1 旅店时,法国的经济型旅店主要由一星级和二星级旅店组成。通过对顾客需求的详细分析,艾克公司发现入住经济型旅店的绝大多数顾客最关注和需要的是安静的房间、舒适的床和良好的卫生状况,而对其他方面并不是很在意。于是,艾克公司摒弃了传统的服务标准和行业惯例,在 Formule 1 经济型旅店推出了全新的服务方式,在房间内的卫生、床的质量和安静程度等方面大大超过了二星级旅店,但在房间大小、房内设施等其他方面又低于一星级旅店,从而把价格控制在与一星级旅馆相近的水平。不仅吸引了大部分经济型旅店的顾客,而且吸引了包括卡车司机和需要短时间休息的商务旅行人员在内的众多顾客,获得了巨大成功。目前,Accor 已经成为在 88 个国家拥有 3488 家旅店的世界第三大旅馆集团(参见图 6-2)。

基于这种认识,可以对价值创新的基本特征作如下归纳,以便使之与一般的创新活动相区别。

1. 价值创新不是瞄准某个既定的细分市场,只求得在这个市场上更好地满足顾客的需求,它是在广阔范围内识别顾客需求,最大限度地利用顾客的共同点,进而实现重新划分市场的创新活动。

2. 价值创新的目标是努力超越现有产品或服务的价值标准,使新产品或服务的价值曲线显著不同于与以往产品或服务的价值曲线,因此具有激变型创新的特点;价值创新的成功是以顾客最终接受这种这组独特的价值标准为标志。

由此可见,价值创新包含了那些足以引发产业变化的重大技术创新,但更主要的还是指不以技术变革为前提的经营模式创新。

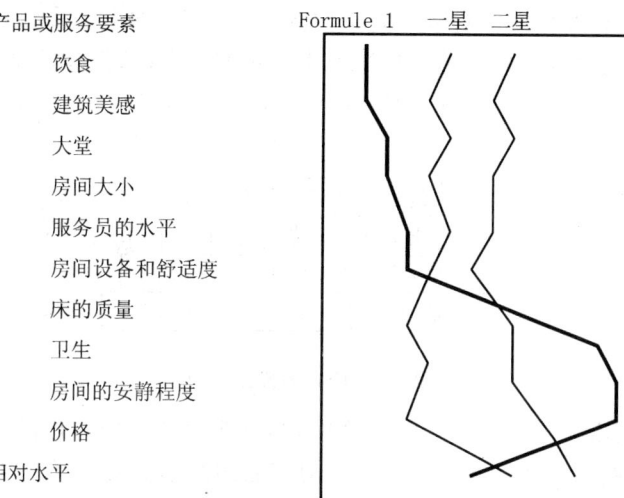

图 6-2　Formule 与一星级和二星级旅店的价值曲线

二、价值创新的来源

在市场经济中,顾客是一项产品或服务是否具有价值的仲裁者。所谓价值,可以被解释为产品或服务所具有的、能够满足顾客需求并且顾客愿意为之支付货币的一组属性。钱吉姆和莫泊奈教授引入的"价值曲线",正是描述产品或服务的整组属性特征的一种方式。成功的价值创新的确蕴涵着经营者的智慧与创想,但不是仅靠一些新奇的想法就能够赢得顾客的认可。从顾客角度看,价值创新源自顾客需求。这些基础至少包括以下三类。

(一)顾客的需求层次

顾客的需求层次是与顾客价值相关联的概念。关于顾客价值的研究,近年来已成为营销管理领域中讨论的最为热烈的课题。目前理论界对顾客价值的定义还没有形成统一认识。伍德夫(Woodruff)利用阶梯理论(Laddering Theory)(又称为方法目的链(Means-end Chain)模型)试图理清顾客价值的内涵,这种理论假设任何消费行为都必然经过三个主要阶段:首先是消费者暴露在厂商所设定的消费属性中;在消费过程中消费者开始经历此次消费的消费结果,同时在此过程中满足其内心潜藏的消费目标;在消费过程的各个不同阶段中,消费者会分别感受到不同的价值。伍德罗夫把顾客价值进一步区分为"感知价值"与"期望价值",当顾客在感知上的收获大于其付出的代价时,就会感到物有所值或物超所值。

运用顾客价值的观点审视价值创新,不难看出,这类创新的目的是要显著提升顾客价值。企业可以针对顾客尚未被满足的需求,推出一些具有全新属性的产品或服务,大幅度提高顾客的知觉价值。顾客需求(即期望价值)中存在的层次性,恰恰构成了价值创新的重要基础,这种层次性可用图 6-3 表示。

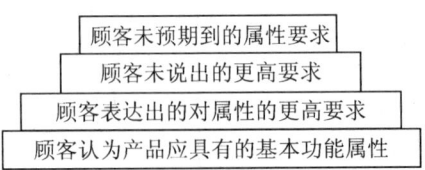

图 6-3　顾客的需求层次

顾客的需求层次处在不断演化之中,当顾客表达出的对产品属性的要求得到满足后,这些高一级的需求将演变为对产品的基本要求;即使一些重大的技术创新赋予产品以顾客未预料到的特点(譬如索尼公司开发出的便携式录音机),这些产品的推广又会改变顾客对产品的基本要求,新的需求层次随之形成。从创新的成功事例看,许多重大创新都是以满足顾客更高层次的需求来提升顾客价值,通过发掘高层次的需求来赢得顾客的。

(二) 顾客需求的变化

受到经济发展、技术进步、社会观念变化以及企业竞争行为等诸多因素的影响,不仅顾客的需求层次会发生变化,顾客对产品功能属性的基本要求也会变化。当一部分顾客对产品某些功能属性的要求超过以往,并愿意为此牺牲产品的其他属性时,价值创新的另一种基础就开始出现。以价值曲线描述这种变化,体现在价值曲线在同一水平区域内的变化。如图 6-4 所示。

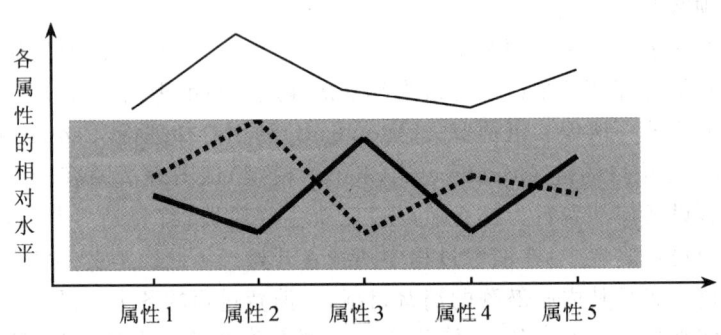

图 6-4　顾客不同需求对应的价值曲线

说明:阴影区域中的实线表示顾客已经接受的产品质量标准,虚线表示部分顾客可接受的新标准,阴影上方的折线表示可以满足更高层次顾客需求的新产品。

艾克公司改变旅店服务方式的事例,为企业如何把握顾客需求的变化提供了很好的说明。究其原因,部分顾客对产品属性要求的变化,是这类价值创新得以实现的前提条件。正是由于企业对产品属性的调整与部分顾客的需求相适应,才使企业能够占领新的创新源泉,再将创新的效果扩大到相邻的市场。

(三)顾客获取价值的过程

价值创新的第三个来源是顾客获取价值的过程。这个过程从顾客开始产生需求开始,一直到产品最终报废而被处置,或顾客对服务消费的终止。过程中包含顾客的一系列活动,顾客通过这些活动逐步形成其感知价值。一个典型的顾客消费过程(又称为顾客价值链或消费链)如图6-5所示。

解构顾客消费过程所揭示的一个重要事实,是企业创造价值的活动与顾客的消费活动可能出现多次结合。企业价值链与顾客价值链的这种多重联结关系为企业改变创造价值的方式、提升顾客感知价值提供了更多的机会,不仅包括对产品的主要功能属性进行调整,也包括与顾客沟通方式、订货付款方式以及提供其他延伸服务等方面的改变。近年来,不少企业利用电子商务技术构建新的销售渠道,为顾客了解产品信息提供便捷的途径,把产品直接送抵顾客手中,并增加信息服务的内容,这些都堪称是基于消费过程的价值创新的例证。

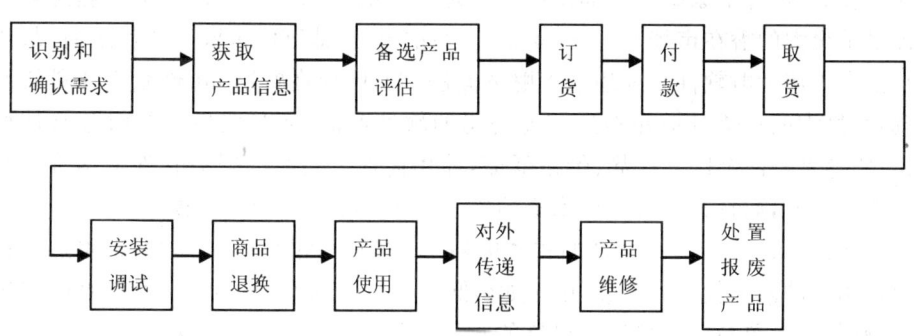

图6-5 顾客的消费过程

值得注意的是,当顾客为企业而非个人时,顾客对产品或服务的"消费"过程与其创造价值的过程完全重合。这时价值创新的效果,将通过顾客企业的产品或服务表现出来。企业一旦成为顾客企业竞争优势的来源,顾客关系将会变得更为稳固,企业也就牢牢地占据了市场。

三、价值创新的途径

为占领同一个市场,企业可以作出多种选择。譬如,面对顾客更高层级的需求,企业可以努力丰富产品的功能属性,也可以大幅度提高某些功能的水平,或两者兼而行之。对创新途径的选择首先取决于企业对市场需求的充分了解,同时也取决于企业的资源条件。德鲁克提出的创新原则,即创新者必须分析企业的全部资源、细心研究潜在消费者、必须以领先为目标,对价值创新活动有着重要的指导意义。

(一)价值创新的战略视野

对于如何实现价值创新,钱吉姆和莫泊奈认为关键在于管理者要突破对传统的竞争界限的认识,将战略的焦点从针锋相对的竞争,转向发掘新的市场空间。

1. 审视替代品产业

从广义上来说,企业不仅要在产业内部竞争,而且要与生产替代品的厂商竞争。顾客在作出购买决策时,总是在潜意识里不自觉地在替代品之间进行比较。比如,当你要出门旅行时,很可能会考虑是乘汽车、坐火车、还是乘飞机。当企业从顾客的角度来审视替代品时,就会发现,替代产业之间的空当为价值创新提供了机会。

Intuit 公司就是通过思考顾客如何在替代品之间作出选择而实现了价值创新。在美国,每个家庭每月都要进行处理账单的乏味工作。这为个人理财软件提供了很大的潜在市场。但在 Intuit 公司推出"迅捷"(Quicken)软件之前,却几乎没有人用理财软件来处理个人财务问题。原因何在?Intuit 创始人斯科特发现,其最大的竞争对手并不是其他公司的软件产品,而是铅笔。与财务软件相比,铅笔具有两个巨大优势:价格低廉,使用简便。当时的财务软件平均价格高达 300 美元,而且充斥着会计术语的界面使非专业人员望而生畏。

于是,Intuit 在保持软件的相对优势——速度与准确性的同时,把重点放在模仿铅笔的两大优势——使用简便和低价上。通过设计友好的用户界面,"迅捷"软件的简单易用性接近了铅笔的水平;通过去掉不必要的软件功能,"迅捷"的价格大幅降低至约 90 美元。于是,无论是传统的财务软件还是铅笔,都无法再与"迅捷"竞争。Intuit 创造了一个新的市场。

2. 审视产业内的战略集团

产业内不同的战略集团,通常都是按照价格和品质两个维度划分的。与从替代品产业寻找市场空间类似,企业可以通过了解顾客在同一产业内不同战略集团之间进行选择的原因,来创造新的市场空间。丰田公司开发凌志轿车就是一个很好的例子。以接近于豪华轿车低端产品（例如林肯）的价格，提供与豪华轿车高端产品（例如奔驰、宝马）相同的品质，使凌志轿车一经推出就获得了巨大的成功。

3. 审视"顾客链"（The Chain of Buyers）

在任何一项购买决策中，除了传统意义上的目标顾客之外，还会有一系列其他"顾客"或多或少会对购买决策产生影响。购买决策的制定者、产品的实际购买者和其最终使用者往往并不相同。不同的人对价值的看法也不可能完全一致。比如，企业的采购人员比较关注物资的采购成本，而使用者却更关注易用性。每个行业都有关于其目标客户的传统认识，而对这种传统认识的怀疑和挑战，有助于企业发现被忽视的顾客需求，并据此重新设计价值曲线。

20 世纪 80 年代早期，Bloomberg 公司准备进入商务信息服务业时，Reuter 和 Telerate 两家公司居于产业的垄断地位，主要业务是向股票经纪和投资机构提供实时财务信息，其针对的目标客户是负责采购的 IT 经理——他们偏好标准化的系统，因为这样可以使自己的工作简化。但 Bloomberg 注意到，财务信息的真正使用者是交易员和分析师，而他们关心的是信息的及时性和全面性，因为每天成百万美元的赢利机会就来自这些信息。

于是，Bloomberg 针对交易员和分析师的特殊需求设计了新的系统。在硬件方面，该系统在终端配置了印有常用金融术语的易用键盘和两个平面显示器，这样使用者可以更方便地同时查看更多信息；在软件方面，该系统内置了金融分析功能，使用者只须敲一个键，就能得到相关的分析结果和历史资料，从而大大提高了决策速度。此外，Bloomberg 针对交易员和分析师的职业特点——收入很高但由于超长的工作时间而没有闲暇消费，在系统中增加了有助于提高他们生活品质的商品信息服务。客户可以通过该系统购买衣物和珠宝、订花、安排旅行、获取房地产信息等等。

通过将目标客户从购买者转向最终使用者，Bloomberg 迅速赢得了市场，在不到 10 年的时间里，成为产业里规模最大和利润率最高的企业之一。

4. 审视互补产品与服务

任何产品和服务的价值，都要受到其他产品和服务的影响。比如，尽管电影院停车场和婴儿托管传统上并不属于电影院产业的范畴，但其成本和便捷性无疑会影响到顾客对电影院服务的价值感知。由此可见，未被发掘的价值往往隐藏在互补产品和服务当中，问题的关键是要了解当顾客选择某种产品或服务时，其所需要的整套解决方案是什么。

20 世纪 80 年代后期，随着美国人阅读量的下降，书刊零售业似乎开始步入萧条。在这种背景下，Borders 和 B&N 却通过开创一种自选书店的新形式，重新激活了整个产业。

在传统意义上,书店的经营内容就是销售书籍,顾客到书店买完书就走。书店的雇员被训练成单纯的存货管理员和收银员,几乎没有人能够为顾客选择书刊提供帮助。作为行业惯例,书店不鼓励顾客长时间浏览书籍,也不提供现场看书的桌椅等设施,这给顾客寻找和选择书刊带来很大困难。实际上,买书的过程包括相关的一系列内容:寻找购买目标、评估购买价值、阅读样书等等。从这些互补性活动中,Borders 和 B&N 发现了价值创新的空间。首先,Borders 和 B&N 雇佣书籍爱好者作为店员,鼓励店员在业务不繁忙的时候读书并为其买书提供津贴,从而使他们能为顾客选择书籍提供最大的帮助;其次,将书刊种类由行业平均的 2 万册提高到超过 15 万册。书店内设有舒适的桌、椅、沙发和咖啡厅,并播放古典音乐,为顾客提供舒适的阅读环境。这些措施,使顾客把书店当作一个安静的阅读环境的放松场所。在不到 6 年的时间里,Borders 和 B&N 迅速成长为美国最大的两家书刊连锁店,拥有的自选书店超过 650 家。

5. 审视产品的功能或情感类型

大部分商品和服务常常会被分成两类:一类用来满足顾客的功能性需求,另一类用来满足顾客情感上的需求。然而这种分类很大程度上并不是商品或服务所固有的性质,而是厂商的划分。企业按照自己的理解生产产品,并通过各种途径不断告诉顾客应该期待什么,顾客真正的需要却被忽略了。

因此,如果企业重新审视对产品和服务的传统分类,很可能会发现新的市场空间。将传统上属于满足顾客情感需求的产品简化为单纯的功能性产品,可以大大降低成本,低廉的价格会受到欢迎;另一方面,在传统上属于满足顾客功能性需求的产品中增加情感因素,也会刺激新的需求。

星巴克(Starbucks)咖啡就是通过将传统的功能性产品转变成情感类产品,而获得了巨大成功。直到 20 世纪 80 年代后期,喝咖啡对于美国人来说只是一种日常的生活习惯。咖啡被看作一种大众消费品,激烈的价格竞争和大量广告投入使整个产业的利润率很低,而且增长缓慢。尽管大家都把咖啡看作一种功能性产品,Starbucks 却试图把它变成一种情感体验。当时,咖啡的三大主导厂商都是用铁罐来卖咖啡,Starbucks 却开创了新的零售方式——咖啡馆。咖啡馆集中了场合、地位、休闲、交谈和创造性的咖啡饮品等时尚元素,将喝咖啡转变成一种情感体验;而且 3 美元一杯的合理价格吸引了大量普通消费者。Starbucks 几乎没有做任何广告,就在很短的时间内成为全美知名的品牌,而且其利润率是行业平均水平的 5 倍。

6. 审视时间变迁

随着时间的推移,任何产业都要受到外部环境变化趋势的影响。这些趋势不是来自管理者的对未来的主观预测,而是来自当时能够清楚观察到的现象。研究这些趋势将对顾客的需求产生怎样的影响,有助于创造新的市场空间。作为建立新的价值曲线的基础,这些趋势必须符合三个重要条件:对业务发展具有决定性影响;是不可逆转的发展潮流;有一个清晰的发展脉络。

思科(Cisco)公司就是一个成功的范例。20世纪80年代后期,计算机网络的使用者开始以每100天翻一番的速度增长,对高速数据交换业务产生了巨大的需求。而当时落后的数据交换技术和计算机网络的互不兼容,则成为阻碍网络经济发展的严重问题。Cisco发现了这一趋势,设计了路由器等一系列高速网络数据传输设备,实现了不同网络之间的无缝高速连接。Cisco卓越的创新为顾客带来了突破性的价值,也为自己带来巨大的成功。到1998年,全世界互联网上80%的数据传输都是通过Cisco的产品实现的,而Cisco在这一新市场上的利润率则高达60%。

(二)价值创新的几种途径

根据前述分析,可以把价值创新的途径分为以下几种。

1.增加产品或服务的功能属性

增加产品或服务的功能属性相当于延伸价值曲线,这可以使顾客感受到更大的收获,只要这种收获的增量大于顾客付出代价的增量,顾客的感知价值就得以提高。在长期的经营战略实践中,增加功能属性一直是延伸产品生命周期的重要措施。值得注意的是,企业的这类创新行为导致了一些产品的市场范围相互交迭,譬如在移动电话、计算器、各种类型的计算机等产品中很容易发现电子表的功能,产品间的竞争关系也因此变得更为复杂。

2.提升产品平台,推出功能和质量显著不同于以往的产品

产品创新要达到显著提高顾客价值的目的,往往需要以重大技术创新成果为基础。有关高科技产品战略的研究把一系列产品所采用的核心技术定义为"产品平台",并发现每个产品平台有其各自的生命周期,重大技术创新成果会导致产品平台的跃升,这又为显著改进产品的功能和质量提供了基础。产品平台广泛存在于许多领域中,如计算机产业的产品平台是与操作系统相结合的微处理器,物流产业的产品平台是EOS和POS系统,数字传播技术则为新闻、通信和音像制品业的整合提供了平台。由于产品平台具有动态性,企业在实施价值创新时既要洞察技术演变的趋势,又要制定适宜的产品平台战略。

3.降低顾客的代价

提升顾客的感知价值的另一种方式是显著降低顾客付出的代价,包括顾客支付的价格、顾客在使用产品过程中发生的额外费用以及直接或间接的损失。一些技术创新成果可以明显降低制造成本,这就为提升顾客价值拓宽了空间。

即使在技术环境稳定、产品平台未发生变化的情况下,通过重组价值链或改进企业与顾客价值链的联结方式,也可以达到降低顾客的代价的目的。

4. 重新定义产品价值

达维尼在论述竞争互动时曾指出,产品创新在竞争中有朝向"最终价值"演化的趋势,即产品的感知质量价格比不断提高,直至接近极限。随着高质量、低价格的产品日益增多,重新定义产品的感知质量将使竞争进入一个新的轮回。达维尼所称的感知质量与感知价值有相近的含义,如石油危机时期西方人对轿车的感知质量注重省油,现在则注重安全性和舒适性。

重新定义产品价值实际上是通过调整产品的功能质量,突出某些功能而淡化另一些功能来实现的,这要求企业与顾客保持良好的互动关系。企业应力图领悟顾客未表达出的要求,同时以新的产品特性引导顾客,使顾客的期望价值清晰化,因为产品的价值最终要由顾客来判定。

四、价值创新的风险

价值创新是一种激变式创新活动,它与渐变式创新在影响范围、技术变革等方面的差别(见表6-6),意味着这种创新含有更大的风险。价值创新者需要破除传统战略逻辑,创造出全新的价值曲线,也需要认清这类创新风险的构成,对风险进行有效的控制与防范。

表6-6　　两种创新的典型特征

	激变式(Radical)创新	渐变式(Incremental)创新
产品生命周期	可以诱发出新的产品概念	延续原有产品的概念
互补性资源	要求新的互补性资源	不改变对互补性资源的要求
产品平台	产品平台可能变化	在已有的平台上改进产品
竞争优势构成	可能改变竞争规则	竞争规则不会发生明显变化
应用的领域	有可能在多个领域中应用	应用范围较窄

1. 顾客需求的不确定性

价值创新瞄准着较大范围内顾客的共性需求。但顾客需求受到多种力量的支配,包括顾客内在的需求层次升级的推动,社会文化观念的冲击,企业间竞争和替代产品的影响,以及新技术、新产品的诱导等,这些力量给予顾客需求以不确定性。识别顾客需求的核心成分,特别是那些尚未被明确表述出的需求的核心成分,是实现价值创新的前提条件,却又是一项很难完成的任务。

2. 技术环境的变化

企业核心技术的成长与外部技术环境有着密切的关系。企业要不断从外部吸收技术养分,通过消化、吸收和创新来提升自己的产品平台。应用技术研究领域的技术成果,其他产业技术的发展,都可能使产品平台的构成发生变化,一些核心技术变得不太重要,新的关键技术会取代旧的关键技术。这些技术变化的趋势并不完全可以预测。对于那些技术实力不足以主导产业技术发展趋势的企业而言,产品平台的变化会带来很大的不确定性。外部技术环境还可能通过影响替代产品制造商或竞争对手而加大企业面对的市场竞争风险。

3.竞争对手的模仿行为

当价值创新未能以企业自有核心技术为支撑时,价值创新形成的新经营模式可能会被竞争对手模仿,企业只能在有限的时间范围内获得竞争优势。企业在这段时间内若不能利用学习曲线迅速降低成本,模仿者甚至可能后来居上,在成本和质量两方面都超过创新者。一般说来,创新者可以采取诸如扩大规模、设定阻吓式价格、控制销售渠道等策略在一定程度上限制竞争对手的模仿行为。但在缺少核心技术的情况下,这些对策本身仍带有较大的风险。

4.替代产品的威胁

在更大范围内寻找顾客共同需求的企业,同时也将自己置于多种替代产品的威胁之下。每一种替代产品的价格或性能的变化都会影响到一部分顾客,造成这些顾客的流失。另外,替代产品的制造商也有可能部分地模仿价值创新的成果。替代产品制造商的价值创新活动,则是一种更严重的威胁。

5.企业内部变革的风险

从顾客角度看,价值创新表现为价值曲线的显著变化;从企业角度看,这种创新会引发内部结构的突破性变革,变革范围可能涉及技术系统、营销系统、生产运营系统乃至整个组织结构。技术创新中可能出现的难点,企业在开发或外取互补性资源时遭遇的困难,营销系统、运营系统的再造成本,组织变革引起的组织摩擦,这些都构成变革过程中的风险因素。如果企业缺乏适度的战略柔性,变革所产生的风险就会加大。价值创新风险的构成见图6-6。

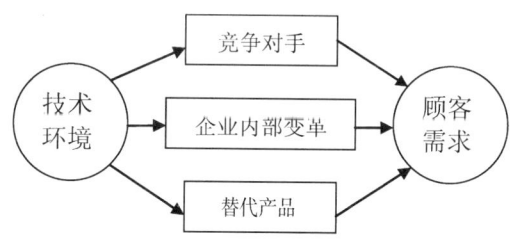

图6-6 价值创新风险的构成

本章思考题

1. 企业获得竞争优势的基本途径有几种？
2. 波特提出的三种基本竞争战略之间是什么关系？
3. 试用价值链的方法分析国内一家企业的竞争战略。
4. "战略不是寻求比对手做得更好，而是与对手不同"，这句话应如何理解？
5. 试比较价值链与价值曲线两种分析工具的异同。

第七章 多样化战略

本章导读

由于历史的原因或出于发展的考虑，许多企业包括一些小企业，都具有多样化的经营形态。多样化战略理论所研究的正是这些企业制定战略决策时面对的一些共性问题。本章介绍了多样化战略的两种理论，即通用逻辑和协同逻辑下的多样化战略。目的在于使读者对多样化战略的内容、条件、方式、机制有一个概括性了解。

社会经济的不断发展，引起市场需求和企业经营结构的变化。企业为了更多地占领市场和开拓新市场，或避免经营单一的风险，往往会选择新的领域，采用多样化战略。多样化战略是公司战略决策中的主要课题。

多样化企业通常采用事业部制，即每个事业部负责一个经营领域，其任务是在这个经营领域中打造竞争优势并赢得超额收益。公司总部作为各事业部的上级机构，仍然是一个创造价值的单位。关于公司总部如何创造价值，有两种不同的思想：一种被称为通用逻辑，即把企业在每个经营领域的投资看作一项资产，这些资产之间彼此没有什么联系，企业只是根据资产的收益性对其进行调整；另一种被称为协同逻辑，即把不同经营领域之间的关联关系作为线索，希望通过在这些领域实现资源共享、能力共享来创造更大的价值。通用逻辑下的多样化战略理论是战略管理领域早期的理论之一，但对无关多样化的企业仍然适用，而协同逻辑显然更适用于相关多样化的企业。

第一节 多样化战略的含义与动因

当企业在成长过程中从一个领域进入另一个领域,就使企业的经营结构呈现多样化特征。尽管关于单一业务和多样化战略孰优孰劣的争论一直存在着,多样化战略已成为当今世界上大企业普遍采用的战略,有些企业甚至在几十个领域开展经营,许多小企业也出于各种原因而进入多种领域。因此,这些企业的公司战略并不是决定要不要多样化,而是如何对多样化的经营结构进行战略调整。

一、多样化战略的含义

多样化战略又称多角化战略,其英文原词为 Diversification。在我国,多种经营、多样化经营等概念与多样化概念相近。《辞海》中多种经营被解释成:企业的一种经营方式,指产品生产或业务涉及多种领域。

美国最早研究多样化的学者戈特(Gort)指出,多样化指企业产品的异质性(Heterogeneity)增加。戈特强调的市场异质性不同于同一产品的细微差别化。把握多样化的概念,必须把握如下几个方面的问题。

(1)多样化实施主体问题,即谁进行了多样化。在上述的定义中,实施主体可能有企业、地区两种。一个地区的行业多样化属于产业结构研究的范畴,归为企业多样化是不妥的。作为战略管理的研究对象,这里的多样化指的是企业的多样化,而不涉及地区产业结构的多样化。

(2)多样化不是产品细分化,而是跨产业的行为。戈特提到的"异质市场",是将产品细分化归结在企业多样化之外。产品细分化也叫同一市场的细分化,在本质上是同一产品,并不是同一企业的异质产品进入了异质市场。多样化则是异质产品进入了异质市场。

(3)多样化是企业在不同产业中寻求发展的产业组合战略,在这种战略中,企业的产品或服务跨越了一个以上的产业。

因此,多样化是指企业的产品或服务跨一个以上产业的经营方式或成长行为。从本质上讲,多样化有静态和动态两种含义,前者指一种企业的经营业务分布于多个产业,强调的是一种经营方式;后者指的是企业从单一产业进入新的产业的行为,是一种成长行为。

二、多样化战略的形式与内容

多样化是企业寻求在不同产业中发展的产业组合战略,是重要的基本公司战略之一。它是企业一种常见的经营形态,并且日呈增强的趋势。

目前有关多样化的形式划分不一。鲁梅尔特(Rumelt)根据主业收入占全部收入的比例,把企业的经营结构分为以下几类:

(1)单一业务型:主业收入占全部收入的95%以上;

(2)主导业务型:主业收入占全部收入的70%~95%;

(3)相关多样化型:主业收入不到全部收入的70%,但各经营领域相关;

(4)无关多样化型:主业收入不到全部收入的70%,且各经营领域无关。

小野丰广在鲁梅尔特分类法的基础上,将企业按多样化程度分为以下几类:

(1)单一产品公司:其一项产品的销售额占公司销售总额的95%以上;

(2)优势产品公司:其一项产品的销售额介于公司销售总额的70%~95%之间;

(3)技术相关产品公司:其一项产品的销售额低于销售总额的70%,但技术上相关联的产品群的销售额大于销售额的70%;

(4)市场相关产品公司:其一项产品的销售额低于销售总额的70%,市场相关产品的销售额高于销售总额的70%;

(5)市场—技术相关产品公司:其一项产品的销售额低于销售总额的70%,但市场相关和技术相关的产品销售额超过销售总额的70%;

(6)非相关产品公司:市场相关产品的销售额和技术相关产品的销售额均低于70%。

小野丰广还进一步对上述公司类别进行了归纳,把单一产品或优势产品的公司归为低度多样化;把技术相关、市场相关和技术—市场相关归为中高度多样化,亦即相关多样化;把非相关产品的公司归为高度多样化,即无关多样化。小野丰广在对相关多样化进行衡量时,分别使用产业分类编码SIC和产品分类编码SPC前两位数相同来区分技术相关、市场相关和技术—市场相关。

由于多样化是一种涉足多产业的成长,因此体现为企业经营结构的发展变化。目前,比较普遍的划分是按照企业涉及的各业务之间的相互关系不同,将企业多样化经营分为相关多样化和无关多样化两种。

相关多样化又称同心多样化,指企业的各业务活动之间存在技术或市场的关联性。在相关多样化中,一般包括以下几种多样化形式:

(1)技术相关多样化:指多样化各业务之间存在共同的或相近的技术基础。比如,佳能公司(Canon)利用其在光学影像方面技术,先后进入了照相机、复印机等领域;

(2)生产相关多样化:指多样化各业务之间可以使用共同的或相近的生产设备和设施;

(3) 市场相关多样化:指多样化各业务的产品或服务有共同或接近的销售渠道与组织,或各业务之间存在共同或相近的供货渠道与组织。

无关多样化,又称非相关多样化,指的是多样化的各业务之间在技术、生产或市场等方面不存在明显的直接关联。

三、多样化战略的动机

公司采取多样化战略的动因很多,既有公司内部的原因,也有公司外部的原因。佩罗兹(Penrose)把这些原因称为企业成长的外部动因和内部动因。[①]

1. 外部动因分析

外部动因是指来自于市场或政府等方面的吸引公司进入新业务领域的外部环境因素,这些因素既可能表现为一种威胁,又可能表现为一种机会。如市场容量有限,市场集中率提高,市场需求的多样性和不确定性,或政府的反垄断措施等。

(1) 市场容量有限性

任何产品或服务的市场容量是有一定限度的。亚当·斯密在分析劳动分工时早就指出,市场容量的有限限制了劳动分工。斯密指出,由于市场容量有限,劳动分工不可能无限制地发展下去。具体到一个企业来说,企业所承担的特定产品市场的劳动分工的份额也是有限的。超出了一定的限度,企业享受社会分工所造成的收益就会递减。从供需理论的观点看,当一种产品达到供需平衡时,企业若再增加投资,扩大该产品的产量,就会造成供大于求、产品积压、价格下降,企业就有可能出现亏损。此外,任何产品都有自己的生命周期。随着竞争的发展,产品生命周期有缩短的趋势。当产品处于衰退期时,市场需求增长就会停滞,甚至缩减。企业应该在衰退期到来之前,及早进行研究开发、更新换代产品,或多样化进入新的产业领域。总之,市场容量有限性会促使企业进入新的产业领域,市场需求饱和成为促使企业多样化成长的重要诱因。

(2) 市场集中度的提高

在市场集中度较高的行业,少数企业在市场、成本等方面占有绝对优势,其他企业要想达到比产业增长率还要高的增长率,只有进入本产业以外的新市场。因为在集中度较高的行业,要想与少数在本行业中起主导作用的企业竞争,必须采用特别的手段,如增加广告开支,增强研究开发能力,这些举措必然造成生产经营成本的提高,竞争能力下降。换句话说,市场集中度的提高缩小了企业的成长余地,增加了企业在本行业成长的阻力,于是企业自然而然地会想到采取多样

---

① Edith Penrose, The Theory of Growth of the Firm, Basil Blackwell, 1959

化战略,通过进入其他行业来谋求本企业的成长。总之,集中度高的行业容易诱发多样化经营。

(3)市场需求的多样性和不确定性

严格说来,市场需求的多样性并不一定导致企业的多样化成长,但市场需求的多样性和不确定性使企业依赖单一市场的风险增大,从而激励企业追求多样化成长的风险分散效应。同时,市场需求的多样性在新的产业领域提供了投资机会,企业就可以抓住机会实现多样化成长。

(4)政府反垄断措施的影响

为了维护竞争的公平性,许多国家都制定了反垄断法规。反垄断法规包括反托拉斯、剥离大企业等内容,其目标之一就是防止出现过度的产业集中。当企业扩大某一产品市场份额的行为超出反垄断法规的限制时,其扩张成长的行为就会受到制止。为此,企业常常改变扩张成长的方向,谋求在不受法规限制的产业领域扩张成长。几乎在所有的工业化国家,都有这类受反垄断法规的影响而使企业走向多样化成长的典型例子。

2. 内部动因分析

内部动因是指来自于公司内部的促使其采取多样化成长战略的因素。从本质上讲,内部动因在多数情况下都是主动性的,是为了充分地利用和开发现有剩余资源。有时,当公司的能力不能较好地匹配当前市场需求时,公司就会展开防御性的多样化经营活动。

(1)充分利用剩余资源

剩余资源的充分利用,是为了获取范围经济。企业积累的未利用的内部资源,是打入新市场的原动力。在其他条件不变的情况下,研究开发费用与销售额的比率、广告费用与销售额的比率越高的企业,存在剩余资源的可能性越大,越容易积极从事多样化成长。目前,我国有些大型企业的多种经营是为了安置富余的人员,是一种被动的多角化,它的意义首先在于资源的集约化,而不是纯粹意义上的范围经济。

(2)目标差距诱因

一般说来,如果企业能够达到既定目标,企业开拓新产业领域、实行多样化成长的动力就不大;反之,如果企业的经营现状与所期望的目标差距越大,采用多样化战略来实现成长的可能性就越大。多样化成长不同于一般的经营决策,涉及进入新的产业,属于企业的重大战略决策。只有当目标与现实的方案差距甚大时,才有可能考虑改变原方案,采用多样化成长。

(3)纵向一体化成长中的不平衡

纵向一体化成长中会形成庞大的销售、制造、采购、原料生产、运输和研究开发方面的设备和资源,而各阶段的资源和能力会出现经常性的不平衡。这种不平衡产生的不经济性成为促使企业多样化成长的经常性压力。由纵向一体化走向多样化是企业多样化成长的重要途径。

事实上,各种动因产生作用的形式是不同的,有的是富有吸引力的机会,而有的也可能是以某种威胁的形式存在。相应地,公司采用多样化战略既可能是为了追求某种机会,也可能是为了回避某种风险。事实上,还有其他一些原因也是产生多样化的原因之一。

1. 企业寻求生存机会的动机。当一个企业在其主业中失去竞争力时,相关多样化就不再是一种合理的选择,这时企业的成长就由能力驱动转为机会驱动。

2. 企业高层领导个人的成就感。一种习惯的看法是,在多个领域获得成功的企业领导,他的能力要大于那些仅善于在单一领域从事经营的领导者。

3. 个人对企业的控制力。有人认为多样化可以使经理层得到更大的权利,因为股东要了解企业的经营情况将变得更困难。

四、多样化战略的条件

有多样化动机只是多样化经营的一个条件,除此之外,企业要能成功地实施多样化战略,还必须具有一些其他的条件。

首先,企业必须拥有需要使多样化经营在经济上可行的资源。企业在准备多样化经营的时候必须对企业的资源、能力和竞争能力进行深入的评估。如果企业既有多样化经营的动机,又有必需的资源,那么这样的企业的多样化经营的程度就会比只具有条件之一的企业的多样化成功率高。

第二,资本市场便于企业获得资金,特别是当企业是通过并购进行多样化的时候,常常需要资本市场的支持。管理者市场也非常重要。能否获得合适管理者常常是多样化经营的前提条件。

第三,为使多样化经营决策科学化,企业应当建立一套多样化投资决策管理体系和程式。

最后,多样化战略的实施至关重要,特别是企业在实施过程中,需要有效地控制多样化引起的各种组织成本。

多样化经营战略是企业发展的一个重要战略,有很多成功的典范。但是多样化经营同样也有风险,也要付出成本,也有失败的教训。

我国目前没有严格的研究资料,但大体上经历了三个阶段:第一阶段是20世纪80年代初期到80年代后期。这一阶段主要承袭计划经济延续下来的专业化生产经营;第二阶段是20世纪80年代后期到90年代中期。随着改革的深入,经济的高涨,多样化经营像一场飓风从南刮到北;第三阶段是90年代中期至今。飓风刮过,很多多样化经营企业陷入严重危机,人们开始冷静、理智地反思多样化经营。事实上,我国许多企业所从事的多样化经营,从严格意义上讲,这些企业的很大一部分并不是在实施多样化战略,只不过是随机偶然地进入了多样化业务而已。

鲁梅尔特对 1949 年、1959 年、1969 年美国的大多数公司进行了研究,他的发现结果可以用表 7-1 来概括。

表 7-1　股份有限公司多样化经营的一般趋势:1949～1969 年

年份 公司类型	1949	1959	1969
单一业务公司	34.5%	16.2%	6.2%
主导业务公司	35.5%	37.3%	29.2%
相关业务公司	26.7%	40.0%	45.2%
不相关业务公司	3.3%	6.5%	19.4%

资料来源:Rumelt. R. Strategy, Structure, And Economic Performance, Boston: Dvision of Research, Harvard Business, 1974

从表 7-1 很容易看到,美国企业多样化经营在 20 世纪 60 年代期间逐步地增加。虽然鲁梅尔特没有利用最近的数据来重复他以前的研究。但是这种趋势在 20 世纪 70 年代中期仍然得到了肯定。然而,在 1993 年,杰拉尔德·戴维斯(Davis. G. F.)、克里斯蒂娜·迪克曼(K. A. Dieckman)和凯瑟琳·廷斯(C. H. Tinsley)利用 80 年代的数据修正了鲁梅尔特的结论[①]。他们利用熵(Entropy)[②]来衡量多样化:如果公司的所有收入都来自某一行业,则熵为 0;公司的收入来自越多的业务领域时,则熵越大。例如,若公司的收入来自 20 个业务领域,且每个业务领域的收入比例为 5%,那么熵为 2.996。他们发现在财富杂志排行前500 家大公司中,熵从 1980 年的平均值 1.00 下降为 1990 年的平均值 0.67。这就是说,这些公司变得越来越不多样化了。

由此可以发现:不管专业化经营或是多样化经营都不应该脱离其所处的环境与条件,不能就理论而理论,来评价谁优劣、谁好谁坏。箭牌口香糖公司(Wm. Wrigley Jr. Company)就是专业化经营成功的一个例子,而 GE 则是高度分散化经营成功的一个例子。

---

① [美]戴维·贝赞可等著,武亚军等译.公司战略经济学.北京大学出版社,1999:183
② 熵是物理学中一个描述系统不确定程度的物理量,在经济学中借用这一概念对经济系统的不确定程度进行度量。如用负熵对信息进行度量,其含义是信息的大小取决于该信息对不确定程度的纠正。在这里,熵的概念被用来描述由多样化带来的不确定性,从而用来对多样化程度进行度量

五、多样化程度与效益

长期以来,多样化经营战略一直是产业经济和管理科学重要的研究对象。经济学界经常用"范围经济"来解释企业经营中的多样化现象。所谓"范围经济"指的是企业用既定资源同时生产两种或两种以上产品,比两个或两个以上企业使用这一既定资源分别只生产其中一种产品所耗费的成本总量要低。管理学界研究多样化主要从经验研究和理论研究两个方向入手,采用经验研究的代表人物有美国学者鲁梅尔特、M. Gort,英国的 Channel,日本的小野丰广等。他们将企业按多样化程度分为低度多样化(单一或优势产品)、中高度多样化(紧密相关和松散相关,或技术相关、技术—市场相关、市场相关多样化)和高度多样化(无关多样化),使企业绩效可以与多样化水平联系起来。他们通过对主要工业化国家大企业的分析,证明多样化水平与企业绩效呈凸型关系,进而得出企业多样化类型决定企业绩效的结论(见图 7-1)。

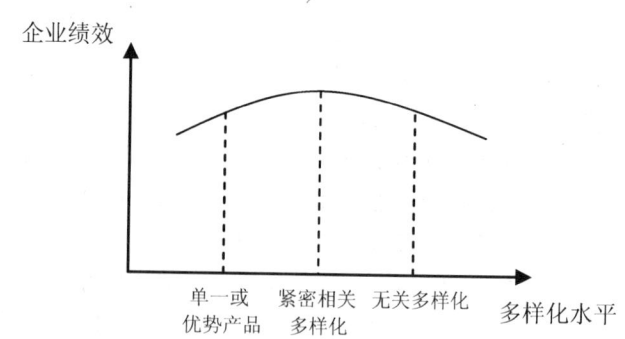

图 7-1 多样化程度与企业绩效

经验研究说明"事实存在",但它也有局限性。经验研究的模型、涉及因素由研究者的认识水平决定。当研究者忽视了问题的其他决定性因素时,研究结果就只能部分解释问题。大部分经验研究者对企业类型这一因素很重视,却忽视了其他影响企业绩效的因素。尽管也有学者在研究中认识到经营增长率、市场份额等因素对绩效的积极影响,并且得出结论:这些因素不影响企业类型对多样化企业绩效的决定性作用;[①]但是,企业特性方面的因素如企业领导者的能力、企业文化、企业管理水平等"管理质量"方面的因素,显然影响着多样化企业的绩效,然而这一点并没得到经验研究学派的足够重视。

---

① 小野丰广著,吕梦仙等译.日本企业战略和结构.冶金工业出版社,1990:85

第七章 多样化战略

从理论研究的角度探讨多样化问题的代表人物有 C. A. Montgomery, M. E. Porter, R. A. Bettis, C. K. Prahalad 等人。他们研究多样化战略的绩效问题时,更重视多样化的成本问题。多样化战略收益的存在性可以从经验分析中得到支持,但具体到某一企业,收益数量大小则是理论推测的。而多样化战略带来的协调成本、无弹性成本和妥协成本等减少收益的因素则是实践中必须面临的问题。因此,虽然理论研究也得出了紧密相关多样化企业绩效水平最高的结论,与经验研究结论相吻合;但理论研究的重点并不是选择收益水平高的多样化类型,而在于如何降低多样化的成本。换言之,其研究重点在于如何管理多样化,这一点与经验研究有所区别。当然,理论研究的结论需要得到经验研究的支持,同时理论研究也为经验研究的深化指引方向。

实证研究表明,多样化程度与企业效益水平之间存在着倒"U"曲线关系。也就是说,企业多样化扩张可以提高效益,但多样化达到一定水平后,企业的效益就开始下降。

需要注意,从实证研究的介绍来看,以小野丰广的研究为例,他的调查结论是技术和市场相关多样化的企业平均的资本收益率略高于其他类型的企业,但也有不少无关多样化或是从事单一经营的企业有着出色的绩效。另外,学者们所定义的多样化程度本身不是一个连续的变量,而是一个类别变量。一家拥有20个经营活动完全相关的经营单位的企业与一家拥有两个无关的经营单位的企业相比,我们很难断定哪一家的多样化程度更高些。统计表明产品市场相关多样化的企业比其他类型的企业收益水平要高一些,但不是说每个产品市场相关多样化的企业都能比其他企业创造更大的收益。

企业最佳的多样化水平在很大程度上取决于企业的管理能力,当管理能力和多样化程度都不能进行精确的量化描述时,有关最优解或是企业在多样化扩张过程中的"边际效益"的分析都是徒劳的。

六、多样化战略的收益与风险

在企业成长的过程中,多样化战略也是一把"双刃剑",在给企业带来收益的同时,不可避免地也会带来一些风险。下面将分别阐述多样化战略的收益和风险。

(一)战略性收益

多样化给公司带来的战略性收益主要体现在如下几个方面。

1. 多样化战略的范围经济效应

范围经济的存在,本质上在于对企业多个业务可以共享的剩余资源的利用。由于特定投入都有一定的最小规模(不可分性),而这种投入在生产一种产品时可能未得以充分利用,在生产两种或两种以上的产品时,就能够使这种投入的成本在不同的产品中分摊,于是单位成本降低,产生范围经济。范围经济存在的原理与规模经济有相似之处,但本质不同的是,规模经济来自产品产量的增长,而范围经济则来自生产多种产品或业务,简而言之,来自于经营范围的扩大。

范围经济的存在基于两种资源:有形资源和无形资源。前者可用于共同的生产,后者则可以以较低的成本在不同的产品或业务之间转移。

(1)基于有形资源的范围经济性

企业的相关多样化通常可以产生基于有形资源的范围经济性,即当有形资源横跨几项产品或业务时,就可以共同享有这些资源。这些有形资源主要包括剩余的生产能力、营销、分配与服务系统、技术开发与创新体系等。

如果企业现有的生产线上存在剩余的生产能力(如各环节生产能力不平衡造成剩余),实现多样化可以提高资产或设备的利用率。资产专用性很强时,把固定成本分摊到尽可能多的业务中去,可以收到明显的效益;产品需求具有季节性时,生产互补性季节产品可以提高设备的利用率等。

当分销服务系统的专业性不强时,也容易产生范围经济性。因为即使企业只有单一产品也要有一个具有最小规模的营销系统,当利用已有的营销网络进行相近的其他产品的营销时,通常不需要增加过多的投资,分销成本会在各产品中均摊,从而产生成本节约。

企业的研究开发和创新系统也可以对技术相关的若干业务产生范围经济性。研究开发的一个主要特征是外溢性,即研究开发产生的知识和技术创新的应用可能超出企业现有的经营范围,这时,企业可以通过出售专利从中获利,也可以通过多样化来使自己的专利产业化。例如,Sony、Philips等公司取得优势的重要原因之一在于,相关多样化使企业能在更宽的生产领域平摊研究开发的成本。在美国飞机和电子工程设备制造业,凡是能把研究开发费用分摊到军品和民品中的公司,比那些仅仅从事民品生产的海外竞争者更有优势。

(2)基于无形资源的范围经济性

企业可以通过多样化利用一些无形资源获得范围经济。这些无形资源包括商标、企业商誉和管理技能、技术知识与诀窍等,许多这类资源具有"公共物品"(Public Goods)的特征,它们无需做结构的或物理的改造,或只需花费很少的成本就可以从一种业务移植到另一种业务。

管理能力、经营技能、管理经验与专长是一种能够获得范围经济的重要无形资源,这些大多体现在资本运作及其实践中,体现在具有特殊才能和企业家才能的经理人员身上,因为多数高级管理层的经营技能具有一定通用性,而不一定针对某种产品。这些能力通常蕴藏于企业的组织、管理系统和文化之中,在企业多样化成长中起到重要作用。

利用多样化的范围经济性有利也有弊。在相关多样化中,通过以核心能力为基础的资源和能力的共享与转化,可以在多点竞争中实现交叉补贴和优势的相互支持,从而加快新业务(新产品)进入市场的成长速度,节约促销费用,赢得战略商机。但是,不当的多样化行为会降低企业整体品牌或资源的形象,不利于企业资源的积蓄。同时,实现范围经济对管理者的素质提出了较高的要求,增加了管理的难度,这必然会带来新的管理成本;而且管理资源的扩散和共享也是有限的。

2. 多样化战略能扩大市场影响力

在一定范围内的多样化可以提升企业的市场竞争地位。国外有的多样化企业通过掠夺性定价来确立竞争地位。掠夺性价格是指企业为了将竞争者从特定的区域市场逐出,而采用价格低于成本的竞争手段。多样化企业如果具有较大规模和雄厚资源,可以使价格低于竞争对手的成本,并能在自己受损失的情况下维持一段时间,从而使竞争者退出或卖掉自己的业务,达到在某一产品市场上惩罚甚至驱逐竞争者的目的。在采用掠夺性定价竞争时,多样化企业可以利用盈利的业务来弥补采用低价格业务的损失。

此外,多样化大企业可以与顾客签订优先购买的协议,给老顾客以优惠,启动和增长其市场份额和盈利,从而增强其市场竞争力。

3. 多样化战略的交易内部化效应

除了像商标、专利、营销系统、技术诀窍之类的具有较高交易费用的剩余资源的交易内部化之外,企业多样化可以通过内部资本市场、劳动力市场实现资本、劳动力等生产要素的交易内部化。即使范围经济不存在,企业也可能通过剩余资源的外部交易费用过高而进行多样化,建立内部市场,实现交易内部化。企业在利用外部资本市场时要支付费用(如借贷利息、股票的认购成本等),通过各种业务之间的资金流动,可以使整个多样化企业更加独立于外部资本市场。许多大企业进一步发展和扩大内部资本市场,不仅可以减少融资成本和交易费用,而且还可以成为一个重要的利润来源。此外,内部劳动力市场可以使雇员(包括雇员和技术专家)在企业内各事业部之间调剂和转移,这样做要比在劳动力市场雇佣或解雇的成本小得多、时间上更及时。

4. 多样化战略的财务收益

如果把企业与下属单位之间的关系看作是"内部银行"与客户的投资关系,当企业能够比一般银行掌握更多的行业信息和管理经验,能够对下属进行更有效的控制且能够在内部形成一种资产流动机制时(保证收益率高的项目优先得到资金支持),它的资金管理能力就可能超过一般银行而获得某种超额的财务收益。但仅有财务相关而形成的经济性对形成竞争优势及其持久性是不充分的,因为财务资源在企业之内具有高度的弹性,在企业之外也是高度弹性的,不具有唯一性。

5. 多样化的经营风险分散效应

这是一种比较传统的看法,即"不应该把鸡蛋放在一个篮子里"。考虑多样化的风险分散效应时,一般是指非相关多样化或纯多样化(Pure Diversification),也就是企业把资产扩展延伸到几个相互独立的业务,而这种扩展和延伸并不影响各个业务利润流的形成。通过多样化,可以把利润流互不相关的几项独立业务结合在一起,虽然此举并不一定能提高企业利润率,但可以减少企业利润率的波动。

根据马克维兹(Markowitz)提出的投资组合理论,把一系列的各种财产进行最有效搭配,在不影响投资期望报酬的前提下,可以减少投资的风险和报酬的波动性。由于多样化实质上在于将投资分布于不同的产业或业务,马克维兹的投资组合理论同样可以用来解释多样化的风险分散效应。假设各业务部门之间利润流不相关,随着多样化程度的增大,风险应呈减少的趋势。如图7-2所示。对于一个企业来说,总风险 R_t 为两部分之和。

$$R_t = R_d + R_u$$

其中,R_t 为总风险,R_d 为可分散风险,R_u 为不可分散风险。

可分散风险又称非系统风险(Unsystematic Risk)或非市场风险,这部分风险与整体市场没有系统的联系,可以用多样化来消除或减少;不可分散风险又称系统风险(Systematic Risk)或市场风险,这反映了整个市场波动,不能用多样化来消除。

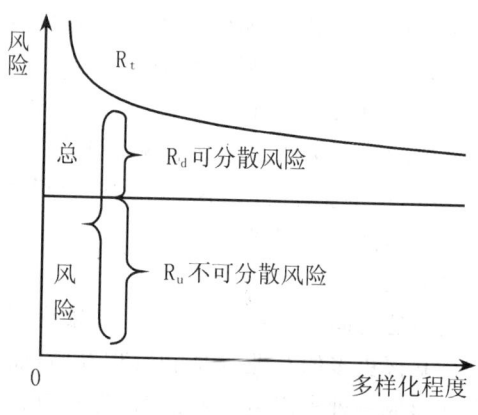

图 7-2 多样化的风险分散效应

(二) 多样化的风险

1. 多样化使管理跨度增大、管理层次增多,产生"X—非效率"带来的负效应

过度多样化会造成部门增多或下属子公司增多,必然会增加高层管理的管理跨度。管理学认为,有效的组织结构中,管理跨度应该限定在一定的范围之内。对于多样化经营的企业来说,管理层次的增加,会使组织垂直沟通线延长,影响信息传递的及时性和准确性。组织规模的扩大,容易产生"X—非效率"(X-inefficiency),即大企业内存在的资源配置的非效率性。其主要原因在于:在企业经理阶层发生的损失和非效率;垄断大企业中激励机制不够而造成的非效率;企业规模的巨大化,必然要增加管理层次,从而需要交换的信息和下达的指令增加,给有效管理增加了难度,指令和信息被歪曲。

此外,在多样化企业中,过度的多样化使经营业务数急剧增加,相互之间相关性趋于减小,协同难度增大,从这个意义上讲也显然加大了管理难度。其原因在于:管理人员缺乏新领域中的经营知识;不同经营单位之间的关系趋于复杂;公司无法明确总部的管理职能,造成总部与各业务部门之间责权不清,反而使作业水平下降。

2. 多样化势必造成资源的分散化

企业的资源和能力是有限的,这些资源包括资金、人才、设备、土地等有形资源以及商誉、品牌、专有技术、管理能力、销售渠道等无形资产。多样化虽然可以充分利用企业的剩余资源和能力,但过度的多样化势必会降低某项业务特别是重要业务在竞争和发展中所需的资源与能力的拥有量,影响企业成长的动力。因此,单纯追求降低风险(财务的和经营的)的多样化往往不是增加价值而是降低价值。

3. 新业务领域的进入壁垒

多样化战略需克服产业进入壁垒,这就必须付出成本。同时,在一个企业完全陌生的新的产业环境中经营,往往冒较大的风险。因为企业要进入一个新的行业,需要具备一系列条件:需要掌握与这一行业相关的基本知识、基本经验和基本操作技巧;需要了解与这一行业相关的最新信息;需要结交与这一行业相关的社会关系;需要考察和聘用经营这一行业的管理者与业务骨干;需要有进入这一行业的足够的资金;需要建立这一行业的营销网络;主要领导者需要有足够的时间和精力对这一新的领域进行决策和控制。企业及其决策者的一系列有限和进入新行业必须具备一系列"需要",自然就会形成尖锐的矛盾。

这些矛盾对许多企业来说,是很难解决的。许多企业正是带着这一系列尚未解决的矛盾进入新的行业。

第二节 通用逻辑下的多样化战略

在20世纪70年代,一些咨询公司为从事多样化经营的企业开发出了一系列战略分析工具,如波士顿矩阵方法、麦肯锡方法等。这些方法的共同之处,是把企业在每个经营领域的事业看作一个现金流,或是一项资产。多样化战略的任务就是对每个经营领域进行评价,然后决定企业如何配置资源,即:是向一个经营领域继续投资,抑或维持经营,还是逐步撤资。

一、波士顿矩阵方法

波士顿矩阵方法是波士顿顾问公司(Boston Consulting Group)设计出的一种战略分析工具,又被简称为BCG方法。这种方法曾广泛流传,也引来了褒贬不一的评论。该方法的产生与波士顿顾问公司的创办人亨德森(B. Henderson)密不可分。亨德森有着丰富的管理实践经验,因最先提出经验曲线的概念而一举成名,这一概念也为波士顿矩阵方法的形成奠定了基础。

波士顿矩阵方法要回答的主要问题是,企业如何以合理的经营结构来保证长期收益?亨德森认为,尽管许多企业都同时生产着多种产品,但真正能为企业带来收益的产品却为数不多,而且还要受到产品生命周期的限制。企业管理者必须及时地调整产品结构,重点发展一些收益性好的产品,放弃那些占用着企业的资源而又不能带来收益的产品,把企业的长期收益维持在较高的水平上。

产品结构只是经营结构的具体体现,经营结构也可能表现为其他的形式,如产品线结构、市场的地域多样化结构、经营领域的多样化结构等。波士顿顾问公司所提出的方法,实际上是通过优化资源配置来实现经营结构调整的方法。它的主要内容有以下几个方面。

1. 划分经营领域

表面上看,把资源配置到应该优先发展的经营领域中是企业必然的选择,但在研究优化资源配置的方法之前,首先需要明确企业有哪些经营领域。波士顿顾问公司提出的方法中,主张将公司的全部经营范围划分为若干个经营领域,并划分经营领域是公司战略的一个关键部分,是观察竞争形势和分析优先战略重点的基本方法。

鉴于每个公司都可以根据自己的具体特点进行划分,波士顿顾问公司建议寻找一个途径,以便能够将竞争者之间的差别反映到成本差别上去,并且这种成本差别应该能够维持下去。对于不同的品种而言,划分的依据应该是产品成本与产品特色两者的结合,当这种特色对顾客有价值时就可以划分为一个经营领域。例如,自行车公司可以把运动自行车、玩具自行车、普通自行车看作三个经营领域,在每个领域中,成本就成为决定竞争优势的主要因素;而三类自行车之间存在的竞争关系,则表现为各类自行车市场增长率的变化。又如,饮料公司可以根据南方和北方、沿海城市和内地城市把市场划分为若干个领域,只不过这样分析的不是产品结构而是市场地域结构而已。

2. 评价经营领域

可以说,正确地划分不同的经营领域只是解决问题的第一步,企业为了实现合理配置资源的目的,还必须构造出一定的标准并对各个经营领域进行评价。波士顿顾问公司提出使用两个标准来评价经营领域,即市场增长率和相对市场份额。其中,市场增长率是指某个领域的市场在若干年中的复合增长率或平均增长率;相对市场份额是在给定市场上企业在该经营领域的销售额与最大竞争对手的销售额之比。例如,0.1 的相对市场份额表示公司在该经营领域的销售额仅占市场领先者销售额的 10%,而 5 则表示公司在该经营领域是市场领先者,并且市场份额是该市场上处于第二位的公司销售量的 5 倍。以市场增长率为纵轴并以 10% 作为市场增长率高低的分界线,以相对市场份额为横轴并以 1.0(也有人建议以 0.7 或 0.8)作为相对市场份额大小的分界线,可以绘制出一个由四个方格构成的矩形图,即所谓的 BCG 矩阵,如图 7-3 所示。其中,圆圈代表各个经营领域,圆圈的圆心表示在矩阵中的位置,圆圈的大小表示该经营领域的销售收入在公司总销售收入中所占的比例。绘图时,第一个圆的半径是任选的,但应以清楚醒目为原则。

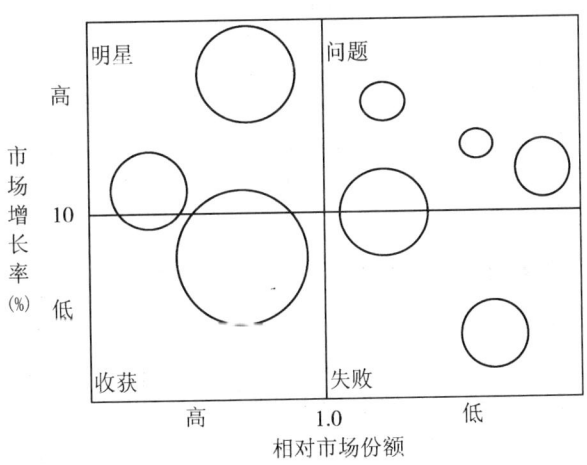

图 7-3 波士顿顾问公司的成长—份额矩阵

3. 优化资源配置

成长－份额矩阵生动地反映出了企业经营结构现实形态,也为优化资源配置提供了线索。波士顿顾问公司的专家们为矩阵的每个方格分别取了名称①,这些名称也反映出经营领域评价的结果。波士顿顾问公司建议,企业应该放弃失败的领域,利用收获的领域获取资金,把资金有选择地投向一些问题领域,使这些问题领域发展成为明星领域。而明星领域的市场增长率迟早会降低,届时明星领域又变成了收获领域,从而使资源配置实现良性循环,并确保公司的长期收益水平。

二、波士顿矩阵方法的三个基本逻辑

使用市场增长率和相对市场份额评价每个经营领域,然后根据评价结果决定资源的投向,这是波士顿方法的核心观点。这些观点其实是建立在三个基本逻辑之上。

1. 经验曲线

波士顿顾问公司对十几个产业的产品成本变化情况进行研究后,发现这些领域的累计产量每增加一倍,单位产品成本下降10%到30%不等。公司遂采用"经验曲线"的概念来反映这种成本变化模式。图7-4给出了对数坐标下经验曲线的实际形态。

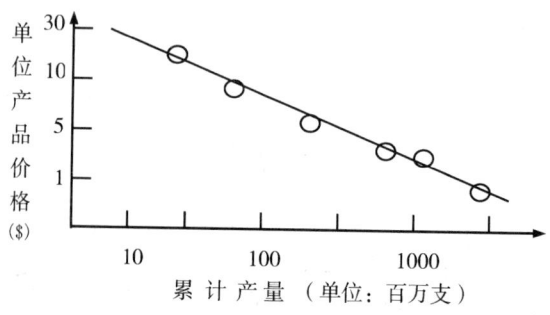

图7-4 集成电路在20世纪60年代后期的价格变化情况

经验曲线与学习曲线有着相同的形态,但含义却有所不同。亨德森对此的解释是,经验曲线是四种成因综合作用的结果,即:①学习,也就是经验曲线中包含学习曲线;②规模经济,在一定时期内,累计产量的增加与企业生产规模的扩

---

① 随着方法的流传,人们使用一些不同的名字和图形来指称同一类产品,如把失败产品称为"狗",把问题产品称为"猫",等等。

张有关,而规模的扩张可以在许多生产经营环节形成规模经济;③分工,生产规模的扩大创造了更多的分工机会,导致了生产效率的逐步提高;④投资,企业把前一阶段的收益用来扩大再生产,可以降低后一阶段的财务费用。①

2. 竞争效应

在新兴领域中,由于产品的累计产量基数小,经验曲线的作用可以导致成本迅速下降,但价格的变化却不一定与成本保持同步,而取决于市场竞争的结果。如果把一个新兴领域逐步转向成熟的过程分为三个阶段,则各阶段的特征分别为:第一阶段,市场快速增长,随着累计产量的增加,产品的价格与成本之间出现差别,丰厚的利润将吸引其他企业进入这一领域;第二阶段,市场仍旧处于快速增长状态,竞争导致价格以比成本降低更快的速度下降,这一阶段也是市场地位容易发生变化的时期,快速扩大生产规模的企业有可能获得成本优势;第三阶段,市场增长速度放慢,价格与成本之间保持着稳定的比例关系,市场竞争进入均衡状态。见图7-5。

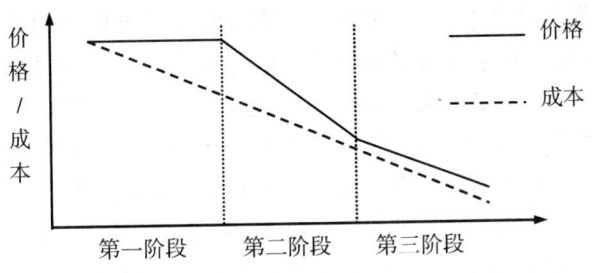

图7-5 竞争导致价格的变化

波士顿顾问公司认为,第一、二阶段都是竞争地位容易发生变化的时期,如果在这些阶段企业没能改变自己的地位,在第三阶段很难发生变化。如果企业寄希望于在后面的阶段超过对手,就要冒极大的风险。

3. 波士顿矩阵的收益特性

某一产品或某一经营领域产生的现金流反映出了它们对企业的贡献,概略地讲,现金流由净经营收入和追加投资两部分组成,如下式所示:

$$现金流 = 净经营收入 - 追加投资$$

其中,追加投资是指维持已有的市场地位而需要再投入的资金。由于相对市场份额大时,企业占有成本优势;而市场增长率高时,又需要大量的追加投资

---

① 卡尔·斯特恩、小乔治斯托克编,波士顿顾问公司译.公司战略透视—波士顿顾问公司管理新视野.上海远东出版社,1999

来维护其市场地位。由此可得出波士顿矩阵的收益特性,如图7-6。

```
┌─────────────────────┬─────────────────────┐
│ ☆ 明星产品           │ ? 问题产品           │
│   净经营收入++       │   净经营收入+        │
│ —）追加投资++       │ —）追加投资++       │
│ ——————————         │ ——————————         │
│   现金流   0    1    │   现金流   —    2    │
├─────────────────────┼─────────────────────┤
│ $ 收获产品           │ × 失败产品           │
│   净经营收入++       │   净经营收入+        │
│ —）追加投资+        │ —）追加投资+        │
│ ——————————         │ ——————————         │
│   现金流   +    3    │   现金流   0    4    │
└─────────────────────┴─────────────────────┘
```

图 7-6　波士顿矩阵的收益特性

从上述分析可以看出,在波士顿矩阵的四个方格中,每个方格都有其特定的战略含义。例如,在方格1中,明星意味着高增长市场中的领先者,存在着扩展机会和较强的竞争地位。但这并不足以保证星类能够给企业带来大量现金,为了维持市场增长率和击退竞争对手的各种进攻,企业往往需要投入大量现金。因此,这种情况仅仅表明一种可以为企业提供长期利润和增长的可能性。企业应该采取的相应战略是,巩固明星产品地位。在方格2中,问号意味着较低的市场份额、较高的市场增长率。它是大多数业务成长的起点,存在着发展成明星类的可能性,但往往需要大量的现金投入,要求企业添置厂房、设备、人员等以跟上迅速增长的市场需求。此时,企业的相应战略任务是:识别未来明星,对其进行投资,并对没有希望成为明星的战略经营领域及时采取放弃策略。需要强调的是,一方面,企业必须保持一定的未来明星,以扩展其发展前景;另一方面,企业又要避免对过多的问题类业务进行均匀投资。方格3中,收获意味着高市场份额和低市场增长率。在这种情况下,由于市场增长率低,企业不需要进行大量投资,同时由于较大的市场份额,企业还享有因经验曲线而产生的低成本优势和较高的利润率等。企业可以将该类业务的产生的大量现金流投向未来的明星。方格4中,失败意味着低市场份额、低市场增长率。在这种情况下,由于可能存在着低利润或亏损,改变现状又要承受很大的风险,所以相应的战略是停止投资,退出该领域。

在把企业产品或经营领域在波士顿矩阵图上定位以后,企业就可以比较清晰地了解和把握企业当前的经营结构,并据此判断经营结构是否健康,以便及时采取有效措施。如果一家企业缺少足够的收获产品、明星产品和有希望的问题,或有太多的失败产品、问题产品,则有必要重新调整企业的经营结构。另外,在分析企业的经营结构时,管理者还必须回顾某项业务去年、前年以至更往前的时间里在矩阵中的位置,展望明年、后年以至更远的时间里在矩阵中的大致位置,从而勾勒出该项业务在若干时间内的发展轨迹图,并据以进行决策。

三、波士顿矩阵方法的局限性

波士顿矩阵方法虽然具有简便、直观、不含主观成分等优点,实践中也确有不少企业承认从中受益匪浅。但随着管理理论发展和企业实践的不断深入,人们对这种方法也提出许多批评。例如,两位参加 PIMS[①] 研究的专家克利福和凯文曾经指责波士顿矩阵方法中的资源配置思想过于机械、教条,不是真正的战略思想[②]。他们发现,至少对于中型企业来说,成功的企业更多考虑的是如何竞争而不是在何处竞争。阿贝纳斯(W. J. Abernathy)和维纳(K. Wayne)曾发表"学习曲线的局限性"一文[③],指出过度追求降低成本而忽略竞争的其他方面,会给企业带来严重后果。

豪尔(W. Hall)在 20 世纪 80 年代初对 64 家美国企业进行的实证研究[④],为理解波士顿矩阵方法以及其他类似的方法提供了有意义的参考。豪尔得出的研究结论主要有:

(1)成熟的产业中仍有许多成功的机会,如莫里斯烟草公司、通用汽车公司的投资收益率高于得州仪器、IBM 等公司;

(2)后进公司在质量或成本方面竞争力的下降将会面对灾难性的后果;

(3)许多成功的企业不像 BCG 所建议的那样,将收获的资金投入到其他领域,而是坚持不断地在一个领域内投资;

(4)激烈的竞争导致了市场对产品的更高要求,那些质量平庸的廉价产品是高质量、高价格的产品,它们的市场都变得更小了;优秀的企业致力于以最低的成本向顾客提供质量能够令他们满意的产品,或是以顾客可接受的价格向他们提供富有特色的优质产品;

(5)成功的企业往往顽强而持久地坚持一个战略方向,如低成本、细分市场等;

(6)成功企业的纵向一体化程度比较低,更重要的是,它们都有一种高效率、

---

① PIMS(Profit Impact of Market Strategy)是美国多家研究机构联合组织的一项大型调查研究计划
② 唐纳·克利福,理查·凯文著. 赢家. 中国工人出版社,1992
③ W. J. Abernathy ; K. Wayne, "Limits of the Learning Curve", *Harvard Business Review*, 1974,9
④ 转引自 A. Martinet, *Strategie*, Vuibert ,1985

高附加值的纵向一体化结构;

(7)在64家公司中,只有3家通过多样化扩张改善了经营业绩。

此外,波士顿矩阵方法还存在着以下不足:第一,波士顿顾问公司提出的划分经营领域的方法,在实际操作中存在着困难;如果在划分后的经营领域中,成本不是决定竞争优势的主要因素时,整个方法就失去意义;第二,这种方法强调相对于市场领先者的市场份额,并将其与经验曲线效应联系起来。但这样做会使管理者忽视来自市场份额虽小、却极富创新性或灵活性的企业的威胁,从而不适合动态的竞争环境;第三,这种方法忽视了各经营领域或产品之间的关联关系。下面的例子就说明了问题所在。某公司生产电机、家用电器和电子产品,情况如图7-7所示。

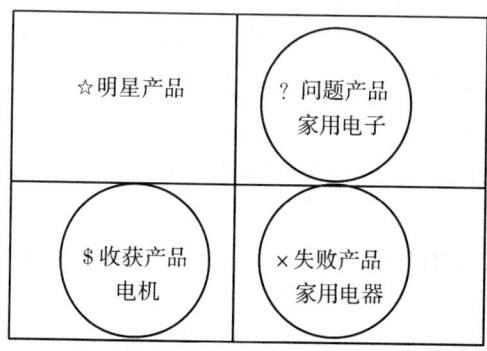

图7-7 某日本公司的经营结构

该公司考虑了四种战略选择:一是放弃电器,但家用电器使用公司产的电机,这样会影响到电机的生产规模,造成电机成本上升;二是减少电器,但家用电器与电子产品由同一组经销商经营,这样又会影响到家用电子产品经销商的积极性;三是维持现状,公司认为这种思想过于消极;四是发展电器。公司最后选择了第四种策略并取得了成功,这与波士顿矩阵方法所倡导的思想恰好相反。

尽管波士顿矩阵方法存在着种种局限,作为一种启发性的方法,这种方法至今仍然有很大的应用价值。特别是在战略分析的最初阶段,利用这种方法对企业的经营结构进行快速分析,将经营结构以及变化情况生动地图示出来,藉以启发人们进行更深入的研究,往往能够收到很好的成效。

四、麦肯锡方法

麦肯锡方法属于一种战略—事业矩阵分析方法,是由世界著名的管理咨询公司麦肯锡公司提出的,因为这种方法最先在美国通用电气公司(GE)得到应用,有时也被称为 GE 方法。

(一)对战略经营领域的评价标准

这种方法建议从两个角度评价经营领域,一是行业吸引力,二是公司的相对竞争地位。这意味着企业如果进入富有吸引力的经营领域,并拥有在这些领域中获胜所需要的各种能力,就可能把握更大的发展机遇。因此,问题的关键在于如何从这两个角度对每个战略经营领域进行全面的评价,这要求管理者必须认真识别每个方面的构成因素,并将其综合成为量化的评价结果。

1. 行业吸引力

考察行业吸引力的目的是为了了解一个领域是否含有发展的机遇或增加收益的潜力。从投资的角度看,一个领域往往存在着多重影响投资收益的因素,对行业吸引力的评价只能建立在对这些因素进行评价的基础上。因此,麦肯锡方法中采用多指标综合评价方法来评价每个领域的行业吸引力。在使用这种方法时,首先要选取一组对每个领域的市场前景和投资收益有一定影响的指标,诸如市场容量、市场增长率、行业平均收益率、竞争结构、市场的差别化程度、技术要求(有无技术障碍,如专利的限制)、对通货膨胀的承受力、社会政治环境等等;然后,分配给每个相关指标以适当的权重和域值,后者可以把每个指标转换成等级变量;最后,再使用每个指标对各领域进行评价,并通过加权平均得到最终结果。但需要注意的是,行业吸引力评价不是一种纯粹的外部分析,而是基于企业的立场对外部环境进行的审视。无论在选择指标时,或是在确定每个指标的域值和权重时,企业都需要考虑自己的特点和战略意图,而不能简单地依循他人的做法。譬如,一个研究开发能力很强的企业,就可能把那些在研究开发环节上存在着激烈竞争的领域视为有吸引力的领域;而一个拥有廉价人力资源的企业,可能更倾向于劳动密集型的领域。表 7-2 列示了某跨国公司在制定 1976～1980 年发展计划时,为评价行业吸引力所采用的一部分指标。

表 7-2 某跨国公司的行业吸引力评价指标

等级	低	中	高
行业收益率			
国际分工趋势	发展中国家	新兴工业国	发达国家
对国际形势的敏感度	非常敏感	一般	不敏感
社会环境约束	不利	一般	有利
市场增长率			
投资密度	高	中	低
附加值来源	非技术工人	技术工人	科技开发

资料来源:A. Martinet, *Strategie*, Vuibert, 1985

2.相对竞争地位

相对竞争地位评价的目的是为了了解企业在每个领域中把握发展机遇或者获取更高收益的能力。这种评价实际上是与竞争对手的一种比较分析。与行业吸引力评价相同,进行相对竞争地位评价时首先要选择一组可以反映竞争地位的指标,如经营规模、销售增长率、市场占有率、技术水平、产品质量、分销网络、生产能力、单位成本、物质供应、研究与开发实绩、地理位置、人员水平、商誉等。在具体评价时,企业同样要先分配给每个指标以适当的权重和域值,然后再进行单项指标评价,经过加权平均后得到综合评价的结果。

(二)资源配置矩阵

根据前述评价结果,企业可以使用类似于绘制波士顿矩阵的方法,把每个战略经营领域投影在一张矩形图上,直观地反映出企业目前的经营结构。这张矩形图通常被分为9个方格,如图7-8所示。

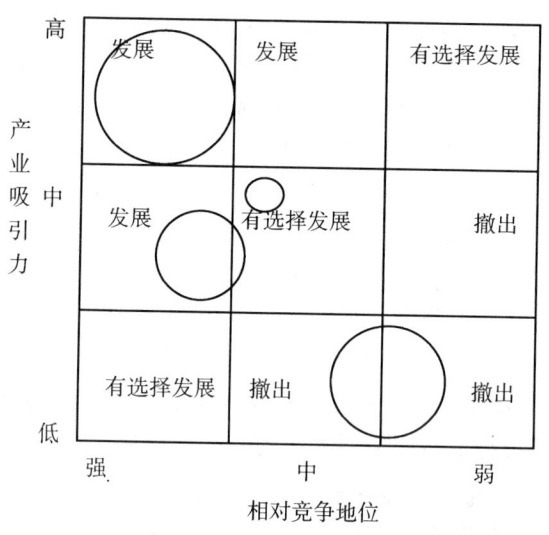

图7-8 麦肯锡方法的资源配置矩阵

图中每个圆圈代表一个战略经营领域,圆心的位置由该领域的行业吸引力和相对竞争地位的综合评价值所确定,圆圈的大小与企业在该领域中实现的销售收入的大小成比例。矩形图上的9个方格可以被分为三个区域,左上角的三个格子表示是理想或较为理想的区域,企业对落入这三个格子中的战略经营领域应采取发展的战略,进行适当的投资和扩张;在左下角到右上角这条对角线上的三个格子表示战略经营领域的行业吸引力和相对竞争地位不一致,企业对这些领域应该有选择的加以发展;右下角的三个格子表示不理想的区域,对于落入这些格子的战略经营领域,企业可以考虑有选择地加以放弃,即从这些领域中撤出。

五、A. D. Little 方法

另一种战略-事业矩阵方法是由利特尔(A. D. Little)公司开发的,这家公司在美国的咨询公司中同麦肯锡公司、波士顿咨询公司一样负有盛名。利特尔公司提出的方法与BCG和麦肯锡方法有着相似的逻辑,即通过评价企业的经营领域来探寻重新配置资源的方向,然后重新配置资源以优化经营结构,进而提高企业的整体收益。

(一)对产品-市场的评价标准

利特尔公司的方法建议从产品生命周期和相对竞争地位两个变量来评价每个产品-市场领域。以产品生命周期来反映一个产品-市场领域的前景,是要强调在生命周期的不同阶段上,产品的市场前景和竞争地位的稳固程度并不相同。一般而言,在起步或成长阶段,不仅市场对产品的需求会继续增长,产品的竞争地位也容易发生变化。而在成熟或衰退阶段,在市场需求出现饱和或下降的同时,改变产品的竞争地位也变得更加困难。一个产品在生命周期不同阶段的特征会从许多方面表现出来,这些特征也构成了人们判断产品所处阶段的依据,如表7-3所示。

表7-3 产品生命周期不同阶段的特征

发展阶段	起步	成长	成熟	衰退
发展方式	创造市场机会	挤入或迅速扩张	细分或地区扩张	多样化、国际化
产品	非标准化	标准化	差别化	稳定
市场	地方性	全国性	国际性	全球性
技术	不同的技术	标准化技术	技术改进	出现新替代技术
竞争优势	产品特性	经销能力	成本或质量控制	成本和质量控制
关键因素	R&D工程化	经营	生产管理	生产管理
竞争者	很少	多	多	较少

关于企业在一个产品-市场领域中的竞争地位,利特尔公司建议从三个方面进行评价,即资源供应、生产能力和销售。其中,资源供应评价用以反映企业是否在关键资源的获取上拥有优势,包括后向一体化的程度、有否长期的优惠合同、贷款的可得性与一些资源的成本等等;生产能力评价则用以反映企业是否在生产和技术环节拥有优势,包括生产规模、技术水平和生产的灵活性等;销售环节的评价则考虑企业在商誉、销售网络等方面的竞争地位。这三个方面的评价都可用定性判断的方式进行,并最终把相对竞争地位分成五个等级,即控制地

位、强、中、弱和十分不利。

(二)资源配置矩阵

利特尔公司的方法也采用了矩形图作为图示企业经营结构的工具。这种方法以与 BCG 方法相似的方式直观、生动地把每个产品投影到矩形图中,绘制出企业的资源配置矩阵。然后根据每个领域所在的位置,决定采取适当的战略,如图 7-9 所示。

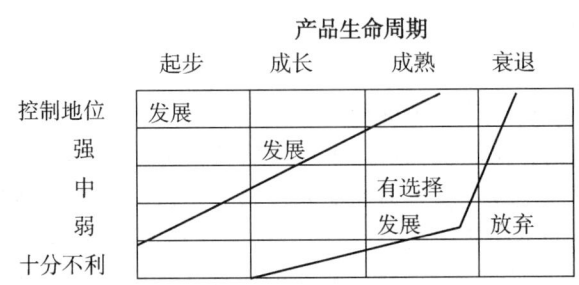

图 7-9　利特尔方法的资源配置矩阵

六、战略-事业矩阵方法的局限性、适用性

以麦肯锡公司的方法为代表的战略-事业矩阵方法与 BCG 有许多不同。譬如,使用综合性的指标来代替单一性指标,包含较多的主观因素(权重的计算、每个指标域值的确定等都不可避免地混入主观因素),对战略经营领域的划分也更接近企业的实际管理状况,等等。BCG 方法简便易行,可以使战略分析人员和决策者快速掌握企业的整体情况,为后续的研究做一有意义的铺垫。麦肯锡方法是综合性分析,可以从多个角度引发战略分析人员和决策者对一些经营领域中存在问题的思考。但是,两种方法却有着共同的缺陷,即对不同领域之间的资源联系缺乏考虑。因此,只有对一些经营形态呈现无关多样化的企业而言,当不同领域之间可共享的资源可以忽略不计时,使用这种方法得出资源配置方案才具有一定的可行性。应该承认,对于一些规模很大的公司来说,为创造出更多的资源共享机会而在不同的领域之间进行协调需要付出很高的组织成本,因此,

公司管理的一项核心功能就是优化资金资源的配置。更多情况下,资源共享是企业战略收益的一项重要来源,这时使用战略-事业矩阵方法的主要意义在于丰富决策者的思路,而不是直接得出结论。

第三节　协同逻辑下的多样化战略

多样化企业的公司战略存在两个基本问题：一个是行业的选择，一个是企业经营单位之间的协调。而很多企业将更多的精力放在新产业的选择上，不重视协调企业经营单位的战略。没有横向战略，多样化经营企业的存在就缺乏令人信服的理由，而与共同基金没有什么区别①。因此，横向战略并非简单的业务组合，更重要的是企业经营单位的整体协同效应。

一、公司内的横向联系

对一个公司而言，决定范围经济或协同效益大小的主要因素不是多样化的程度，而是能否在多样化业态中创造出这种效益。可以肯定地说，如果每个经营单位之间的经营活动毫无联系，这种效益也就无从谈起了。横向战略的任务是，利用或激活经营单位之间的联系来创造更大的效益，为此选择某些联系作为企业努力的对象，建立必要组织保证。

1. 有形联系

两个经营单位的价值链上相同的活动。可以共用价值活动。可以将价值链的价值活动可以分为五个方面：①市场：发货后勤、营销销售、服务；②生产：进货后勤、运营；③采购；④R&D；⑤企业的基础设施（人力资源管理、企业内部结构）。

三大类型有形关联：市场有形联系、生产有形联系和技术有形联系，代表三条宽广的多样化道路。

2. 无形联系

两个经营单位的价值链上可以共享的某种知识或经验。是特殊的资源和能力，体现为资源和能力的弹性或可转移性。是各经营单位中有价值、可以转让的各种"共同属性"。例如，在通用战略、客户、价值链结构、某价值活动的重要性等方面具有相同的属性。无形联系越小，越要求基于有形联系的相关多样化；无形联系越多，越可以进行无关多样化。当沿着有形关联进行多样化的机会很少或已用尽时，企业应该以无形关联为基础考虑多样化。以无形关联为基础的多样化不仅应被视为是一种独立的机会，而且还应被视为一种潜在的滩头堡。滩头堡——通过基于无形联系进入的新产业，然后在新产业中建立有形联系。

3. 竞争联系

在多点竞争中存在的相互联系。多点竞争是数个经营单位面对着同一竞争

---

① [美]迈克尔·波特.陈小悦译.竞争优势.华夏出版社,1997:324

对手的竞争。这种竞争在企业活动中形成一些特殊联系。单点竞争是企业和竞争对手在一个经营单位中的竞争。单点竞争中该经营单位与其他经营单位的相互联系决定着竞争优势。单点竞争者倾向于沿着产业相关性成为多点竞争者。需要整体分析：把自己和多点竞争者分别作为一个整体，分析各自的相互联系特别是其对竞争优势的贡献。

企业内经营单位三种类型的关联可同时存在。涉及某些价值活动的有形关联能得到其他价值活动的无形关联的补充。当多点竞争对手存在的时候，有形关联和无形关联也常常并存。不同类型的关联以不同的方式形成竞争优势。有形关联和竞争对手关联与竞争优势的联系比较明显，并且容易实施；而无形关联困难重重，难以实施，但在某些产业当中仍可能是竞争优势的重要来源。

二、折中成本及控制

实施横向战略要求企业经营单位实现几种层次的协同，同一经营单位内部各职能部门之间的协同、不同的经营单位之间的协同、经营单位与外在因素的协同。而这些协同或多或少地都会要求不同的组织单元以某种方式修正他们原有的行为模式，这就会涉及协同的折中成本。折中成本指两个或两个以上经营单位为了实现共同参与某项活动或共享资源而可能承受的损失，包括协调成本、妥协成本和无弹性成本。

1. 协调成本

为实现共同参与而进行协调所引起的组织摩擦损失。协调成本主要是指各经营单位为实现协同必须在业务活动的实施计划中进行相应的协调而产生的成本。

2. 妥协成本

使一项活动支持两种产品时（如统一规格和性能）而损害某种产品特性。妥协成本是指两个或者以上的经营单位为实现一个共同的目标而必须按照某种一致的方式进行运作，这个方式虽然是实现整体目标所必需的方式，但并不是对每个业务单元都有利，而其中单个经营单位为了实现整体的利益而必须所作的自己利益的牺牲就是妥协成本。

3. 无弹性成本

刚性成本就是由于不同经营单位的协同匹配而使得某个业务单元面对本产业或者行业内的竞争变化难以作出快速反应或者是由于企业群中不同业务单元间的协同匹配关系而使得某个业务单元采取紧缩或退出等局部战略时对整体的影响成本。刚性成本主要表现在两个方面：公司对竞争作出快速反应的能力受到削弱；退出障碍增大。

第七章 多样化战略

所以,企业经营单位群要利用信息技术及环境实现多样化协同匹配横向战略并取得竞争优势,不但要识别企业经营单位群的各种协同机会,识别企业经营单位群的关键业务技能,还要建立适合于实现这种协同战略的组织架构,并建立相应的制度进行约束、评价和激励,并通过企业长期的实践和磨合,形成与这种协同匹配战略相适应企业文化。只有这样,才能真正发挥技术的优势,真正的降低实现协同的折中成本,实现企业经营单位群真正的协同,增加资源共享、能力共享所形成的效益。

把共同参与的效益与折中成本做一比较,便可对协同效应作出更准确的估计,即协同效应等于相互联系的潜在优势减去共同参与活动引发的折中成本。为了寻求增加协同效应的途径,有两点需要注意:①识别相互联系及其潜在优势。识别每一种相互联系的来源和共用的可能形式。②识别每种相互联系的潜在优势和折中成本的可能来源。潜在优势取决于对两种优势驱动因素的影响和影响程度,取决于共用价值活动是否由战略资源与核心能力构成。

在有形联系中,如果不存在市场、生产和技术的相关性,基础设施的共用(财务、法律、会计、人力资源管理、管理和领导等的共用)在多数情况下对竞争优势(低成本、差异化)的作用不大。在财务方面,折中成本较小,但财务的共用对竞争优势的贡献也是十分有限的。如果仅存在财务的共用,公司对各个经营单位的作用将仅仅是一个财务公司的作用,实际上也可认为不存在有形联系。如果在基本价值活动和技术方面存在相关性,则基础设施的相互联系对竞争优势有较大作用,实际上其作用是扩大了基本价值活动中相互联系的效果。

从事多样化经营的企业,通常由其下属经营单位负责每个领域的生产经营活动,这些单位具有一定的相对独立的地位。比如,许多大公司普遍采用的事业部制,每个事业部都有各自的营销、财务、生产部门,独立作出经营决策,俨然如一个独立的企业。然而,这些下属单位毕竟存在于一个统一的企业之中,它们之间存在着多种多样的联系,如何通过这些联系实现资源共享、资源互补和优势互补,就成为战略管理的重要任务。

对于相关多样化的企业来说,由于同一种技术资源、品牌资源或是市场渠道可以应用到不同的领域之中,因此内部的协调与整合机制不可或缺。从某种意义上讲,经营单位在市场开拓或技术开发方面的共同要求造就了一个"内部市场"。经营单位在这个市场上可以用较低的代价和较短的时间获得它所需要的资源,这些资源或是无法从外部市场获得,或是虽然可从外部市场获得,却要为此花费更多的代价和时间。企业内部的资源共享、资源互补正是通过这个"市场"得以实现。

实际上,企业内部的资源协调与整合机制是建立在下属经营单位之间横向合作的基础上。但是这个无形"市场"的效率往往受到企业内不合理的规章制度、部门管理者狭隘的本位观念以及陈旧的工作习惯等因素的制约。因此,企业内部的横向合作需要一组制度上或组织上的条件来加以强化,包括:组建跨部门的专门管理机构,比如几个经营单位的产品都面对着同一个市场时,企业可以组建负责开拓、管理这一市场的分公司或子公司;促进各单位直接沟通情况,交流相关的知识和经验;在各单位之间进行人力资源交流,保持灵活的人力资源共享机制,等等。其中,企业内部的人才流动有着特别重要的意义。在企业的各种资源中,人无疑是第一位的资源,那些较好地掌握了关键技术和知识的人才是资源互补与整合的根本保证。

当然,企业内部的人才流动应该有序进行,不能打乱必要的管理体制。在这方面,国外一些企业创造出的项目团队或金牌小组是一种很好的形式。项目团队本身不是固定的组织,当企业领导认识到一个市场机会时,项目梯队就应运而生。梯队的主管通常被授权在整个企业范围内调集他所需要的力量,使梯队成为具有产品开发和市场开发能力的相对完整的组织,独立担当起抢占市场机会的重任。这样,企业就在各种优势资源和市场机会之间架起了桥梁。梯队的活动又促进了部门之间的交流,为资源的进一步整合铺平了道路。

从事无关多样化经营的企业与相关多样化企业的最大不同之处,在于财务资源在这类企业中起着特殊的作用。由于除了财务资源外,不同的经营领域所要求的知识、技术、营销渠道等资源几乎没有共同之处,财务资源成为了各经营单位可共享的主要资源。在这种情况下,企业所创造的价值一是来自各经营单位,二是来自企业的资金配置和资产重组;资金和资产的优化配置保证了效益最好的经营单位能够获得充裕的资金,从而使企业资本最大限度地得以增值。

也可以说,这类企业实际上扮演着某种"内部银行"的角色,它通过不断调整资本结构和优化资金配置使企业内部的投资收益率高出金融市场的投资收益率,其高出部分正体现出了企业对经营单位的管理活动所创造的价值。虽然企业也担负着对下属单位的人事管理和其他管理任务,但相对这些职能而言,企业的资产管理职能至关重要。无关多样化企业集团的这种资本增值能力主要取决于:它是否具有一个用以搜寻和发现投资机会的辨别力强的信息系统;是否具有一个对下属单位的资产运行状况进行有效监控和调整的控制系统;是否具有一种通过合理安排各经营单位的债权、债务和资金,以利于提高资产的流动性和实现资本结构优化的资产管理方式。与相关多样化企业相比,无关多样化企业的管理职能更为集中,更接近于投资公司的管理体制。

需要指出,如果企业所涉足的经营领域虽然相关,但各经营单位间不存在任何横向联系时,那么这类企业与无关多样化企业并无实质上的差别。对于这类企业来说,通过发展下属单位的横向联系实现资源共享与资源互补固然是一种合理的战略选择,但这也绝非是唯一的选择。一般说来,发展有效的横向联系要求企业必须具有高度的业务领导能力,能够克服各种组织障碍,防范那些与资源共享过程相伴而生的风险;当企业不具备这些条件时,仅仅把下属单位看作是资本项目,通过提高这些资本的收益性和流动性,也可能创造出可观的价值。当然,在后一种情况下,企业不仅要对下属单位进行有效的财务控制,也要具有发现投资机会、选择投资项目以及一定的业务指导能力。

三、横向联系的组织机制

在横向管理中,集中的程度和范围取决于各经营单位之间相互联系的内容和范围。在多样化经营的公司中,企业可能采取在公司总部领导下的事业部制管理方式,也可能采取集团公司领导下的各独立公司经营的集团管理方式。此时,公司总部或集团公司本身所应集中的权力应当限定在具有相互联系的企业活动之内。这些活动包括如下几个方面:

(1)各经营单位之间共用的价值活动,如市场、生产、技术以及采购等;

(2)无形联系的集中。在弹性资源中,根据资源的弹性程度,也可以实施相应的集中管理;

(3)竞争联系。针对共同竞争对手进行的战略姿态协调。

除此之外的其他经营活动,应当实施分散经营的策略。

为使分散经营达到良好的效果,授权行为需要灵活掌握以下原则。

(1)重要原则。授予下级经营单位的权限,要使经营单位认为是该层次比较重要的权限。如果经营单位发现公司总部或集团公司授权只是一些无关紧要的小事,就会失去积极性。

(2)明责原则。授权时,必须向各经营单位明确所授事项的责任、目标及权力范围,让他们知道自己对什么资源有管辖权和利用权,对什么样的结果负责及责任大小,使之在规定的范围内有最大限度的自主权;否则,经营单位在工作中不着边际,无所适从,势必贻误工作。

(3)适度原则。评价授权效果的一个重要因素是授权的程度。授权过少,往往造成公司总部或集团公司领导者的工作太多,经营单位的积极性受到挫伤;接受参谋过多,又会造成工作杂乱无章,甚至失去控制。授权要做到下授的权力能使各经营单位经过努力可以完成,不可无原则地放权。

(4)不可越级授权。越级授权是公司总部或集团公司领导者把本来属于中间领导层的权力直接授予下级。这样做,会造成中间领导层工作上的被动,扼杀他们的负责精神。如果有时公司总部或集团公司领导者越级授权是由于中层领导不力,也应该采用机构改革的办法予以调整。所以,无论哪个层次的领导者,均不可将不属于自己权力范围内的事情授予下属;否则,将导致机构混乱和争权夺利的严重后果。

(5)监控原则。既然公司总部或集团公司要对各经营单位的行为负责,那么,公司总部或集团公司加强对各经营单位的监督控制就是十分必要的了。为此,公司总部或集团公司要建立反馈渠道,及时检查各经营单位的工作进展情况以及权力的使用情况。对于确属不适合此项工作的,要及时收回权力,更换受权人;对滥用权力的,要及时予以制止;对需要帮助的,要及时予以指点,从而保证既定目标的实现。另外,要注意控制不是去干预受权者的日常行动,否则就会使授权失去意义。

为了更好地协调分散经营中各经营单位之间的关系,建立横向联系机制是一种有效的做法。常见的横向联系形式有以下四种。

(1)横向结构。即跨经营单位的暂时的或永久的组织实体。

(2)横向系统。针对经营单位间相互联系的管理系统。例如,横向战略规划、横向程序等。有的公司要求各经营单位分别做出本单位的战略规划和横向战略规划。

(3)横向人力资源。即横向人力资源政策。例如,经营单位之间的人员轮换、在雇佣和培训中的作用、晋升政策、经营单位之间的论坛和讨论会、相互联系观念的教育等。

(4)解决矛盾的横向管理方式。即高层领导能够及时仲裁内部组织冲突,对损坏协同的行为进行有力处罚的管理方式。

第四节 企业并购与重组

企业多样化战略有两种基本方式;即内部化发展;外部扩张。内部化发展包括在原有的业务范围扩大规模和投资开展新的业务。外部扩张发展指的是企业通过并购或合作方式获得已有的生产经营资源和能力。较之内部化发展,外部扩张发展有许多优点,因此被大量采用。但是,它也存在很多风险。与并购相对应的是重组,它是把企业的某些业务剥离出去,使得企业更精干或更为专业化。

一、企业并购的概念

历史上,企业并购是现代企业实现快速成长的主要形式之一。诺贝尔经济学奖获得者 G.J.施蒂格勒教授曾把并购称为"现代经济史上的一个突出现象",并指出"没有一个美国的大公司不是通过某种程度、某种方式的兼并而成长起来的,没有一家大公司主要是靠内部扩张成长起来的"[①]。同时,企业并购所产生的戏剧性成果又极易引发企业界的狂热,当企业把并购作为目的而不是实现某种战略目的的手段时,企业寻求成长的盲目冲动往往会使一些企业跌入陷阱之中。

并购是合并与收购(Merger and Acquisition)的简称,目前已经成为企业成长战略的重要方式之一。并购既可以是同一产业内部的拓展,即横向一体化,也可以是进入新的产业,即纵向一体化和多样化。

与并购意义相关的三个概念是合并、并购、收购。

合并(Consolidation)指两个或两个以上企业合成一个新的企业,特点是伴有产权关系的转移,多个法人变成一个法人。

并购(Merger)相当于我国《公司法》中的"吸收合并",A公司并购B公司,A保留,B公司解散,丧失法人地位。

收购(Acquisition)指A公司通过出资出股,达到对目标B公司的控制,同时目标B公司的法人地位丧失或转移。

从管理意义上而不是法律意义上讲,这三种方式通常并无大的差别。人们经常说的并购(M&A)系指上述三个概念的全部或部分含义。企业并购的实质是在企业控制权运动过程中,各权利主体依据企业产权所作出的制度安排而进行的一种权利让渡行为。企业并购活动是在一定的财产权利制度和企业制度条件下进行的,在企业并购过程中,某一或某一部分权利主体通过出让所拥有的对企业的控制权而获得相应的收益,另一或另一部分权利主体则通过付出一定代价而获取这部分控制权。企业并购的过程实质上是企业权利主体不断变换的过程。

二、企业并购的收益与风险

1. 企业并购的收益

(1)从相互联系分析,并购可以增加企业的市场实力

许多企业都有它们的核心能力,但因为太小而无法充分运用其资源和能力。市场实力(Market Power)通常产生于企业的经营规模的大小和企业参与市场竞争的资源与能力。因此,多数并购都是为了获得更大的市场实力而购买高度相关的产业企业,以便能够使用核心能力,获得更大的竞争优势。此外,优势企业采用并购的方式,可以利用被并购企业现有的厂房、设备和基础设施迅速投产,这要比新设立一个企业投入少而见效快,有利于尽快实现规模扩张,打开

[①] 施蒂格勒著.产业组织与政府管制.上海人民出版社,1996:3

局面。

通常,以下几种收购方式有助于增强企业的市场竞争力:

①横向收购。收购竞争对手,是一种典型的横向一体化方式;

②纵向收购。收购上游企业(供应商)或下游企业(销售商),是一种典型的纵向一体化方式;

③相关多样化收购。收购与企业主业在技术或市场上存在相关性的产业。

(2)从产业结构性分析,并购可以克服进入障碍

企业在进入一个新的经营领域时,将面临着进入障碍。进入障碍表现在以下几个方面:

①经济规模的要求迫使企业或者以大规模的方式进入一个新的领域,但面临现有企业的激烈反应,或者以小规模方式进入,却面临着成本劣势;

②产品差异使用户从一种产品转向购买新进入者的产品时,必须支付高额的转换成本,使新企业难以占领市场;

③某些资本密集型行业要求巨额投资,企业进入新领域时,存在较大风险;

④由于原有企业与销售渠道之间的关系,企业要进入新市场就必须打破原有企业对销售渠道的控制,才能获得有效可靠的销售渠道。

此外,原有企业拥有的专门生产技术、取得原料的有效途径、有利的地理位置、积累的生产经营经验以及政府的政策优惠等,都构成了新进入者的进入壁垒。

尽管并购需要大量资金,而且成本很高,但它可以迅速有效地克服进入障碍,并立刻形成市场地位和市场竞争实力。对于进入障碍越大的产业,采用并购的进入方式越有效。从产业演变分析,当产业建立了规模经济、技术发展而未扩散时,进入障碍比较大。而就产业特性而言,有些产业的进入障碍大。

事实上,许多跨国公司将并购作为绕过贸易壁垒,进入海外市场的一种方式。在当今的世界商品市场上,各国之间的竞争异常激烈,为了保护本国经济利益,大家纷纷高筑贸易壁垒,采取种种保护主义的措施限制别国商品的进入。跨国公司为了躲过贸易壁垒,往往会选择对外直接投资的手段,其中跨国并购就是一种效率较高的方法。通过跨国并购,企业可以利用被并购企业的现有能力,迅速打入别国市场,节省时间,较快地在别国站稳脚跟。这种办法可充分利用被并购企业原有的销售渠道和客户资源,使跨国公司迅速在当地市场上占据一席之地,将其产品引入当地市场。事实上,很多跨国公司正是由于以贸易方式在别国市场开展经济活动的努力受挫后才采取并购的手段的。

(3)采用并购的方式可以避免新产品开发的成本和风险,增加进入市场的速度

如果企业采取内部开发的方式来研制新产品,一来所耗费的研究开发成本高,二来需要的研究开发时间很长;再则从事新产品开发的风险很大,成功的几率很小。对美国的一项研究表明,新的投资项目一般:实现赢利的时间为8年;产生充分的现金流的时间为12年;有88%的创新,其投资未能获得充分的回报。例如AT&T公司1984年投资计算机数据处理,1985年亏0.5亿元,1986年亏12亿元;在专利保护结束之后4年内,60%的专利被模仿。

鉴于此,许多企业纷纷采用并购的方式来获取有利于自身成长的技术、资源或能力。20世纪80年代,大量的并购都发生在高新技术领域和具有先进技术的部门,这决不是偶然的,这反映了各国企业通过并购来获取先进技术的意图。由于新技术一般不会轻易转让,一些企业于是通过并购来获得对方企业的整个所有权,从而将新技术据为己有。争夺新技术,是这一时期企业并购迅速发展的重要原因。比如,1989年日本索尼公司购买美国最大电影制片公司哥伦比亚影片公司,这件事曾震惊美国。索尼公司的并购意图,是要借助于哥伦比亚公司在制片技术方面的核心能力和庞大的旧片库资源来占领高清晰度彩电及录相机市场,这一并购活动及索尼公司在美国的其他一系列并购行动为索尼公司在视听器材方面积聚了大量的战略性核心能力,为其占领21世纪的视听器材市场积聚核心能力。

(4)采用并购方式,不失为提高多样化的一种有效方式

无论对于相关的多样化还是不相关的多样化,并购方式都是一种有效的、越来越普遍的途径。不过,由于这样或那样的原因,多数无关多样化并购都是不成功的。

在相关性较小的情况下,运用并购方式时存在两种情况:

①在只存在无形联系的情况下,如果现有的对资源与能力的转化,特别是对战略资源与核心能力的转化能力不足,则并购是一种有效的方式;

②如果没有相关性,比如当企业的产业相关性已经利用尽,或者相关的产业没有吸引力的情况下,则采用并购的方式比内部开发更为有效。

(5)采用并购的方式,可以避免过度竞争

这类并购的动因源于对企业经营环境的控制,提高市场占有率,增加长期获利的机会。企业并购提高行业集中程度,一方面减少竞争者数量,避免过度竞争;二来增大了产业的进入壁垒。当行业出现寡头垄断时,企业即可凭借垄断地位获取长期稳定的超额利润。但西方国家的反垄断法对这类并购行为有着严格的限制。

2.企业并购的风险

(1)由于并购后的企业规模太大,必然会带来新旧企业之间整合、协同上的困难

并购后的企业必然涉及对价值链上各种价值活动的整合。在整合过程中，企业内部结构特别是企业文化、管理与领导方式和人力资源管理等方面的整合非常困难，但整合的效果如何却关系到企业并购的成败。

如果并购后的企业受益于规模经济，通过协调、组织、减少重复的固定成本，节约人财物的耗费而使企业的实际价值得以增加；同时，原来分散的市场营销网络、科技人员可以在更大范围内实现优化组合，从而使并购后企业的效益大于原来两个企业效益之和。这样，并购前后企业的资源并没发生什么变化，但通过重新组合和调配，对资源的利用能力增强了，这就是所谓的专有协同。专有协同实质上是利用两个并购企业之间资源与能力（一组资源）的组合而产生唯一的、构成竞争优势的资源与能力。在企业活动层面，专有协同表现为两个企业价值活动之间的相互联系所形成的竞争优势。但是，由于并购企业在文化、管理方式等方面的冲突，由并购而形成的专有协同并不多见，有时甚至还可能削弱了企业自主创新的能力。

此外，并购后的企业经过整合以后，在管理模式和经营理念上与原企业可能存在较大的差异，一些对原企业具有较高的忠诚度的顾客可能会因此而放弃对新企业的信赖，进而影响到企业的经营业绩。在过去的经营中，被并购企业已同许多客户，如销售商、供应商等建立起良好的长期合作关系。但由于该企业被并购，许多客户会由于企业所有者改变而放弃与新企业的合作，这样会直接影响产品销售或原材料供应。

(2) 对并购对象评价不充分，过高地估价并购收益

在进行并购时，并购方常常会由于对被并购企业的并购价太高而造成投入成本过高，并购后难以经营下去。造成估价失误的主要原因在于：

① 被并购企业所提供的各种财务资料、数据往往不准确，有时甚至隐瞒问题、伪造财务报表，在跨国并购中，加之不同国家的会计制度相异，使并购价格与实际被并购企业的价格相差甚大；

② 相对地讲，被并购企业的有形资产较易评估，但对无形资产价格的评估难度相当大，有些并购方常常为表面现象所迷惑，高估被并购企业的无形资产；

③ 由于被并购企业所处环境中的各种商业信息、政治信息等收集极为困难，因此常常造成对未来企业经营前景、利润收益等的判断失误。

④ 有些企业在打算并购其他企业时，因竞争形势所迫或其他原因，表现出了十分迫切的收购愿望，过早地暴露了并购意图，而使被并购方有机可乘，漫天要价。

(3) 不适宜的并购方式会带来超常费用

采用大肆举债的方式进行并购，有利有弊。其利在于通过借贷的方式，可以

筹集到大量的资金,突破自身资金能力的限制,实现昂贵的并购;但是其弊端在于过度利用杠杆(超常负债),会降低企业的资信,增加企业的经营成本,带来很大的经营风险。

(4)企业并购会导致过度多样化——不恰当的多样化

许多企业在并购中盲目追求多样化经营的地位,在选择并购对象时并不十分严谨,在多样化方向的选择上并不科学,从而使企业的经营范围过宽过广,过高的多样化水平导致企业经营业绩的下降,甚至从根本上毁坏了企业的根基。

总体说来,企业并购的收益与风险可以用图 7-10 表示如下。

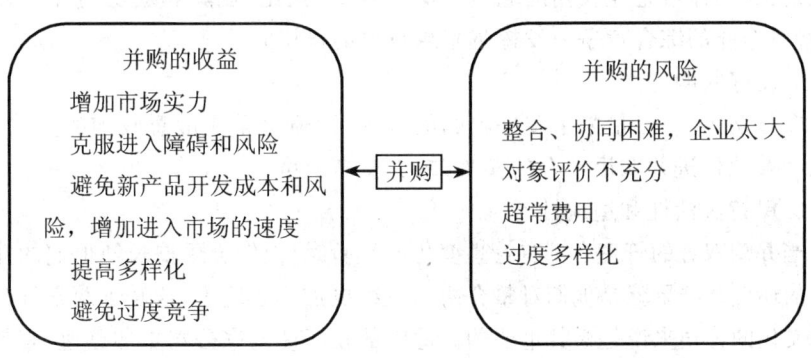

图 7-10　企业并购的收益和风险

三、有效的并购

并购是一种风险巨大的战略行为。在并购中,如下条件决定着并购的成功,在并购实践中必须予以充分考虑。

1. 资源与能力互补

这往往是一体化和多样化并购的要求。通过相互联系的整合与资源、能力组合,可以产生新的战略资源与核心能力,从而提高竞争优势。这就要求并购双方存在可以产生更高竞争优势的相互联系,保持弹性和适应变化的能力,可以更快、更有效地实现整合与协同。

2. 缜密选择目标企业和谈判

企业在实施并购时,首先要做的工作就是寻找合适的目标企业。一般来讲,合适的目标企业应是该企业所熟悉的行业,而不应轻易并购有实力、有背景或自己甚为陌生的企业,否则,可能会落入并购的"陷阱"之中。在目标企业的选择上,应追求最大的互补性,以实现并购的协同效应。在进行谈判时,并购方应根据自己掌握的资料和可行性研究的结果,灵活地开展谈判工作,防止对方过度要价,争取以尽可能低的价格完成并购。

3. 较充足的资金准备

在并购过程的始终,都必须保持充足的资金,应应付并购过程中随时可能出现的突发情况,保证并购按既定的目标顺利进行。

4. 继续集中于创新和研发投入

并购无疑可以获得既有的新技术,但这并不意味着并购方可以通过并购来回避内部的创新和新产品开发,相反,正是通过并购,来获取对方在研究开发和创新方面的能力,增强自己在这方面的能力,更好、更有效地进行研究开发和产品创新工作,保持企业长期的竞争优势。在21世纪,创新和成功的并购行动一样,将对企业的综合竞争力发挥越来越重要的作用。

5. 友好收购

在收购中,应尽量采用友好收购的方式,而避免采用敌意收购的方式,这样可以有效地促进并购后整合的实现,减少交易价格。

6. 保持灵活性和适应性

当并购双方的管理者都有管理变化的经验时,他们会更擅长使他们的能力适应新的环境。结果就是他们对整合两个组织更加得心应手,这对于两家具有不同组织文化的公司来说是极其重要的。适应的技巧使两家公司更加迅速、有效地整合它们的资产,而迅速有效的整合又会在新公司中快速产生所期望的协同作用。

迈克尔·A.希特(Michael A. Hitt)认为,在探求成功并购行动中经营者应该重点关注表7-4所列举的七点特性。

表 7-4 成功并购的特性

特 性	结 果
被购方具有与并购方互补性的资产或资源	通过保持原有优势取得高度协调和竞争优势
并购行为是善意的	迅速有效地整合,可能较低的费用
并购方认真谨慎地选择目标公司和进行细致的谈判	购得最具有互补性的公司,并且避免了超额支付
并购方有宽松的财务状况(良好的现金或债务状况)	以低成本获得资金
被购公司保持中低程度的负债水平	低融资成本、低风险和避免高负债带来的负面效应
具有管理变化的经验,具有灵活性和适应性	快速有效的整合为达到协同效应提供便利
一贯持续地重点关注研发和创新	在市场上保持长期的竞争优势

资料来源:[美]迈克尔·A.希特著,吕巍译.战略管理.机械工业出版社,2002:282

第七章 多样化战略

需要指出的是,并购的风险是一种可控风险。但要控制这种风险,企业必须树立起正确的成长观,应该认识到企业成长的复杂性。当企业试图实现快速成长时,这往往意味着只是把大量的工作压缩到较短的时期内完成,而并无捷径可循。有一种错误的观点认为,企业只要善于资本经营,就能够非常顺利地发展壮大。其实,一味夸大资本经营的作用,只会适得其反。德鲁克在美国早就发现了这类现象。他指出,"在六十年代合并和收购热潮的狂潮时期中,最大而又最流行的是'资产管理'的谬见。的确有这样一种企业,但那完全是一种金融企业。在每一个金融企业中都有一项资产管理职能,以便确定其资产受到了管理,并用到了提供成果的地方。但就非金融企业来说,资产管理只是一种职能,而不是企业本身的目的"。他进一步指出,"收购经营中的企业的资产经理,当他们关闭或出售冻结了大量资金和未能提供利润的部分资产时,他们执行了有益的职能。但是,他们做了这些以后,就不知道下一步做什么了。他们不知道如何管理一个企业——而资产管理的热潮也就在这可预知的失败中告终"。[①]

四、企业重组

重组与并购是一个相对的概念。它指的是对企业一系列业务或财务结构的变革。大多数重组是减少规模和剥离某些业务。在重组期间,企业主要从事内部整顿,很少进行并购活动。重组的基本动机是整顿经营业绩不佳的业务或是对过度多样化进行清理。

企业重组(Restructure)通常包括企业的业务重组和财务重组,其具体实现方式包括:减小规模(Downsizing)、缩小范围(Downscoping)和杠杆收购(又称杠杆并购或杠杆买断,Leveraged Buyouts)。

1. 减少规模

这是重组的一个最普通的方法。通常是通过减员和减少业务单位来实现。

2. 缩小范围

是指通过剥离、变卖等方式取消一些与企业的核心业务无关的业务。即在战略上公司的核心业务集中。缩小范围的公司常常也减少规模。然而,它不减少可能导致丧失核心竞争力的主要业务的重要员工。公司通过减少业务组合中的业务种类而缩小它的规模。由于缩小了业务范围,高级管理人员可以更有效地管理公司。

3. 杠杆并购

企业的管理者或外来者主要靠负债购买企业的全部资产而进行的重组,杠

---

① 德鲁克著.管理——任务、责任、实践.中国社会科学出版社,1987:837—838

杆并购往往会使企业背上沉重的财务负担;但由于它改变了企业的产权关系,使高层管理者能够直接作出战略决策,根据自己对环境的认知来调整企业的经营内容,因此也被视为一种重组方式。

与并购一样,企业重组也是一个复杂的过程,不仅牵涉到一系列的法律问题和组织问题,而且会对企业的长期发展产生深远影响。一般情况下,企业重组的选择、短期结果和长期结果如图 7-11 所示。企业应当同时注意到重组的短期结果和长期结果,譬如有些企业只关注减轻人员负担,采取过激的裁员行动,往往会使优秀的技术人才率先离开企业;又如有些企业在剥离非核心业务时,无意间出售了有重要价值的技术资源,这些行为都会损害企业的长期竞争力。

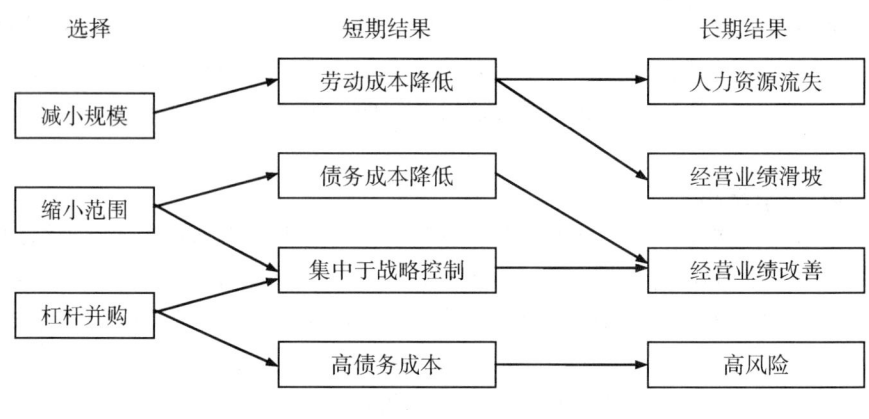

图 7-11　企业重组及其结果

本章思考题

1. 国内外学者对多样化战略的概念有不同的看法,请问你是如何理解的?
2. 不同的多样化动机导致不同的选择,请问科学的多样化战略决策应考虑哪些因素?
3. 试分析企业成长与多样化经营的关系。
4. 集团公司或公司总部也是一个创造价值的单位,从这一角度看,相关型多样化公司与非相关型多样化公司的管理特征有何不同?
5. 使用 BCG 方法或麦肯锡方法描述一个企业的经营结构,并说明分析结果的意义和局限。
6. 企业如何通过并购来获取协同效应?你认为企业通常都能获取协同效应吗?请举例来支持你的观点。

第八章 纵向一体化与资源外取战略

本章导读

纵向一体化和资源外取是企业面对的两种相反的纵向战略选择,本章重点介绍了企业在进行纵向战略选择时可依据的经济理论,以及纵向一体化与资源外取战略的实现形式,每一种战略选择可能产生的收益与风险。

纵向战略的选择问题,即所谓"自制还是外购"的问题,是企业战略决策的基本内容之一。在大工业化生产的初期,许多企业采用了纵向一体化战略,即以现有经营领域为基础的经营规模在上下游之间进行扩展。例如,亨利·福特为了建立完全自给自足的汽车工业企业,投资于煤矿、橡胶园、玻璃厂、铁矿、铁路和船舶,随后知名企业 IBM、Standard Oil 和 AT&T 等通过纵向一体化将所有的增值活动都转移到企业内部来完成,这曾经被人们视作一种强有力的竞争优势。至今,在一些产业如石油、化工、钢铁等产业中,纵向一体化程度仍然有上升的趋势。与此同时,纵向一体化的反面,纵向分解即资源外取战略渐渐兴起,企业的资源外取已经从清扫、饮食和保安等经营活动的边缘性内容,扩展到包括设计、制造、营销、分销、人事和信息系统等经营活动的关键领域。20 世纪 80 年代以来,欧美的制造业企业通过大量的资源外取安排来裁减人员和节省工资费用,知名企业 Cisco、Dell、耐克等公司,通过外包获得所需的零部件,或委托其他企业进行产品研发获得了骄人的业绩。90 年代以来,资源外取逐步扩展到几乎每一个行业,在全球企业间形成了一股强大的热潮。

企业究竟采用纵向一体化战略还是资源外取战略,各有各的战略收益,同时也面临各自的风险。不同的纵向联合战略可能会带来完全不同的战略结果,因此必须对有关的决策采取严谨、周密的态度,针对不同的情况作出恰当的选择。

第一节 纵向战略的理论基础

有关纵向战略的理论基础,人们最初是从生产技术中寻求纵向一体化的答案,认为生产过程的技术依存性是形成纵向一体化的主要原因。典型的例子是钢铁生产,钢铁生产包括几个阶段,即炼焦、熔结、制铁和初轧。这些过程相互衔接,缩短它们之间的距离,会降低处理和再加热成本,带来生产成本的节约。然而现实中,同一企业中的许多生产阶段在技术上联系并不紧密,完全可以分离出去。企业纵向一体化的根本原因并非如此。交易成本理论从市场失灵的角度出发,提出了交易成本的概念,他们的观点已被人们广泛接受,逐渐成为现代经济学发展的主流。"理解了纵向一体化的存在,也就理解了企业的存在;说明了纵向一体化的程度,也就说明了企业和市场的边界"。[1]本书以交易成本理论作为纵向战略的理论基础。

一、纵向的含义

从企业的角度,所谓"纵向"的联合是与本书第三章第三节的价值链分析相联系的。企业是一个综合设计、生产、销售、运送和管理等活动的集合体,其创造价值的过程可分解为一系列互不相同但又相互关联的增值活动,其总和即构成企业的"价值系统"。其中的每一项经营管理活动就是这一"价值系统"中的"价值链"。依照产品实体在价值链各环节的流转程序,企业的价值活动可分为上游环节和下游环节两大类。企业的基本价值活动中,原材料供应、产品开发、生产运行可被称为"上游环节";成品储运、市场营销和售后服务可称为"下游环节"。上游环节价值活动的中心是产品生产,与产品的技术特性密切相关;下游环节的中心是满足顾客,与市场紧密相联。

波特将存在于企业价值链与供应商(上游环节)或渠道(下游环节)的价值链之间的联系称为纵向联系。纵向联系与价值链内部的各种联系类似,即供应商或渠道的各种活动进行的方式影响企业活动的成本和收益,而通过影响供应商、渠道价值链的结构和改善相互间价值链的关系,可以增强企业的竞争优势,也可以使企业和供应商、渠道双方受益。

---

[1] 陈郁.企业制度和市场组织——交易费用经济学文选.上海三联书店、上海人民出版社,1996

第八章 纵向一体化与资源外取战略

任何企业都只能在"价值链"的某些环节上拥有优势,而不可能拥有全部的优势,在某些价值增值环节上本企业拥有优势,而在其余的环节上其他企业可能拥有优势。为达到"双赢"乃至"多赢"的协同效应,企业之间彼此在各自的关键成功因素——价值链的优势环节上展开合作,可以求得整体收益的最大化,这就是企业纵向联合的原动力。

二、纵向战略的两大形式

企业纵向战略主要考虑的是如何建立适宜的纵向联系问题。现实经济中,企业之间纵向联系的形式是多种多样,例如可以通过控股、参股、贷款担保、联合从事研发,或是通过上下游企业建立的各种契约,如限价销售、限量销售、配售、特许权经营等实现纵向联系,上述各种形式可以归结为纵向一体化和资源外取两大类。

纵向一体化(Vertical Integration)是指具有投入产出关系的相邻上下游两个生产阶段或企业合为一体的过程,这是企业沿着其投入或产出方向的扩张成长,有的地方也称为垂直一体化。戈特将一体化定义为两个或两个以上的生产阶段结合到一个共同的所有权支配下的活动。[1]

资源外取(Outsourcing),美国的资源外取学会(The Outsourcing Institute)将其定义为"一种通过有选择地将一些功能(及其日常管理)转交给第三方供应商(3rd Party Provider)[2]来围绕核心能力进行的企业重新设计"。实际上,资源外取就是通过一种交易或准交易的形式借助外部资源来支持企业的生存和发展的活动,它是纵向一体化的反面即纵向分解。

企业具体采取纵向一体化还是资源外取(纵向分解)的问题,可以归结为企业是用市场交易的机制还是企业内部组织的形式来协调生产和经营的问题,即市场与企业的替代问题。例如,Lacity 与 Willcock 将资源外取定义为:"假若有一份工作,外面的组织能做得比组织本身更有效率而且便宜,则此份工作应由外面的组织来完成。假如组织本身能将此工作做得较好,则此工作应该保持自制。"[3]

---

[1] Michael Gort, *Diversification and Integration in American Industry*, Princeton University Press, Princeton, 1962:1—15

[2] 第三方供应商是对资源提供者的另一种叫法,之所以这样称呼是因为它是在资源外取方企业(第一方)与其顾客(第二方)的关系之外的第三方

[3] Lacity M. C., Willcocks L. P., "IT Outsourcing: Maximize Flexibility and Control", *Harvard Business Review*, 1995, (5):84—93

三、市场与企业的替代

科斯(Coase)于1937发表了著名的论文《企业的本质》(The Nature of the Firm),论文表述了企业的性质和界限,即企业与市场替代的思想,可以归纳为如下几点[①]:

(1)针对正统理论将企业理解为生产函数,将市场视为实现协调的唯一手段,科斯认为,市场和企业是执行相同职能因而可以相互替代的两种机制;

(2)科斯明确指出:无论是运用市场机制,还是运用企业组织来实现协调,都是有成本的;

(3)市场机制被替代是由于市场交易的成本,企业没有无限扩张成一个大企业则是因为企业组织也有成本。市场与企业的界限是由以下原则确定的:当一个企业扩张到如此规模,以至于再多组织一项交易所引起的成本既等于别的企业组织这项交易的成本,也等于市场机制组织这项交易的成本时,静态均衡就实现了,企业与市场的界限也就划定了。据此,也就可以说明动态因素的效应和动态均衡的实现,从而说明企业边界的扩张与收缩。

这一原则的含义是容易理解的。如果一个企业再多组织一项交易所引起的成本大于别的企业组织这项交易的成本,则这项交易就应由别的企业组织;如果一个企业再多组织一项交易所引起的成本大于市场机制组织这项交易的成本,则这项交易就应由市场组织。只有当上述原则实现时,全部交易在企业和市场之间及各个企业之间的分配才能达到成本最小的状态,这种分配格局的任何再调整都不可能再使成本降低,因而这种状态成为一种稳定的或均衡的状态。如果有动态因素加入,比如某种技术革新使某企业组织交易的成本比过去下降了,则原来的均衡状态就被打破了。这时,交易在企业和市场之间及企业之间的分配格局将作出调整,采用了这种技术革新的企业的规模将扩大。这种调整过程的结果是上述的同一原则被再次满足,稳定的均衡状态再次出现。科斯提出了维持这种均衡的机制。他认为,均衡得以维持的原因在于,商人们将会不断地实验,控制较多或较少的交易,从而使不均衡的状态趋于均衡。

威廉姆森(Williamson)着重指出纵向一体化使市场交易变成了内部交易[②]因此,纵向一体化是以内部交易取代市场机能,把上下(前后)相邻的生产、经营环节(每个环节可以形成一个独立的企业)纳入一个有层次的体系之中。如图

---

① Coase, R. H., "The Nature of the Firm", *Economics*, Nov. 1937:388—405

② Williamson, O. E., "The Vertical Integration of Production: Market Failure Considerations", *American Economic Review*, 61, 1971:112~123,

第八章　纵向一体化与资源外取战略

8-1 所示,企业 A 与 B 之间在一体化之前是市场交易,在一体化后则成为企业的内部交易,纵向一体化的逆过程是纵向分解,纵向分解实质上是专业化、资源外取的过程。

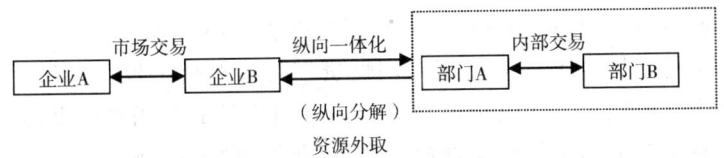

图 8-1　纵向一体化和资源外取过程

按照科斯和威廉姆森的观点,从经济学的角度理解,企业之所以作出纵向一体化或是资源外取的决策,从根本上是由于交易成本方面的原因;而企业将多少交易或活动控制在其内部则是出于维持市场均衡的需要。

四、交易成本理论

交易成本经济学的理论体系是在 20 世纪 60 年代以后由威廉姆森建立的,该理论的代表作品是威廉姆森于 1985 年出版的《资本主义的经济组织》一书。对这一经济理论有重要影响的人物包括赖特(F. Knight)、康芒斯(J. Commons)、科斯(R. H. Coase)、哈耶克(F. Hayek)和阿罗(K. Arrow)等。

交易成本经济学的代表人物威廉姆森认为,由于人类自身的有限理性和机会主义,以及信息的不充分和不对称,在交易中发生了交易成本。这些费用包括:探索合适的交易对手的探索费用;弥合信息不对称使交易成立的交涉费用;维护交易合约实施的监督费用。[①] 交易成本是经济主体之间交换经济资产的所有权和实施专有权时产生的成本,可分为事前发生的为达成一项合同而发生的搜寻成本、谈判成本和事后发生的监督、贯彻该项合同而发生的履约成本。广义的交易成本指一切不直接发生在物质生产过程中的成本,它是一系列制度成本,包括谈判成本、拟定与实施契约的成本、界定和控制产权的成本、监督管理成本和制度结构变迁的成本;狭义的交易成本是一项交易所需花费的时间和精力。

交易成本的影响是企业究竟采用市场休制还是企业内部的形式的根本原因。威廉姆森深入交易本身,从资产专用性的的角度分析交易的特征。资产专用性是指在不牺牲生产价值的条件下,资产可用于不同用途和由不同使用者利用的程度。资产专用性可以理解为由沉没成本产生,也就是一项投资一旦作出,

---

① O. E. 威廉姆森交易费用经济学讲座.经济工作者学习资料.1987,(50)

若再改变其用途就可能丧失全部或部分原有的价值,这部分价值的丧失是不可弥补的。他以"不确定性、交换频率和交易专用性程度作为描述交易的基本方面"①:(1)涉及高度专用性资产且经常重复发生的交易,适合于在企业内部进行。因为高度专用性的资产交易意味着交易双方具有很强的依赖性,若采用市场体制,处在不利地位的一方就要面临很大的被"要挟"而遭受损失的风险。市场关系的不稳定性也不适应高度专用性资产交易对持续性和调适性的很高要求。选择企业体制就可能避免这些缺陷;(2)当产品的专用性很低时,由其他企业面对大量买者的需求组织大规模生产,可获得规模经济收益。这时,对作为买者的企业来说,从外部购买的费用低于自己生产的费用。随着产品专用性的提高,从外部购买和自己生产的费用差额趋于缩小;当产品的专用性很高时,该费用差额消失,这时交易由市场转入企业不会引起规模经济的损失;(3)由于交易频率提高,设置企业内部专门管理机构的费用可以被它带来的费用节约所补偿并超过;(4)资产专用性提高后由机会主义行为所引致的交易不确定性影响市场机制或企业内部协调的选择。随着资产专用程度的提高,资产挪作他用的难度加大。即使能挪作他用,也会引起不小的损失。这时,交易双方的交易关系具有高度依赖的性质。如果占据有利位置的一方采取机会主义行为,如改变价格,减少、终止供应或购买,另一方格蒙受损失。

综上所述,威廉姆森将实行纵向一体化还是资源外取的约束条件归结为不确定性、交换频率和资产专用性程度等三大因素,并认为不确定性越强,交换频率越大,资产专用性程度越高,就越应该实行纵向一体化;反之,就应该实行资源外取。从根本上看,这就是实行一体化从而纳入企业组织范畴所花费的成本与不实行一体化而通过购买所花费的成本之间的比较,若前者大于后者,则实行纵向一体化;反之,若后者大于前者,则不实行纵向一体化。

当然,必须看到经济学的理论是省略许多客观因素后抽象出来的,交易成本经济学将组织关系二分为组织科层关系和组织间的市场关系,这只是一种理论上的划分方法,与现实情况并不完全一致。目前,许多公司所采用的利润中心制,可以说是组织科层内部的市场化;而公司与公司之间的战略联盟却是市场关系的组织科层化。可以说,交易成本经济学并没有考虑企业经营的许多实际问题,但是它为企业经营者开阔思路,思考有关纵向一体化和资源外取的战略提供了强有力的经济学依据。

---

① 威廉姆森.交易费用经济学:契约关系的规制.摘自陈郁.企业制度与市场组织——交易经济学文选.上海三联书店、上海人民出版社,1996;24~63

第二节 纵向一体化战略

纵向一体化战略是在企业面对不确定性强、交换频率大、资产专用性程度高的情况下,企业通过内部组织替代市场交易的联合战略。实施纵向一体化具有多方面的战略收益,同时也面临多方面的战略风险,企业必须对该项纵向一体化的收益和风险进行充分研究分析,必须采取适当的方式来实施这一重要战略。

一、纵向一体化的类型与形式

从纵向一体化的方向,可以把纵向一体化分为前向一体化和后向一体化。当纵向一体化沿着原有生产的投入或原材料供应方向发生时称为后向一体化或上游一体化;当纵向一体化沿着产出方向发生时,称为前向一体化或下游一体化。以计算机产业链为例,计算机整机装配企业向电脑部件、板卡等其他上游产品的扩张,以及向软件开发、技术服务、系统集成等下游产品的扩张就是一种前向一体化和后向一体化。如图8-2所示。

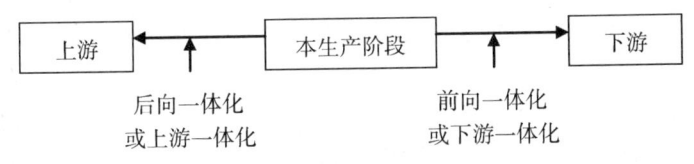

图 8-2 纵向一体化示意图

完整意义上的纵向一体化应包括两方面:一是资产的完全一体化;二是两者交易的完全内部化。资产的一体化是以共同的所有权纽带而联结,并受控于一个管理集团。交易的完全内部化指除两者之间的内部交易外,各方不存在其他任何交易。在资产完全一体化和交易完全内部化之间,对于两个具有投入产出关系的上下游企业之间的纵向联系来说,它们之间可以采用一般的市场交易,也可以不完全地资产一体化和交易内部化,后一种情况即所谓准一体化。纵向联系形式的多样性,说明纵向战略并非是在自制或购买之间作出简单的选择,而是有着更丰富的内容。

二、纵向一体化战略的收益与风险

(一)纵向一体化战略的收益

纵向一体化战略的收益主要指因内部合作所产生的效率和效能高于市场交易成本而给企业带来的利益。这种收益主要体现在如下几个方面。

1. 节约交易费用

在信息不完全的条件下,与经济活动当事人之间权利交换(即交易)相关的许多活动会产生交易费用。这些活动包括:①搜集有关价格分布、产品质量和劳动投入的信息,寻找潜在的买者和卖者,了解他们的行为和所处的环境;②价格变动时为找到买卖双方的正确位置而必须进行的讨价还价;③订立协约;④监督协约签订者,了解他们是否遵守协约条款;⑤当协约签订者不承担他们的义务时,强制执行协约;⑥保护产权,以防止第三者的侵犯。纵向一体化变企业间的交易为企业内的交易,其实质是对市场价格机制的替代。为了免去诸如询价、谈判、联系等市场交易费用,进行纵向一体化是一个较好的途径。纵向一体化在企业内部也会产生管理费用,节约的交易费用与增加的管理费用之间的比较,就决定了纵向一体化行为的有效性如何。无疑,成功的纵向一体化能够在管理费用较少增加的基础上,带来交易费用的大幅度节省,从而降低产品的生产成本,提高产品的附加价值。

2. 稳定交易关系

交易费用经济理论认为,纵向一体化的主要目的之一在于防止交易中的机会主义。机会主义是交易费用经济理论的一个基本假设,指的是人或企业为了自身利益的考虑和追求,可能会采用非常微妙的手段或玩弄伎俩。这一行为假设指出,人们单靠契约并不一定能最终完成交易,契约是不完备的。企业作为团队的一种重要形式,其扩展范围受到规模越大、投机问题越难以解决的限制。机会主义是依靠市场协议来组织生产所造成的一种成本。如果某些环境更容易产生机会主义行为,企业也就更倾向于实行生产的纵向一体化。纵向一体化后,上下游之间成为内部交易,同处在一个管理机构控制下,各自产生机会主义的动机就会很小。

当实现上下游纵向一体化后,上下游各阶段均能为彼此业务往来开发更有效率的、更专门化的交易手法。例如,一体化后可以建立专用的、专门化的后勤系统,特别的包装方法、独特的记账和管理措施等。由于一般市场交易中买卖双方更多地面临被对方抛弃或敲诈的风险,因此,一般市场交易做不到这些。

纵向一体化可以在一定范围内减少供应和需求的不稳定性,使企业在供应短缺时期获得一些合同上的供应物品,或在需求低落时期使其产品有销路。但是,如果下游行业需求下跌,则内部单位销售量就会降低,从而对内部供应商的产品需求也会相应减少。如图8-3所示,市场对B单位的需求b下降,必然会引起B对A的需求a的下降。因此,从这种意义上说,A与B的纵向一体化只能减少A、B之间交易的不确定性,但并不能减少由于市场需求变动而引起的A、B之间需求的变动。

第八章　纵向一体化与资源外取战略

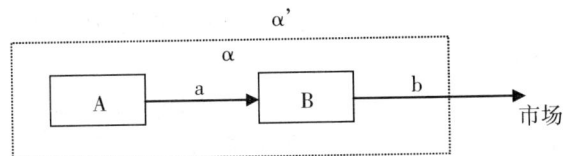

图 8-3　纵向一体化链中需求供给的传递

应该指出的是,即使实现了纵向一体化,在一体化企业内部仍应反映市场价格的水平,将产品从一个单位转移到另外一个单位,以保证每一个单位都能恰当地管理自己的业务。例如,A、B 间的调拨价格 α 偏离了市场价格 α',则应按照公开市场能获得的价格对某一单位实行补贴。α 若大大低于 α',则整个企业就可能受损失。纵向一体化中的供求关系的传递,虽然可以确保 A、B 之间的供求,但并不能防止市场价格上下波动,而只是一种手段,用来减少市场价格波动等不确定因素对企业的影响。

3. 纵向一体化能够使企业获得信息优势

交易成本与信息的概念密切相关。1972 年诺贝尔经济学奖得主 K.J. 阿罗认为,人们可以花费人力及财力来改变经济领域(以及社会生活的其他方面)所面临的不确定性,这种改变恰好就是信息的获得。[①] 施蒂格勒等开创的信息经济学则强调交易成本和信息费用的联系,认为在信息不完全的条件下,与经济活动当事人之间权利交换(即交易)相关的许多活动将产生交易成本。这些活动包括:收集信息;寻找潜在的买者或卖者;讨价还价;订立协约;监督协约签订者;强制执行协约;保护产权。[②]

纵向一体化是一种交易内部化,双方在纵向一体化合并后,一方面,可以减少收集市场信息的工作量(监视、预测市场供应、需求及价格),从而减少获得信息的总成本;另一方面,可以在获取信息的同时获得范围经济。如果一体化后的组织是高效率的,那么市场信息便通过组织反映到纵向链中的各个环节。一体化可以使企业更迅速、准确地获取有关市场信息。

4. 纵向一体化能够增强企业的竞争实力

纵向一体化本身并不一定能直接增强企业的竞争力。特别是,不能企图通过纵向一体化使在纵向链上某一环节的垄断能力延伸到另一环节。但在一定的条件下,可以采用价格歧视、提高进入壁垒、提高产品差别化能力等方法,在一定范围和一定时期内提高竞争力,或为提高竞争力创造条件。

[①] [美]K.J. 阿罗. 信息经济学. 北京经济学院出版社,1989,序言
[②] Thrainn Eggertsson: *Economic Behevior and Institutions*, Cambridge University Press,15

(1)为采用价格歧视策略提供了可能。纵向一体化有时会让垄断者更多地利用价格歧视手段,而在未一体化情况下,这一可能性则相对要小。一般来说,最终产品面对大众消费者,其价格需求弹性的差异比中间产品更大。如果中间产品制造者同时也是生产最终产品,则该企业就能更好地利用这种弹性的差异,采用价格歧视手段获取利润。对于法律所禁止的这种歧视行为,企业可通过纵向一体化.使交易内部化,从而也使垄断行为的行使合法化。例如铝的生产者对铝锭就不容易像对它的最终产品(如铝壶、铝锅)那样实行价格歧视策略,除非铝的生产者也生产这些最终产品。

(2)可以产生或提高进入壁垒和移动障碍。某产品的生产者,可以通过垄断一种或更多的生产销售某产品的某些关键资源,来阻止其他企业进入该产业,从而产生或提高进入壁垒和移动障碍。所谓进入壁垒是指阻止新公司加入该产业的产业特征;移动障碍是指阻止公司从一种战略地位向另一战略地位运动的因素。例如,对关键销售渠道的一体化可以使得企图进入该产业的企业很难获取销售渠道,从而提高其进入成本、保护该产业原有企业的市场份额。这种壁垒作用的大小依赖于投入要素在市场上的可替代程度,也取决于产出的可替代程度。可替代程度超高,则壁垒的作用越小。

(3)提高产品差异化能力。这一点在前向一体化中体现尤为明显。纵向一体化有利于提高企业自家产品与其他企业产品之间的差异。例如,纵向一体化可以更好地控制销售分配渠道,提供优越的服务,或通过内部机构生产专有零部件,为产品差异化提供机会。尤其当实行前向一体化的厂家有较高的声誉时,可以在一体化后,利用原有名牌的优势。在零售领域内实行前向一体化,有时可以使企业有效地控制和改善销售人员的服务态度、商店形象、激励措施及其他有助于产品差异化的零售职能的构成要素。总之,纵向一体化可以为产品差异化提供基础,而没有纵向一体化的两个独立企业是无法获得或难以做到的。

(4)产生防御效应。纵向一体化可以产生防御效应。如果竞争者中多数已经实现了纵向一体化,那么很可能就会断绝许多供应来源、满意的客户或零售销路。在这种情况下,没有实现一体化的厂商将不得不去争夺剩余的供应商或客户。如果实现纵向一体化较早,可以避免这种局面出现,事先产生防御效应。

5.纵向一体化能够带来技术经济性

企业可以通过纵向一体化取得技术上的效益,缩短技术开发周期,促进技术创新。例如,在制造业,纵向一体化有利于减少生产工艺的步骤,减少装卸费用、降低运输成本,避免不必要的资源浪费和损失。炼钢和轧钢作业实现纵向一体化,可以省去加热和运输费用,轧材也可以在进入下一道作业之前不做防氧化涂层处理。假如两者分开或距离很远,这种技术经济效果便无法获得。

纵向一体化能够使企业对上游或下游中的技术更加熟悉,通过先进技术向相邻环节的扩散获得外溢效果,缩短技术开发周期,因而有利于技术创新。纵向一体化在技术创新方面可以产生四大优势:消除重复性工作;消除不同部门生产中因互不信任而出现的机会成本;消除合同交易带来的不确定性和因技术相互依赖而出现的较高交易费用;部门创新收益的内部化。因此,纵向一体化企业可能有利于技术创新。图8-4表明了企业技术创新与纵向一体化和规模的关系。图中表明,越是纵向一体化,企业自己从事技术创新的可能性越大。

值得一提的是,企业纵向一体化对技术创新的促进作用不是绝对的,与多样化企业类似,规模过大的纵向一体化企业可能产生组织的低效率,从而阻碍技术创新。此时,一体化可能对技术创新有不利影响。

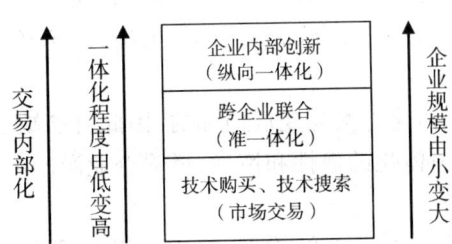

图 8-4　企业技术创新与一体化、规模之间的关系

(二) 纵向一体化的战略风险

1. 减少了转变交易者的灵活性,适应市场变化的能力可能因此减弱

纵向一体化意味着加强了各经营单位之间的相互依赖。技术上的变化、产品设计的变化或管理上的问题都可能造成一体化企业内部之间的不协调。如供应部门可能正在提供某种成本高、质量低劣的或不合适的原材料;而销售部门可能因工作不利正在悄悄地失去其市场地位。如果因此想改换供应部门和销售部门,这比调换独立的供应商和客户成本要大得多。从这一意义上说,纵向一体化减少了灵活性。

2. 提高了退出障碍

如果某产业出现了衰退,欲退出该产业,纵向一体化企业的退出障碍要比分离的企业大。在图8-3中,若衰退的原因在于A、B两个环节,则退出与非纵向一体化没什么区别。若衰退原因在于环节A,则关闭A就意味着,要么关闭B,要么让B去寻找另外的供应商;但事实上,若产业衰退要求与A的产出相同的所有企业都要关闭的话,B要找另外的供应商并不容易。若衰退原因在于环节B,则B退出,A仍需寻求新的客户或自行关闭。有时,纵向一体化后,提高了资产专用性,又加上各营业单位之间有感情联系,这时的纵向一体化会提高总的退出障碍。

3. 需要耗费大量的资金

资金都有某种机会成本。纵向一体化要成为成功的成长模式,就必须取得大于或等于企业资本的机会成本的收益。如果一体化需要资本相当大,那么投入资金就会使企业面临其他方面的风险。纵向一体化就会减少企业分配投入资金的灵活性。由于整个纵向链的业绩取决于其各个环节,因此,企业可能必须投资于那些入仅敷出或入不敷出的环节上,以便保护整个实体,而不能向其他方面投资,这样可能会造成企业缺乏向其他方向成长的资金。同时,投资的分散使用将影响对关键环节的投资,势必削弱关键环节的竞争优势。

4. 不能有效地克服组织成本

纵向链中生产能力过剩(或需求过量)的环节必须在公开市场出售某些产品(或购买某些投入产品),造成上下游价值链的失衡,这无疑给生产经营活动的协调增加了难度。

此外,由于纵向一体化将交易变成内部的,因此可能缺乏市场机制所固有的激励。如何克服纵向一体化的僵性和惰性,增强企业激励的措施,也是纵向一体化所面临的难题之一。

纵向一体化的各经营单位在结构上、技术上以及管理上可能有所不同。一个能把纵向价值链中的某一部分经营得很好的管理人员,不一定能有效地管理好价值链的其他部分。对于纵向关联的经营单位而言,组织内部在经营管理上的冲突是纵向一体化的一种风险。

第三节 资源外取战略

资源外取(Outsourcing)最早是一个源于社会分工的概念,但随着企业管理方式和相关理论的发展,它正不断地被赋予新的内容。进入20世纪90年代以来,资源外取这一名词频频出现在各类经营管理报刊杂志之中。与此同时,虚拟化(Virtualization)、经营网络(Networking)、战略联盟(Strategic Alliance)等战略思想也不断为理论界所谈论,为企业界所实践。它们的共同之处在于都倡导通过借助外部资源来维持和提升本企业的竞争力。这些思想可以用资源外取战略来概括,它是指企业通过一种交易或准交易的形式借助外部资源来支持企业生存和发展的战略举措。

从前两节的分析可以看出,与纵向一体化战略相对比,资源外取战略恰恰是纵向一体化的对立面,即纵向分解。同时,资源外取与纵向一体化并不矛盾,因为完全的纵向一体化和完全的资源外取在现实企业中都不可能存在。选择纵向一体化还是资源外取是一个战略性的选择。

一、资源外取的含义与形式

1. 资源外取的含义

资源外取,即 Outsourcing,有时也译着业务外包。应该说,从这一概念的起源来讲,"业务外包"更能反映原词的精髓,简单地讲,其含义就是将自己的一些事情"包"给"外"面去做。这一管理策略是指将一些传统上由企业内部人员负责的非核心业务外包给专业化、高效的业务供应商。

理论界的不懈研究和企业界的不断实践使得"业务外包"的概念得以不断扩展,使用外部供应的领域已经从清扫、饮食和保安等经营活动的边缘性内容扩展到包括设计、制造、营销、分销、人事和信息系统等经营活动的关键领域。特别是近几年来,它已经逐步从一种经营措施发展成一种战略,其内涵已开始包括企业非优势资源的外部获取、企业网络、战略联盟、企业的外部化成长等一系列重要的战略问题。在这一趋势下,"业务外包"的提法已经显得过于狭隘,不能反映理论研究和企业实践的实际状况,而"资源外取"的译法则更能体现其战略特征。

资源外取是通过一种交易或准交易的形式借助外部资源来支持企业的生存和发展的活动,它除了包括经过合同等交易手段确立的资源外取关系外,还包括企业合作互助、以网络节点为基础开展经营等准交易形式。这类的资源外取虽然可能并不存在表象的、经济意义上的交易,但企业也必然要为如此外取的资源付出自己的代价,这种代价可能是表现在信任的建立与维持上,也可能表现在本企业对互利互惠活动的投入。此外,这一定义强调资源外取战略不仅会起到支持企业发展的作用,而且在社会分工日趋细化的今天,资源外取还是许多企业维持自身生存的基本手段。

传统的资源外取理论认为,一家公司应该确定公司所执行的各项职能(或活动)中哪项职能(或活动)创造了企业的竞争优势,哪些没有。对于那些非核心的职能(或活动),可以外包给比本企业从事该项活动效率更高、成本更低的"专家"去做,而从来不可以将那些核心的职能(或活动)外包出去,否则企业便失去了存在的意义。但是,这一规则已经逐渐开始受到质疑。有些人认为过去对核心业务(Core Activities,对企业经营突出重要的事)和核心能力(Core Competence,对企业经营得好突出重要的事)两个概念的理解有所混淆。他们认为可以将客户管理(Customer Care)之类的功能外包出去,而在传统的资源外取理论家看来,这是不能外包出去的,因为不能去关照顾客的话,企业便失去存在的基础。对于这个问题,应该遵从资源外取理论的最新发展趋势,将资源外取的范围扩大到非核心能力(Non-core Competence)的领域,而不只是非核心业务(Non-core

Activities)。有关企业资源的理论为人们认识战略的长期性和适应性的关系开辟了一个新的视角,这一理论为企业进行资源外取提供了战略分析上的依据。按照 Hamel 和 Prahalad 的分析,"资源的积累不仅要依靠从企业内部经验库的提取以及不断的学习等内部化手段,而且还可以从其他组织借入"[1]。也就是说,企业在寻求资源的内部积累之外,同时还要注重资源的外部获取。因此,资源外取战略也常常被看作是企业运用核心能力、基于资源的竞争理论的必然途径和表现。

此外,还有学者认为资源外取是业务流程再造(Business Process Reengineering)或企业资源规划(Enterprise Resource Planning)的副产品,此类的说法虽然并不与资源外取的战略思想相矛盾,但还是显得有些狭隘。事实上,从目前的发展方向来看,资源外取是对非核心能力或非优势资源的外部化获取,它的内涵非常宽广。

2. 资源外取战略实现方式

资源外取战略的实现方式有许多种,如战略联盟、企业网络、虚拟化经营等。这些方式在决策要点上具有本质的一致性,所以本文在后续的讨论中并不会针对某一方式分别论证或举例,而是更多地用资源外取或业务外包来做综括。

(1)工作外包(Contracting Out Work)

正如前面所提到的那样,工作(业务)外包是最能反映 Outsourcing 英文原意的。工作外包的做法在很早以前便为企业实践所采用,它是指企业将自己认为整体经营影响较少或本企业没必要独立承担的零部件生产、后勤服务等活动承包出去,由专业化的公司来完成。这种作法源于专业化分工的朴素思想,所涉及的范围也只限于一些边缘性的经营活动和次要的零部件生产,而且人们在最初采用这一做法的时候也没有过多的成本要求和战略考虑。但正是这一做法为战略联盟、虚拟化经营奠定了基础,并成为资源外取战略的雏形。

目前,工作外包的领域日益宽广,特别是在信息系统管理领域,自从柯达公司在 1988 年宣布将其所有信息系统职能外包给 IBM、DEC 和 Business land 等公司以后,许多公司便纷纷效仿。一时间,信息系统工作外包在国际上蔚然成风,国际上各大系统解决方案供应商也针对这种需求争相提供这方面的服务。工作外包的范围还在逐步扩大,正如著名学者 Quinn 所说的那样,"公司可以将其价值链上的任何一个环节外包出去,从纯粹的研究到产品的分销"[2]。

---

[1] Prahalad, C. K. and Hamel, G., "The Core Competence of the Corporation", *Harvard Business Review*, May—June, 1990

[2] James Brian Quinn and Frederick, G. Hilmer, "Strategic Outsourcing", Sloan Management Review, Summer 1994

第八章 纵向一体化与资源外取战略

(2) 战略联盟(Strategic Alliance)

虽然说企业之间的合作和结盟由来已久,但是真正从理论上来定义它并且为企业界广泛实践却是从 20 世纪 80 年代才开始的。战略联盟在很短的时间内得以迅速发展,世界上几乎所有的大公司都与其原来的对手结成了新的合作伙伴。据美国《幸福》杂志报道,仅 IBM 公司就与美国本土和海外的各类公司结成了 400 多项战略联盟协议;美国康宁公司与 19 家公司建立了战略联盟关系,并把这种联盟视为其核心战略,以至于该公司把自己称为"一种组织网络"。

目前学术界对战略联盟尚无统一的定义,通常的观点可以分为狭义的和广义的两种。狭义的观点认为,战略联盟就是两个或两个以上的企业在某个时期以相互合作的方式来实现某一特定目标;广义的观点认为,战略联盟包括合资等股权参与形式在内的任何形式的企业间正式的和非正式的协议,其中包括合资、许可证、供应协议、营销协议和其他各种协议。[①]目前,广义的观点获得了普遍认同,认为战略联盟是企业间为实现一定的战略目标而采取的共担风险、共享利益的联合行动。透过广义的定义,可以清楚地看到战略联盟深深地涵盖于资源外取的战略思想之内。

(3) 虚拟化经营(Virtualization)

虚拟化经营是指企业在组织上突破有形的界限,虽有生产、行销、设计、财务等功能,但企业体内却没有完整地执行这些功能的组织。就是说企业在有限的资源下,为了取得竞争中的最大优势,仅保留企业中最关键的职能,而将其他的功能虚拟化——通过各种外力进行整合互补,其目的是在竞争中最大效率地利用企业有限的资源。虚拟化经营基本有五种形式:虚拟生产;共生;策略联盟;虚拟销售网络;虚拟行政部门。虚拟化经营在国外早已十分普遍,耐克、锐步等运动鞋公司根本就没有自己的工厂,而国内所能见到的多数进口电器也都是以这种方式进行经营和生产。正是因为国外虚拟企业将一些劳动密集型产业的生产部分虚拟化,并把它转移到劳动力成本较低的我国来做,所以才有深圳和珠江三角洲的发展。实际上,许多中国香港的名牌服装都是由内地的一些厂家生产的。

虚拟化经营与资源外取无论在基本含义上还是在实现方式上都有着本质上的一致性,所不同的是二者界定概念的角度——虚拟化指的是一种经营方式,而资源外取则是指企业进行竞争的一种战略。

(4) 企业网络(Networking)

任何组织之间只要有长期交易关系的维持,就不可能以单纯的市场关系来理解,企业网络以及相关的理论就是在这种背景下兴起的,并成为组织管理和产

---

① 李国津. 战略联盟. 天津人民出版社,1997:4~5

业研究的一个重要课题。网络理论认为没有一个组织可以独立存在或定义，人们必须通过组织之间的交往互动关系来了解一个组织。组织之间的交往关系愈密切，彼此的影响力也愈大，反之亦然。就纵向联系而言，两个企业之间即使没有产权关系，也有可能形成紧密的合作联系，因此掌握稳定良好的网络关系，是一项重要的竞争优势。企业网络也是生产同类产品的小企业之间的合作方式，比如数家企业联合进行采购、共同组织人员培训、共同组织促销活动等，这样小企业结成的网络也可以向大企业一样实现规模经济。

二、资源外取热潮的兴起

资源外取既不是一个新的概念，也不是一项新的活动，但是随着时间的推移和市场竞争的深入，它不断地被赋予新的内容和含义。

早在20世纪30年代的时候，就有欧美的企业将一些虽然重要但并不直接创造价值的活动，如工资册处理(Payroll Processing)等外包给一些在此方面拥有最先进设备的服务机构。在80年代，欧美的制造业企业通过大量的资源外取安排来裁减人员和节省工资费用。后来，资源外取逐步扩展到几乎每一个行业。进入90年代，资源外取在欧美企业间形成了一股强大的热潮。1988年柯达公司对外宣布该公司签定了三份总额高达10亿美元的信息系统外包合同，从而引起了理论界和实业界对资源外取的广泛关注。1995年前后，欧美各主要的管理杂志，如《商业周刊》、《哈佛商业评论》、《斯隆管理评论》等，都纷纷发表文章讨论资源外取战略。资源外取专家Michael Corbett曾经评论道："资源外取是公司对核心能力和外部关系全面的结构调整，它已经被应用到公司经营的每一方面和每一层次，被看作是公司再生生产力的核心。"[①]

与此同时，许多企业积极实施资源外取战略，并把它当作进行变革的有力武器，获得了巨大的收益。大量的资源外取实践表明，抛弃"大而全"、"小而全"的经营思路，更加注重从外部获取资源，靠有限的可控资源使更多的资源可控，是一种有效的战略形式。它可以使企业以有限的规模获得规模经济，能够使企业具有很强的灵活性，组织更加扁平化，对外部资源有更强的适应性，降低管理费用，增强企业专注于核心业务进而维护和强化其竞争优势的能力。

例如，德尔(Dell)公司就把它的整个产品供货交给了Roadway后勤服务公司来做，德尔认为其产品40%的成本来自后勤，而现在把它交付给在供货和跟踪方面具有核心能力的机构来管理，则预计可节省数千万美元。德尔的决策隐含着外包的三个相关的驱动因素：首先是技术成本和复杂性正在增加，因为供应

---

① Michael Corbett, "Help Wanted – CRO", *The Source*, Fall-Winter 1994

第八章 纵向一体化与资源外取战略

系统的复杂性正在日益提升,因而德尔面临着一个选择——是否应该投巨资并雇佣数千名职员在企业内部完成这个职能。如果它这么做,它将不得不投入大量的管理时间和公司的资源,而这本来应该同对功能强大但价格低廉的计算机的开发结合在一起,这是第二个原因。最后一个因素是,德尔坚信一种流行的观点——技术变化如此迅速而市场又非常容易失去,所以一个公司投资自己的供货系统会存在很大的风险,最好的办法是把风险转嫁给 Roadway,从而同供应商结成战略性的信任联盟。

耐克(Nike)公司是世界上最大的运动鞋供应商和制造商,也是人们在谈论资源外取战略时最常举到的例子。该公司将主要的财力、物力、人力投入到产品的设计和销售上,而生产活动则完全在中国台湾和其他地区的企业中进行。耐克公司通过与世界上众多国家和地区(包括我国大陆)的制鞋商合作,取得了快速的发展。从 1985 年到 1992 年,公司的纯利润增长了 24 倍。

据美国《财富》杂志报道,目前全世界年收入在 5000 万美元以上的公司,都普遍开展了业务外包,邓百氏公司的《1998 年全球业务外包研究报告》表明,全球年营业额在 5000 万美元以上公司在 1998 年业务外包的开支上升 27%,比 1997 年业务外包的总开支将增至近 2350 亿美元。迄今为止,全球的所有业务外包活动,约有 60% 集中在美国。1998 年,该地区的业务外包开支增加 21%,即增加 250 亿美元,达到 1410 亿美元,而上年的增长率却只有 15%。与此同时,欧洲的业务外包活动也在增加,其中最活跃的是英国、法国、意大利和德国。事实上,欧洲这方面的开支的增长速度比美国还要快,增长率为 34%。到 1999 年初,欧洲的业务外包开支已经超过 920 亿美元。另据统计,1997 年美国企业通过资源外取所外包的产品和服务的总价值已经超过了 1000 亿美元,其中仅服务的价值就达到了 850 亿美元。在各类被外包的业务中总价值列前四位的是:信息技术,255 亿美元,约占被外包服务的 30%;人力资源,136 亿美元,16%;销售/营销,119 亿美元,14%;财务,94 亿美元,11%。而且通过资源外取开展业务的总价值还在以每年 25%~35% 的速度增长,预计到 2000 年,这一数字将达到 3000 亿美元。①

但另一方面,资源外取的范围之广、涉及金额之大,意味着如果不能将这一战略运用得当,不仅不能达到预期的目的,反而会带来非常棘手的问题。事实上,资源外取也确实带来了一些负面的影响。1996 年在美国发生的两次大罢工使资源外取战略遭到了许多人士的质疑。一家车闸供应厂的罢工使得通用汽车公司(GM)在北美的制车作业中断了 18 天,而机械师工会的罢工使得麦道(Mc-

---

① 数据来源:The Outsourcing Institute,New York City,USA,1997

Donnell-Douglas)公司连续 99 天不能正常运作。这两次罢工使得通用和麦道蒙受了巨大的经济损失,也使得人们对资源外取的战略风险提高了警惕。

归纳起来,当前的资源外取热潮主要有以下几方面的特征:一是数量的扩大化,从事资源外取的企业越来越多;二是层次上的纵深化,原来认为的关键活动或环节现在也被外包出去了;三是决策的高层化,越来越把 Outsourcing 看成一种战略的而非作业性的决策。总而言之,资源外取具备了越来越重要的战略特征,影响也越来越深远,它需要管理层科学的决策和有效的手段来保证它的实施。

三、资源外取战略的动因

资源外取之所以广受关注,并且在实践中有着越来越深入的应用,大体可以归结为以下四个主要原因。

1. 技术复杂性及其开发成本的增加

当代科技研究的成果不断将产品推向高科技化和复杂化,一种新产品的问世往往需要涉及越来越多的技术领域,经过越来越多的生产和经营环节。从产品的策划、设计、研制到批量生产、市场销售和服务,产品的价值链构成了一个规模越来越大的系统工程。这一工程规模之巨大,即使一些巨型的跨国公司也难以独立承担,更何况普通的中小公司。如果一家公司在自己经营的各个环节均以最先进的技术来武装的话,不仅需要有巨额的人力和财力的投入,而且还要承受因技术迅速变革所造成的无形折旧损失,这就要求企业在保持自己在核心业务上的技术优势的同时,考虑将其他次要的方面交与他人。

2. 资源获取的难度增加

资源的稀缺因人类活动的延续和丰富而日趋严重,生态失调、能源危机、原料短缺等一系列问题使企业不断地感受到,要想获取有限的资源所需付出的努力越来越多。由于自然的、历史的或技术的原因,有些企业在某些资源的拥有上有着较为突出的优势。其他企业要想获取同样的优势,即便可能,也要比那些资源占有上的优势企业付出高出数倍的代价。因此,在这个问题上,企业不能一味地去猎取各种资源,应该换个角度去思考资源的获取和利用的问题。人们慢慢地意识到,在一个资源日益稀缺的年代,所有的资源都应该消耗在共同取得的成功上,而不是消耗在击败其他群体上,通过外包网络将其他公司的优势资源整合到本企业中,往往会收到意想不到的战略效果。

3. 市场需求的动态变化

在一个以顾客为导向的市场中,顾客行为和价值取向渐趋多元化,消费者的口味随着快节奏的生活方式不断变化。今天适销对路的产品可能在很短的时间内便被抛弃,许多经销商都在感叹消费者的需求越来越难以把握,产品的生命周期越来越短,产品必须不断升级换代。以往那种仅仅面向"生产经营"的管理方式不再适应全球化的市场竞争,企业为了适应市场的需求,在不断完善其内部生产管理的同时,都在扩张自己的产品线,更加注重产品的研究开发、质量控制、市场营销和售后服务等环节;并且发现仅靠自己企业的资源不可能有效地参与市场竞争,而必须把经营过程的有关各方如供应商、客户、制造工厂、分销网络等纳入一个紧密的供应链中。因此,企业的战略思想和管理技术也必须紧跟不断变化的市场竞争的需求,不断地在其广度和深度上加以扩展和更新,并且具备更大的灵活性。这些方面的要求是一个追求在各个业务领域都面面俱到的企业难于满足的,最好的办法莫过于进行资源外取,与有关方面结成战略性的信任联盟,共享资源,共担风险。

4. 管理创新和技术革命为资源外取提供了有利的条件

当代的信息技术使企业之间联系更为便捷,交通技术的发展则不断缩短着企业之间的"距离";同时,物流管理、供应链管理等管理创新的成果也为企业提供了一组有效的管理工具,使企业能够更好地借用外部资源,与供应商建立起更好的合作关系,这些都大大推动了"伙伴—供应商"式资源网络的出现和发展。

四、资源外取战略的收益和风险

现实中,很少有企业能在各种组织活动(职能)上均超过竞争对手,其中必然有核心与非核心之分,这是与优势资源和非优势资源的区分相对应的。能够产生竞争优势的资源必须留在组织内部,否则企业便失去了存在的意义,而对于那些非优势的业务(资源)企业则可以选择内部拥有和外部获取两种方式。在今天技术日趋复杂,社会分工不断细化,消费者需求变化莫测的情况下,许多企业都加强了资源外取的实践,这其中有不少企业获得了巨大的战略收益,同时也有一些企业遭受了重创。同其他许多战略一样,资源外取战略也是一把双刃剑,它在可能带来丰厚收益的同时,也潜藏了许多战略性的风险。因此,企业在进行资源外取决策时,必须对该战略的可能收益和潜在风险有充分的认识。

(一)资源外取战略的收益

1. 成本的节约

获得成本的节约是驱使企业进行资源外取最原始的动力,企业实施资源外取战略获得的成本节约主要来自以下三个方面。

(1)外部供应者所提供的比本企业内部完成价格更低的产品或服务

企业进行资源外取通常都是寻找那些在某项产品或服务的提供上拥有突出优势的供应商,如果条件允许的话,企业可以将价值链中的每个环节都由世界上最好的专业公司完成。这些供应商由于在规模、技术开发、管理技能等方面的专业化优势,能够比其他公司以更低的价格、更高的质量提供某些产品或服务,而且产品或服务的价格之低、质量之高,常常是那些只注重"自制"的公司所难以想象的。资源外取可以削减开支,增强成本控制。例如,根据美国 Forrest 调查公司估计,美国企业依靠自身力量建立并维护一个万维网网站,第一年的费用将是22万美元,而将此工作外包给专门的公司,开销仅为4.2万美元。

(2) 资源集中用于企业的核心业务而获得的更大程度上的规模效益

通过实施资源外取战略,将那些本企业非核心的、效率较低的业务交给在这些方面有专长的公司去做,可以解放企业的人、财、物力资源,集中用于企业核心业务的维持和发展上,这样便可以使原本有限的资源发挥更大的效用,实现或进一步放大企业在核心业务上的规模经济性。而且更为重要的是,资源外取可以使经理人员减少以往用于一些边缘性业务的时间,而将精力更多地投入到经营的核心内容上,从而为经理人员提高管理水平和工作绩效创造了有利的客观条件。

(3) 比内部交易成本更低的外部交易成本

许多研究表明,如果对企业内部的交易费用进行彻底的分析,得出来的结果可能是极高的;但是由于企业内部交易的成本不像与外部供应商进行交易的成本那样清晰可见,因此常常有许多项目被忽视。通过外部供应来完成某项业务虽然会产生外部协调等新的内容,带来新的成本投入,但是由于外部交易大多有市场和契约等手段做保证,其成本的衡量要比内部交易方便、清晰得多,因此也就便利了成本的控制。如果对供应商的选择得当,并且能采取有效的措施,完全可以使外部交易的成本大大低于内部交易的成本。

2. 战略的灵活性

一个企业要想以其竞争对手无法效仿的方式运作,其管理体系、流程和结构是创立竞争优势的关键。资源外取战略给企业带来的一个重大变化便是组织机构的精简,企业有了合适的、干练的组织结构,可以更快推出新产品,更好提高产品质量,更迅捷、全面地满足顾客要求,从而为实施具有高度灵活性的战略准备好组织条件。

同时,企业可以根据自己的战略要求和供应商的状况选择多种多样的资源外取方式。供应商世界级或专家级的优势可以为资源外取者提供更周到、灵活的服务,如上门服务和有伸缩性的合同安排等,从而也便利了资源外取者。例如,在有些非关键性设备的利用上,企业完全可以通过租赁的方式获得这些设备的使用权,这样企业可以根据市场需求波动的情况,随时决定修改、延长或终止租赁合同,这样不仅使企业免去了在固定资产和日常维护上的巨大投入,而且更为重要的是获得了生产安排上的灵活性。

资源外取所带来的灵活性还表现在信息的获得上。企业通过实施资源外取战略可以与许多外部供应商结成一个巨大的网络,这个网络不仅是传递产品和服务的网络,而且还是一个传递信息的网络。企业借助于这一网络可以比单独通过本企业努力以更快的速度获取更多的信息。获取信息速度的提高和数量的增加可以使企业较早预见经营环境中可能出现的变化,及时采取对策,从而实现更加灵活地安排经营的目标。

3. 协同效应

无论是同业者之间,还是前后向企业之间,借助于资源外取形成的合作关系能使各自的竞争优势产生互补效应,增强竞争力,这是因为合作者之间都存在着强此弱彼、长尺短寸的环节。因此,通过合作互补能使其竞争优势得到放大,进而产生"声律相协而八音生"的效果。

资源外取通常被认为是另一有力的管理工具——业务流程再造(Business Process Reengineering)的副产品。通过由一个已经达到世界水平的外部合作者来接手某一流程,资源外取可以使一个企业马上实现再造工程的预期收益。另外,通过资源外取关系可以获得企业内部不能获得的资源。例如,某一企业为了将其业务扩展到一个新的地区或技术领域,可能会首先从与该地区或领域的供应商发展资源外取关系做起。

美国 IBM 公司在软件上与微软公司合作,在硬件上与英特尔公司结盟,结果三家公司在各自领域内称雄的地位都变得难以动摇。而且,资源外取关系链条上的企业可以通过"整合"各自原有竞争优势,产生新的竞争优势,使其竞争力得到进一步提高,实现 $1+1>2$ 的效果。对一些行业的研究表明,有近三分之二的技术革新是由顾客和供应商的相互交往引发的。从理论上讲,资源外取增加了外取方作为顾客与供应商交往的机会,因此,如果能控制得当,资源外取实践能够有效地提高企业创新的能力。

特别是在涉及同行之间的资源外取活动中,追求共荣、避免俱损便是博弈论中合作博弈(Cooperative Game)的具体体现。它是富有个体理性的"同行"之间强调团体理性(Collective Rationality),避免"俱损"的战略选择。据报道,在争夺韩国高速列车订单的时候,法英企业 GEC 阿尔斯通生产的 TGV 列车,击败了德国西门子公司生产的 ICE 列车,但因杀价过低,实际上无利可图。正是这种无益的厮杀迫使欧洲两大高速列车生产商开展合作,以避免过分激烈的竞争造成两败俱伤。

4. 降低经营风险

与资源的提供者一起分摊风险是战略性的资源外取所带来的又一大收益。

经营环境的复杂多变增加了企业经营的风险。通常来讲,企业的经营风险来自政治、金融、技术等各个方面。

全球经济一体化进程的加快使得越来越多的企业不再只是为本国市场提供产品或服务,即使是规模很小的企业也不可避免地要在多个国家从事经营。政治上的风险无疑会给越来越多的企业、特别是那些大型的跨国公司,带来深远的影响。如果说通过直接投资的方式建立起来的独资或合资企业面临无法估计的政治风险的话,那么无股权形式的合作则具有相对的优越性,它不必投入巨额的资金,合作者又能保持行动自由,因而面临的政治风险要小得多。

技术的复杂化和消费需求的不断变化,使得企业面临越来越大的来自研究开发的风险。企业研究与开发需要投入巨额的资金,尽管研制成功会带来丰厚的收益,但是一旦失败,就有可能给企业带来灭顶之灾。因此,从专业化的公司手中外取技术成果,或者几个企业联合起来共同投资、共担风险、共享成果,自然是降低经营风险的有效途径。有关技术开发的资源外取安排不仅可以降低风险,减少不必要的重复投资,而且还可以相互交流信息,传递技术,加速研究开发的进展,增强企业的竞争力。

(二)资源外取战略的潜在风险

如果资源提供者市场是完全可靠和有效的,那么企业可以将除核心业务之外的所有活动外包出去。但不幸的是,大多数的供应商市场是不完美的。因此,通过将某些业务全部地或部分地外包出去来进行资源外取,在创造出许多新的战略机会的同时,也在控制、价格、质量、时间和其他关键方面带来了潜在的风险。

通常来讲,资源外取战略的潜在风险主要来自以下三个方面:关键技能的丧失或技能培养不当;跨功能性技能的丧失;对资源提供者的失控。

1. 关键技能或跨功能性技能的丧失

在竞争格局的动态演变过程中,企业的关键技能也可能随之变化。今日的一般技能有可能成为明日的关键技能,今日的关键技能也可能随着技术扩散而失去意义。企业如果不能够对资源外取的结构进行适时调整,则可能面对很大的风险。

2. 跨功能性技能的丧失

许多企业在实践中通常会有这样的体会,不同功能或业务领域的人员协同工作、相互磨合往往会创造出许多解决问题的新方法和新思路。公司进行资源外取的程度越低,获得和培养这种跨功能性能力的机会越多。当然,公司有意识地鼓励和保证本企业的员工和资源提供方的专家进行持久的、密切的接触和交流可能会激发出比未进行资源外取时层次更高的知识和更大的创造力。但是,由于专业性资源的提供者通常都分布在不同的地理位置,所以就加大了这些供应商与资源外取者之间结成密切的跨功能团队的难度。

3. 对资源提供者失去控制

如果资源提供者所提供的产品或服务的特性不能满足资源外取方的要求,那么就会产生非常严重的问题。成功的资源外取者发现,与供应商的高层管理者和有关的基层人员保持密切的私人交往和和睦的关系是必不可少的。正因如此,耐克公司不仅向其供应厂商派出了全职的"生产代表",而且还经常将供应商的高层人员请到公司在美国俄勒冈州 Beaverton 的总部,一起就未来的发展前景进行深入的讨论。当出现冲突的时候,耐克可以敦促供应商的首席执行官和相关主管人员直接负责问题的解决。即便如此,如果资源外取方没有与供应商相关的、足够强的市场力(Market Power)①的话,也会面临许多困难。为了加强对供应商的控制,有些做法比较极端的企业甚至将供应商制造设备的关键部件掌握在自己手中,如果供货(或服务)不合要求的话,资源外取方可以拆除这些部件或关闭供应商的整个生产线。这些企业认为通过上述做法可以"引起供应商足够的重视"。

然而,除非资源外取方的核心能力足以控制整个市场,通常都会有一些企业在借助资源外取方的支持建立起自己的专门技能之后,绕过资源外取者直接进入后向市场。我国台湾的捷安特(Giant)公司就是从为 Schwinn 公司供应自行车骨架起步,发展成世界闻名的自行车制造商的。此外,资源提供者还有可能从外取者那里学到尽可能多的技术知识,然后将这些技术改头换面转手卖给资源外取者的竞争对手,日本的东芝公司就曾经将自己从合作者那里学到的潜艇推进器技术转卖出去。

对于此类的外部冲突需要进行仔细的识别、限制,并设法弥补这些冲突所造成的损失,对任何资源外取活动特别是那些常规性的战略安排是至关重要的。事实上,那些实施资源外取战略力度较大的公司通常会找到一些有效的法律上和经营上的途径来解决这些问题,并且他们也经常乐于与其外部供应商分享那些有用的技术。

五、资源外取战略的实施

资源外取的基本思想由于可以带来企业竞争优势的增强,因而,对资源外取战略的讨论和实践已经形成一股强劲的浪潮。然而,由上一部分的讨论可知,资源外取战略效果具有两面性的特征:如果运用得当,企业不仅可以获得成本节约,降

---

① 市场力是指控制销售渠道(即供应商、运输服务、销路)以便使产品具有竞争优势的能力

低经营风险,使自己的经营更加灵活,而且还能与资源供应商产生一种协同效应,从而实现用有限的资源使更多的资源可控的目的;但是,也要看到,如果不能好好把握这一战略思想的实质,决策过于草率;那么企业不仅不能获益,还有可能面临关键技能的丧失或技能培养不当、跨功能性技能的丧失、对资源供应商失去控制等战略风险,这些潜在的风险如果成为现实就会给企业带来致命的打击。

要想使资源外取真正发挥其战略优势,避免潜在的风险,最好的办法就是针对本企业的战略需求和实际情况,有的放矢,量体裁衣,确定真正适合自己的资源外取领域,选择真正能满足本企业需求的资源供应商,选择适当的资源外取方式并在具体实施中监督和管理资源外取活动。

(一)企业的内部分析和评估

企业要明确自身经营目标和资源外取之间的联系;了解对哪些资源需要外包,就像了解自己的核心竞争力一样重要,这样才能把非核心的资源外取出去,从而将企业力量聚焦于自己的核心业务;在确定了要外包的业务后,还需要收集大量的材料和数据以确定从哪些外包的资源中可以获得最快或者最佳的投资回报;另外还要与员工进行开诚布公的沟通,因为资源外取势必会涉及一些员工的利益,良好的沟通可以了解到如何满足员工的一些正当要求,而员工的支持和士气对资源外取战略能否顺利实施将起到重要的作用。

现在,许多企业正在将那些原来认为是价值链上不可缺的因素和必要的组织活动外包出去。由于拥有更高的专业化程度和新的技术能力,外部供应商能够做得比一个完全一体化的公司成本更低、附加价值更高。在有些企业的实践中,新的生产技术已经将制造的规模经济性转移给供应商;也有一些企业借助于服务技术的提高大大降低了交易成本,从而使较便宜地从外部来源确定、运输、储存、调整投入要素成为可能,因此原来内部资源供给的收益已经让位给资源外取。在某些特定的市场区域内,外部公司已经成长到相当的规模和水平,拥有有利的规模和范围的经济性,以及强大的知识密集程度,无论是更小规模的公司还是更加一体化的制造商都不能与之相抗衡。

(二)评估需求,并选择供应商

企业以资源外取替代纵向一体化,就是将市场机制引入增值活动,而市场机制发挥作用需要必要和充分的信息。企业的领导层在综合各方面的意见后,要写一份详细的书面材料,其中包括服务等级、需要解决的问题以及详尽的需求等;一切准备就绪后,就可以按照自己的需求去寻找最适当的资源供应商了。需要注意的是资源供应商是否真正理解本企业的需求,以及它是否有足够的能力解决本企业的问题。这一切条件都具备之后就可以依照规范的法律程序去签约。以制造企业零部件外包为例:第一,企业必须能够明确界定所需零部件的特性;第二,用于衡量这些特性的技术必须可靠且易操作(只有这样才能保证企业的需求同供货商的供给相吻合);第三,如果供货商提供的零部件同企业所要求的存在差异,企业应知道应对增值体系相应做哪些调整,即供货商提供的零部件同增值系统的其他要素应如何相互作用才能实现预期的效果。如果企业能做到以上三点,它就能通过外包来完成增值活动。

(三)资源外取战略实现方式的选择

在对企业经营的某一具体部分作出资源外取战略决策之后,便要对资源外取战略的具体实现方式作出选择。可供管理者选择的具体实现方式有很多种(见图8-5),每一种方式也就意味着不同的控制力度。如果某项业务的脆弱性(Vulnerability)程度较高,而且对竞争优势的潜在贡献较大,那么就应该对此项业务进行较为严密的控制,如关键技术的研究开发等。相反,如果某项业务失控后的潜在损失较小,对竞争优势的潜在贡献也不大,那么就应该以控制力度较小的方式将其外包出去,如办公室的清扫工作等。对于那些介于这两种极端情况的中间状态,管理者需要对各种因素作出平衡,有创造性地选择适当的资源外取方式。

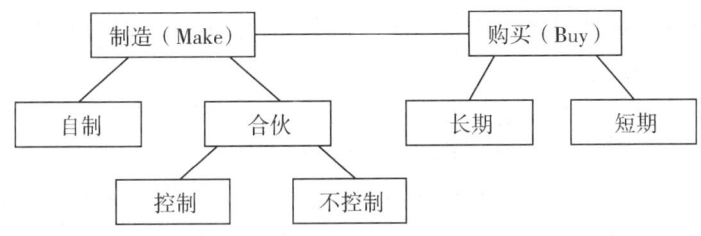

图 8-5 选择资源外取方式的范围

资料来源:Quinn, J. B., Doorley, T. L. and Paquette, P. C., "Technology in service: rethinking strategic focus", *Sloan Management Review*, Winter, 1990:50

Quinn 等学者提出了 7 个战略性的问题[①],供管理者在选择资源外取战略的具体实现方式时进行参考。管理者在深入调查、分析了本企业的核心能力、经营环境、成本、技术、与供应商的关系等问题之后,可以依据这一思考框架对上述因素进行整理,决定资源外取的具体实现方式。这 7 个问题是:

①我们是否真想长期地在企业内部制造某项产品或服务?如果想的话,我们是否愿意进行必要的投资以保持一种领先的地位?这对保护我们的核心能力是否至关重要?

---

① Quinn, J. B., Doorley, T. L. and Paquette, P. C., "Technology in service: rethinking strategic focus", *Sloan Management Review*, Winter, 1990:50

②如果不是,我们能否通过许可证或购买的方式获得能使持续成为最佳的技术或诀窍?

③如果不能,我们能否从一个一流的供应商那里直接购买该项产品或服务?随着需求量和复杂性的增加,这还是一个可行的方案吗?

④如果不是,我们能否与一个能使我们最终具备在此项业务成为最佳的、经验丰富的供应商建立一种合作开发项目?

⑤如果不能,我们能否达成一种长期的开发或购买协议,该协议能否保证可靠的供应来源和在知识及其他对我们和供应商都重要的财产上的所有权利益?

⑥如果不能,为了使优势更为突出,我们能否拥有或控制一个一流的供应商?

⑦如果不能,我们能建立起控制和刺激以使总的交易成本低于在企业内部生产时的成本吗?

(四)资源外取战略的监督和管理

在这一阶段要保持对资源外取业务的性能的随时监测和评估,并及时与供应商交换意见,谋求相互的信赖和长期的合作。在资源外取战略实施的初期,还要注意帮助本企业的员工适应这一新的做事方式。在资源外取实施中最重要的是灵活性与控制的协调。

企业的决策者需要在这一框架之下不断地对灵活性和控制作出平衡。图8-6给出了可供企业依据对控制和灵活性的需求选择实现资源外取战略的几种基本方式。选择何种方式绝不只是一个自制(Make)还是外购(Buy)的问题,而是一个如何将外部资源获取和内部资源供给协调起来,达到最优化的问题。

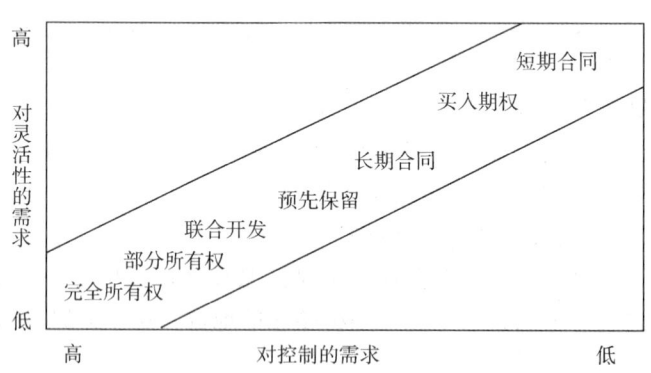

图8-6 可供选择的合同关系

资料来源:Quinn, J. B., Doorley, T. L. and Paquette, P. C., "Technology in service:rethinking strategic focus", *Sloan Management Review*, Winter, 1990:50

灵活性与控制的协调需要管理者在选择确定资源外取方式的时候有所创新,这里将要特别提到的是一种"买入期权"(Call Options)①型的资源外取方式。由于资源外取的目的之一便是要让供应商承担一定程度的投资和需求多变等方面的风险,所以为了使成本安排最优化,资源外取方可能会希望即使在销售需求高度波动的情况下也保持相对稳定的内部生产能力。在这种情况下,企业需要的是一个有起伏性的战略(Surge Strategy)。

例如,拥有 80 亿美元年销售额和 10.1% 年增长速度的麦当劳公司就有许多兼职的和临时性的工人供其在每日销售的繁忙时段调入,而且该公司还能够从这些人员中选拔出未来的固定工和管理人员。在战略意义上,麦当劳已经建立起一个"买入期权"型的人员库。而 IBM 公司的问题则恰恰相反,随着核心需求的减少,该公司不得不解雇许多员工。因此 IBM 需要实施类似麦当劳的起伏性战略,通过实施这一战略可以:①迅速获得前任员工的基本技能;②保持生产能力,而无须始终投入那些支持性的费用;③增强通过临时联合体有效利用外部供应的能力——如在应用软件、微处理器、网络开发、工厂自动化等方面。

时代的发展和经营环境的变化使得资源外取从"分工协作"的概念扩展成一个体系严密的经营战略领域,这一战略除了为越来越多的企业所采纳之外,还不断向纵深发展,企业进行资源外取的领域越来越接近企业的核心。资源外取战略的影响是深远的,它必将伴随科学技术的发展和环境的变化对产业结构、企业远景、经营理念、管理方法的变化产生巨大的推动作用,而有关资源外取的理论研究也会不断地被赋予新的内容。

本章思考题

1. 实行纵向一体化会带来一定的组织成本,具体有哪些?请结合一个企业的实际情况进行论述。

2. 纵向一体化的企业经常采用内部价格对各经营单位进行核算,如何制定内部价格更为合理?

3. 准一体化较之完全一体化有更大的灵活性,其缺点是什么?

5. 非关键性资源都应该外取吗?如不是,在制定资源外取战略时应该作出哪些考虑?

6. 资源外取与准一体化的共同点有哪些?是否可以说准一体化是资源外取的一类特殊方式?

---

① 买入期权是一种购买合同,如此定名是因为期权的给予者或持有人有权要求接受者按商定的固定价格出售证券或商品

第九章 国际化战略

本章导读

随着全球化的浪潮日益高涨和国际竞争的国内化,国际化战略在战略管理中的地位逐渐上升。本章重点介绍当今国际经济环境的变化与挑战,透视国际化经营,剖析国际化战略和国际化方式。

在科学技术、国际贸易和跨国公司迅速发展的推动下,当今世界正在向区域化、全球化、多极化和信息化发展,而且进程不断加快,从而既在一定程度上改变了竞争的格局与实质,也对企业战略提出许多新的挑战。

第一节 国际经济环境的变化与挑战

作为一个开放的复杂系统,任何企业都不可能离开特定的经营环境而独立存在。它们一方面在努力地塑造环境,另一方面又不可避免地受到环境的影响。国际贸易壁垒的削弱、国际直接投资的发展、跨国并购的兴起、通信技术上的数字革命和区域经济一体化的强劲趋势等因素正从根本上改变着企业的国际经营环境,从而既为企业提供了许多新的机会,也对其提出了许多挑战。

一、商品贸易自由化程度提高

在"乌拉圭回合"的谈判结束以后,发达国家的进口关税水平已经下降到4%,发展中国家的进口关税水平也下降到15%;并且各国均不同程度对本国市场开放作出具体承诺,自由贸易浪潮正席卷全球,从而在一定程度上促使世界贸易得以快速发展。例如,

1994年世界商品出口量年均增长率从上年的 2.5% 上升到 9%,如以贸易金额计算则增长 12%;到 1995 年,世界贸易额首次突破 6 万亿美元,贸易量比上年增长 8%,如以贸易额计算则增长 19%,其增长率达到世界生产增长率的 2 倍多[①];在 1996 年,世界贸易继续保持了 7% 的增长率,预计今后还会以每年 7%~8% 的速度递增。并且,近 10 年来,国际贸易的增长超过国民生产总值的增长,1995~1997 年平均超过 5.4 个百分点。有资料显示,世界经济对国际贸易的依存度已达 1/3 左右[②]。自由化的贸易不仅为各国企业通过出口的方式开展国际化经营、开拓国际市场提供了便利条件,而且也对它们提出了新挑战,无论是原来已经进行国际贸易的企业,还是仍局限于在国内市场上开展经营活动的企业,都将面临越来越多的竞争对手,其原有的某些优势,如关税保护、政府扶植和基于某类特权的优势等将逐渐丧失。

二、跨国公司与全球生产体系的发展

"二战"以后发展起来的全球生产体系,在 20 世纪 70 年代末和 80 年代得以迅速发展。许多国家纷纷加入全球生产体系,促进了该体系的不断发展。与此相应,跨国公司如雨后春笋般地建立。首先,全球跨国公司母、子公司的数量迅速攀升,分别从 1980 年的 1100 家和 98000 家增加到 1997 年的 53000 家和 450000 家;其次,国际直接投资额大幅度增长、投资总存量急速膨胀。1997 年国际直接投资总流入再创新高,已升至 4000 亿美元,比 1990 年增加了一倍,比 1980 年增加了 6 倍。同年,国际直接投资流入的总存量已达 34560 亿美元,直接投资流出总存量达 35410 亿美元,流入和流出的总存量已占全球国内生产总值的 21%。再次,全球跨国公司海外销售额不断扩大,从 1990 年的 55000 亿美元增至 1997 年的 95000 亿美元。实际上,到 1985 年,跨国公司在母国以外进行的国际性生产已经超过了世界贸易量。如果利用相对量来考察,目前全球国际直接投资的增幅已明显超出世界总产值和国际贸易的增幅。1997 年,这三项指标分别为 10%、6.6% 和 4.5%,显示了跨国直接投资在全球经济中较为强劲的潜力。不过,迄今为止,多数跨国公司的资产、产值和就业主要仍在母国,进行跨越国界和地区界限的生产和经营还有很大潜力,全球化将继续发展。据美国商务部经济分析局调查显示,1994 年,美国一共有非银行类跨国公司 2658 家,这些公司的国内母公司的产值占美国全部私营部门产值的 26%,控制了国内石油和煤炭工业产值的 97%、其他制造业产值的 59%。这些跨国公司的雇员达

[①] 孔凡昌.新态势——世界贸易发展及特点.国际贸易.1996,(5)
[②] 郭连成.经济全球化及其对世界不同类型国家的影响.财经问题研究.1999,(1):60~64

2590万,其中母公司在国内的雇员占74%;资产总值达8.99万亿美元,其中母公司在国内的资产占74%;总产值1.72万亿美元,其中母公司在国内的产值占80%①

三、跨国并购不断升级

自1994年后,一批大公司出于实现优势互补、发挥规模效益、在全球投资和贸易市场占有更大的份额等方面的考虑,纷纷走上了跨国并购之路,致使全球并购不断升级,强强联姻此起彼伏。例如,1996年11月3日,为了壮大实力、挤占美国和世界电信市场,英国电信公司宣布以220亿美元买下美国第二大长途电话公司——MCI电信公司,这是历史上外国公司兼并美国公司的最大一次行动,也是外国公司首次控制美国电信公司。1997年,全球跨国并购额占全球国际直接投资总额的比重高达79%,突出显示了跨国并购已取代新建投资,而成为当今国际直接投资的最主要方式。同时,由于近年的跨国并购更多是采用股权转换实现,规模庞大的跨国并购交易依赖并刺激了股权资本的相互渗透,紧密联系,使各类股票、债券的国际发行比重逐年上升。并购规模的不断攀升一方面反映了国际资本市场的价格攀升,另一方面则明显是因为并购双方的市场地位和企业规模所致。1997年,超过10亿美元的跨国并购交易有45例,巨额跨国并购案多发生在能源经销、航空航运、电信、医药和金融服务等高技术、现代化产业。表9-1列示了1990年至1996年世界跨国并购的有关情况。

表9-1　20世纪90年代跨国兼并及收购额　　　　　　（单位:百万美元）

国别分类	1990年	1991年	1992年	1993年	1994年	1995年	1996年
发达国家1*	107128	46544	61611	54956	96669	127880	142292
发达国家2**	132762	71439	83712	97832	129123	168420	186411
发展中国家1	7785	1425	8460	9648	9297	9166	18433
发展中国家2	18177	10659	32174	48670	60983	52746	83396
全球总额1	115637	49062	73769	66812	109359	140813	162682
全球总额2	159959	85279	121894	162344	196367	237184	274611

资料来源:据联合国贸易与发展会议《1996世界投资报告:投资、贸易和国际政策安排》、《1997世界投资报告:跨国公司、市场结构与竞争政策》等有关资料整理

注释:表中后带1的各项多为"股权控制的兼并与收购额";表中后带2的各项多为"兼并收购总额"

四、以信息技术为基础的"网络社会"正在形成

现代科学技术尤其是高科技的迅猛发展和生产力的不断进步,极大地推动

---

① 李长久.经济全球化的进展、内涵和影响.世界经济.1997,(7):14~18

着经济全球化的进程。科学技术发展到今天,已经没有国界的限制,它要求各国在高科技的研究与开发方面进行通力合作;而且,开发和利用高新技术也是促进跨国公司发展的关键。其中,作为高技术的前导的信息技术,其发展更是举世瞩目。1946年2月15日,世界上第一台电子计算机在美国莫尔学院诞生,拉开了信息革命的序幕。当前的计算机系统已发展为互联网络的计算机系统,提高了计算机软硬件数据的使用效率,扩大了人类知识财富的共享。经过20世纪60、70、80年代的飞速发展,互连网络自90年代初以来,不仅向社会提供服务,而且还成为从事网络经贸活动的工具。到1996年,世界最大的500家公司中已有80%在网上开设"网址",树立"网络形象";已有186个国家和地区的1200万台电脑连接入网,互联网络用户达到6000万人。一个全新的"网络社会"正在形成。互联网络的延伸和扩展,不仅将对世界政治、经济、军事产生重大影响,而且在很大程度上将改变人们的工作和生活方式。到2001年,全球信息产业成为世界第一大产业。到2016年,全球将有2亿职工在家里"上班"。现在的跨国公司不管其子公司距离总部多远,总部都能随时掌握它们的经营状况并进行指挥。在世界各地的科学家通过互联网络举行研讨会,从事某一重大课题的研究和攻关。美国《未来学家》杂志1997年3~4月一期载文指出,由于通信和交通的改善,世界各国更加紧密地联系在一起,小制造商也将能为远距离的市场提供服务。

五、全球化的金融大市场正在形成

金融市场全球化趋势加快,国际金融业务猛增,国际间巨额资本流动猛涨。全球外汇日交易额已从100亿美元猛增到1.5万亿美元。据美国证券数据公司统计,1993年全球流动的私人资本达3亿美元,是1990年的3倍。全球外汇市场平均日交易额已从1989年的6200亿美元、1992年的8800亿美元扩大到2010年的4万亿美元。随着互联网络的延伸,全球外汇市场每天24小时都可以进行交易,人们形容全球外汇市场的资金以"光的速度"从一个地方转移到另一个地方。1995年7月26日全球金融服务贸易谈判的成功不仅使金融业和保险业的市场准入拓宽,而且也使全球金融市场资本流通渠道更为广阔和畅通,从而在很大程度上推动了全球化金融市场的最后形成。从此,全球90%的金融业市场将获得开放,其中包括20万亿美元的银行资产、20万亿美元的银行存款、2万亿美元的保险金、10万亿美元的股票市场资本、10万亿美元的上市债券。金融市场的全球化有助于在世界范围内优化资源配置,促进世界经济和贸易发展。但是,金融市场规模扩大、流速加快,与之伴生的是风险也越来越大,特别是金融衍生商品交易正在迅猛发展。据国际清算银行统计,1990年全球金融衍生商品交易未清偿额为2.29万亿美元,1994年达到8.838万亿美元。全球金融衍生商品交易额从1988年的420亿美元增加到1994年的1.4万亿美元。随着投机因素的影响越来越大,国际货币基金组织宣布将建立金融危机防范机制,许多国家也建立了相应的保护机制。

六、区域经济一体化的趋势

自20世纪90年代以来,区域经济一体化趋势日益明显。主要表现在地区一体化内部自由化程度提高,导致内部贸易与合作的创造与扩大效果进一步增加。如1993年欧盟内部统一大市场的启动,使商品流动及其相关的要素流动基本自由化。同时欧盟经货联盟所强调的"趋同标准"各国如能达到(事实上越来越多的国家已经达到),从而保证货币联盟在更多成员国之间如期实现的话,它将成为区域内部基本完全自由化的地区性一体化组织;同时,内部自由化的领域进一步扩展,形成多样化。当欧盟统一大市场启动和向货币联盟目标迈进时,更多组织则以多样化形式也在较广的领域推行一体化。如亚太经合组织第四届领导人非正式会议通过《马尼拉行动计划》,从1997年开始逐步把贸易和投资自由化付诸实施,而且还通过了旨在加强经济技术领域一体化的《亚太经合组织经济技术合作原则框架宣言》。此外,据日本贸易振兴会统计,到1996年年中,全世界已经有101个地区经济圈,其中60%以上即69个是在90年代以来建立的,这说明冷战结束后地区经济走向一体化的速度加快。世界贸易组织的建立、区域集团化进展加快都有利于世界贸易的发展,推动世界经济全球化进程。世界贸易组织总干事鲁杰罗1996年5月10日在斯德哥尔摩对工商界人士发表讲话时说:"在过去6年里,世界贸易增长率是世界经济增长率的3倍,经济全球化是被贸易发展推着走的一列高速火车。"

以上各种因素的变化已经造就了、并且仍在造成着一个更加开放的全球环境。可以说,全球化生产体系和跨国公司的迅速发展以及金融市场全球化,是促进经济全球化的内在原因和动力;现代科学技术尤其是高科技的发展和生产力的巨大进步,是经济全球化的根本动因;国际贸易的迅猛发展和世界统一大市场的形成有利地推动了经济全球化进程;经济发达国家和发展中国家都积极参与全球经济一体化,使这一过程不断加快。

综上所述,当今有许多因素驱动着世界各地的公司走向国际化,并进一步促使企业扩大对国外市场的参与程度。事实上,每个产业都存在国际化或潜在国际化的因素。类似地,每个战略的构成要素也都可以包含着不同程度的国际化动机。可以说,实施国际化战略是许多企业在外部环境加速变化时求得生存的重要手段。这些变化包括世界各国公民需求的趋同倾向、关税与非关税壁垒的降低、技术投资耗资巨大以致于单一市场无法收回、竞争者把竞争的本质从国内转向国际。同时,贸易壁垒也在减少,如1987年美加自由贸易协定以及后来的美加墨三方的北美自由贸易协定、欧盟的诞生、日本面对西方贸易伙伴的压力也开始逐步开放长期封闭的市场等等。此外,跨国并购是另外的驱动因素。最近几年里,在美国发生的跨国并购案进一步加深了许多产业的国际竞争性质,在1977年到1986年,由外国公司持有的美国制造资产的比例已经从6%增长到12%。韩国、新加坡、泰国、马来西亚、墨西哥、巴西、中国香港和中国台湾等新兴工业化国家与地区的崛起,为跨国企业提供了更多的高度发展且劳动力成本低廉的加工场所。实际上,在主要的世界经济体中,几乎每一产品或服务市场都有外国竞争者,从计算机、快餐到医疗诊断设备等。为了获得足够的规模和技能以更有效地竞争,许多企业走向国际化。此外,通信与信息革命也使得以国际化整合方式进行管理更加容易。航空、计算机、通信卫星和电信也使得在更广的地域里沟通与控制更加容易。所以我们说,伴随着国际化的强劲趋势,国际化问题对于成功地制定和实施组织战略的重要性日益增大。

第二节 国际化经营与战略选择

如前所述,全球经营环境已经发生了巨大的变化,这不仅为企业的国际化提供了机会,而且也提出了严峻的挑战。结果,如何应对挑战和利用机会,把国际问题纳入到战略计划与决策之中,搏击于全球市场,就成为每个企业必须关注的问题。

一、国际化经营与国际贸易协定

(一)国际化经营

所谓国际化经营,就是公司跨国界从事经营活动。换句话说,就是公司至少在一个海外国家从事商业活动,以完成其经营使命。其中,既包括简单的在国外销售产品,也包括与国外伙伴合作在世界各地制造和销售产品等复杂形式。事实上,技术的进步、运输和通信设施的发展和经营环境中经济、政治和文化的发展等因素正促使更多的企业从事跨国经营活动。例如,通用汽车公司亚洲技术中心(GM's Asian Technical Center)的使命宣言中反映了一些美国企业对海外投资的承诺。

"……ASTEC的成立标志着GM汽车零部件集团开始向日本企业销售零部件。ASTEC的工程师主要是日本人,他们都在美国接受过良好的训练,能够有效地与顾客沟通,并及时对顾客的需求作出反应。……我们将不断地为日本

第九章 国际化战略

市场引入新技术,不断地提高产品质量,降低成本。"

(二)各大公司纷纷进入国际市场

技术变革与经济全球化的加速发展,导致了传统工业从工业发达国家如美国、欧洲和日本转移到亚洲、拉美和东欧的一些发展中国家和地区。同时,工业化国家也开始了痛苦的资源再分配,促进国内工业从传统的资本劳动密集型向技术技能密集型和知识密集型转变。资源的大量流动带动了新的全球经济,产生了新的竞争对手、新的市场。

经济全球化的加剧、国际竞争的日趋激烈,从根本上改变了企业的经营模式和管理方法,对现代企业的经营管理提出了挑战。面对这一日益尖锐、激烈的国际竞争,各国企业特别是发达国家的一些企业纷纷把视角对准国际市场,把提高与增强企业的国际竞争力放在企业发展战略的首位。美国《幸福》杂志发布的1996年度全球最大500家公司最新排名表明,这一批世界巨人正势不可挡地向全球化推进。这500家最大公司全年营业收入总额达到惊人的113784亿美元,接近全球国民生产总值的40%,比上年增长11.1%;利润增幅则更大,达到14.7%,而同期世界经济的增长率只有2.4%。其中,那些营业收入和利润增长较快的一般都是全球化程度较高的公司。正如联合国秘书长安南所言,生产者和投资者已经将整个世界经济看作一个单一的市场和单一的生产场所来进行其活动。同时,世界各大著名的跨国公司,如可口可乐、麦当劳、通用、美孚、宝洁、丰田、IBM、Intel和摩托罗拉等纷纷采取出口、特许权经营和直接投资等各种各样的形式,争相进入国际市场,开拓国际资源,寻求新的国际商机,谋求更大的利润。例如,摩托罗拉公司是全球著名的移动通信设备和半导体生产厂家,其主要产品有移动电话、传呼机、对讲机、计算机微处理器和电子元件的微处理器等。早在20世纪60年代,该公司就已经进入国际市场,在日本和中国香港分别设立了销售机构。30年后,该公司在亚洲设有1个市场总部、3个国家总部和7个制造工厂、11个销售办事处。20世纪90年代初,其全球销售额的一半来自国际市场,1991年其国际销售为113亿美元。① 再如,可口可乐公司是大家非常熟悉的品牌,该品牌的市场价值据估排在世界第二位,仅次于麦当劳。② 该公司采取特许经营的形式,在全球各地寻找特许装瓶商,由可口可乐公司提供浓缩糖浆,各装瓶厂负责可口可乐饮料的罐装,并在指定的区域内进行销售。

可以说,新的全球经济给企业带来机遇的同时,也带来了新的挑战,企业必须正视新的经济形式,从全球的角度来考虑资源的配置、目标市场的细分,以便

---

① "Future Perfect", *Economist*, January, 1992:61
② 全球十大品牌重排座次. 国际商报. 1997-8-24

挖掘新的商机,谋求进一步的发展。

(三)国际贸易协定(International Trade Agreements)

1. 关贸总协定(General Agreement on Tariffs and Trade, GATT)

关贸总协定是为了促进商品在不同国家(地区)之间的自由流动而制定的多边贸易协定。共有115个国家(地区)签署了该协定,这些国家(地区)的贸易额占全球贸易额的90%强。自1948年以来,关贸总协定成为削减贸易壁垒谈判、解决国际贸易争端的最重要场所。关贸总协定的原则和宗旨为:①无歧视性贸易原则。缔约方之间不存在差别待遇,一方给予第三方的好处,都自动地给另一缔约方。这一原则只能在一定特殊条件下才能有例外,如区域贸易协定或与发展中国家之间的贸易。②关税唯一保护原则。对国内工业的保护只能采取关税的措施,但成员必须遵守协定的关税水平,这有利于促进国际贸易的稳定性,同时允许就关税问题展开谈判。如果一方认为自己的权利遭到了侵害,可以提请GATT公平解决。通常,这些分歧主要是在有关国家(地区)之间直接解决,有时GATT也指定中立的专家来推动成员之间的谈判。如果成员面临特殊的经济或贸易状况,可以不履行GATT的有关义务。③取消贸易的数量限制原则。这一原则的例外情况是,当成员的国际收支状况比较困难时,经有关成员同意,允许采取数量限制措施。GATT不排斥区域贸易协定(Regional Trade Agreements),作为一种例外,区域贸易协定的各成员之间允许互相取消或降低进口壁垒。多边贸易协定如GATT通过增加成员之间的贸易,为各方带来了经济利益。但是,在这些经济利益获得的同时,也付出了相当的代价。面对强有力的竞争对手,那些依靠贸易壁垒的保护而茁壮成长的企业,显得力不从心。一些深受贸易自由化之害的员工或企业开始游说政府,寻求政治保护。乌拉圭回合的谈判持续了7年,充分说明了要在各协议原则之间实现平衡十分不易。

总之,作为一个多边贸易协定,GATT致力于实现贸易自由化,降低关税。其目标十分简单,但执行起来异常困难,要求不断地讨论和谈判。不过,GATT提供了一套清晰的原则,稳定了世界贸易状况。此外,当成员的权利面临威胁时,GATT为其提供了争端的咨询、协调和解决场所。取代关贸总协定的世界贸易组织的诞生,则以其法人地位对所有成员和地区都有严格的法律约束力。1995~1996年间,世界贸易组织根据其立法和制定的规则,已经受理62起贸易争端,其中包括调解了美日汽车贸易纠纷,裁决委内瑞拉状告美国实行歧视性价格、单方限制汽油进口,美方败诉。世界贸易组织还决定对美国实施制裁古巴,危害第三方利益的《赫尔姆斯—伯顿法》进行调查和仲裁。这些表明,同关贸总协定相比,世界贸易组织具有更高的权威性和有效性。世界贸易组织调解争端机制的加强,有利于世界贸易环境的改善和稳定以及世界贸易的发展。

2.区域贸易协定

目前,主要的三大区域贸易协定组织是北美自由贸易协定(North American Free Trade Agreement,NAFTA)、欧洲共同体(European Community)、亚太经济合作论坛(Asia-Pacific Economic Cooperation Forum,APEC)。

(1)北美自由贸易协定

在15年的时间内,逐步废除美国、加拿大和墨西哥三国之间的关税,墨西哥境内实现投资自由化。在NAFTA签署之前,美国和加拿大之间曾经签署了自由贸易协定,促进两国之间的自由贸易。墨西哥与加拿大之间的直接贸易很少,在各自的进出口中所占比例不足3%。北美自由贸易协定对美国和墨西哥的贸易影响深远,NAFTA生效之前,墨西哥对美国货物征收的平均关税是10%,而美国对墨西哥征收的关税平均为4%。1994年1月1日,NAFTA正式生效,美国关税削减了一半,墨西哥削减至原来1/3的水平。

①贸易条款(Trade Provisions)。美国和墨西哥的关税和配额将在15年内逐步消除。采用北美之外的原材料和劳动力生产的产品,如果其大部分的价值增值活动是在美国、墨西哥和加拿大国内发生的,则同样适用NAFTA条款

②投资条款(Investment Provisions)。NAFTA对墨西哥的能源和铁路工业、美国的航空运输和无线电通信行业、加拿大的电影电视行业等的海外投资实行严格的限制。

③政府支出(Government Speeding)。NAFTA允许来自三个国家的公司相互竞争,获取政府订单。

④双边协定(Side Agreements)。在加拿大建立一家机构,负责调查各成员国存在的环境问题。对于环保法律实施不力的国家,将处以罚款或贸易制裁的处罚。此外,在华盛顿还将成立一个专门机构,负责调查劳工虐待问题。对于不遵循劳工安全法、童工法和最低工资标准的国家,同样实施上述处罚。

NAFTA还含有特殊的条款,拥有扶助特定的行业或企业,这对于企业的战略管理过程影响极大。

(2)欧盟(European Union,EU)

这一区域组织的发展经历了三个主要阶段:①欧洲煤炭钢铁共同体(European Coal and Steel Community,1951),成员包括比利时、法国、西德、意大利、卢森堡和荷兰;②欧洲经济共同体(European Economic Community,1957):消除内部贸易壁垒,建立统一外部关税,消除成员国之间商品、服务和生产要素的流动障碍,建立共同市场;③欧盟:最初成员国为比利时、丹麦、法国、德国、希腊、

爱尔兰、意大利、卢森堡、荷兰、葡萄牙、西班牙、英国;后来,奥地利、芬兰、挪威、瑞典等15国先后加入。

它实现共同市场的途径有:

①取消所有的边境控制。取消对护照、关税和消费税的控制,消除因边境手续而造成的延迟,减少官僚机构的规模和支出。

②建立共同标准。统一成员国之间的产品标准,简化市场上的竞争。

③允许竞争政府合约。一个成员国的企业可以竞争另一个成员国政府的采购合同。

④拓宽金融服务地域。一个成员国的保险公司或银行可以将业务拓展到其他成员国。

⑤取消所有外汇交易的汇率控制。

⑥放宽交通运输法规。外国运输公司可以在任何成员国内装载和运送货物。

虽然欧盟15个成员国的面积不足美国的一半,但人口却超过了美国(1995年欧盟为3.715亿,而美国为2.616亿),欧盟1995年的国内生产总值(84180亿美元)超过了美国(69520亿美元),其出口(不含欧盟内部的贸易)占世界总出口的20%,而美国为15%。

通过建立单一市场,欧盟成员国可以获得的利益主要有:①单一市场的购买力将与美国匹敌;②简化的交易程序将大幅度降低交易成本;③统一的产品标准有利于规模经济的实现。

(3)亚太经济合作(APEC)论坛

亚洲最大的出口市场是美国,日本、我国台湾地区、韩国、中国大陆(内地)出口的1/3和我国香港地区出口的1/4是去往美国。美国向亚洲的出口也稳步增长,1991年至1992年间,美国向亚洲的一些发展中国家和四个新兴工业化国家和地区(NICs,尼克斯)出口增长率达13.7%,而向发达国家的出口增长率却只有1.8%。拥有15个成员的APEC与NAFTA和GATT等国际组织不同,它不具有决策处理程序。其使命是为成员之间的经济合作事项提供一个磋商的论坛。不过,美国希望APEC论坛演变成一个能够积极促进区域内贸易投资自由化的实体。

APEC成员包括澳大利亚、文莱、加拿大、中国、中国香港地区、印度尼西亚、日本、马来西亚、新西兰、菲律宾、新加坡、韩国、中国台湾地区、泰国和美国;此外,墨西哥、智利和几内亚也在申请加入。APEC包括10个专门的工作组,15个成员总人口超过20亿,贸易额在世界贸易总额中占1/3强,国内生产总值超过120000亿美元,占全球总额的1/2。

(4) 其他区域贸易协定

东盟(The Association of Southeast Asian Nation，ASEAN)。成员国包括文莱、印尼、马来西亚、菲律宾、新加坡和泰国，于 1967 年成立。其宗旨在于促进成员国之间的自由贸易，协调其间的产业政策。

MERCOSUR。成员国包括巴西和阿根廷，于 1988 年成立。1990 年 3 月，巴拉圭和乌拉圭加盟，其目标是在 1994 年前形成一个自由贸易区，而后建立一个单一市场。

贸易协定对国际经营影响很大，经营者在从事国际经营时，必须考虑有关的国际贸易协定。

二、国际化战略

企业进行国际经营，必须寻求有利的外部条件，如国际贸易协定和有利的国内产业政策等。同时，也必须从战略管理的角度来开展国际经营：分析环境、确定组织方向、形成战略(包括制定公司战略、实施战略和进行战略控制)。一个成功的国际化战略必须做好两件事：一是开发核心战略，这是持续的战略优势的基础；二是核心战略的国际化，即核心战略活动的国际扩张和适应。

(一)界定业务与环境分析

1. 界定业务

公司中的每项独立业务都需要自己的核心战略。狭义地界定业务是第一项主要任务。主要的定义参数包括服务的顾客类型、提供的产品和服务类型、服务的地区市场、持续的竞争优势的来源、每个重要的价值增加活动的职能战略、直接竞争对手的选择和投资战略。其中提供的产品和服务类型可以分成两个独立的方面：满足的需要类型和满足该需要所使用的技术类型。企业的实践证明：把有限的资源用于营造狭义定义的业务中的持续优势，比过度分散资源要具有更大的优势。人民捷运公司曾经是一家相当成功的美国航空公司，但因过度扩张而失败。

2. 环境分析

从总体上来说，由于关税(Tariffs and Duties)和贸易壁垒的逐步削减，商品和服务在国际间的流动增加，国际贸易发展迅速，国际经营环境也日趋成熟。任何欲从事国际化经营的经营者，在运用 SWOT 分析方法来分析一般环境(社会、经济、技术、伦理和政治法律规范)、经营环境(供应商、竞争对手、顾客和劳动力状况)和企业内部环境时，除了要加入一些国际方面的因素以外，还要评估和监控隐藏在这种趋势后的政治、经济因素和来自全球竞争者的威胁，并综合考评它们对战略管理过程的影响。例如，制度环境中，哪些约束着竞争对手？法律法规中,哪些约束着竞争对手的行动？为了最小化因竞争对手的行为所引起的损失,可以采用哪些追索权(Recourse)？政府政策中,哪些对竞争对手有利？企业如何影响这些政府政策？哪些新市场和机会可以阻止国际贸易的衰退？因此,国际经营环境的分析显然要比国内经营环境的分析复杂得多。对此,Charles J. Fombrun 和 Stefan Wally 是这样解释的:跨国公司的经营环境比纯粹的国内公司要复杂得多,主要源于以下三方面的变化:①全球基础设施的变化;②全球社会文化结构(Sociostructure)的变化;③全球上层建筑(Superstructure)的变化。但实际上也存在着一些特殊的趋势,影响着跨国公司的环境分析,如迈克尔·波特指出,类似的趋势包括:①各国之间的差异逐渐缩小。如收入、能源成本、营销水平、分销渠道;②产业政策更为激进。国际经营环境中竞争将越来越激烈;③特有资源的保护更加有力,如石油输出国组织(OPEC);④新兴的大规模市场空间,如印度和越南等国;⑤来自发展中国家的竞争。一些较小的发展中国家正日趋成为国际市场强有力的竞争者。

与此同时,当公司的扩张边界超越母国市场以后,它需要内部化自己的核心业务战略。第一步、也是最重要的一步,就是选择竞争的地域市场。这一选择对于国际化经营来说要比国内经营重要得多。因此,在环境分析阶段,国际化企业还必须分析目标国市场。在国内市场,企业可能也面临地区市场的选择问题,包括识别市场吸引力、潜在竞争和为适应当地市场所需的调整方式以及在更广的地理空间里管理业务的方式。并且对于零售和服务企业而言,鉴于经营场所的地理位置的重要性,地区市场选择仍然是一个十分重要的任务。但国际市场的选择却比国内地区市场的选择更富有挑战性,需要考虑的因素包括贸易壁垒的影响,如关税与配额与外国私有权限制规则以及在法律、语言、兴趣、行为等方面所存在的差异以及如何使产品和活动适应国外的需要、偏好、文化、语言、气候等。

3. 国际经营环境分析需要考虑的其他特殊因素

由于企业的国际化行为往往是外部环境与企业自身的目标相互作用的结果,因此在进行国际经营环境分析中,企业还必须对导致企业开展国际化经营的因素进行分析。也就是说,分析构成产业国际化的各种驱动因素,并在国际化战略杠杆、产业国际化驱动因素和企业组织自身要素之间实现协调一致、密切配合,以便实现国际化的潜在收益,如图9-1和图9-2所示。其中,产业国际化驱动因素是由产业条件或业务的经济性所决定(包括成本、市场和其他产业条件),为企业实现国际化收益提供了可能。为了实现这些收益,企业需要设定与产业驱动因素、母公司与业务的资源与定位相对应的国际化战略杠杆,国际化战略杠杆是可供各国企业选择的因素。实施既定的国际化战略的组织能力可以对企业在何种程度上实现收益产生重要影响,并对国际化战略的进取性产生影响。反过来,理想的国际化战略也会对组织的结构与管理产生影响。具体而言,产业驱动因素包括:①市场驱动因素。不同工业化国家与地区的人民收入的趋同趋势(如日本赶上美国,中国香港赶上新西兰),消费者生活方式与口味的趋同(如麦当劳公司在法国的巴黎和美国的毕雷(Perrier))、旅游业高速发展所产生的全球消费者、全球和区域渠道的增长、世界品牌的建立(如可口可乐)全球广告的推动;②成本驱动因素。对规模经济的持续追求与柔性制造的发展、不断加速的技术创新、交通运输的发展、具有生产能力和低劳动成本的新兴工业国家的出现、生产开发成本的提高和生命周期的缩短;③政府驱动因素。关税的降低(美加自由贸易协定、北美自由贸易协定)、非关税壁垒的减少(如日本逐渐开放其国内市场)、贸易集团的建立、政府作为生产者和顾客作用的下降(如欧洲许多产业的非国有化)以前国家主导经济的私有化,如拉丁美洲,东欧从封闭经济体制向开放的市场经济转化、中国和印度参与国际竞争程度的不断提高;④竞争驱动因素。世界贸易水平的持续增长、更多的国家成为主要的竞争战场(如日本崛起为领先国家、外国收购者持有的所有权的增加、旨在成为全球竞争者的新的竞争对手的出现(如日本公司在汽车和电子产业)、全球网络的发展使国与国之间在某些产业中相互依赖程度加大(如电子)、更多的公司从以国内市场为中心走向以国际市场为中心、全球战略联盟的增加;⑤其他驱动因素。信息于通信方面的革命(如个人计算机和传真机)、金融市场的国际化、旅游业务的发展。

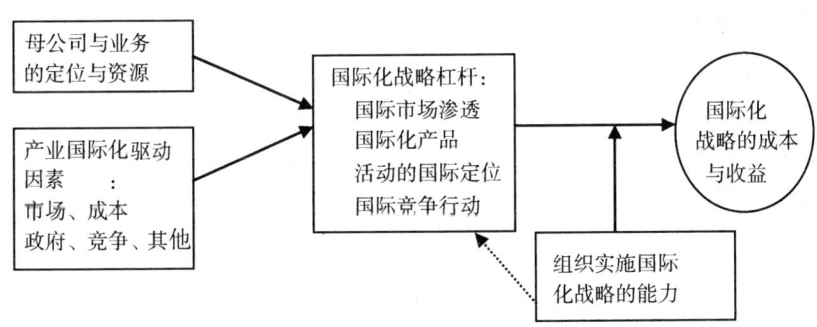

图9-1 国际化战略模型

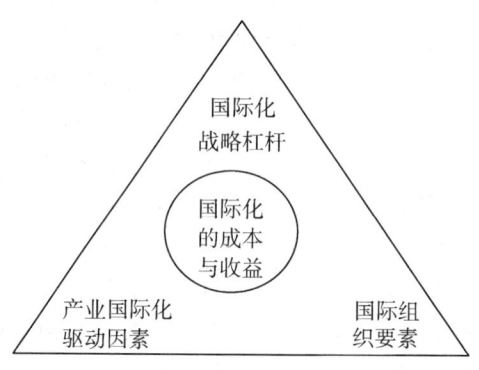

图 9-2 国际化三角

(二)制定国际化战略

根据环境分析结果,经营者必须为从事国际经营设计一个合理的方向。即管理者必须明确参与国际经营的程度和类型,进而确定合适的组织目标。在确定了组织愿景和使命之后,经营者还须制定具体的长期目标和短期目标,为跨国经营提供具体的方向。然后,再结合企业开展国际化经营可能遇到的来自东道国的约束条件,确定相应的战略。其中,东道国的约束可能包括:①东道国可能要求由当地居民或企业来控制主要的经营活动;②东道国通常要求它们自己的公民担任一定的管理和技术职位;③东道国通常要求外国的跨国公司对本国受雇的员工进行某些形式的培训等。

在制定国际化战略的时候,有两个维度是至关重要的,分别是降低成本的压力和因地制宜的压力。如果以这两个维度为一个坐标系的横轴和纵轴,分别以压力的高低作为可取的变量值,那么就会产生一个矩阵,而可供企业选择的四个基本的国际化战略就在该矩阵所围成的四个方格里,如图9-3所示。其中,左上角的方格表示降低成本的压力很高、而因地制宜的压力很低的情况,也就是说,企业可以通过在需求趋于相同的全球市场上以同样的方式提供同种产品,从而获得规模经济上的大量好处,实现低成本。因此,此方格对应的是实施完全的标准化的全球化战略;右下角的方格表示降低成本的压力很低、而因地制宜的压力很高的情况。此时,不同地区市场上存在的异质的需求要求企业在不同市场上以不同的方式提供差异化的产品,但作为回报,企业可以适当地收取高价;右上角表示因地制宜和降低成本的压力都很高的情况,此时,一方面企业必须努力以不同的产品和营销来满足不同市场,另一方面又必须保持较低的成本,故其只能进行折中,选择对各地区市场划分大类并针对不同大类供应不同产品和采取不同营销方式的策略——跨国化战略;左下角表示降低成本和因地制宜的压力都很低的情况,企业往往采取出口或向外国市场转移独特竞争能力的方式开展国际经营活动,即实施国际化战略。表 9-2 总结了这四种战略的主要优势与劣势,供读者参考。

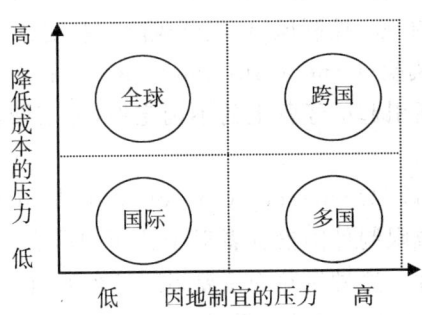

图 9-3　降低成本与因地制宜的压力

资料来源:王永贵.加拿大企业全球竞争战略探析.南开管理评论.2001,(2):28～35

表 9-2　不同全球战略的优势与劣势

战略类型	优势	劣势
全球化	具有充分开发和利用经验曲线效应的能力、开发利用区位经济性的能力	缺乏因地制宜性
国际化	具有向外国市场转移独特竞争能力	缺乏因地制宜性,无法实现区位经济性,不能充分利用经验曲线效应
多国化	具有通过因地制宜实现产品和营销定制化的能力	无法实现区位经济性,无法开发和利用经验曲线效应,无法向外国市场转移独特竞争能力
跨国化	具有充分开发和利用经验曲线效应、区位经济性的能力,实现产品与营销定制化的能力,获得全球学习的好处	由组织问题所带来的实施困难

三、国际化的政治风险

在国际化经营中,除了存在国内经验的风险以外,还常常面临着巨大的政治风险,它们往往是企业制定国际化战略时必须考虑的要素。

(一)常见的政治风险

政治风险是指东道国的政府政策和政治环境中存在的不稳定因素,它能对海外业务的盈利能力产生重大的影响。在大多数情况下,政治风险源于东道国政府或继任政府任意改变"游戏规则",导致利润和资产的损失或冻结,甚至全部海外财产遭到没收。政治风险不同于市场风险,后者通常源于成本、需求或竞争等因素的变化,前者则包括所有其他的不确定性因素。不过在实际经营中,二者之间的区别并不严明。当今,政府的影响无处不在,普通的市场风险通常是政治因素的结果。根据政治风险对投资国际化方式的潜在影响,可以将其分为四种:一般不稳定性风险、所有权/控制风险、经营风险和利润转移风险。

1. 一般不稳定性风险(General Instability Risk)是指由于东道国未来政治体系可能发生的变革所引起的经营上的不确定性,如南斯拉夫内战就属于这类风险。

2. 所有权/控制风险(Ownership/Control Risk)是指由于东道国将来可能实施一些法案来剥夺或限制外国投资者对子公司的所有权或有效控制,进而产生的经营上的不确定性。这种风险中主要指的是东道国政府可能采取的几种财产没收行为,来剥夺外国商人的财产所有权。

3. 经营风险(Operations Risk)是指由于东道国政府在将来可能实施一些政策或法案来限制外国商人的经营如生产、营销、财务或其他业务,进而产生的经营上的不确定性。

4. 转移风险(Transfer Risk)是指由于东道国政府在将来可能颁布一些法案来限制外商将利润或资本汇出东道国,进而产生的经营上的风险。如东道国货币的禁兑风险,或者禁止将东道国货币兑换成外商母国的货币。外汇禁兑风险主要是由于政府法案或政策的结果。

(二)评估政治风险

以海外投资为例,来说明如何评估政治风险,过程如图9-4所示。

第一步是评估目标国的普通不稳定风险。如果经营者预期东道国在计划期内始终将处于混乱的政治局面,则可以立刻停止对投资方案的进一步评估;否则,继续评估所有权/控制风险,看是否存在财产剥夺的可能性。

财产剥夺指的是东道国政府采取政策或法案,暂时或永久地剥夺外商拥有的资产,常见的形式有国有化(Nationalization)、介入(Intervention)、征用(Requisition)、强迫出售(Coerced Sale)、强迫重签合同(Coerced Contract Renegotiations)、撤销合同(Contract Revocation)等。在大多数财产剥夺的案例中,外国投资者迟早都会得到一些补偿,不过很少能够得到足量补偿。财产剥夺可能是东道国政府采取的对投资商最不利的行动,因此经营者必须仔细评估。如果认定财产剥夺风险可以接受,经营者可以开始评估第三类风险——经营风险。评估经营风险时,经营者必须首先明确方案的特征(如投入、产出和大小等)和计划期内预计的现金流,以便于评估风险因素对以当地货币表示的投资回报率的影响。也就是说,要将风险和盈利能力结合起来评估。

第九章 国际化战略

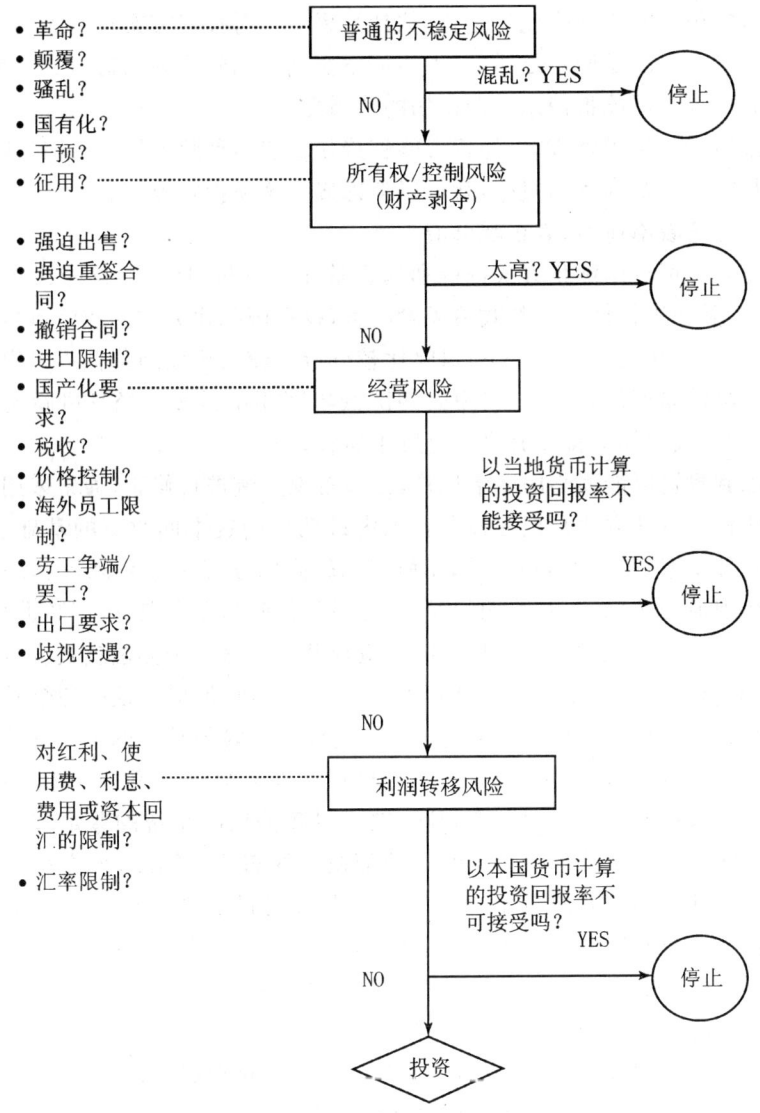

图 9-4 海外政治风险评估过程

资料来源：根据 John D. Daniels 等人的"International Business- Environments and Operations（第 9 版）Upper Saddle River, N. J. ;Prentice Hall, 2001"等文献整理而得

第四类风险就是转移风险。一些要求海外子公司每年提供红利或其他报酬的公司应该关注转移风险。当然，所有的投资者最终都想将利润或资本汇回本

国。如果东道国禁止公司回汇利润所得,就产生了禁汇风险。与禁汇风险相比,汇率风险的影响就小得多。评估汇率风险,经营者需要预测计划期内东道国货币与本国货币之间汇率变化的走势,估计汇率变化对投资方案现金流的净影响。通常这种影响可能是微不足道的,因为汇率变化影响到国内的通货膨胀率,当地市场较高的售价可能抵消东道国市场的货币贬值。

如果对于一项投资方案,经营者能够接受上述四种政治风险,而且该项投资也能满足投资者要求的回报率,就可以考虑接受这项投资方案。

(三)考虑政治风险,修正现金流

在对各种可行国际化方式进行利润贡献比较分析时,还必须考虑市场和政治风险,对利润进行修正。就政治风险而言,投资国际化方式的政治风险大于出口模式。因此,在大多数情况下,风险比较分析将较大幅度地降低投资模式的累计利润贡献的净现值,而对出口模式的降低幅度要小得多。经过风险比较分析之后,两种模式之间的排序有可能会发生逆转。

考虑到投资可能面临的政治风险,必须对现金流进行修正,通常采用的修正方法有两种。一种方法是把在投资者国内最低预期资本回收率的基础上,加上一个风险补贴率(Risk Premium),用所得的较高的投资回报率来计算海外投资方案的净现值。例如,在对前例的现金流进行折现时,不是使用15%进行折现,而是使用25%的折现率,加入10%的风险补贴率。另一种办法就是现金流逐年修正法(Year-by-year Adjustment of Cash Flows),它是根据预期各个时期发生的特定政治风险来修正投资方案的预期现金流。风险补贴法的唯一好处在于应用简单,故比较常用,但是这种方法本身也存在许多缺点。第一,风险补贴率在很大程度上取决于经营者的主观判断,缺乏对政治风险系统的鉴定和分析。使用这种方法容易助长处理政治风险时随随便便的态度。第二,该方法假设政治风险在整个计划期内是始终如一的,显然该假设是错误的。比如,财产剥夺风险在一项投资的前期出现的可能性比后期小,而资金禁汇风险则通常受东道国国际收支平衡状况的影响。风险补贴法忽略了风险在时间上的不确定性,最后可能导致算出的早期现金流入量减少幅度过大,而后期过小。通常,投资者更容易估计东道国近期的政治变化,而对于远期的政治变化却更加捉摸不透。第三,该方法假设可以用一个单一的折现率来体现各种政治风险产生的不同影响,这也是不科学的。实际上,不同层次的政治争端对一个方案的可行性和盈利性产生的风险大小是不同的。

现金流逐年修正法则没有风险补贴法所存在的缺陷。使用该方法要求经营者评估投资方案现金流对东道国可能发生的政治事件的敏感性。一种常用的办法就是估计投资计划期各年内某一特定政治事件(如财产没收)发生的概率,根据这些概率对各年的现金流进行加权,得到现金流的期望值。为了有效地识别风险发生的概率,可以采用许多技术方法,比如决策树、贝叶斯统计(Bayesian Statistics)以及计算机模拟等。不过这种方法需要采用大量的决策技术,对于那些不熟悉概率的经营者来说,决策难度很大。对于不同的风险,修正现金流的要求也不一样。对于经营和资金转移风险,修正要求强烈;对于财产没收风险,修正要求则处于中间水平;而对于普通的不稳定性政治风险,很少对现金流进行修正,因为这些风险对整个投资方案是一种威胁,应该纳入"去/留"决策范畴。

第三节 国际化方式

国际化方式是企业为了将其产品、技术、人力技能、管理和其他资源引入一个国外市场而采取的方式。企业进入国际市场的模式有很多种,按照一位经济学家的提法,一家公司进入国际市场只有两种方式,其一是从本国生产基地将产品出口到目标国市场;其二是将公司的技术、资本、人力技能和管理等方面的资源转移到国外市场,直接出售给当地顾客,或与当地的资源(特别是人力资源)结合,生产出产品销售给当地市场,即国外生产[1]。如果一家公司的最终产品是服务,不可能先在国内生产,然后到国外销售,则必须使用第二种方式。但从经营的角度看,还可以根据是否有资本投入海外来对国外生产进一步细分,分成契约模式(Contractual Entry Mode)和投资模式(Investment Entry Mode),而采取每种模式的公司所需要的独特能力与资源以及其可能获得的利益和付出的代价都各不相同。

一、出口模式
(一)出口模式的界定

出口模式指的是企业将国内生产的产品输往国际市场的一种方式。出口模式不同于契约模式和投资模式,采用出口模式的企业,其最终产品或中间产品是在目标国之外生产,然后再运往目标国,因此,出口通常仅限于有形产品。按照实施过程的不同,出口可以分为间接出口(Indirect Export)和直接出口(Direct Export)。间接出口指的是企业使用国内的中间商,将本企业的产品出口到国外,而企业本身并不与海外市场直接发生关系。其中,中间商一般指的是国际贸易公司、出口贸易商、出口委托行、常驻国内的外国购买者、出口管理公司和联合制造商等。直接出口指的是企业将产品直接输入国际市场,具体可以通过直

---

[1] Harold Chee Rod Harris, "Global Marketing Strategy", Pitman Publishing, 1998

接将产品卖给国外顾客,利用国外的代理商、经销商以及在国外设立销售办事处、子公司等方式来实现。实践中直接与消费者挂钩的出口方式并不多见,一般仅限于邮售方式,或某些需要特别的技术培训和售后服务的贵重产品以及买主为国外政府或准政府机构时才采用。

公司在首次进入国际市场时,切忌急于求成,操之过急。对于首次进入国际市场的新手来说,应该最小化国际市场的经济和政治风险,最大化地控制本公司的国际营销活动。因而在这种情况下,出口国际化方式不失为一种良策。

(二)出口模式的优点

与契约和投资模式相比,出口模式最明显的优点在于其风险小,利润回收快。采用间接出口的方式,公司可以在不投入固定成本的情况下开展出口业务,同时还能减少开办成本,降低风险,从销售中立刻获得利润。此外,企业可以在前期成功经验的基础上,通过增加出口产品数量、进入新的目标市场、转为直接出口来扩大出口。

出口可以作为一种经验学习过程。通过出口,企业可以采取一些试探性的、试验性的行为来了解海外目标市场,增强自己在目标市场的竞争能力。换句话说,出口可以成为一种国际经验学习方式(International Learning Experience),通过这种方式,企业可以对国际市场的复杂性和内涵有更多的了解,图9-5阐述了经验学习与风险感知程度之间的关系。起初,公司对国外市场一无所知,这种状况导致了经营上的不确定性,经理人员会认为海外市场的风险远远高于国内市场。通过出口,公司不断获得知识和信心,海外市场的感知风险也逐渐趋向于国内市场的风险。同时,经营人员也逐渐消除了早期决策中存在的恐惧、焦虑和种族偏见等,开始考虑直接出口模式,以便能够更大程度地控制海外市场的经营。

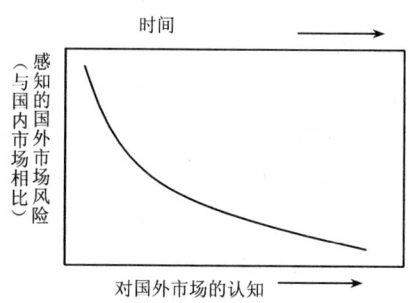

图9-5　出口作为经验学习方式

资料来源:根据 Root, Franklin R., "Entry strategies for international markets(修正扩充版), New York: *Lexington Books*, 1994"和其他有关资料整理得出

此外,对企业而言,采用直接出口还可以带来如下的优势:企业通过与海外代理商/分销商签定协议或直接在海外设立销售办事处/子公司,可以部分或完全地控制海外营销计划,如分销、定价、促销和产品服务等,可以把大量的营销努力集中在企业自己的产品上;从目标市场得到更多、更快的信息反馈,据此增强产品的适应性、矫正产品的定价,提高营销业绩;通过直接出口,企业还可以更好地保护企业的商标、专利、商誉和其他无形资产。

(三)出口模式的缺点

第一,采用间接出口方式对海外经营活动的控制程度较低。对于那些首次进入海外市场的企业来说,间接出口不失为一条好途径,但采用间接出口方式,企业与海外市场是隔绝开的,不可能实施自己的市场进入战略。因此,一家企业如果想积极渗入国际市场,应寻求直接出口渠道。不过,出口企业采用直接出口进入国际市场时,要求企业必须学习出口装运和国际支付等方面的程序和文献,因此,直接出口的开办成本相对较高,信息需求量较多,风险较大。

第二,采用出口国际化方式,产品的适应能力较差。一般说来,国内生产的产品是针对国内市场的特性设计、并根据市场特性的变化加以修正的。而国内市场与海外市场存在的差异,使得本国生产的产品不一定能完全满足海外市场的需求,即使针对海外市场的某些差异作出了修改,但并不能很好地针对海外市场的变化随时对产品作出修改。

第三,采用出口国际化方式,出口数量受国内生产能力的限制。如果国内生产能力有限,海外市场的进一步扩展也就受到了限制。在这种情况下,如果国内生产能力已达到极限,可以考虑到海外目标市场去生产。

第四,采用出口国际化方式,需要支付高额的运输费用和关税。通常,运输费用和关税随产品类别、距离远近的不同而不同;但无论如何,运输费用和关税势必会增加产品的成本,在一定程度上削弱产品在海外目标市场的竞争力。

第五,采用出口国际化方式,容易受各种贸易壁垒的限制。进口国通常采用关税、配额或其他限制措施来限制某些产品的进口,企业采用出口进入海外市场障碍很大。对于某些已存在严重贸易壁垒的产品,企业可以考虑采用其他模式,绕过壁垒进入海外目标市场。

第六,采用出口国际化方式,一般只适用于有形产品,而对于服务等无形产品,并不可行。基于服务产品本身的特性,不可能在国内生产再出口到国外;因此,服务型企业在寻求国际化方式时,一般并不考虑采用出口模式,而是采用契约或投资等方式。

二、契约模式

(一)契约模式的界定

契约模式通常是一家国际性大公司通过签订合同或契约,将自己的商标、技术或人员技能等无形资产转移到海外目标市场的另一家商业实体,并从中获取利润,但转让双方之间通常并不存在长期的资本联系。契约模式不同于出口模式,虽然契约模式也能创造出口机会,如带动中间产品或零部件的出口,但它们主要还是知识和技能的转移载体;契约模式也不同于投资模式,采用契约模式的公司并不发生实际的资本投资。契约模式通常包括许可证经营、特许权经营、技术协议、服务合同、管理合同、建筑/交钥匙合同、协议加工、对等贸易等形式。其中,许可证经营又称许可证贸易,是指企业通过签订许可证协议,将本企业的专利、商标、技术诀窍等工业产权在一定时期内的使用权转让给海外企业使用,从中获取许可费(License Fee)、提成费(Royalty)或其他补偿;特许权经营在使用的动机、提供的服务和协议期限上都不同于许可证经营,在特许权经营中,特许人(Franchisor)不仅将本企业的名字、商标和技术等授予受许人(Franchisee)使用,同时还根据签订的长期协议,向受许人提供培训,帮助受许人从事组织构造、营销和一般性管理活动。特许权经营通常用于餐饮业、连锁经营等服务业,常见的采取这种形式的国际性大公司有可口可乐(Coca Cola)、百事可乐(Pepsi Cola)、麦当劳(McDonald)等。在其他的几种契约形式中,有的是直接向国外企业提供服务换取货币补偿,如技术协议、服务合同、管理合同和建筑合约(交钥匙工程)等;有的则是向国外企业提供服务换取以服务生产的产品,如协议加工和合作生产协定(Co-production Agreement)等。通常,国际性大公司将契约模式与出口模式及投资模式结合起来使用。为了阐述契约模式的优点与缺点,下面以许可经营为例进行详细说明。

(二)许可证经营的优点

作为一种国际化方式,许可证经营最明显的优点有以下几点。

第一,采取许可证经营可以绕过诸如关税、数量限制(如配额)等进口壁垒。通过许可证经营,企业并不转移有形产品,而是转移并不受进口限制约束的无形资产和服务。一般说来,当目标国采取关税或配额限制,使得以出口方式进入目标市场已不可能时,或者由于海外市场竞争的加剧,出口方式进入目标市场已无利可图时,企业才考虑采用许可证经营的方式。目标国货币的长期贬值、高额的运输费用也可能促使企业从出口方式转向许可证经营。有时,采用许可证经营,企业仍然可以继续向海外目标市场出口,只不过是以向受许人出口中间产品替代最终产品的出口。

第二，通过许可证经营，可以保护本企业的专利、商标，既可以避免国外市场可能出现的侵权现象，同时也可以避免因不进入国外市场而导致的损失。许多公司也通过与自己控制的海外子公司签订正式的许可证经营协议，来建立自己对专利或商标的合法所有权(而不是将所有权授予海外子公司)。此外，根据产品在生命周期中所处的阶段，将在国内已经无利可图的技术转移到国外，使其能够继续得到持续增长的利润。并且，通过许可证经营，国内企业可以同国外企业交换研究成果，这种许可证经营又称为交叉许可。

第三，与资本投资相比，许可证经营面临的政治风险较低。一方面，许多东道国政府宁愿采取许可证经营的方式获得技术和服务，而不是外国资本投入。另一方面，采用许可证经营，许可人并不拥有目标国市场的有形资产，因此，可以免遭资产没收的风险。对企业而言，最坏的情况也不过是失去许可经营收入，这种结果并不十分严重，其损失远远低于海外生产子公司被没收的损失。

第四，由于目标国存在的进口或投资限制，许可证经营可能成为企业唯一可行的国际化方式。在一些国家，生产军事装备以及其他关系国计民生的产品的制造商可能必须采用许可证经营的方式，因为东道国政府要求这样的产品至少部分在本国由本地的公司生产。

第五，除了上述的外部原因外，采用许可证经营的方式还可以满足企业内部的一些因素。如果一家企业的最终产品是服务，不可能通过出口的方式转移到国外，采用许可证经营或特许权经营向海外提供服务可能更适宜。此外，如果企业的产品必须进行大量的修正以适应目标市场的需求，许可证经营方式可能更具优势，因为这种方式将大部分适应成本转移给了目标市场的受许可人，同时还避免了伴随投资方式的较高的资源成本和风险。

第六，采用许可证经营的方式，公司在海外目标市场的资源(如管理、技术或财务等)投入少，参与程度深。许可证经营是投入资源较少的一种国际化方式，因此对小型企业尤为适宜。如果目标国市场销售潜力较低或很不确定，许可证经营比直接投资甚至直接出口都更合适。

(三)许可证经营的缺点

许可证经营的缺点主要有以下几点。

第一，如果一家企业没有能够吸引潜在的海外用户的技术、商标或公司名称，不可能采取许可证经营的国际化方式。对于缺乏这些资源的公司，通常不把许可证经营作为国际化方式的备选方案。

第二,从国际市场进入战略的角度看,许可证经营最大的缺点在于许可人对目标市场的营销活动缺乏控制。许可人必须依靠受许人在目标市场从事营销活动,许可人也不能因销售业绩不佳而终止许可协议。不过这一缺点可以通过发展与受许可人之间亲密的合作关系得以弥补,但是不可能完全消除,即使在特许经营中也是如此。从这一角度讲,海外受许人类似于海外分销商。

第三,许可证经营的投资小,风险低,相应地,从目标国市场获得的收益低于出口或直接投资。许可经营使用费率(Royalty)受到许多因素的限制,如公司先前达成的许可协议、行业惯例、竞争以及东道国政府等。此外,许可证经营的收入还受许可协议协定期限的限制,通常为5~10年。当然,并不是在任何情况下,许可证经营的收入都很少,许可证经营的收入也不仅仅局限于使用费。如果出现产品改进或受许可人继续需要得到技术援助,许可协议的合同期限还可以延长。因此,虽然许可协议的绝对收入较小,但赢利性可能仍很高。

第四,许可证经营的另一个缺点通常被忽视:在第三国市场甚至是在许可人母国市场上,培养潜在竞争对手的风险。虽然许可证经营的政治风险十分低,但最终产生的商业风险却可能十分高。受许可人在许可人的技术武装下,可能会成为世界市场上的一个可怕的竞争对手。一般说来,为了尽可能最小化风险,制造商可以给受许可人划定市场范围,将其限制在本国市场内;此外,还可以通过合同,禁止受许可人在合同期满后继续使用受许技术。然而,东道国政府通常不允许这样做,甚至一些母国政府也反对,如美国的反垄断法将这种做法视为非法。不仅如此,如果外国受许可人违背合同,想打官司可能需要花费昂贵的成本,耗费大量的时间,而且还胜负难卜。因此,在准许一家外国公司经营时,必须事先评估产生未来的潜在竞争对手的风险。如果许可人打算利用许可证经营来开发或测试一个新市场、为日后直接投资做准备的话,更应该仔细调查评估。此外,受许可人得知商业秘密后,可能会无意或有意将这些秘密透露给第三方,这样也可能增加竞争性风险。

第五,许可证经营的另一个弊端在于许可经营的排他性。许可经营协定通常授予受许人在本国生产和销售指定产品时,排他地使用受许的技术和商标。因此在许可协议期间,许可人不能使用其他的国际化方式,这就可能产生一定的机会成本。为了将机会成本降低到可以接受的程度,许可人可以在合同中作如下规定:如果经营业绩不佳,可以终止合同的执行;或者允许收购受许可人的部分股份,将许可证经营形式转变成为合资企业形式。这样一来,许可证经营的机会成本(不能以其他方式进入市场的成本)可能降到适中的水平,但仍不可能完全消除。

三、投资模式
(一)投资模式的界定

投资模式是所有国际化方式中进入程度最深的一种,它指的是企业在国外投资建厂,并对其生产经营拥有一定程度的控制权。投资模式是发达国家企业,特别是大型跨国公司开展国际化经营的重要形式。从生产的角度看,设在目标国的子公司可以是简单的组装厂,从母公司进口中间产品,再进行组装加工,这种形式通常被看作是出口国际化方式的扩展形式;也可以是全过程的产品制造厂,具备生产过程中的每一个环节。从所有权和管理控制程度上看,这些子公司可以划分为独资企业和合资企业。所有权和控制权是投资模式区别于其他国际化方式的本质特征。独资企业是由企业自行出资以兼并或兴建等方式在国外市场上建立的所有权和经营权全部归自己的子公司;合资企业则是由企业和一个或几个当地的企业共同出资组建,合作各方共同拥有,共同经营。一般说来,企业建立合资企业是因为企业缺乏单独从事国外市场营销的能力和资源,采用合资的方式可以更好地利用当地企业的组织资源,享受当地政府给予的政策优惠,降低政治风险。有时,由于东道国政府对某种行业的限制,企业只能采用合资企业的形式才能进入目标国市场。由于合资双方在有关投资、市场和利润等方面可能存在的分歧,企业常常不能及时、自如、完全地按照自己的意图行事。

通过建立独资子公司,企业可以享有完全的控制权,不仅可以控制工厂,囊括全部收益,还可与国外市场上的有关政府、顾客、流通中介以及原料供应商保持较为直接和密切的关系,使企业在东道国的生产战略和市场战略与企业的国际总体战略规划相一致。但独资经营也面临着诸多的政治经济风险,如资金冻结、汇率波动、市场恶化和国有化等。

(二)投资模式的优点

与其他国际化方式相比,投资模式具有如下优点。

第一,当地投资生产可以降低海外目标市场的供货成本,具体来源于运输成本的降低,关税的节省以及采用更便宜的劳动力、原材料、能源等投入要素带来的生产成本节约。如果目标市场的进口受配额的限制,或者公司出口产品的供应受母国工厂生产能力的限制时,采用当地生产可以增加产品供应能力。此外,与将许可经营权授予当地一家独立公司相比,投资国际化方式更有利于制造商向目标国市场供应质量更高或形象更统一的产品。

第二,投资国际化方式能够在当地市场营造营销优势。通常,采用当地生产能够提供比国内生产更多的机会去调整公司的产品,使其适应当地的偏好和购买能力。比如,远在美国汽车生产厂商削减国内生产规模之前,它们就已经在欧洲生产小型汽车,以适应当地燃料成本高、交通距离短以及其他的一些市场因素。此外,采用投资国际化方式,通过生产子公司自己的销售队伍以本地公司的形象进行直接分销,公司能够迅速可靠地向中间商和顾客运送产品,更好地提供售后服务。

第三,如果公司的产品是服务,服务特性决定了服务的生产和销售要求生产者与顾客之间面对面地进行(如健康护理、餐饮、广告、金融和商业咨询等),因此,公司必须寻找一种能够在当地生产和传送产品的方式。如果服务要求高水平的技能或严密的监控,特许经营或许可证经营都不适合,只有直接投资才是唯一可行的国际化方式。

(三)投资模式的缺点

在评估投资国际化方式时,除了要考虑其优点外,还必须同时考虑它的缺点。一般说来,投资国际化方式的主要缺点有以下几点。

第一,投资国际化方式开办成本高。与其他模式相比,投资国际化方式涉及在目标国市场建立一家生产型企业,因而需要投入大量的资金、管理以及其他类型的资源。

第二,投资进入决策的信息需求量大。海外生产子公司的最终成功取决于许多政治、经济、社会文化和市场等方面的因素,因此,要作出一个正确的投资决策,要求掌握的信息量远远多于出口或许可证经营。一些企业往往因为缺乏信息或对信息的错误领会,导致作出一个错误的投资决策。

第三,投资国际化方式面临的风险高。毫无疑问,资源要素的投入越多,面临的风险就越高。与其他国际化方式相比,投资国际化方式面临着更广泛的政治风险。具体的政治风险在以后的章节中会详细介绍,这里就不一一赘述。正是由于投资国际化方式投入的资本多、风险大,因而必须仔细评估,慎重决策。

第四,投资国际化方式的投资回收期长。正是由于投资国际化方式的开办成本高,需要投入大量的财力和物力,因而资产的回收时间远远高于其他模式。

第五,投资国际化方式的经营灵活性较低。投资模式涉及实际有形资本的投入,如果企业在东道国市场经营不善或企业总体战略发生改变时,要想撤回投资十分困难。

总之,各种国际化方式各有其优点与缺点及其特定的适用环境。表9-3对几种主要的国际化方式的优势与劣势进行了较为详细的归纳。

表 9-3 几种主要国际化方式的优势与劣势比较表

国际化方式	优势	劣势
出口	实现区位和经验曲线经济的能力	高运输成本、贸易壁垒、与当地营销代理的问题
许可证经营	低开发成本与风险	缺乏对技术的控制权,无法实现区位和经验曲线经济,无法进行全球性的战略协调
特许经营	低开发成本与风险	缺乏对质量的控制权,无法进行全球性的战略协调
合资企业	获取合作伙伴的知识,分担开发成本与风险,政治风险的可接受性	缺乏对技术的控制权,无法进行全球性的战略协调,无法实现区位和经验曲线经济
全资拥有的子公司	保护技术、实现区位和经验曲线经济的能力,进行全球性战略协调的能力	高成本与风险

四、影响国际化方式的因素

企业国际化的方式是不拘一格的,企业要根据行业发展特点、自身的实力、总体发展战略、目标市场的发育状况及其未来变化趋势等作出国际市场开发方式的选择。事实上,为某一给定的产品或目标国家组合选择合适的市场国际化方式,需要考虑几种相互矛盾的力量,各种力量的多变性和难以衡量性注定了选择国际化方式是一个复杂的过程。通常有一些内部和外部因素影响着国际化方式的选择。图 9-6 阐明了各种因素对选择海外市场国际化方式的影响。

(一)影响国际市场国际化方式选择的外部因素

目标国和母国的市场、生产和环境因素存在于公司之外,很少受公司管理决策的影响,这些因素可以看成是国际化方式决策的参数。没有任何一个单一的外部因素能对公司的国际化方式起到决定性的影响,只能说这些因素有利于或不利于某种国际化方式。

1.目标国市场因素

目标国市场容量的现状或预期的增长极大程度地影响着国际化方式的选择。容量较小的市场一般采用保本销售量较低的国际化方式,如因特网网上销售、间接出口、代理/分销商出口、许可证经营以及其他一些形式的契约国际化方式;相反,销售增长潜力大的市场则应选择保本销售量高的国际化方式,如销售办事处或子公司出口、当地投资等形式。另一个影响国际化方式选择的目标国市场因素是目标市场的竞争结构。目标市场上可能存在的竞争态势有:自由竞争、垄断竞争和寡头垄断。自由竞争的市场可能更适合采取出口国际化方式;而对于垄断竞争或寡头垄断的市场则更应采用投资的国际化方式,在当地建立生产基地,使公司有能力与当地占支配地位的公司竞争。如果目标国的竞争十分激烈,不适合采用出口或投资的模式,则公司应考虑采取许可证经营或其他契约国际化方式。第三个值得注意的目标市场因素是当地营销机构的可利用程度和质量。例如,如果当地一些好的代理商或分销商已被其他公司聘用或压根就不存在,采用出口模式的公司就应该考虑建立海外办事处或子公司的模式去接触海外市场。

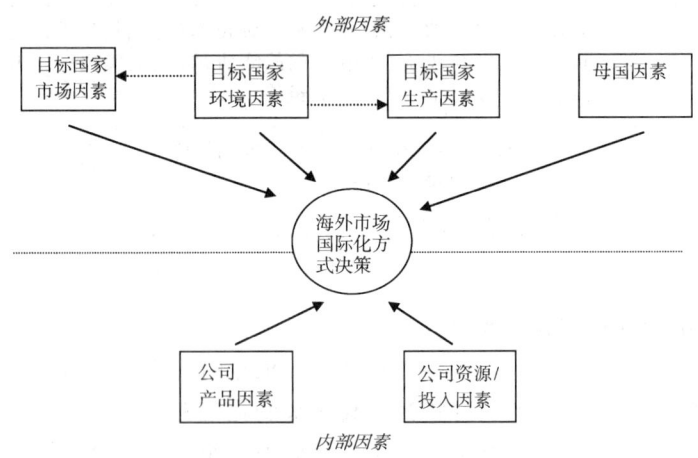

图 9-6 影响国际化方式决策的因素

资料来源:Franklin R. Root,"Entry Strategies for International Markets", *Lexington Books*,1994:29

2. 目标国生产因素

在国际化方式决策中,另一个需要考虑的因素就是目标国的生产因素,换句话说,就是必须考虑目标国的原材料、劳动力、能源和其他生产机构的数量、质量和成本以及经济基础设施(如交通、通信等)的质量和使用成本。如果目标国的生产成本较低,采用在当地生产的形式如契约模式或投资模式可能比出口模式更加适宜;相反,如果在当地的生产成本过高,则不利于在当地进行生产,可考虑采用出口模式或因特网模式,将国内生产的产品销往海外目标市场。比如,我国的劳动力比较丰富,劳动力成本也比较低,许多跨国公司看中这一优势,纷纷在中国投资建厂,把中国作为生产基地,然后再将生产的产品运往其他国家销售。

3. 目标国环境因素

目标国的政治、经济和社会文化因素也影响着国际化方式的选择,其中目标国政府的政策和法规对选择国际市场国际化方式的影响最为直接。限制性进口政策(高关税、严配额以及其他壁垒)显然不利于出口国际化方式,比如作为对美国进口限制的反应,日本的几家汽车公司纷纷在美国投资建厂,以当地生产取代出口。同样,限制性外资政策也不利于投资国际化方式,即使允许外资进入,也可能是有利于合资而不利于独资,有利于收购而不利于兴建。相反,目标国可以通过提供税收饶让等形式鼓励外资进入。另一个环境因素是地理距离。如果距离遥远,运输成本高,出口的商品与目标国当地产品相比没有竞争力,则不利出口国际化方式。在这种情况下,采用投资的形式可能更有竞争力。还有其他许多因素也影响着国际化方式的选择。目标国的国内生产总值、人均国内生产总值、各经济产业在国内生产总值所占比例等因素与公司产品在目标国的市场大小直接相关;其他一些动态指标如投资回报率、国内生产总值增长率、个人收入增长率、就业增长率等也影响着市场国际化方式的选择。此外,还必须考虑目标国的外部经济关系,如对外贸易方向和构成、国际收支状况、外债水平、汇率等,这些经济关系的变化预示着将来目标国政府在贸易和国际支付等方面可能发生的政策变化。如一国持续的国际收支逆差可能导致进口和支付限制,甚至是货币贬值。社会文化因素也影响着公司的国际化方式选择,其中最明显的是母国与目标国之间的文化差异,如语言、文化价值观、社会结构以及生活方式等方面的差异。巨大的文化差异增加了信息的获得成本,不利于采用投资国际化方式。公司一般愿意进入那些与母国文化比较相似的国家,在这样的国家经营,公司会更有信心,因而更愿意采用投入较多的国际化方式,如美国公司把加拿大作为投资的首选目标。此外,目标国的政治风险也影响着国际化方式的选择,如果经营者感觉目标国政治风险很高,则更倾向于采取投入较少的国际化方式如出口等;相反,低政治风险有利于投资国际化方式。

4. 母国因素

母国的市场、生产和环境因素也影响着公司目标市场国际化方式的选择。如果国内市场容量巨大,则可以提供给公司一个充分成长的空间,企业可以等到成长壮大后再进入海外市场。相反,市场较小的国家的公司则倾向于采用出口的方式进入海外市场,以实现规模经济。母国市场的竞争结构也影响着海外市场国际化方式的选择。处在寡头垄断行业的公司倾向于模仿国内竞争对手的行动,避免在竞争中处于不利地位,维持竞争均衡态势;因此,如果一家公司投资海外,其竞争对手也会纷纷追随。相反,处于自由竞争行业的公司更倾向于采用出口或契约模式进入海外市场。此外,母国较高的生产成本也可能鼓励采用当地生产的模式,如许可证经营、合同加工和投资。母国对国内公司出口或对外投资的政策也影响着国际化方式的选择,如果母国政府对出口提供税收或其他方面的鼓励,而同时对海外投资采取中立甚至限制性政策,则有利于出口、许可证经营或其他契约模式,而对海外投资不利。

(二)影响国际市场国际化方式选择的内部因素

1.公司产品因素

如果公司的产品与竞争对手的产品相比拥有更多优势,差别化程度高,则公司拥有更大的自由定价权。这样的产品更能承受高额的运输成本和关税,而且仍能在海外目标市场保持竞争优势。相反,差别化程度较低的产品,在目标市场必须根据一定的价格基础展开竞争,因此,更应该采取一些在当地生产的国际化方式。美国企业出口的大部分商品都是高度差别化的产品。

如果产品对售前和售后服务要求高,则不适合远距离销售。因此服务密集型产品一般不采用间接出口、代理商/分销商出口或因特网销售等方式,而倾向于采用销售办事处/子公司出口、契约或当地生产的国际化方式。如果公司的产品本身就是服务,如工程设计、广告、计算机服务、旅游、管理咨询、金融、快餐等,服务产品的适时性决定了服务不可能在一国生产,再出口到另一个国家,因此公司应寻求一种能够在目标国提供服务的形式。当地服务的提供可以采取培训当地公司来提供服务(如特许经营)、建立办事处或子公司(如广告代理机构或银行办事处)或者直接根据协议向外国客户提供服务(如技术协议等)。对于技术密集型产品,公司一般采用许可证经营的方式进入国外目标市场。一般说来,工业产品的技术密集程度高于消费品,因此,工业企业更倾向于采用许可证经营的方式进入海外市场;而消费品企业也可以在拥有一定的国际声望后,将本企业的商标许可给海外公司使用。对于那些需要进行修正后才能进入海外市场的产品,公司一般采用邻近的方式接触海外市场,如采取办事处/子公司出口或在当地生产。例如,20世纪80年代以前,福特公司在欧洲生产的汽车与国内生产的汽车之间就存在很大的差异。

2.公司资源/投入要素

公司在管理、资本、技术、生产技能和管理技能等方面的资源越充足,可选的国际化方式种类就越多;反之,资源有限的公司就只能选择那些对资源投入要求不高的国际化方式。因此,公司大小强弱通常是选择国际化方式时要考虑的重要因素。资源虽然是影响国际化方式选择的一个重要因素,但必须与公司愿意投入目标市场的资源数量结合起来考虑。拟投入的资源越多,经营者就愈加谨慎,考虑的备选方案就更多;而投入资源较少的公司,则无须考虑那么多。事实上,公司在国际商务中投入的程度取决于海外市场在公司战略中的地位及经营者的态度。对于大多数公司来讲,国际资源投入量是伴随着国际经验的增加而增加的,海外市场经营的成功将鼓励更多的国际投入,反过来又带来更大的成功。相反,先前国际经营的失败就限制公司进一步的国际投入。

第九章 国际化战略

本章思考题

1. 简要剖析中国在加入世界贸易组织(WTO)之后,国际经济环境的变化及其主要挑战。
2. 请联系自己所熟悉的企业,简要剖析其国际化战略的步骤和战略选择。
3. 以一个企业为例,试分析该企业进入国际市场的模式选择及其关键影响因素,并分析每种备选方案的利弊得失。

第十章 战略实施与战略领导

本章导读

本章介绍了战略实施的概念及其要素,包括战略系统的构成、控制工具、控制过程及战略评价。本章还介绍了战略领导及其在战略管理中的作用,包括战略领导的基本作用,组织变革与战略领导,战略控制系统与控制方式等。

战略管理的根本任务,是制订适宜的战略方案并将之最终转化为企业的战略性绩效。制定好的战略方案并不意味战略管理过程的结束,战略本身也不能等同于竞争优势。企业只有将战略方案转化为行动,才可能达成最终目的。在这一过程中,企业的内外部环境都有可能发生变化,必须及时发现把握这些变化并采取适当的措施进行调整。否则,一旦企业的运行轨道远远偏离了既定的目标,战略本身就会失去意义。

第一节 战略实施

战略实施不是机械地将战略内容逐一地分解为每年、每季度、每个部门和每个人的工作任务,而是在日常经营管理的动态过程中融入实施企业战略所要求的各项任务。所谓战略实施,是指把企业的战略方案转化为具体的行动,通过战略变革达到战略内容所要求的各项目标状态,进而达到全局致胜的动态过程。

一、战略实施的障碍

随着企业竞争的不断升级,企业竞争环境的疆域不断被扩充或打破,游戏规则一再被改写,企业是否具备在竞争环境中快速学习,并且将此学习转化为行动成果的能力,已成为企业存亡成败的关键。

美国《财富》杂志指出,只有不到十分之一的战略能够被企业有效地执行,而有关企业竞争力的缺失,至少70%的原因归诸战略实施的失败,而非战略本身的错误。究竟战略的执行为何如此困难?传统的管理机制为何无法有效地实现战略管理的功能?归结战略实施失败的主因,可以从以下五个方面来探讨。

1. 沟通与共识

根据 Renaissance 与 CFO Magazine 的合作调查,企业中只有不足十分之一的员工了解企业的战略,以及战略与其本身工作的关联。

尽管企业可能认识到沟通与建立战略共识的重要性,企业的战略仍然无法有效地逐层转化为基础员工所能够且必须了解的内涵,并成为其工作的最高指导原则。其原因在于企业战略本身的高复杂度,使得管理者难以用过去日常管理活动的语言,将战略分解成各个层次、各个职能、甚至单一员工工作任务相关的内涵。因此,如何将战略转化成各执行面的语言成为战略实施首要的挑战。

2. 组织与管理系统

根据有关调查,企业管理层在例行管理会议上花费近85%的时间处理业务运作的改善问题;而以少于15%的时间关注战略制订及其实施的议题。此外,多数企业的年度预算及业务目标,与其战略规划之间的关联性欠缺完整,甚或几近无关。因此,如何调整或改变企业原有的管理体系及流程,使组织的运作、业务的流程及资源分配都围绕着战略的核心而进行,成为企业战略实施的另一项挑战。

3. 激励制度

欠缺激励制度或现有激励制度的不合理是影响战略实施效果的另一项原因。传统绩效管理及目标管理的机制,一向偏重短期的财务指标及成果,忽略了培养企业长远竞争力的战略性建设的重要。人员的升迁、调薪、奖金及发展机会,若无法反映其对企业战略及竞争力的贡献,绝大多数的员工自然舍远就近,舍难取易。因此,建立以战略为核心的绩效发展与管理制度,同时配置差异化的激励与奖励制度,才能真正地将战略的执行落实到组织内每一位员工的个人工作目标。

4. 反馈

在战略实施的过程中,企业必须能够找到关键点上的战略绩效的衡量,以便能实时检验原先的战略假设及判断是否必须修正,当初的权衡取舍是否因为假设条件的变化而须加以调整。在快速变动的竞争环境下,企业具备与环境互动的战略实施与反馈的能力,是奠定其竞争优势的重要基础。

5.变革阻力

战略实施通常引起组织的变革。企业组织机构、流程及文化等方面的几乎任何变化都不可避免地改变了人们一些既有的、观念及相互关系,因此,人们往往抵制变革。变革阻力可以被看作对成功实施战略的最大威胁。组织变革的困难,在于必须克服来自人们抗拒改变和组织惯性两方面的阻力。人们阻碍战略的实施往往由于他们不了解发生的变化以及发生变革的原因。这种情形下,向雇员提供正确的信息是必要的。也就是说,成功的战略实施取决于管理者能否建立有利于变革的环境。

二、战略实施的要素

美国著名的麦肯锡管理顾问公司研究中心设计的企业组织七要素(简称7-S模型)指出了企业在发展过程中必须全面地考虑各方面的情况,包括结构、制度、风格、员工、技能、战略、共同的价值观。也就是说,企业仅具有明确的战略和深思熟虑的行动计划是远远不够的,影响战略实施的成败有诸多因素,战略只是其中的一个要素。在模型中,战略、结构和管理制度被认为是企业成功的"硬件",风格、人员、技能和共同的价值观被认为是企业成功经营的"软件"。见图10-1。

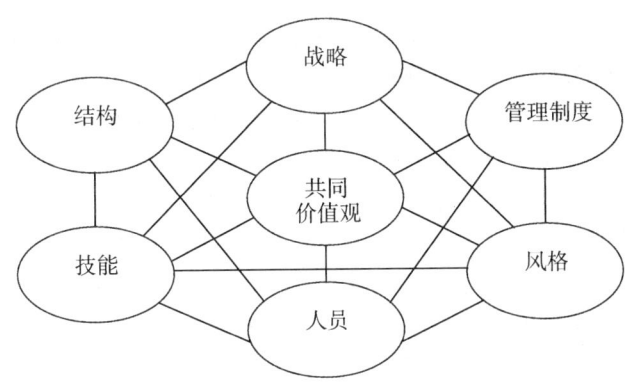

图 10-1 麦肯锡的 7S 模型

(一)硬件要素

1.战略

战略是企业根据内外环境及可取得资源的情况,为求得企业生存和长期稳定的发展,对企业发展目标、达到目标的途径和手段的总体谋划。它是企业经营思想的集中体现,是一系列战略决策的结果,同时又是制定企业规划和计划的基础。日本经济新闻社在1967年曾进行过专门调查,在63家给予回答的日本大公司中,99％有战略规划。在美国进行的一项类似调查发现,有90％以上的企业家认为企业经营过程中最占时间、最为重要、最为困难的就是制定战略规划。可见,战略已经成为企业取得成功的重要因素,企业的经营已经进入了"战略制胜"的时代。

2. 结构

战略需要健全的组织结构来保证实施。组织结构是企业的组织机制赖以生存的基础,它是企业组织的构成形式,即企业的目标、协同、人员、职位、相互关系、信息等组织要素的有效排列组合方式,是由众多的部门组成垂直的权利系统和水平分工协作系统的一个有机的整体。组织结构是为战略实施服务的,不同的战略需要不同的组织结构与之对应,组织结构必须与战略相协调。如通用电气公司,在20世纪50年代末期,执行的是简单的事业部制,但那时企业已经开始从事大规模经营的战略。到了60年代,该公司的销售额大幅度提高,而行政管理却跟不上,造成多种经营失控,影响了利润的增长。在70年代初,企业重新设计了组织结构,采用了战略经营单位结构,使行政管理滞后的问题得到了解决,妥善地控制了多种经营,利润也相应地得到了提高。由此看出,企业组织结构一定要适应实施企业战略的需要,它是企业战略贯彻实施的组织保证。

3. 管理制度

企业的发展和战略实施需要完善的管理制度作为保证,而实际上各项制度又是企业使命和战略思想的具体体现。所以,在战略实施过程中,应制定与战略思想相一致的制度体系,要防止制度的不配套、不协调,更要避免背离战略的制度出现。如,具有创新精神的3M公司的创新制度。在3M公司,一个人只要参加新产品创新事业的开发工作,他在公司里的职位和薪酬自然会随着产品的成绩而改变。即使开始他只是一个生产一线的工程师;如果产品打入市场,就可以提升为产品工程师,如果产品的年销售额达到五百万美元时,他就可以成为产品线经理。这种制度极大地激发了员工创新的积极性,促进了企业发展。

(二)软件要素

1. 风格

两位学者发现,杰出企业都呈现出既中央集权又地方分权的宽严并济的管理风格,他们让生产部门和产品开发部门极端自主,另一方面又固执地遵守着几项流传久远的价值观。

2. 共同的价值观

由于战略是企业发展的指导思想,只有企业的所有员工都领会了这种思想并用其指导实际行动,战略才能得到成功的实施。因此,战略研究不能只停留在企业高层管理者和战略研究人员这一个层次上,而应该让执行战略的所有人员都能够了解企业的整个战略意图。企业成员共同的价值观念具有导向、约束、凝聚、激励及辐射作用,可以激发全体员工的热情,统一企业成员的意志和欲望,齐心协力地为实现企业的战略目标而努力。这就需要企业在准备战略实施时,要通过各种手段进行宣传,使企业的所有成员都能够理解它、掌握它,并用它来指导自己的行动。日本在经济管理方面的一个重要经验就是注重沟通领导层和执行层的思想,使得领导层制定的战略能够顺利地、迅速地付诸实施。

3. 人员

战略实施还需要充分的人力准备,有时战略实施的成败确系于有无适合的人员去实施,实践证明,人力准备是战略实施的关键。IBM 的一个重要原则就是尊重个人,并且花很多时间来执行这个原则。因为,他们坚信员工不论职位高低,都是产生效能的源泉。所以,企业在做好组织设计的同时,应注意配备符合战略思想需要的员工队伍,将他们培训好,分配给他们适当的工作,并加强宣传教育,使企业各层次人员都树立起与企业的战略相适应的思想观念和工作作风。如麦当劳的员工都十分有礼貌地提供微笑服务;IBM 的销售工程师技术水平都很高,可以帮助顾客解决技术上的难题;迪斯尼的员工生活态度都十分乐观,他们为顾客带来了欢乐。人力配备和培训是一项庞大、复杂和艰巨的组织工作。

4. 技能

在执行公司战略时,需要员工掌握一定的技能,这有赖于严格、系统的培训。松下幸之助认为,每个人都要经过严格的训练,才能成为优秀的人才。譬如,在运动场上驰骋的健将们大显身手,但他们惊人的体质和技术,不是凭空而来的,是长期在生理和精神上严格训练的结果。如果不接受训练,一个人即使有非常好的天赋资质,也可能无从发挥。

麦肯锡的 7S 模型提醒企业的高层管理者,软件和硬件同样重要。两位学者指出,各公司长期以来忽略的人性,如非理性、固执、直觉、喜欢非正式的组织等,其实都可以加以管理,这与各公司的成败息息相关,绝不能忽略。因此,在企业发展过程中,应当全面考虑企业的整体情况,只有在软硬两方面 7 个要素能够很好地沟通和协调的情况下,企业才能获得成功。

三、组织变革

艾尔弗雷德·钱德勒在《战略与结构》一书中,就战略在组织结构中的意义做了阐述。钱德勒发现,企业组织结构的变化受战略变化的驱使,后者则与企业面临的外部环境相联系。概括地说,即结构跟随战略。

战略的变化将导致组织结构的变化,企业建立组织结构是为了实现企业的经营目标和战略以及适应战略的变化,离开战略或组织的使命,组织结构也没有意义。钱德勒研究发现,企业战略的转变带来了新的管理问题,导致绩效的下降,从而引起组织结构的调整,使企业的状况重新得以改善和发展(如图10-2)。

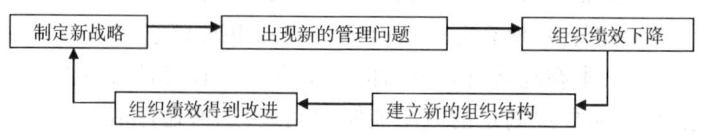

图10-2 钱德勒的战略—组织机构关系

对特定战略或特定类型的企业而言,不存在一种最理想的组织结构设计。对于一个企业适用的结构不一定适合另外一家类似的企业,尽管特定产业中成功的公司趋向于采用类似的组织结构。例如,生产消费品的企业倾向于根据产品划分部门,小企业倾向于按照职能设置组织结构,而大型企业则一般采用战略事业单位(SBU)或矩阵式组织结构。

结构跟随战略,但同时也能够影响企业的战略。企业制定的战略必须是可行的,因此,如果一项新的战略要求进行大规模的组织结构调整,就不是一个理想的选择。更重要的问题是,要确定战略的实施需要组织机构如何变化以及如何有效地实现这些变化。需要指出的是,结构的变化有助于战略的实施,但不能期望结构的变化可以将坏的战略变成好的战略。

(一)组织结构与战略的匹配

企业的成长具有周期性,在不同的发展阶段,企业必须根据内外部环境的变化调整经营战略,并且为了保证战略目标的实现,必须对企业的组织结构进行相应的调整。

企业组织经过多次的变革和调整,会随着企业生产经营的日益发展而规模日趋增大,应付竞争的能力也会日益增强。一般而言,如果企业面对内外环境的挑战,总是有足够的自我更新能力生存和发展,那么组织结构就会趋于庞大、复杂,这是一个逐步发展的过程,并表现为若干的阶段性。

第一阶段是以企业的创业者个人管理为特征,企业中管理者个性色彩浓重。组织结构往往是非正式的,其重点是为了生产产品与开拓市场。随着企业的发展,企业的所有者会发现它的管理职责会变得越来越不堪重负,这就会导致一种危机。因为企业所有者不可能胜任日益复杂繁重的经营责任,由此而需要不同专业领域的专家来参与企业管理。

企业组织发展的第二阶段则是以管理的集权、统一指导为特征的,经营的效率也会变得更高,然而当组织变得越来越庞大、复杂时,较低层的管理人员就会发现:他们缺乏权力来贯彻他们自己的经营思想。他们认为在企业的经营方面,他们可能比企业的高层管理人员懂得更多,所以他们会要求有更多的决策的权力以实现其价值。由此高层管理人员就要面对一个适当分权的问题,以求发挥中下层管理人员的创造性。

企业组织发展的第三阶段是以分权体制的成功运用为特征的。经营管理的重要责任被授予那些以地域、产品来划分的事业部的首长,由此也就意味着企业开始进入多样化或者跨地区发展的新阶段。于是对于这样一个新的组织结构形式,企业的高层管理人员会逐步感到,随着经营的日益复杂、分散,他们对企业的整个经营会越来越缺乏控制,他们试图在战略上保持企业的统一,并且有权调配企业的重要资源。

企业组织发展到第四阶段是以采用战略事业单位(SBU)为特征的组织结构。战略事业单位能够保证某一个领域的经理能够拥有相当大的自主权,它能够与组织的其他系统在计划、资金、技术、人力资源等各个方面保持有效地协调关系,否则他就不能有效地去控制、运行他自己的事业。这种组织结构形式不会导致员工数量的大幅度增加,但是却能够带来企业效益与效率的提高。战略事业单位使企业的组织结构既能够保持分散决策的优势,又能够在一个很高的层次上进行集中控制。

第五阶段是以参与式的矩阵管理为特征的组织结构形式。随着技术革新迅速发展,民主管理的要求日益增长,内外环境的变化,使企业必须不断地增强其适应这种迅速变化的能力,以求取生存。企业的组织变得越来越需要具有适应性,而且富有弹性,必须更多地建设一些解决问题的技术和手段,也就是说必须拥有可供不同领域的经营人员和专家汇合在一起来共同解决关系到企业生存与发展问题的途径。

企业组织的发展还可以变得更加复杂,它可以是上述各阶段的混合形式。需要指出的是,企业组织的发展阶段往往难以确定,其发展的各阶段也并不是按部就班的,其秩序可以是变化的;在某个时期企业的组织结构可能会同时具有几个阶段的组织特征。相反,当企业发展到一定程度的时候,其组织体制会缺乏自我更新的能力,则组织也会变得日益衰落,那也就意味着企业将走向衰亡。

(二)流程再造

随着企业规模的不断扩大和分工的不断细化,许多专业化分工所提高的效率已经远远小于由于分工所造成的各部门之间的不协调所降低的效率。特别是现代信息技术的飞速发展和组织成员自身素质的不断提高,使得许多原来必须进行分工才能提高效率的工作,现在无须进行分工,一个人或部门完全能够胜任,而且会避免部门之间的协调工作。重新思考和改变过去效率低下的工作流程就是流程再造的核心所在。

所谓流程再造就是指对工作、岗位和生产过程的重新设计和重新构造。流程再造通常不会影响企业的组织结构,也不会引起岗位或人员的变化,其目的是降低成本,提高产品、服务水平和加快生产速度。流程再造的基本思想就是改变工作的实际运行方式。流程再造作为一种重新设计工作方式、设计工作流程的思想,是具有普遍意义的;但在具体做法上,必须根据本企业的实际情况来进行。美国的许多大企业都不同程度地进行了流程再造,主要方法有以下几种。

1. 工作流程的各个步骤按其自然顺序进行

在传统的组织中,工作在细分化了的组织单位间流动,一个步骤未完成,下一步骤便无法进行,这种直线化的工作流程使得工作时间大为加长。如果按照工作本身的自然顺序,是可以同时进行或交叉进行的。这种非直线化工作方式可大大加快工作速度。

2. 根据同一业务在不同工作中的地位设置不同的工作方式

传统的做法是,对某一业务按同一种工作方式处理,因此要对这项业务设计出在最困难最复杂中的工作中所运用的处理方法,把这种工作方法运用到所有适用于这一业务的工作过程中。这样做,将原来简单的工作复杂化,大大降低了工作效率。如果针对不同的工作设置出对不同的业务处理方式,这样就可以大大提高效率,也使工作变得简捷。

3. 模糊组织界线

在传统的组织中,工作完全按部门划分。为了使各部门工作不发生磨擦,又增加了许多协调工作。因此流程再造可以使严格划分的组织界线模糊至甚超越组织界线。如,P&G 根据超级市场信息网传送的销售和库存情况,决定什么时候生产多少、送货多少,并不一味依靠自己的销售部门进行统计,这就避免了很多协调工作。

在实践中,流程再造得到广泛的应用。20 世纪 90 年代初,美国三大汽车巨头之一的福特汽车公司位于北美的应付账款部有 500 多名员工,负责审核并签发供应商供货账单的应付款项。按照传统的观念,这么大一家汽车公司,业务量如此庞大,有 500 多个员工处理应付款是非常合理的。但日本马自达汽车公司负责应付账款工作的只有 5 个职员。5:500 的比率让福特公司无法泰然处之。应付账款本身不是一个流程,但采购却是一个业务流程,因此公司对采购进行了流程再造。重组后的业务流程完全改变了应付账款部的工作和应付账款部本身。现在应付账款部只有 125 人(仅为原来的 25%),这意味着节俭了 75% 的人力资源。相同的还有 IBM 信用卡公司(IBM Credit Corporation),通过业务流程再造工程,使信用卡发放周期由原来的 7 天缩小到 4 个小时,即提高生产能力

100倍。

流程再造只有在企业强化战略地位时才真正有可能实施。因此,在业务流程再造之前,明确企业的经营战略就变得异常重要。需要实施业务流程再造的一些战略因素有:

1. 认识到竞争对手将在成本、速度、灵活性、质量及服务等方面产生优势;
2. 增加运营能力所需的战略;
3. 重新评估战略选择的需要:进入新市场或重新定位产品与服务;
4. 核心运营流程基于过时的商业假设或技术建立;
5. 企业的战略目标似乎无法实现;
6. 市场上有了新变化。如市场份额需要扩大,出现新的竞争对手等。

当企业出现以上因素时,业务流程再造会更加有效地得以实施。

(三)文化变革

所有的企业都有自己的文化。文化包括由企业成员共同分享的一组因素如价值观、信仰、态度、规范等构成,文化是企业从事经营活动的独特方式。在企业的战略变革中,文化作为人的因素可以增强企业的凝聚力,增强员工的责任感并提高企业的运营效率。

从文化角度考察战略是必要的,因为企业战略实施的成功与否往往取决于组织文化对战略的支持。不同的战略意味着不同的企业文化,实行差别化战略的公司往往鼓励创新、发挥个性和承担风险,如惠普(Hewlett-Packard)公司;而成本领先战略的文化则可能是节俭、纪律性及注重细节,如爱默逊电器(Emerson Electric)公司。如果企业文化与竞争战略相适应,企业文化可以有力地巩固企业的战略以寻求建立竞争优势。企业文化本身并无优劣之分,它是获取竞争优势的手段,而不是目的。

组织文化是由相对稳定和持久的因素构成的,需要很长时间才能形成,并且一旦形成就常常成为牢固和不易更改的,这往往导致文化的变革具有相当的阻力。实现文化变革最大的挑战在于解冻现有的文化,由于组织文化的牢固性,解冻原有组织文化必须通过一套全面的、协调的措施实现。

1. 组织文化分析

组织文化分析是解冻原有文化的基础和关键,包括进行文化审核以评估现有文化,将现有文化与预期文化比较,进行差距评价以确定需要加以变革的文化。

2. 创造危机意识

大规模的严重危机出现可以促使人们对现有文化的适应性有更加清醒的认识,因此危机同样对于解冻组织文化有重要意义。但危机并不是组织的所有成员能够意识到的,因此,变革的推动者有必要使人们更清楚地看到危机。如果企业的员工没有意识到变革的紧迫性,那么企业原先固有的组织文化就很难对变革作出积极的反应。

3. 调整高层管理人员

任命企业的高级管理人员可能预示着重大变革的发生,新的高层领导者也往往会给组织带来不同的价值观。不过,新的高层管理者需要尽快将其观念注入组织当中,并调整关键的管理职位。

4. 组织重组

伴随高层管理者的调整,进行相应的组织重组可能会随即产生。通过设立一些新的部门,或将一些部门合并或撤销,都可以将高层领导者的价值观和管理理念向组织传播。

四、建立绩效评价系统

企业管理是为了实现企业的目标,然而企业总目标对于企业内各个层次、各个职能部门的具体人员而言,并不都是清晰可见的。企业内部需要一套把每个员工的行为都引向企业总目标的系统,而绩效评价系统恰恰可以通过衡量的内容在事前引导员工的行为,通过评价的结果(同时配以奖惩激励制度)在事后促使员工改进自己的行为,从而更符合企业的目标。

在复杂多变的动态竞争环境下,全方位评价企业的战略绩效是企业了解自身运行情况、发现缺陷和不足之处并及时进行调整的有效途径。但是,要想使绩效评价能够指导企业的经营行为,其方法必须全面反映企业的运行情况,并能够与企业的长远发展战略结合起来。战略是企业经营管理的基本纲领和方针,它规定了企业的宗旨、经营理念和主要业务范围,对每一个业务范围又规定了一些具有挑战性的指标。在知识经济时代,一个公司的成功不再依赖于它对传统金融工具的管理,而更多地取决于它对无形资产(如顾客关系、内部业务、组织的创新)的评价能力,而围绕公司战略建立绩效评估指标及推动实施,对于企业来说是一个很大的挑战。

平衡计分卡(Balanced Scorecard)是一项将企业的成功关键因素、绩效指标和企业目标同企业的长期的愿景目标相联系的评价技术。如图10-3。它提供了一个综合性框架,由此可将公司的战略目标以一系列紧密相联的业绩评价方法来实现。而且,平衡计分卡不仅仅是一种评价和计量方法,还是一个管理系统,有助于促进产品、经营过程、顾客、市场开发等关键领域的显著改善。借助平衡计分卡,管理者可从四个不同层面选择评价手段。平衡计分卡在传统的财务指标之外,补充了对顾客、内部经营过程、创新与学习等活动的业绩评价。这些评价方法与公司所使用的传统方法有重大的区别。平衡计分卡评价方法植根于公司的战略目标和竞争要求。通过要求管理者在四个不同层面的每一层面都只能选择少量的关键指标，平衡计分卡有利于公司将精力集中在战略要点上。

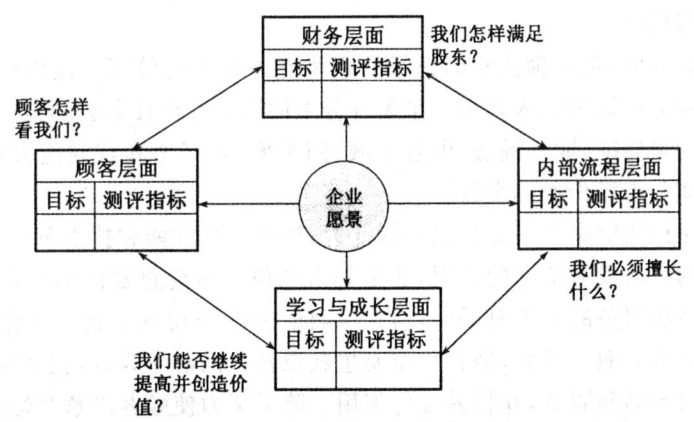

图10-3　平衡计分卡的基本结构

1. 财务层面

财务评价是平衡计分卡的四个层面之一，编制平衡计分卡能促使各经营单位把自己的财务目标同全公司的战略相联系。尽管传统的仅偏重财务衡量的业绩衡量系统存在种种缺陷，然而这不等于否定与废除财务衡量。财务衡量在平衡计分卡中不仅仅是一个单独的衡量方面，而且是其他几个衡量方面的出发点和落脚点。一套平衡计分卡应该反映企业战略的全貌，从长远的财务目标开始，然后将它们同一系列行动包括财务过程、顾客、内部经营过程和学习成长过程相联系，最终实现长期经营目标。假如质量、顾客满意度、生产率等方面的改善和提高无法转化为销售额的增加、营业费用的减少、资产报酬率的增加等财务成果，那么做得再好也无济于事。

财务目标标志着企业的长期目标——在投资基础上提供丰厚的利润。使用平衡计分卡与这一重要目标并不矛盾，实际上，平衡计分卡能够使财务目标变得明确，使之适合不同经营单位和不同成长及生命阶段的具体需要。最终，平衡计分卡其余方面的所有目标和测评方法都应该同财务方面的一个或多个目标相联系。对大多数组织来说，增加收入、降低成本、提高生产率、加强对资产的利用和减少风险，这些财务主题能够提供平衡计分卡所有方面之间的联系。

处于生命周期不同阶段的企业，其财务衡量的重点也有所不同。在成长阶段，企业要进行数额巨大的投资，因此，其现金流量可以是负数，投资回报率亦很低,财务衡量应着重于销售额总体增长百分比和特定顾客群体、特定地区的销售额增长率;处于维持阶段的企业应着重衡量获利能力,比如营业收入和毛利、投资回报率、经济增加值;在收获阶段的财务衡量指标主要是现金流量,企业必须力争实现现金流量最大化,并减少营运资金占用。

2. 顾客层面

在顾客方面,企业确认它们选择的顾客群体和市场份额。这些市场份额标志着公司财务目标的收入来源。平衡计分卡的顾客方面使各公司能够把自己的核心顾客衡量标准(顾客满意、顾客忠诚、回头率、购买率和获利能力)同所选中的顾客群体和市场份额相衔接。

企业往往能够集中精力提高内部能力,注重产品性能和技术革新。但是,如果对顾客的需要没有清楚的认识,那么其市场份额最终将被能够提供符合顾客偏好的产品和服务的竞争对手所侵占。因此,一些公司逐步将其工作重点转移到外部的顾客方面。显然,经营单位要想获取长远的财务收益,就必须创造出受顾客青睐的产品和服务,并将其交付使用。除了努力使顾客满意和惊喜外,企业管理者还必须在平衡计分卡中将使命和战略声明转变为以顾客和市场为依据的具体目标。

企业必须确认其现有和潜在的顾客中的各个市场,然后选择它们决定在其中竞争的那些市场。确认向选中的市场提供哪些价值,这成为制定关于顾客方面的目标和测评标准的关键。因此,平衡计分卡的顾客方面将组织的使命和战略转变为具体的目标,并将这些目标传达给整个组织。

顾客方面的核心衡量指标包括市场份额、老顾客回头率、新顾客获得率、顾客满意度和从顾客处所获得的利润率。这些指标存在着内在的因果关系:第一,顾客满意度决定新顾客获得率和老顾客回头率;第二,两者将决定市场份额的大小;第三,以上四个指标共同决定了从顾客处获得的利润率;第四,顾客满意度又源于企业对顾客需求的反应时间、产品功能、质量、价格。

3. 内部经营过程

在内部经营过程中,企业通常在制定了财务和顾客计划之后制定经营过程计划。这一决策顺序可以使企业能够使自己的经营过程和实现顾客和股东目标的过程同时进行。绝大多数企业现存的绩效测评方法都集中于测评现有的经营过程能否改善。而平衡计分卡体系则建议确定一整套有关内部经营过程的价值观念,确定顾客目前及未来的需要,并根据这些需要发展新顾客。在经营过程中向现有顾客提供现有的产品和服务,向顾客提供售后服务,使顾客从公司得到的产品和服务增值。为企业内部经营过程制定目标和测评手段,是平衡计分卡体系与传统的绩效测评体系之间最显著的区别之一。

所有的企业在经营过程中都试图改善产品质量、缩短生产周期、增加回报率、最大限度地扩大生产能力和降低生产成本,因此仅注意改善生产周期、生产能力、质量和成本不足以使企业在市场竞争中获得有利地位,除非在所有方面都超过竞争对手。不过,这种竞争能力只是有助于企业的生存,而不能形成独特的、可持续的竞争优势。平衡计分卡体系本着满足股东和特定顾客的需要,制定了企业内部经营过程及其目标和测评手段。

(1)生产制造过程的业绩衡量可以沿用财务指标。例如,标准成本和实际成本的差异、成品率、次品率、返工率等。

(2)产品设计开发可以采用以下指标衡量:新产品销售额在总销售额中所占的比例、专利产品销售额在总售额中所占的比例、比竞争对手率先推出新产品的比例、开发新产品所用的时间、开发费用占营业利润的比例、第一次设计出的产品中可全面满足顾客要求的产品所占的比例、在投产前对设计进行修改的次数等。惠普公司还推出了一种"时间平衡法"来衡量产品开发部门的工作效率。这一方法要计算从开始研制某新产品到新产品投放市场并产生可以平衡研制投资的利润所需的时间,其意义在于产品开发投资必须在一定时间内收回。

(3)至于售后服务的衡量,则可以从时间、质量和成本几方面着手,可以采用的指标包括:公司对产品故障反应的速度(即从接到顾客请求到最终解决问题的时间)、用于售后服务的人力和物力成本、售后服务一次成功的比例等。

4. 学习和成长

平衡计分卡的第四项是企业的学习与创新方面。财务、顾客和内部经营过程的衡量手段为企业列举了取得业绩突破所要掌握的关键要领。学习和创新过程的目的是使企业实现上述财务、顾客和内部经营过程的规划。学习和创新过程是前三项主题的推动力量。

一些企业的管理者已经注意到,一旦以短期财务标准来衡量他们的业绩,他们就难以获得新的投资以加强他们的员工、系统和内部经营过程的生产能力。削减这方面投资固然是增加短期财务收入的有效手段,而且这种举措对员工、系统及企业经营过程的负面影响短时间也不会暴露,但对企业未来发展的影响却是长远而深刻的。平衡计分卡强调对企业未来投资的重要性,而不局限于传统的投资领域。要实现长期的财务目标,必须对企业基础——员工、系统和经营过程进行投资。

过去企业管理的观念是:公司应使工人出色地完成具体工作,公司的上层人员规定工人的工作任务,并制定出相应的标准和监督体制,确保工人能按计划完成任务,工人的任务是干活,而不是思维。然而在最近几十年中,这种管理哲学发生了重大变化。人们认识到，公司若想超越现有的业绩、取得学习和成长的收获、获得未来持续的成功，那么仅仅墨守公司上层制定的标准经营程序是不够的，还必须尊重、重视和尽可能采纳第一线员工对改善经营程序和业绩的建议和想法，因为他们离企业内部的工序和企业的顾客最近。正如福特汽车的一个修理厂厂长所言：职工的任务是思考问题，确保质量，而不是看着零部件生产出来。在此，职工被看成问题的解决者，而不是可变成本。此外，要促进企业的学习和成长，还必须加强对员工的培训，改善企业内部的信息传导机制，激发员工的积极性，提高员工的满意度。这方面的衡量指标包括：培训支出、培训周期、雇员满意度、雇员保留率、信息覆盖比率、每个员工提出建议的数量、被采纳建议的比例、采纳建议后的成效、工作团队成员彼此的满意度等。不过，应该承认，在学习和成长方面的衡量手段目前还远未达到成熟的程度，尚待进一步研究、探索。

当然，平衡计分卡并不只有固定的四个方面，所有对公司战略的成败起着重要作用、且能为公司创造独特的竞争优势的因素，都可以在平衡计分卡上占有一席之地。

需要强调的，平衡计分卡并不是几个方面的简单组合，而是根据企业总体战略，由一系列因果链贯穿起来的一个整体。因果链布满了平衡计分卡的各个方面。例如，某公司希望提高财务方面资本回报率的水平。如何实现这一目标呢？这就需要顾客重复购买以及增加顾客每次的购买量，这有赖于顾客青睐度的提高。而顾客为什么会青睐该公司呢？顾客偏好的分析结果可能会显示，顾客重视按时交货。这样，按时交货使用也将被记入平衡计分卡的顾客方面。下面要追问的是，怎样的内部过程才能提高按时交货率呢？这将依赖于缩短经营周期和提高内部过程的质量，于是，这两个方面将被记入平衡计分卡的内部过程方面。那么，公司如何来提高内部过程的质量以及缩短周期呢？应该通过培训雇员，提高他们的能力，于是这个目标可以记在学习和成长方面。这样，一条因果关系链就贯穿了平衡计分卡的所有四个方面。

成功的平衡计分卡制度是把企业的战略和一整套财务和非财务性评估手段联系在一起的一种手段。它将企业的使命和战略变成具体的目标和衡量内容，从而对每个员工而言，企业的战略不再是虚无的东西。通过对平衡计分卡的分解，每个员工都可以看到自己的努力将对企业战略目标的实现发生什么样的作用；每个员工都可以主动思考并建议企业的某些改进。传统企业管理中，由上级制订目标计划、下级严格遵照执行而不问目标计划适宜性的"单循环反馈过程"就为互动的"双循环反馈过程"所取代。随着平衡计分卡的推广，它的用途也日益得到发掘，这些用途包括：阐明战略并就战略达成共识；在整个组织中传播战略;把部门和个人的目标与这一战略相联系;把战略目标与长期的具体目标和年度预算相衔接;对战略计划进行确认和联系;对战略进行定期和有序的总结;利用反馈的信息改进战略。因此,平衡计分卡是一个传播企业使命和战略的系统,一个告知雇员什么是促使企业成功的业绩驱动因素的系统,一个学习的系统;而不是竭力让个人和组织的各个单位与事先制订的计划保持一致的传统控制系统。从这个意义上讲,平衡计分卡就不再仅仅是一个绩效评价系统,而且本身也是一个战略管理系统。

第二节 战略领导

在组织中,领导是一种特定的职务,能够运用组织赋予的权利或其他手段,对别人的行为施加影响,使之更好地完成工作目标。在战略管理过程中,高层管理团队特别是企业最高领导担负的首要职责就是战略领导,即管理整个企业以完成各种关键任务,例如公司业绩、竞争优势、创新、战略变革和生存等。战略领导的工作范围不仅针对着企业内部,也会涉及企业外部,如与股东、战略合作伙伴甚至社会公众沟通,赢得他们对企业使命、愿景和战略的支持。特别是在信息传播渠道日益丰富、新闻媒体影响日益提升的今天,企业领导的言行往往成为大众研判企业战略的依据,他们如何担负起战略领导的职责,也显得愈发重要。

一、战略领导的特征与任务

在战略的实施过程中,高层领导者的推动力量是保证成功的关键因素。企业高层领导者首先应该充分认识到战略管理是一个不断提升企业整体水平的进程,而且企业的战略实施过程还会遇到许多困难和挫折,另外企业高层领导者还应该在全方位上参与企业战略实施,从制定企业发展战略、实施过程中的组织变革以及对战略的评价和控制都能够深入地参加。总之,企业高层领导者的重视和支持是成功实施企业战略的重要保障。

(一)高层领导团队及其对战略制定和实施的影响

优秀的管理者是企业获取和保持竞争优势的重要资源。管理者运用自己的判断力为企业制定谋取竞争优势的战略,并且设计和建立与战略匹配的组织结构和薪酬系统,以保证战略的成功实施。当然,尽管战略的制定在某种上受到战略规划过程的驱动,但是对战略更具影响力的是企业高层领导者。

1.高层管理团队

高层管理团队由负责实施组织战略的关键经理人员组成。高层管理团队的决策质量影响公司创新和进行战略变革的能力。研究表明,高层管理团队的特征与企业战略绩效存在一定的关系,尤其是对某些特殊战略实施所必需的专业技能,例如,研究发现在营销和研发方面的专家对于实施成长战略具有重要的影响。

企业高层领导工作是非常复杂的,这通常要求企业高层领导者既要深刻理解外部环境,也应精通企业经营的各个方面;然而这对于个体而言是不现实的,尤其对于经营大型的多样化企业。因此,异质性高层管理团队对于企业有效进行战略领导是必要的。所谓异质性是指团队成员具有不同的专业、工作背景和经验等。不难理解,一个异质性的管理团队比个体领导者更有能力实现有效的战略领导。

另外,高层管理团队的特征也与企业的创新和战略变革相关联。研究表明,高度异质性的管理团队更有助于带动企业的创新和战略的变革。异质性管理团队的构成本身决定了其视野的开阔性,团队能够更好地识别环境的变化(机会或威胁)或企业发展方向的改变,而且更加科学地评价不同的战略方案,并且根据企业的实际选择适合的战略。

2. 首席执行官的来源

高层管理团队对企业战略的制定和实施有着重要的作用,而作为高层管理团队的核心的首席执行官对企业战略的影响则更为举足轻重。如果从劳动力的来源进行考察,不妨将高层领导者的选聘简单划分为内部选聘和外部选聘。两种方式的孰优孰劣不是我们在这里关注的焦点,从战略角度看,由于历史或文化的因素,由企业内部提升的领导者通常更倾向于沿袭原有的企业战略;而通过外部选聘产生的领导者往往会导致企业战略方向的改变。

3. 高层管理团队对战略的影响

根据上述高层管理团队特征及首席执行官来源对战略影响的分析,可以建立一个矩阵描述高层管理团队与企业战略的关系。如图10-4所示。

		首席执行官来源	
		内部提升	外部选聘
高层管理	同质性	稳定战略	模糊
团队特征	异质性	伴随创新的稳定战略	改变战略

图10-4 高层管理团队与企业战略

当高层管理团队的特征显现同质性(相似的工作经历或教育背景等),并且新任首席执行官为公司内部提升,那么公司的战略则更趋向稳定;相反,如果新任首席执行官由公司外部选聘而且公司高层管理团队的整体特征呈现异质性,则公司战略调整的可能性将大大增加;如果新任首席执行官产生于公司内部,战略改变的可能性很小,但如果高层管理团队异质性高,那么将会导致公司的不断创新;最后,如果外部选聘的首席执行官与同质性的管理团队共事,则将使情形具有很高的不确定性。

(二)战略领导的任务

由于战略实施过程的复杂性,使得领导战略实施以确保战略方案的成功落实成为战略领导者面临的重要任务。战略领导不同于一般的组织领导,有效的战略领导由一组相互关联的行动构成,包括确立公司的战略方向、开发和维持核心竞争力、开发并配置关键资源、维持有效的组织文化以及强化伦理规则。

1.确立并维护战略方向

确立战略方向意味着修订或重申企业的愿景、使命与战略意图,这是战略的核心内容。高层管理团队特别是首席执行官需要慎重思考,是否有必要对以往确立的方向加以修订。从许多成功企业的经验来看,当企业成长到一定阶段时,原有的方向限定了企业的成长空间,或是已被证实与企业的资源与能力严重不符,就有必要对战略方向进行调整。然而,频繁地调整方向也会打乱企业积蓄关键资源和培养核心竞争力的进程。战略方向明确后,领导层还需要对企业员工、股东以及各种利益相关者宣传其内涵,打消对于战略方向的无端怀疑,并将战略方向融入战略方案之中,以维护战略方向的稳定性。

2.开发和保护核心竞争力

核心竞争力是企业获取超越对手的竞争优势的重要资源与能力,它使企业可以为顾客提供具有独特价值的产品或服务。核心竞争力可能与企业的多项职能相关,如制造、营销、财务及研发等。公司在不同领域建立和发展核心竞争力可以有效地促进战略的实施,因此设法开发、保持、强化公司的核心竞争力成为公司高层领导者的责任和任务。

在许多大公司尤其是实行多样化战略的公司,核心竞争力可以被用于公司的不同业务单位;而且,开发核心竞争力还可以实现跨单位的利用公司的资源。通常最有效的核心竞争力是建立在无形资源基础上,因为无形资源如知识、技能等不易被竞争对手识别。高层管理者通过促进无形资源实现跨部门的共享,可以更好地实现规模经济和范围经济;并且,系统地应用核心竞争力也可以增加竞争对手学习和模仿的难度。

3. 开发与配置关键资源

开发、积蓄和配置关键资源是大多数战略都会涉及的内容。在战略管理过程中,战略领导对这些关键资源担负着双重责任。首先,在战略策划阶段,需要准确识别哪些资源属于公司的关键资源,并制订出提升这些资源的具体计划;然后,在战略实施阶段,对组织结构进行必要的调整,为提升这些资源提供有利的组织保证。特别是在战略实施进程中,高层管理者要根据战略难点、主要障碍的分布情况,对关键资源(如人力资源)进行重新部署,以期尽快攻克难关。但这种重新配置最好不要打乱提升资源的计划。

4. 培育支持企业战略的组织文化

在战略变革过程中,文化与战略不可避免地会产生冲突。而组织文化代表了企业内部的行为指针,制约和规范着人们的行为。因为组织文化影响企业如何开展业务并有助于管理和控制员工的行为,所以同样成为竞争优势的一种来源。从这个意义上讲,塑造公司有利于战略实施的组织文化是实现战略领导的重要任务。为保证公司战略的顺利实施,高层管理者有必要建立一个支持战略实施的组织文化,包括重新设计结构、明确阐述和表达公司的价值体系、培训管理人员以及修改招聘办法等。

5. 强化伦理准则

当战略实施的过程是基于符合伦理的准则时,其实施效果便会增强。伦理可以表述为企业内指导决策和行为的准则,保证伦理规范在企业中得到遵从是高层领导者的一项主要责任。伦理还可以为制定各种政策提供基础,这些政策将在日常工作中指导人们的行为。然而,仅有伦理准则并不足以保证行为符合伦理,企业管理者还应当将伦理和战略决策的制定和实施相结合,如在业绩评价过程中考虑伦理因素等。

6. 建立战略控制系统

战略决策付诸行动之后,如何保证决策的顺利落实就成为决定战略成败的关键。有两种不确定因素使得高层领导者必须对战略决策的落实过程进行控制,一是企业内部的组织活动中存在着不确定性,当有些管理人员错误地理解了决策的内容或是工作中出现问题时,工作进度可能与预期的目标相偏离;二是外部环境可能发生意想不到的变化,这时企业或许有必要对某些战略决策的内容进行调整。战略控制为企业提供了一种管理机制,旨在通过适度改变企业的工作状态,把这些不确定因素的影响限定在可接受的范围之内,使企业朝着预期的战略目标前进。

二、战略控制系统的构建

战略控制的基本原理并不难理解,但要在管理实践中构建起有效的控制系统却十分不易。如前所述,一项战略从启动到达成预定目标的过程中包含着大量的不确定因素,组织内部和外部的偶发事件都可能干扰战略运行的正常进程,更何况战略进程中所引发的变革会牵扯到一些组织成员的利益和人际关系,这意味着对战略运行的有效控制不能仅靠少数人的努力,而要通过扎实细致的管理工作,建立起有效的控制系统。

(一)有效控制的基本特征

一个有效的控制系统通常要具备整合性、客观性、准确性、及时性、灵活性等五个基本的特征,这也是使控制行之有效的必要条件。

1. 整合性

控制作为管理职能之一,必须与其他管理职能相互协调,充分整合到整个组织系统中。在管理职能中,控制和计划的联系最为紧密,计划是为实现一定的目的或目标而制订的,这些目的或目标就是进行控制所采用的绩效衡量标准的原始依据。管理者在制订计划时,要考虑到相关的控制因素,这样才能保证计划的可行性。反之,由运行中的控制系统所提供的结果又为新计划的产生提供了现实的根据。计划与控制联结在一起,互为依据,互为结果,构成了一个不断反复的循环。

控制是制定标准、衡量实际工作、采取矫正措施的过程,对于控制过程中的各项工作都要由人来执行,这就要求组织的构建能将这些工作的责任得以明确的划分,使控制系统得到有力的组织保证。假设某企业有大量的产品积压或所签订的合同无法如约履行,这些偏差出现后如果不能明确究竟由谁来负责,那么进一步的纠正行动就难以进行。因此,控制工作的一个基本前提就是组织机构的保障,组织机构越明确,权责关系越清楚、越完整,控制工作也就会越有效。

事实上,战略控制存在于整个战略管理过程。

2. 客观性

有效控制的第二个特征便是客观性,这意味着控制系统应尽可能地提供和使用无偏见的、详细的、可以被证实和理解的信息。在整个控制过程中,主观的判断和估计不仅可能使绩效的衡量得不出明确的结论,而且还会使纠正偏差的力度难以把握,从而使现实工作更加混乱。

为了保证控制的客观性,就要求尽可能地将衡量标准加以量化,量化的程度越高,控制起来就越为有利、规范。但是,作为一名管理者还应该能够从一大堆数字中找出它们的相互关系,发现潜在的问题。比如,可能有数据表明某产品的销量在节节上升,但是更进一步的调查则可能表明顾客对该产品的质量投诉事件不断增多,短期效益指标下隐藏着长期的危险;因此管理者必须要透过数字看到问题的实质。

表 10-1　常见的控制目标

工作成果	指标	短期(1 年)	长期(5 年)
市场份额	百分比	30%	35%
增长率	销售额	4000 万元	6000 万元
利润率	ROI(投资收益率)	0.12	0.15
债务	D/E 比率	0.40	0.30
股东	EPS(每股盈利)	2.40 元	4.80 元
员工	转厂率	<0.12	<0.08
社会	赞助	50 万元	100 万元

3. 准确性

一个控制系统要想行之有效,必须具备准确性。一个提供不准确信息的控制系统将会导致管理者在应该采取行动的时候没有行动或根本没有出现问题而采取行动。基于不准确信息的种种决策,往往会使整个组织蒙受损失。

现实中常常会有各种因素的影响将不准确带入控制系统之中,有的可能是因为用来衡量绩效的工具的精确度不够,而使衡量结果的误差过大;有的则可能是出于私利,人为地虚报数据。因此,管理者需要选择合适的,精确的绩效衡量方法和工具来避免误差的产生,同时还应该采取预防措施,运用先进的管理技能来避免弄虚作假行为的出现。

4. 适时性

适时性的含义是指当管理者需要信息时就能立即获得,以便及时采取调整行动。如果某项工作没有达到预期的结果,那么越早报告和纠正,造成的损失就越小。此外,如果出现偏差的原因还不明显,那么及时进行调查就更有可能找出真正的原因。

5. 灵活性

在复杂的环境中,一个有效的控制系统要能适应组织调整或外部变化,即具备灵活性。现今世界技术进步日新月异,顾客需求也在不断变化,组织所处的内、外部环境中干扰性、复杂性越来越大,如果没有一个灵活的系统对这些变化作出准确的预测或反应并据此调整组织活动,那么任何一个组织的生存都难以维系下去。

事实上,灵活的控制一般来说最好是通过灵活的计划来实现。而一个灵活的控制系统则能在计划出现改变、发生未曾预见到的情况或计划彻底失败的情况下继续发挥其作用。一个复杂的战略计划在某种特殊情况下也可能会失败，控制系统应该及时反映出这种失常的情况，而且即使出现了这种失常的情况，控制系统也应该有足够的灵活性去保持对运行过程的管理控制。为此，在人们无法准确地估计到未来会发生的各种事件时，有必要对那些可能出现的情况尽量制定出周密的备选方案，以保证控制的灵活性。

(二)战略控制的关键环节

战略控制系统不是由专门机构负责运转的一架机器，而是贯穿在许多管理工作中的一组活动。构建有效的战略管理系统，其实质是对企业管理进行改进，特别是对企业领导层的管理方式进行改进，把控制过程的各个环节从繁杂的事物性工作中凸现出来，明确每个环节的内容和它们可能引起的后果，以及相应的权责关系。要想使战略控制系统具备有效性的前述特征，关键是要在系统设计之初，就对控制过程的各个环节予以充分、细致的考虑。控制过程包括以下环节。

1. 关键控制点的选择

在控制系统的设计中，大多数问题都可以被归结为对什么进行控制，即哪些是监测对象和调整对象。试图对组织活动中的每一个因素进行控制是相当繁重的，甚至是不可能的。过多的控制不仅会降低员工的士气，挫伤管理人员的积极性，而且还会造成时间、精力和资金上的浪费。

管理者必须集中力量于关键问题，选择在系统中进行观察和收集信息的关键点，通过这些关键点来确认整个工作是否按计划进行，以及采用哪些矫正措施。有了关键控制点，管理者就能拓宽其管理幅度，并最终实现成本的节约和管理水平的改进。因此选择关键控制点被认为是控制原理中较为重要的一个原理。这一原理可以表述为：为了进行有效的控制，需要对那些有关键意义的因素给予特别的注意。

与大多数管理活动相类似，关键控制点的选择也是一项艺术性与科学性兼备的工作。由于控制对象各具特征，而管理者的个性又千差万别，因此从来没有一种对所有主管人员都适用的、专门的控制点目录，它需要管理者充分发挥自己的才智和管理技巧。同时，在这一问题上又有一些科学程序和方法应该去遵循。首先应该对"关键绩效区"进行识别，即找出那些为确保整个组织的成功必须有效运作的区域。明确了关键绩效区，就可以在此基础上确定战略控制点，通过战略控制点进行监测和信息收集。

战略控制点的主要来源在于：第一，业务活动中意义最为重大的因素。大量的实践经验证明，在一项工作中只有一小部分的活动、事件、人员或事物占用着大部分的资源(如费用支出、管理者的精力等)，这就为战略控制点的确定提供了可能；第二，工作进程中经常发生变化的环节。因为变化会给整个工作带来冲击并容易导致差错，所以应对变化的点进行经常的监测；第三，可以产生波及效应的环节。所谓波及效应，是指对一个环节的控制，可以对其他许多环节产生影响，譬如有时把最容易忽略的环节作为控制点，可以使人们注意到所有的环节。

2. 信息采集渠道的建立

战略控制中对外部环境和实际工作状态的准确监测很大程度上取决于企业能否获得必要的信息。但许多企业在收集信息时面对着两难问题：一方面，企业周围弥漫着大量的信息，这些信息如果不经加工就直接用于决策，甚至会让人无所适从；另一方面，企业急需了解的一些情况如竞争对手的计划、产业政策的变化、利率和汇率的可能波动等，又往往无法直接获取。为了克服这些困难，有必要有目的地建立信息采集渠道。

在建立信息采集渠道之前，应该首先澄清以下五个问题：第一，负责战略管理的管理者从什么地方、通过什么途径获得信息；第二，负责战略管理的管理者是否善于利用其联系获得必要的信息；第三，管理者在战略过程中的哪些方面知识最弱，通过什么途径获得信息以补偿他们的薄弱方面；第四，管理者是否在没有获得足够的信息前就采取了行动；第五，管理者是否在被动地等待信息，而不是主动开发信息资源，以致坐失良机。

信息采集渠道的建立需要一个较长的时期。有些信息如某些机构公布的经济景气指数，只有经过反复的观察才能判断其准确程度，或是领悟到这类指数与企业经营活动的内在联系。有些企业内部信息如对员工工作心态的调查、对企业文化的调查，也只有积累了一定的调查结果后才能进行比较，这些信息才有了真实的含义。对各种信息不加取舍地加以吸收，不仅无助于战略决策，还会浪费管理者宝贵的时间。

3. 增强信息的分析、积累和反馈功能

与战略决策过程一样，信息分析是战略控制中一个技术性极强的环节。那些预示着环境变化趋势、突发事件征兆的重要信息，往往隐含在形形色色的其他信息中，只有经过提炼、综合和相互验证后，才有可能显示出来。为此有必要组织专业人员从事信息分析工作。经验表明，随着企业信息分析功能的增强，就连竞争对手的组织特征、业务专长、战略意图这类很难判断的问题，也可以从各种公开渠道获取的信息中找到令人满意的解答。有的企业建立了专门的竞争对手分析体系，把广泛的信息采集渠道与科学的分析手段结合起来，为战略决策和控制提供了有力的信息支持。

信息积累的目的则在于为今后的信息分析提供充足的信息源。相关信息越是丰富，序列化的信息越是完备，现代信息分析技术的作用就越加明显。许多成

功的企业非常注重数据库建设,其实就是把各种信息按照一定结构进行储存和加工。这种数据库能够降低信息查询的成本,缩短信息分析和决策周期,提高企业的快速应变能力,因而成为竞争优势的一种直接来源。

当前国际上一些知名的大公司都建有先进的数据库分析、处理系统,在总结经验的基础上提出预测方案,收到相当好的效果。控制过程进行当中,如果实际绩效不能满足已建立的标准,那么首先会有不合要求的偏差被发现,然后将这一偏差报告给负责采取纠正措施的人员,接下来实施纠正措施,直至实际绩效恢复到应达到的标准之内。在实践中,从发现偏差到实际绩效恢复到标准水平要占用一定的时间,这种时滞效应也会给组织带来相当的损失。

信息反馈是整个控制系统一个至关重要的组成部分,它决定着管理者是否采取纠正措施以及采取何种纠正措施,也使此前的工作真正产生价值。战略控制中的信息反馈通常采用报告的形式,将战略运行的实际状况、与预期目标的偏差、外部环境中实现未预料到的变化等分析结果报告给企业领导和有关部门,以便他们决定是否有必要采取矫正行动。对战略运行的有效控制要求这种反馈必须是及时的,而且战略管理者应该迅速作出反应,否则企业的损失将会随着时间的延迟而不断加大。

4.降低控制系统的成本

在控制系统中,应考虑两种基本类型的成本:一是为了获取信息和分析信息所花费的成本;一是纠正偏差所花费的成本。这两类成本有着此长彼消的变化关系。控制系统的运转有赖于信息的获得,随着控制力度的增大,所需信息反馈的数量和频率都会大为增加,这将占用更多的时间、精力和资源,从而导致整个控制系统信息成本的增加;而另一方面,由于控制力度的加大,出现的偏差的可能性会为之减少,战略调整以及由此引起的损失也会减少,即体现出控制系统的收益。

也就是说,控制并不是越多越好,其中的一个限定因素便是经济性。无论是战略控制系统,还是一般管理控制系统,都要服从经济性的要求。

三、战略控制系统的构成

战略控制系统是公司对制定的战略实施效果进行考察,与预期的战略实施标准进行对比,如果发现其中差异,或者调整行动向既定方向前行,或者是修正战略本身。战略控制系统可以分为五个控制子系统。

(一)基础结构控制子系统

任何控制活动都是通过一定的渠道来完成的,而这些渠道是通过一定的组织基础结构来开通和实现的。组织的基础结构包括:组织结构、责任结构和权力结构。

1. 组织结构

组织结构是一个组织为了完成组织目标所建立的框架体系,完善的组织结构可以保证组织一切正常活动的有序展开和进行。在母子公司的战略控制中,组织结构的完善可以实现母公司将战略准确传达给子公司、子公司将战略有效执行和当战略实施出现偏离时母公司采取纠正措施及时有效等功能。

2. 责任结构

控制是以责任承担为基础的,否则即使出现了问题,却不知该去哪里找谁来解决这个问题,更严重的是出现损失后不知由谁承担。母公司将战略分解、传递到子公司,子公司对该战略进行分析、执行,母子公司定期就执行结果进行沟通以及当出现偏差时采取改正行动,整个过程都应该是有分工的,责任至少要分解到部门,甚至是落到每一个员工的身上。

3. 权力结构

一定的责任是以获得对应权力为前提的,没有制约某项活动的权力是不应该为该活动产生的后果负责任的。在母子公司的战略控制中,母公司的控制执行者应该拥有控制的权力,即要求子公司中出现偏差的活动进行调整以符合整个公司的利益。

(二)组织文化控制子系统

组织文化是指一些假设、观念和价值观的普通集合,这些假设、观念和价值观是为了应付内部环境和外部环境而在组织内部发展起来的。组织文化通常分为两个层次,深层的文化包括组织成员共有的价值观,这些价值观在长时期内比较稳定,并且随组织组成结构的变化而被传给新成员以指导他们在这些环境中的行为。通常这些价值观在组织内根深蒂固,组织成员因此常常意识不到它们的存在,除非提醒他们去注意这些价值观。

组织文化的第二层次包括指导组织成员日常行为活动的规范,行为规范是从组织的共有价值观发展而来,常常是作为一系列价值观的综合结果发展而来的。组织文化有几个重要功能:①使组织成员产生一种同一感;②促使组织成员效忠于组织;③有助于组织的沟通体系的稳定性;④为行为提供了理论基础和方向。

母公司可以将自身具有的组织文化,通过下派高层管理者到子公司任职、对公司新雇员进行组织文化的灌输和相应培训等途径传输给子公司。使子公司和母公司具有相同的组织文化,可以保证子公司对战略理解的充分性。相同的认知基础才可以保证产生相同的理解,只有子公司对母公司战略有充分的理解,才可以使子公司在将母公司战略转化分解为自身战略时和在执行战略过程中不至于偏离方向。就子公司高层管理者而言,具有与母公司相同的组织文化可以保证战略制定符合整个公司利益最大化,对子公司的基层员工而言,具有与母公司相同的价值观和行动准则可以保证在子公司战略展开和执行过程中不偏离母公司的整体战略。

在强生公司,高层经理们与全体员工,包括各个业务经营单位的管理者和基层员工,定期集会,检查、核对强生公司多年坚持的信条中所记录的各种信仰。这些信仰明确表达了公司对于消费者、雇员、当地社区以及股东的责任,全公司上下都懂得这种价值观,当类似"泰诺危机"之类的问题出现时,强生公司强大的文化系统能够为解决措施提供指导原则。

(三)沟通控制子系统

沟通是信息的传递和理解,而信息是一个组织对外界环境变化的感知和对内部相应反应行动的做出所必需的。沟通需要首先将欲传递的信息转化为信号形式(编码),然后通过媒介物(通道)传送给接受者,由接受者将收到的信号转译回来(解码),这样信息得到了传递。

作为战略控制系统中的沟通控制子系统,其主要作用就是将母公司的关于战略制定、战略内涵传递、战略实施中对子公司有重要意义的信息传递给子公司,子公司将战略实施过程中的相关信息反馈到母公司,从而使母公司通过信息的获得、分析和解释,获悉子公司目前的战略实施状况。

沟通分为正式沟通和非正式沟通两种形式,正式沟通是通过母子公司之间由组织规定的正规的组织结构、权力结构和责任结构等进行,通常和正式组织的概念相对应;非正式沟通是通过母子公司之间正规沟通渠道以外的沟通渠道进行,通常和非正式组织的概念相对应。

这种沟通可以在母公司高层管理者和子公司高层管理者之间、母公司高层管理者和子公司基层雇员之间、母公司职能管理部门和子公司高层管理者之间、母公司职能管理部门和子公司基层雇员之间等进行。各种沟通方式对信息的要求不同,对信息的处理方式不同,根据信息作出反应行动也不同。

(四)协调控制子系统

在相关多样化公司中,任何两个经营单位之间及经营单位和母公司之间都存在一个协调问题,即通常所说的发挥协同效应。协调就是为了充分有效地利用未尽用资源所采取的行动。协调一般发生在具有共享一般资源或核心资源的两个组织之间。这种共享可以分为有形共享,由于共同的顾客、渠道、技术和其他因素的存在而使子公司的价值链上的某些活动共享,如由于规模经济性而采取的采购活动的合并等;无形共享,如知名商标的共用;竞争对手关联产生的共享等。协同效应的产生是需要付出成本的,包括协调成本、妥协成本和僵化成本等。

前面我们提到,公司以在相关领域经营者居多,所以我们所研究的母子公司之间的战略控制也是以从事相关多样化的公司为主。母公司拥有子公司经营所必需的关键资源,这些资源可能是母公司下属的很多子公司共同使用的资源,为了使该资源或这些资源发挥最佳效用,这些子公司之间需要进行沟通,对资源的使用进行协调,而母公司为了保证资源的整体效用最大化,也会对资源的产生效益和所费成本进行计算、权衡,然后再基于此判断决定资源在子公司之间的分配。

协调的产生不会偶然发生或用命令而实现,必须建立积极的组织机制以鼓励子公司的经理追求之,并克服内在的协调和交流困难使其发挥作用,迈克尔·波特教授将这种机制称为横向组织。横向组织可以分为四大类:

(1)横向机构。打破公司界限的组织结构,如子公司间、母子公司间的任务小组,各种常务或非常务的处理专门事项的委员会;

(2)横向系统。在计划、控制、激励和资金预算等领域,跨越单个公司范围的管理系统;

(3)横向的人力资源整合。促进公司之间,包括母子公司之间、子公司之间的人力资源整合,比如跨公司的工作轮换、管理论坛和各种技能培训;

(4)横向解决冲突程序。是指解决公司间冲突的管理程序。此类程序可有效区别于横向组织结构和系统,并与管理企业的风格相关。

协调的实现可以通过以下方式进行:指定协调专员、设立协调委员会、协调常委会和专职协调部门。选用何种方式要根据组织的文化、组织结构、协调活动发生频次高低等不同而定。一般来说,组织文化越沉闷、权力结构越集权、协调活动发生频次越高,则越倾向于采用指定协调专员和设立专职协调部门的方式来进行组织协调活动。

(五)评价与奖惩控制子系统

任何一项有价值的活动如果没有最后的评价和基于评价结果的奖惩都不算完整。通过对每一项指标完成情况的统计,再考虑到事先设定的每一指标的权重,可以对该战略实施结果进行评价。母公司对子公司的战略评价就可以通过这一系统完成。

根据评价结果,母公司将对子公司进行相应奖惩。既可以通过对子公司高层管理者及所有员工的物质奖励和精神奖励的方式达到,也可以通过对子公司管理人员晋升或增加其晋升预期来实现。对于一个子公司而言,最大的奖励莫过于可以获得更多的资源,包括资金、无形资产和母公司高层管理者的关注,因为这种奖励说明该子公司的重要性在提高,可以获得更多尊敬的目光。正如后面所将要谈到的,资源的使用者也可以拥有某种垄断,从而增加自身的谈判地位,更多的资源意味着更大的权力,无论对于子公司的高层管理者来说还是对基层员工来说都是如此。

四、战略控制的方式

战略控制的对象主要是企业的职能部门和下属经营单位,但必须注意到,现代企业中上级对下级单位的控制并不总是借助于行政命令来实现。如果对下级单位干预过多,就不可避免地伤害他们的工作热情和创造力,导致管理的僵化。另一方面,由于个别部门的利益有时和企业整体利益相互冲突,战略失控的危险又始终存在。战略控制的这些特征,意味着有效的控制应该兼有约束性和激励性。在长期的管理实践中,人们发明了多种控制工具,把这些工具组合在一起加以运用,可以收到更好的效果。

战略管理中常用的控制工具包括以下几个方面。

1. 财务控制

由于财务目标如利润目标、成本目标等是战略计划中不可或缺的一项内容,财务控制也就构成了战略控制的基本工具。实际上,财务控制是使用得最为广泛也是最成熟的控制方式。这种方式通过明确各单位的财务责任,如成本、利润或是收入目标,建立起相应的工作监测、信息反馈和调控机制。由于这种控制方式简明有效,能够比较准确地反映出每个单位的综合绩效,因此构成了其他控制工具的基础。

但也必须认识到,财务控制不可能完全保证企业战略目标的实现。在质量和成本、短期效益和长期效益等相互冲突的目标之间,战略决策必须作出明确的安排,而财务控制只是为某一类目标的实现提供了保证。

2. 组织控制

通过组织调整手段(如人事任免)来实现战略目标也是一种传统的控制方式,这种控制的优点在于其效果可以直接地迅速地显现出来,但可能造成的负面影响也不容低估。举例来说,撤换一个不称职的单位负责人可以立即改变该单位的工作状态,而要消除这场震荡所带来的消极影响,如一部分员工思想上的波动,重新营造出和谐的工作关系,却需要相当长的时间。组织控制中所包含的这种潜在的难以估量的变革成本,意味着这种方式的运用必须慎重小心。

3. 规范控制

战略管理中的规范控制与质量管理极为相似,即通过制定和推行统一的工作规范、标准、程序等来维护企业的战略方针。随着企业的经营范围和组织规模不断扩大,这种控制也越来越受重视。如在连锁经营系统中,下属单位必须遵守企业统一的服务标准、价格标准,按照统一的方式陈列商品,这就保证了整个企业的形象不受伤害。根据控制内容的不同,规范控制也可以变换成比较灵活的形式。据介绍,国外有些企业曾经成功地推行过边界控制,即通过一组事例向基层组织说明哪些活动是被禁止的,以标识出活动的边界。这种控制可以防范下属单位的越轨行为,又为他们的自主决策和创造发挥留出余地,尤其适用于无关多样化的企业集团。

4. 沟通控制

为了防止下级单位的行动背离企业的战略方向,企业可以借助于信息沟通的方式增强内部的透明度,通过信息共享和经常交换意见形成一种无形的约束力。沟通控制与其他控制方式的不同之处在于:首先,企业领导应该在决策以前就与下属面对面地讨论问题,尽量就一些重大问题达成共识;其次,各方应该经常交换各种重要的信息,并消除对这些信息在理解上的分歧;再次,在沟通中不断培养相互信任的关系。当下属单位享有较高的独立经营权时,沟通控制往往能发挥特殊的作用。

5. 文化控制

企业在建立和完善战略控制系统时,必须考虑如何强化各部门、下属单位乃至员工个人的自我控制功能。培养健康的企业文化,就是这样一种自我控制工具。企业文化的核心内容如经营宗旨、工作信念凝练了战略的根本方向,这些宗旨和信念一旦深入人心,就成为每个部门、单位和员工的行为准绳,形成一种有效的约束力。要实现这一目的,关键在于确立正确的经营宗旨并清楚地阐述战略的目标与经营宗旨的关系,否则经营宗旨就会变成一句空洞的口号,企业的行动也就失去了统一的方针。

计划控制和规范控制是基础,对相对变化少和简单的环境有效性更强。在多变和复杂的环境中,沟通控制特别是价值控制更为重要,是控制的核心。

以上几种战略控制工具显然不是游离在企业管理活动之外的单独的工具,它们其实是一些最基本的管理工作如文化建设、制度建设、组织建设在战略管理中的具体表现。企业战略控制的失效,往往可以在基础管理环节上找到根本的原因。从这种意义上讲,随着企业和越来越多的非营利组织步入战略致胜的时代,管理者面对的迫切的任务,并不是培养出某种特殊的战略管理能力,而是要认真领悟基本管理工作中的战略意义。

五、战略控制实现过程

战略控制的实现过程可以概括为:母公司制定战略、母公司战略转化为子公司战略、子公司制定预算、子公司进行战略展开、战略业绩评价、反馈至母公司调整子公司行动或战略本身。

1. 母公司制定战略

战略是公司为之奋斗的目标及实现这个目标所筹划的行动方案,它是公司运行的基础、动力和方向。母公司的高层管理者按照股东会或董事会提出的目标，制定出相应的行动方案。战略制定是一个双向的过程，既有股东提出目标时的强硬，也会由于经营者拥有的信息优势而使设定目标变得对经营者来说相对容易，这一对经营者满意的目标可能对股东来说不是最优的。战略制定过程中，子公司的高层管理者可以参加并且发表看法，因为相对母公司的高层管理者来说，他们也同样具有信息优势。

2. 母公司战略转化为子公司战略

母公司所制定的战略是总括的，是各个子公司战略目标的综合。母公司将自身的战略，按照每个子公司的资源配置情况、产品（市场配比情况等在每个子公司之间进行分解和分配，明确每个子公司所承担的财务指标和非财务指标。在这里，我们可以使用均衡计分卡作为战略分解工具，设计多个内部的和外部的、财务的和非财务的、成果的和驱动的指标。在战略转化过程中，由于母子公司之间的信息不对称，子公司有降低指标实现难度的可能性，虽然这对公司整体不利。信息的不对称还导致在子公司提出实现战略目标所需资源的时候，尽量夸大使用量，而对产出量则持保留态度。对信息的拥有状况将成为母公司在转化战略中的谈判地位的关键因素。

3. 子公司制定预算

制定预算的过程就是资源分配方案制定的过程，任何的所得都需要花费成本。子公司将所分得指标细化，这里也可以使用均衡计分卡作为细化工具。这里的预算包括收入的预算、生产成本和销售费用的预算、行政管理费用预算、研究和开发费用的预算。其中的每一项预算都代表了公司的战略取向，如更高的研究和开发费用预算意味着公司对技术储备和长远发展的重视，更少的行政管理费用预算则将使公司的管理者们产生比以前拮据的日子的心理预期。理想的预算应该是具有挑战性但又有可能达到的预算，就经营而言，这意味着工作优秀的管理者至少有 50% 的可能性达到预算的数据，把这样的预算称为可实现的预算。如果预算目标太难，管理人员可能会采取不符合公司长远利益的短期行动；可实现的预算目标降低了子公司操纵数据以满足预算的可能性。

4. 子公司的战略展开

子公司按照经过讨论批准的预算，根据均衡计分卡上面的各个指标设定，进行战略展开，实施行动。在这个过程中，要经常与母公司进行沟通，与子公司的战略进行对比，随时纠正微小偏差。

5. 战略绩效评价

没有评价结果的战略是不完整的战略，母公司在设定的战略实施期末要进行业绩评价，以考核子公司执行战略的有效性。保证子公司执行战略的有效性和积极性的好办法是当实际业绩高于设定业绩时给予奖励,包括短期激励手段如奖金,长期激励手段如股票期权、股票增值权和业绩股票等。

6. 反馈至母公司调整子公司行动或战略本身

经过业绩评价之后,我们可以发现子公司战略实施过程中出现的偏离计划的行动,为了使其不致影响子公司乃至整个公司的计划实现,就要对其进行调整。其实,这个调整的过程存在于整个战略实施的过程,在战略实施期末的调整可能已经给公司带来了损失,只能将这个结果作为以后制定战略和展开战略的教训。

本章思考题

1. 如何理解战略与结构在现实企业中的关系,如战略相同而组织结构不同的企业同样获得成功?

2. 当企业实施成本领先战略、差别化战略、聚焦战略及价值创新战略时,设计组织结构应重点考虑哪些因素?

3. 试论述战略控制与管理控制的异同。

4. 在本章列举的战略控制方式之外,是否还存在其他控制方式?试论述并举例。

5. 选取两个典型的生产型企业和服务型企业,试用平衡计分卡为其建立战略绩效评价指标体系,考虑评价构面的选取是否应有所差别。

6. 思考如何利用平衡计分卡评价公司战略的绩效,如企业并购。

主要参考文献

中文部分

1. [日]伊丹敬之著,杨春明译.经营战略的内在逻辑——看不见资产的动力论.中国审计出版社,1992
2. [美]加里·哈默,C.K.普拉哈拉德著,王振西译.竞争大未来.昆仑出版社,1998
3. [美]理查德·达维尼著,许梅方译.超优势竞争——新时代的动态竞争理论与应用.台湾运流出版事业股份有限公司,1998
4. [美]迈克尔·波特著,陈小悦译.竞争优势.华夏出版社,2002
5. 吴思华著.策略九说——策略思考的本质.复旦大学出版社,2002
6. [日]小野丰广著,吕梦仙等译.日本企业战略和结构.冶金工业出版社,1990
7. [美]卡尔·W.斯特恩,小乔治·斯托克著,波士顿顾问公司译.企业战略透视——波士顿顾问公司管理新视野.上海远东出版社,2000
8. [美]多萝西·伦纳德·巴顿著,孟庆国、侯世昌译.知识与创新.新华出版社,2000
9. [美]大卫·科利斯、辛西娅·蒙哥马利著,王永贵、杨永恒译.公司战略——企业的资源与范围.东北财经大学出版社,2000
10. [美]迈克尔·波特著,高登第等译.竞争论.中信出版社,2003
11. [美]弗雷德·R.戴维著,李克宁译.战略管理.经济科学出版社,1998
12. [美]戴维·贝赞可等著,武亚军等译.公司战略经济学.北京大学出版社,1999
13. [美]罗伯特·S.卡普兰、大卫·P.诺顿著,ARC远擎管理顾问企业策略绩效事业部译.策略核心组织——平衡计分卡有效执行企业策略.脸谱文化事

业股份有限公司,2001
14. [美]罗伯特·S.卡普兰、大卫·P.诺顿著,朱道凯译.平衡计分卡——资讯时代的策略管理工具.脸谱文化事业股份有限公司,1999
15. [美]彼得·F.德鲁克等著,李焰、江娅译.公司绩效测评.中国人民大学出版社,1999
16. [美]施蒂格勒著,潘振民译.产业组织与政府管制.上海人民出版社,1996
17. [美]德鲁克著,孙耀君等译.管理——任务、责任、实践.中国社会科学出版社,1987
18. [美]K.J.阿罗著.信息经济学.北京经济学院出版社,1989
19. 张蕊著.企业战略经营业绩评价指标体系研究.中国财政经济出版社,2002
20. 杨锡怀编著.企业战略管理.高等教育出版社,2000
21. 李国津编著.战略联盟.天津人民出版社,1997
22. 陈郁著.企业制度和市场组织——交易费用经济学文选.上海三联书店、上海人民出版社,1996
23. 王方华、吕巍编著.企业战略管理.复旦大学出版社,1997
24. 刘庆元、刘宝宏编著.战略管理:分析、制定与实施.东北财经大学出版社,2001
25. 童臻衡编著.企业战略管理.中山大学出版社,1996
26. 鲁梅尔特著,蒋宗强译.好战略,坏战略.中信出版社,2012
27 杰弗瑞·非佛、罗伯特·萨顿著,闾佳、邓瑞华译.管理的真相.中国人民大学出版社,2008
28. 塞隆纳等著,王迎军、汪建新等译.战略管理.机械工业出版社,2004
29. 杰恩·巴尼著,王俊杰等译.获得与保持竞争优势.清华大学出版社,2003
30. 加里·哈默著,曲昭光、赖溟溟译.领导企业变革.人民邮电出版社,2001
31. 加里·哈默、C.K.普拉哈拉德著,王振西译.竞争大未来.昆仑出版社,1998

英文部分

1. Hitt, Michael A., Irland, R. Duane and Hoskinsson, Robert E., "Strategic Management", 2nd Ed., We Publishing Company, 1996
2. Mercer, D., "Simpler scenarios", *Management Decision*, Vol. 33, No. 4, 1995
3. Deloitte Consulting, "Strategic Flexibility", http://dc.com
4. W. J. Abernaty, K. Wayne, " Limits of the Learning Curve ", *Harvard*

Business Review, 1974

5. A. C. Martinet, "Strategies", *Vuibert*, 1985
6. Ilse Bogaert, Rudy Martens and Andre Van Cauwenbergh, "Strategy as a Situational Puzzle: The Fit of Components", Competence—Based Competition, John Wiley & Sons Ltd., 1994
7. W. R. King and D. I. Cleland, "Strategic Planning and Policy", New York: Van Norand Reinhold, 1979
8. Lacity M. C., Willcocks L. P., "IT Outsourcing: Maximize Flexibility and Control", *Harvard Business Review*, 1995
9. Michael Gort, "Diversification and Integration in American Indury", Princeton University Press, Princeton, 1962
10. Gary Hamel, "The Why, What, and How of Management Innovation", *harvard business review*, February 2006
11. Coase R. H., "The Nature of the Firm", *Economics*, Nov. 1937
12. Williamson O. E., "The Vertical Integration of Production: Market Failure Considerations", *American Economic Review*, vol. 61, 1971
13. Prahalad C. K. and Hamel G., "The Core Competence of the Corporation", *Harvard Business Review*, May—June, 1990
14. James Brian Quinn and Frederick G. Hier, "Strategic Outsourcing", *Sloan Management Review*, Summer, 1994
15. Michael E. Porter, "Towards a Dynamic Theory of Strategy", *Strategic Management Journal*, Vol. 12, (Winter, 1991)
16. Quinn J. B., Doorley, T. L. and Paquette P. C., "Technology in service: rethinking Strategic focus", *Sloan Management Review*, Winter, 1990
17. Harold Chee Rod Harris, "Global Marketing Strategy", Pitman Publishing, 1998
18. Franklin R. Root, "Entry rategies for International Markets", *Lexington Books*, 1994
19. D. C. Hambrick and J. W. Fredrickson, "Are You Sure You Have a Strategy?" *Academy of Management Executive*, 15:4(2001)
20. Alexander Osterwalder & Yves Pigneur, Business Model Generation, John Wiley & Sons, Inc, 2010

后 记

本书第一版由王迎军设计编写提纲,各章编写的分工情况为:第一章(王迎军)、第二章(柳茂平、王迎军)、第三章(王永贵、王迎军)、第四章(李兴旺、柳茂平)、第五章(王革)、第六章(赵愚、何会文)、第七章(杨永恒、司千字)、第八章(何今宇、陆岚)、第九章(王永贵)、第十章(李刚)。这次重订时,王迎军对第一版的内容进行了修订,将原书第四章调整为第二章,原书第二、三章依次改为第三、四章,并改写了第一、二、四、七、十章的部分内容。对于书中依然存在的错误,编者在此谨表歉意,并请读者不吝赐教。

编 者

2013 年 3 月 20 日于南开园